누구나 쉽게 이해할 수 있는

북 한 학

남기봉

도서출판 **진 영 사**

누구나 쉽게 이해할 수 있는 **북한학**

남기봉

2013년 8월 5일 초판 발행
2017년 2월 17일 개정판 발행
2020년 9월 2일 개정 2쇄 발행

발행인 박 진 영
발행처 도서출판 진영사
인천광역시 부평구 갈산동 185번지 풍진빌딩 303호
전화 : 032)505-4207
팩스 : 032)505-4206
E-mail : 0183734207@hanmail.net
등록 : 122-91-77317

ISBN 978-89-6541-308-0 93390
값 17,000원

머 리 말

1994년 김일성 사망과 2011년 김정일 사망은 전세계의 시선을 한반도에 집중시켰다. 김일성으로부터 김정일, 김정은에 이르는 지구상에서 유일한 3대세습이 이루어진 것이다. 북한은 심각한 경제난을 겪으면서도 김일성, 김정일 유훈통치를 하면서 체제안정을 도모하고 있다. 또한 핵심간부의 교체를 통해 김정은 중심의 통치체제 공고화에 주력하면서, 대외적으로는 대미관계 개선을 모색하고, 중국 및 러시아와는 상호협력을 돈독히 하는 한편 제3세계와의 관계 개선에 주력하고 있다.

대남관계에 있어서는 민간경제협력을 통한 경제적 실리 획득에는 적극적인 반면에 우리정부의 대북정책을 비난하면서 남북관계에 경색국면을 조성하고 있으며, 핵·미사일 등 대량살상무기 개발을 지속하고 있다. 이러한 상황속에서 북한을 올바로 이해할 수 있는 서적의 필요성을 느껴 본서를 발간하게 되었으며, 본서는 크게 7장으로 구성되었다.

제1장에서는 북한의 자연 및 사회 환경, 제2장에서는 북한의 정치, 제3장은 북한의 경제, 제4장은 북한주민의 생활, 제5장은 북한의 교육·문화·예술, 제6장은 북한의 외교정책과 대남전략, 제7장은 북한의 군사에 관한 내용을 수록하였다.

또한 본서 군사학·안보학을 전공하는 학생들과 연구기관을 포함한 북한에 대하여 알고 싶어하는 독자층을 위하여 필요한 내용들을 알기 쉽게 엮어서 북한에 대한 길라잡이가 될 수 있도록 최선의 노력을 다하였으나, 부족함이 있으리라 생각하며, 독자 여러분의 아낌없는 충고와 관심을 부탁드립니다.

끝으로 본서의 간행에 도움을 주신 교수여러분의 노고에 감사드리며 출판을 위해 관심과 배려를 아끼지 않으신 진영사 사장님과 관계자 여러분의 노고에 감사드립니다.

2017년 2월 양지골에서

차 례(목차 수정)

제1장 북한의 자연 및 사회 환경

제2장 북한의 정치

제5장 북한의 교육과 문학 · 예술

제6장 북한의 외교정책과 대남전략

제7장 북한의 군사

제8장 부 록

제1장 북한의 자연 및 사회환경

제1절 자연환경

제2절 사회환경

제 1 장 북한의 자연 및 사회환경

제1절 자연환경

1. 위치 및 면적

북한지역은 1953년 7월 27일 휴전 협정에 의하여 설정된 군사분계선 이북의 지역을 말하며, 위도상으로는 북위 37°~43°, 경도상으로는 동경 124°~130°에 속한다.

동쪽으로는 동해와 대한해협을 사이에 두고 일본열도와 서쪽으로는 황해를 사이에 두고 중국대륙과 마주하고 있으며, 북쪽으로는 압록강과 두만강을 경계로 만주와 러시아의 시베리아 지방과 접하고 있어서 예로부터 대륙과 해양을 잇는 교량적 기능을 수행함으로써 전략적 요충지 역할을 해 왔다.

※ 북한지역위치[1)]

방 향	경·위도	해 당 지 명
동 단	동경 130도 41분 42초	나선시 우암리 (분단전 : 경흥군 노서면)
서 단	동경 124도 18분 41초	평안북도 룡천군 진흥로동자구 (분단 전 : 용천군 마안도)
남 단	북위 37도 41분 00초	황해남도 강령군 등암리 (분단 전 : 황해도 옹진군 봉강리
북 단	북위 43도 00분 36초	함경북도 온성군 풍서리 (분단 전 : 현재와 같음)

* 출처 : 『조선중앙년감』(평양 : 조선중앙통신사,2010),p.7.
* 주 : 섬을 포함하는 경우의 서단은 평안북도 신도군 비단섬(동경 124도 10분 47초)

1) 통일부「북한개요」, 2016. P35

북한의 면적은 한반도 전체면적 222,739km^{2}의 55%인 122,762km^{2}이며 한반도 남북의 총길이는 약 1,100km이고 동서의 길이는 좁은 곳이 200Km, 넓은 곳은 320km이다. 해안선 길이는 총 8,593km인데 이중 북한지역의 해안선은 2,495km이다.

또한 중국과는 1,353.2km 러시아와는 16.2km를 각각 접하고 있어 그 접경선의 전체길이는 1,369.4km이다.

2. 지 형

북한은 약 80%가 산지로 구성되어있으며, 고도 2000m이상의 산들이 80개 이상이나 되며, 동부와 북부지역이 높고 서부와 남부지역이 낮은 형태로 되어있다.

북한의 지세는 백두대간인 낭림산맥이 북쪽에서 남쪽으로 뻗어내려 이로부터 서쪽으로 강남산맥, 적유령산맥, 언진산맥, 멸악산맥, 등이 펼쳐져 있고 함경북도에서 함경남도 걸쳐 함경산맥과 부전령산맥 등이 낭림산맥과 이어져 북부와 동부가 높고 서부와 남부로 오면서 점차 낮아진 형태를 취하고 있다. 이들 산맥으로부터 발원한 여러 개의 큰 강들은 서해 및 동해로 흐르고 있으며 이들 강을 중심으로 평야지대가 형성되어있다.

특히 평안북도의 묘향산과 함경남도의 함흥을 연결하는 선의 이북지방은 고산지대를 형성하여 백두산(2,750m), 관모봉(2,540m), 북수백산(2,521m), 남포태산(2,433m), 와갈봉, 차일봉, 두운봉, 백산, 운령, 대연지산, 낭림산 등 2000m가 넘는 산만도 50여개 정도이다.

이에 따라 고원지대가 발달되어 한반도의 지붕이라고 일컬을 수 있는 백무고원(백두 및 무산공원)과 개마고원을 비롯하여 장진고원, 낭림고원, 풍산고원 등 10여개의 고원대가 형성되어 있으며 회령분지, 강계분지, 구성분지, 덕천분지, 이천분지 등 분지지형도 고루 발달되어 있다.

북한에 있는 강·하천들은 이러한 고산지역의 경사가 심한지형을 따라 흐르고 있기 때문에 유속이 빠르고 수량도 풍부하여 동력자원으로서의 이용가치가 크다.

북한에서 가장 길이가 긴 압록강을 비롯하여 대동강, 청천강, 예성강 등 서해로 흐르는 강들은 산악지대를 벗어나서는 완만한 경사와 곡류하천의 특성을 지니고 있다. 반면에 두만강, 남대천, 용흥강, 어랑천, 성천강 등 동해로 흐르는 강들은 대체로 하천의 길이가 짧고 하폭이 좁고 깊으며 거의 직류하천의 형태를 유지하고 있다.

북한의 평야는 큰 하천들을 중심으로 서해안지대에 넓게 분포되어 있으며 동해안 지역에는 서해안에 비해 평야의 발달이 미약하여 규모가 작다. 주요평야로는 평양을 중심으로 중부 및 서남부의 대동강유역에 발달한 평양평야(950km^2)와 황해남도의 재령, 신천, 안악, 은천 등 재령강유역에 발달한 재령평야(1,300km^2), 황해남도 연안, 배천, 청단 지역의 연백평야(1,150km^2), 평안남도의 안주, 문덕, 숙주, 평원 등 청천강 유역의 열두삼천리평야(750km^2), 함경남도의 함주, 증평 등 성천강 유역의 함흥평야, 평안북도 압록강 유역의 용천평야 등이 있다.

또한 북한에는 크고 작은 자연호수와 인공호수가 많이 있다. 자연호수로는 양강도의 천지(9.2km^2)를 비롯하여 함경남도의 광포(9.0km^2), 함경북도의 장연호(7.7km^2) 및 만포호(8.6km^2) 등 5km^{2}이상의 호수만도 5개 이른다. 인공호수는 관개용수로 이용하기 위해 만든 것과 수력발전용으로 조성된 것으로 수풍호(298.2km^2)를 비롯하여 운봉호(104.9km^2), 장진호(46km^2) 부전호(20.3km^2), 서흥호 등 5km^2 이상의 호수가 25개 정도 조성 되어 있다.

3. 지하자원

북한지역에는 지질적으로 시생대부터 신생대에 걸쳐 여러 지층이 형성되어 있고 지각변동의 영향으로 다양한 광물이 분포되어 있다. 대표적인 광물로는 몰리브덴, 마그네사이트, 흑연, 중석, 금, 은, 철, 아연, 석탄 등을 들 수 있다.

철광석은 함경북도 무산군을 중심으로 황해남도 은률과 재령 일대, 함경남도 허천, 덕성, 북청지구 및 강원도 창도군에 매장되어 있다. 금·은·동은 평안북도 운산, 삭주지구를 비롯하여 북한 전역에 널리 분포되어 있다.

※ 주요 광물 매장현황

구 분	품 위	매 장 량	분 포 지
철(Fe)	20~50%	20~40억 톤	함북 무산, 함남 이원 · 허천, 황남 은율 · 재령, 평남 개천
중석(Wo3)	65%	20~30만 톤	황북 신평, 평남 대흥 · 양덕, 평북 창성
몰리브덴(Mos2)	90%	1,000~3,000톤	황북 수안, 함북 온성, 강원 금강

망간(Mn)	40%	10~30만 톤	함북 부령, 강원 금강
니켈(Ni)	3%	1~2만 톤	함남 정평, 함북 나진
석탄	6,000cal	147억 톤 (무연탄 117억톤, 유연탄 30억톤)	평남 순천 · 덕천 · 개천 · 안주, 평북 구장, 함남 고원, 함북 새별
아연(Zn)	100%	1,000~2,000만 톤	함남 단천, 평남 성천 · 개천, 자강 용림 · 송원 · 위원
금(Au)	100%	1,000~2,000톤	평북 동창 · 운산, 황북 수안 · 연산, 함남 허천, 강원 금강
은(Ag)	100%	3,000~5,000톤	평북 동창 · 운산, 황북 수안 · 연산, 함남 허천, 강원 금강
마그네사이트 (Mgo)	45%	30~40억 톤	함남 단천, 양강 백암 · 운흥
석회석 (CaO	50%	1,000억 톤	함북 회령, 함남 고원

* 출처 : 『조선중앙년감』, 각 년판 종합

특히 북한의 주종 수출품이 되고 있는 아연광은 함경남도 단천과 양강도 등 20여개 지역에 분포되어 있으며, 특히 함경남도 단천군의 검덕광산이 규모면에서 유명하다. 마그네사이트광은 북한지역에 전 세계 매장량의 약50%가 매장되어 있을 정도로 풍부하며, 특히 함경남도 단천군일대에는 노천광산이 많이 산재되어 있다.

북한의 가장 중요한 에너지원이 되고 있는 석탄 역시 북한 전역에 걸쳐 풍부하게 매장되어 있다. 북한지역에 매장되어 있는 석탄은 대부분이 무연탄이며, 유연탄은 함경북도 아오지를 중심으로 하는 북부탄전지대와 평안남도의 안주탄전에서 주로 생산된다.

한편 원유는 매장 가능성은 있으나 경제성 여부는 불투명한 것으로 알려져 있다. 그동안 북한 서부 연안 대륙붕과 동한만에 대한 시험탐사작업이 스웨덴, 영국, 오스트레일리아, 일본 등 외국 석유기업들에 의해 일부 시도 되었으나 별다른 성과를 거두지는 못하였다.

최근 북한은 20만분의 1, 5만분의 1 지질도를 완성하고 지질탐사사업을 강화하는 등 새로운 지하지원 발굴에 적지 않은 노력을 기울이고 있는 것으로 알려지고 있다.[2)]

2) 체취공업성 국가자원개발국 리득호 부국장 인터뷰

4. 기 후

북한의 기후는 사계절의 변화가 뚜렷한 온대지역이나 대륙성 기후의 영향을 받아 겨울철에는 매우 춥고 여름에는 덥다. 그리고 여름에는 습기가 많고 훈훈한 태평양쪽의 남동풍의 영향으로 자주 흐리고 무더우며 겨울에는 차고 건조한 시베리아쪽의 북서풍의 영향으로 춥고 맑은 날씨가 계속된다.

봄과 가을은 대체적으로 따뜻하고 맑은 날씨가 계속되는데 봄철에는 기온의 급상승에 따른 수분증발의 증가로 가장 건조한 시기가 된다. 연중 평균 바람의속도는 전반적으로 초당 약 2~3m 정도로 약한 편이다.

해마다 여름철에는 7~9월중 태풍이 통과하여 적지 않은 풍수해와 해일피해를 초래하기도 한다. 그동안의 주요 태풍으로는 제니스(1995), 올리와(1997), 야니(1998), 바트(1999), 프라피룬·사오마이(2000), 라마순·루사(2002) 등으로 거의 매년 발생하고 있는데, 특히 1995년도에는 태풍이 북한 전역에 피해를 입힌 바 있다.

연평균 강우량은 1,000mm 정도이며 그 가운데 50~60%가 농사철인 6월~8월 사이에 집중으로 내린다.

북한의 연평균기온은 4℃로 한반도 평균기온인 10℃에 비해 낮은 기온의 분포를 보이고 있다. 겨울철 기간은 약 5개월로, 중부지방의 4개월과 남부지방 3개월에 비하여 긴 것으로 나타나고 있으며, 혹한기는 1월로 함경도 회령이 영하 40.9℃이며, 최저기온은 중강이 영하 43.6℃이며 백두산의 경우 1984년 3월에 영하 47.5℃를 기록한 적이 있다.

혹서기는 8월인데 강원도 일대가 고온지대이며, 개마고원은 북쪽에 위치하여 7월에 혹서기 현상을 나타나고 있다. 최근 7월과 8월 사이에 집중호우가 많아지고 또한 한랭전선의 영향으로 여름철 가뭄 현상이 나타나고 있다.

제2절 사회환경

1. 인 구

북한 인구는 약 2,400만 명[3]이며, 인구증가율을 보면 1960년대에는 3.08%의 높은 수준을 유지하다가 1970대부터는 1.70%, 1980년대에는 1.60%, 1990년대 이후에는 1.02%로 점차 낮아지는 추세를 보이고 있다. 이는 지난 1960년대 사회주의 공업화 정책을 추진하는 과정에서 부족한 노동력을 여성인력으로 보충하기 위하여 1980년대까지 출산제한 정책을 추진한데 기인한 것으로 보인다. 특히 1990년대 중반이후부터 인구증가율이 둔화되고 있는 것은 극심한 경제난의 영향으로 여성들의 출산율 저하와 영아사망률 증가가 큰 원인으로 작용하고 있는 것으로 보인다.

지역별 인구 분포를 보면 평양시 및 평안남·북도에 전체인구의 40%이상이 거주하여 서부지역에 인구 집중도가 가장 높으며, 북부내륙지방인 자강도·양강도에는 8.7%가 거주하고 있는 것으로 나타나고 있다. 또한 도시와 농촌으로 나누어 보면 총인구의 61%정도가 도시지역에 집중됨으로써 농촌지역의 노동력 부족을 더욱 심화시키고 있다.

북한의 직업별 인구구성은 1960년대에서 1993년 말 현재까지 공장·기업소 근로자 38.3%에서 63.1%로, 농장원은 44.4%에서 23.5%로, 비생산직 사무원은 14.0%에서 13.4%로 변화되는 추세를 보이고 있다. 이렇게 농업인구는 감소, 공장·기업소 근로자는 증가하는 경향을 나타내고 있다. 이러한 북한 인구의 도시집중은 서방권의 산업화에 따른 도시집중화 현상과는 근본적으로 다른 특징을 갖는다.

북한의 인구정책은 위에서 본 바와 같이 1980년대까지는 출산제한정책을 추진해 왔으며 특히 1983년에는 여성들의 낙태수술을 공식적으로 허용한 바 있다. 그러나 1990년대에 들어와서 경제난이 심화되는 과정에서 아사자 · 영아사망률이 증가하고 더욱이 여성들의 출산기피현상이 나타남에 따라 노동력 확보를 위해 적극적인 다산정책을 취하고 있다. 이에 따라 1996년에는 '산아제한규정'을 변경하여 출산을 장려하고 있으며 다산여성들과 유아들에 대해서는 국가에서 혜택을 제공하고, 낙태수술을 금지하고 있다. 1998년에는 37년만에 '제2차 전국어머니대회'를 개최하여 다산운동을 독려하였다. 또한 "녀성들이 사회주의 건설에서 한쪽 수레바퀴를 떠맡

3) 「2016 국방백서」

고 있다"고 주장하면서 강성대국 건설에서 여성들의 적극적 참여와 출산을 장려하기도 하였다. 또한 북한은 매년 남녀평등권 법령 발표일(7.30)을 즈음하여 여성들의 역할과 다산을 강조해 오고 있다

2. 행정구역

북한은 해방당시 6도, 9시, 89군, 810읍 면의 행정구역이었으나 1952년 12월 행정체계와 행정구역개편을 통해 4단계 행정구역체계(도-시·군-읍·면-리·동)가 3단계(도-시·군·구-읍·리·노동자구)로 여러 차례의 개편을 거쳐 그 수가 증가하였다. 현재 북한의 행정구역은 3직할시(평양 직할시, 나선특별시, 남포특급시), 9도, 25시, 31구역, 145개군, 2개구, 4개지구, 145읍, 3,230리, 1,136개 동, 267 노동자구로 구성되어 있다[4].

북한은 지금까지 약 50여 차례에 걸쳐 행정구역개편은 첫째, 중앙집권제의 강화와 노동력의 효율적 이용, 둘째, 김일성, 김정일가계 우상화를 위한 지명개칭, 셋째, 남한과 같은 수의 행정구역설치 등을 위한 목적으로 추진되어 왔다.

〈행정구역도〉

4) 「북한의 이해」 P19

행정구역개편으로 면적이 넓었던 평안북도, 함경북도, 황해도가 평안북도, 양강도, 자강도, 황해남도, 황해북도로 나누어졌으며, 행정구역 조정 후 도(도인민위원회) 소재지도 자강도 강계시, 양강도 혜산시, 강원도 원산시, 평안남도 평성시, 황해남도 해주시, 황해북도 사리원 등으로 바뀌었다.

한편 김일성, 김정일 가계우상화와 관련하여 지명이 바뀌거나 특이한 지명을 쓰는 곳이 많다. 김일성, 김정일 일가와 관련하여 1982년에 양강도 신파군이 김일성 전처이름을 딴 김정숙군으로, 1988년에 자강도 후창군이 김일성 아버지의 이름을 딴 김형직군으로, 1990년에 양강도 풍산군이 김일성 삼촌의 이름을 딴 김형권군으로 바뀌고, 은덕군, 새별군, 선봉군, 영관군, 낙원군 등도 김 부자의 우상화와 관련된 지명이다.

또한 김 부자의 우상화뿐만 아니라 항일투쟁, 6·25전쟁 등과 관련하여 특이한 지명도 많다. 평양에 있는 개선동, 항미동, 전승동, 전우동, 해방산동, 광복동, 붉은거리동을 비롯하여 북한지역에서 찾아볼 수 있는 승전동, 승리동, 태양리, 봉화리등의 지명이 그것이다.

제2장 북한의 정치

제 2 장 북한의 정치

제1절 정치체제의 특징과 조선로동당

1. 정치체제의 특징

북한의 정치체제의 핵심적 특징은 수령지배체제, 노동당 일당독재체제, 권력세습체제라는 점이다. 김일성,김정일,김정은 수령의 영도하에 노동당 1당독재를 하고 있으며, 2011년 12월 17일김정일 사망이후 김정은이 3대에 걸쳐 권력을 세습하고 있다.

수령 지배 체제

북한은 조선로동당의 기본 노선이 당내 유일사상체계의 확립에 있다고 하면서, "유일사상체계 확신을 위해서는 무엇보다 수령의 유일적 령도를 철저히 실현하는 것이 중요하다"고 하여 유일지배체제를 제도화 하고 있다. 북한사회에서의 수령은 '전당의 조직적 의사의 체현자'이며, '당의 최고 령도자'로 '사회정치적 생명체의 생명활동을 통일적으로 조직하고 지휘하는 령도의 유일 중심'이라고 하여 그 절대적 지위와 역할을 부여받고 있는 것이다.[5]

또한, 수령이 혁명투쟁에서 차지하는 지위와 역할과 관련, '혁명적 수령관'을 제시하여 수령의 지위는 "인민대중의 최고 뇌수이며 통일단결의 중심이며 자주성을 위한 혁명투쟁의 최고 령도자"로 규정된다. 북한은 수령의 '령도의 유일성'이 보장

5) 김정일 논문, "조선로동당은 영광스러운 주체형의 혁명적 당이다"(1982. 10. 17) 참조

되고 있다는 점에 북한식 사회주의 고유의 특성이 있으며, 이로 말미암아 소련 및 동구등의 여타 사회주의국가가 좌절된 것과는 달리 북한식 사회주의제도의 공고성과 불패성이 담보된다고 주장하고 있다.

북한은 이러한 유일 지배체제를 뒷받침하기 위해 사회정치적 생명체 론에 바탕을 둔 '일심단결'과 '수령결사 옹위정신'이나 수령을 위한 '총폭탄정신', '자폭정신' 등으로 무장할 것을 주민들에게 촉구하고 있다.

노동당 1당 독재체제

북한은 "조선로동당을 근로대중의 모든 조직들 가운데서 가장 높은 형태의 혁명조직"이라고 규정하면서 정권기관이나 기타 정치조직으로서의 각종 사회단체들을 강화 발전시켜 나아가기 위해 당의 영도가 필연적이라고 하고 있는 등 이른바 '당국가적' 성격도 가지고 있다.

북한의 권력구조 하에서는 모든 국가권력이 당에 집중되어 있으며, 정권기관은 당에 의해 결정된 정책을 집행하는 집행기구에 불과하다. 이와 같은 북한 정치체제는 여타 사회주의 국가의 권력구조의 일반적 특성과 맥락을 같이 하고 있다.

그러나 김정일 시대에 이르러서도 공식적으로 당대회가 열리지 않고 있으며 당의 활동사항이 외부에 드러나지 않고 있다. 이러한 것은 통치의 수단을 군대에 많이 의존할 수밖에 없는 김정일 개인의 통치스타일에서 비롯된 것으로 보인다.

다만 노동당 조직과 집행기능은 여전히 위력을 발휘하고 있으며 이것이 군부와 함께 현 북한 통치조직의 근간을 이루고 있다.

권력 세습 체제

북한 정치체제의 또 하나의 특성은 '령도의 계승성'에 있다. '령도의 계승성'이란 수령으로서의 사상, 자질, 능력을 이어받은 것으로서 김일성(1994.7월 사망),김정일(2011.12월 사망), 김정은으로 이어지는 3대 권력세습을 하고 있다.

북한은 이미 1970년대부터 권력 세습문제를 정권차원의 중대한 문제로 인식하고 단계적으로 추진하여 왔다. 1990년대 들어서는 김일성 자신이 "김정일 동지가 모든 업무를 맡아서 처리한다"고 말할 정도로 이 문제가 사실상 매듭지어졌다. 이러한 세습체제는 김정일이 1997년 10월 당 총비서가 되고, 1998년 9월 김정일 국방위원장 체제가 공식 출범하였고, 2008년 8월 김정일이 뇌졸중으로 쓰러지면서 2009년

1월부터 김정은에게로 세습을 시작하여 2010년 9월 27일 김정은에게 대장 칭호를 부여하고, 9월 28일 제 3차 당 대표자회에서 당 중앙군사위원회 부위원장에 임명하였으며, 2011년 12월 17일 김정일 사망이후 2011년 12월 30일 김정은을 최고사령관으로 추대하고 2012년 4월 11일 제 4차 당대표자회에서 노동당 제1비서, 노동당 중앙군사위원회 위원장, 노동당 정치국 상무위원, 4월 13일 최고인민회의 제12기 5차회의를 통하여 국방위원회 제 1위원장으로 추대함으로서 김정은 중심의 세습을 완료하였다.

권력승계를 하는 과정에서 북한은 노동당 규약을 개정하여 노동당 제 1비서의 권한과 위상을 기존 노동당 총비서의 권한 및 위상과 동일하게 하였고, 헌법 개정을 통하여 국방위원회 제 1위원장의 권한을 기존 국방위원장 권한과 동일하도록 조치하였다. 또한 김정은은 2012년 7월 18일 원수로 추대되어 김정일이 갖고있던 당 및 군의 주요 지위를 모두 차지하였다. 2016년 5월 제 7차 노동당 대회에서 김정은의 직함을 노동당 위원장으로 변경하였다.

이러한 권력세습은 근대화된 서구사회에서는 물론, 사회주의 국가들 가운데서도 유래가 없는 북한만의 독특한 현상으로서 북한 정치의 전근대성을 보여주는 단적인 예다.

2. 조선로동당

형성과정

북한은 조선공산당이 1925년에 창건되었다고 주장하면서도『조선공산당 서북 5도 당책임자 및 열성자대회』에서 김일성이 기조연설을 한 1945년 10월 10일을 조선로동당 창건일로 공식화하여 1949년부터 '사회주의 명절'로 기념하고 있다.

북한은 동 대회에서 채택한 '정치로선과 조직강화에 관한 결정서'에 따라 10월 13일 '조선공산당 북조선분국'을 창설하였다.

조선공산당 북조선분국은 1946년 4월말에 북조선공산당으로 되었다가, 같은 해 8월 29일에는 중국 연안으로부터 돌아온 조선독립동맹 계열이 중심이 된 조선신민당과 합당하여 북조선로동당으로 발족 되었다.

또한 북조선로동당은 1948년 8월 인민공화국 정권 수립을 위하여 남조선로동당과 연합중앙위를 구성하고 이어 인민공화국 출범 후 1949년 6월 30일에 조선로동당으로 통합되었다.

이념과 목표

조선로동당의 이념과 목표는 역대 당대회를 거치면서 수정을 거듭해 왔다. 북한 정권 창립 이전에 개최된 1, 2차 당대회에서 채택한 당규약은 당의 이념을 명시하지 않은 채, 독립국가 건설과 인민대중의 정치·경제·문화생활 수준의 향상을 당의 목표로 제시하였다.

그러다가 1956년 4월에 열린 제3차 당대회에서 당규약 제1조를 개정하고 마르크스-레닌주의를 당 활동의 최고 지침으로 제시하였다. 또한 조선로동당을 '민족적 독립과 해방을 위하여 투쟁한 조선 인민의 혁명적 전통 계승자'로 규정하면서, '전국적 범위에서 반제·반봉건적 민주혁명의 과업 완수'를 당의 당면목적으로, '공산주의 사회 건설'을 최종 목적으로 내세웠다.

1961년 9월 제 4차 당대회에서는 당의 이념 및 목표에서 큰 변화를 보이지 않았으나, 1970년 11월 제 5차 당대회의 당규약 개정에서는 처음으로 김일성 주체사상을 당의 지도 이념으로 표방하는 변화를 보였다.

1980년 10월 제 6차 당대회에서는 김일성 주체사상만을 당의 유일한 지도 이념으로 명문화하고 '온 사회의 주체사상화'와 '공산주의 사회 건설'을 당의 최종목표로 내걸었다. 26년만에 개최된 2016년 5월 제 7차 당대회에서는 김일성-김정일주의를 당의 지도이념으로 명문화하고 민족해방 인민민주주의 혁명완수와 자주통일을 당의 최종목표로 내걸었다.

〈당 이념 및 목표의 변화 과정〉

당 대 회	지 도 이 념	최 종 목 표
북조선로동당 창립대회(1946. 8. 28~30)	마르크스·레닌주의	• 통일적 독립국가 건설
북조선로동당 제2차 대회(1948. 3. 27~30)	마르크스·레닌주의	• 통일적 독립국가 건설
조선로동당 제3차 대회(1956. 4. 23~29)	마르크스·레닌주의	• 사회주의제도의 수립(대내) • 반제·반봉건 민주주의 혁명(전 한반도)
조선로동당 제4차 대회(1961. 9. 11~18)	마르크스·레닌주의 + 항일무장투쟁의 혁명전통	• 사회주의 제도의 강화발전(대내) • 반제·반봉건 민주주의 혁명(전 한반도)
조선로동당 제5차 대회(1970. 11. 2~13)	마르크스·레닌주의 + 김일성 주체사상	• 사회주의 제도의 승리(대내) • 민족해방 민주주의 혁명수행
조선로동당 제6차 대회(1980. 10. 10~14)	김일성 주체사상	• 사회주의의 완전 승리(대내) • 민족해방 인민민주주의 혁명완수
조선로동당 제7차 대회(2016. 5. 6~9)	김일성-김정일주의	• 민족해방 인민민주주의 혁명완수 • 자주통일

핵심조직

조선로동당의 조직·운영은 당원의 합의보다는 수령을 정점으로 한 소수집단의 하향식 지시에 따르는 운영체계로 점차 바뀌면서 1인 독재를 위한 제도적 보장장치로 기능해 왔다. 조선로동당 발족 초기에는 당대회와 당중앙위원회가 주요 권한을 행사해왔으나, 1956년 제 3차 당대회 이후부터는 당중앙위원회 '정치위원회'의 권한이 커졌으며, 1966년 10월 당중앙위원회 '비서국'이 신설되면서부터는 당의 운영이 김일성의 지시를 받는 비서국 중심 체제로 전환되었다. 또한 1980년 제 6차 당대회에서 개정된 당규약에 따라 당중앙위원회 '정치위원회'를 '정치국'으로 바꾸고 그 안에 '상무위원회'를 신설해 핵심적인 기능을 수행하도록 하였다. 조선로동당 발족 초기 당대회는 매년 1회 당중앙위원회 전원회의는 3개월에 1회씩 개최하는 것으로 규정하였다. 현재는 제 7차 당대회에서 개정된 당규약에 따라 당대회는 5년에 1회, 당중앙위원회 전원회의는 6개월에 1회 이상 소집하며, 필요에 따라 규정된 기간보다 빨리 또는 늦게 소집할 수도 있게 규정되어 있다.

대회별	개최일자	당원수(명)	인구대비	대표수(명)	주 요 안 건
제 1차 당대회	1946. 8.28~30 (3일)	366,000	4%	801	• 북조선 공산당과 신민당 합당문제 • 북조선로동당 강령 및 규약 채택
제 2차 당대회	1948. 3.27~30 (4일)	725,762	8%	999	• 북조선로동당 규약 개정
제 3차 당대회	1956. 4.23~29 (7일)	1,164,945	10%	914	• 평화통일선언 채택 • 조선로동당 규약 개정
제 4차 당대회	1961. 9.11~18 (8일)	1,311,563	17.5%	1,230	• 경제발전7개년계획 채택 • 평화통일선언 채택 • 조선로동당 규약 개정
제 5차 당대회	1970. 11.2~13 (12일)	1,730,000	11.4%	1,871	• 경제발전6개년계획 채택 • 조선로동당 규약 개정
제 6차 당대회	1980. 10.10~14 (5일)	3,220,000	12.2%	3,220	• 김정일의 공식 등장 • 고려민주연방공화국 창립방안 제안 • 조선로동당 규약 개정
제 7차 당대회	2016. 5.6.~9	3,500,000	14.5	3,500	• 김정은「노동당위원장」선출 • 핵보유국 선언 채택 • 조선로동당 규약 개정

* 출처 : 당대회 대표 자격심사위원회 심사결과 보고 ;「조선중앙년감」;「로동신문」

당세의 변화

'조선공산당 북조선 분국'은 창설 초기에 4,530명의 당원을 가진 전위조직으로 출발하였다. 그 후 1946년 북조선로동당 창립대회 개최 시 조선신민당과의 합당을 계기로 당원의 급속한 증가를 보인이래 1952년 12월 당중앙위원회 제 5차 전원회의 때에는 100만 당원을 확보하고, 약 5만 개의 세포조직을 갖추게 되었다. 6·25전쟁기간 중 출당과 전사 등으로 인한 당원 감소에도 불구하고 1950년 7월부터 1952년 11월까지 당원 수는 오히려 45만명이나 증가하였으며, 당시 신입 당원이 전체 당원의 40%나 될 정도로 대규모의 당원 증가가 이루어졌다. 그러나 이 같은 당원의 대량 증가는 자연히 질적 저하 현상을 가져 왔는바, 신입 당원의 반 이상이 문맹자로 당원들에 대한 정치사상 교양사업의 강화가 가장 큰 과제로 대두되었다.

북한은 1961년 9월에 개최된 제 4차 당대회시 당원수 1,311,563명, 당세포 수 65,000개로 공식 발표한 이후 지금까지 당세에 관한 공식 통계를 발표하지 않고 있다. 그러나 1980년 10월 제 6차 당대회에 참가한 당대표 중 결의권 대표수와 결의권 대표의 선출 비율을 감안하면 당시 당원 수는 약 320만 명 정도로 추정되며, 또한, 이를 기준으로 1개 세포당 평균 당원수를 15명으로 계산할 경우 당시 당세포수는 21만개 정도 조직 되었다고 볼 수 있다. 2016년 5월 제 7차 당대회에 참가한 당대표 중 결의권 대표수와 결의권 대표의 선출 비율을 감안하면 당시 당원 수는 약 350만 명 정도로 추정되며 최근 북한은 당세포 수를 막연히 '수십만 개에 이른다'고 하고 있다. 이와 같은 당원 수의 대폭 증가는 김정은의 권력 기반을 공고화하기 위한 '3대혁명 소조원'등 전후세대의 대거 입당과 산업구조 및 업무의 다양화로 각급 기관과 공장·기업소에 대한 당의 지도 통제를 강화하기 위한 당원 증가의 필요성에서 비롯된 것으로 보인다.

제2절 권력구조와 정부형태

1. 개 요

사회주의 국가의 보편적 특성은 국가의 권력이 당에 집중되어 당 주도의 국가체계로 운영된다는 점이다. 북한의 경우에도 예외는 아니어서 조선노동당은 최고의 위상과 권한을 지닌 국가권력의 원천으로 타 국가기관이나 단체 및 군부보다 상위에 위치한다. 그리고 모든 국가 정책들은 당의 지도와 통제 하에서 추진된다.

당이 국가정책 결정기능을 총괄적으로 관리하는 상황에서, 입법부 기능의 최고인민회의, 행정부 기능의 국무위원회와 내각, 사법부 기능의 재판기관은 국가정책과 관계된 법 제정과 집행 및 해석의 기능을 수행한다. 이러한 3부의 구분에도 불구하고 조선노동당의 일당독재로 특성화되는 북한에서 민주주의 정치의 운용원칙인 권력분립이나 견제와 균형은 의미를 갖기 어렵다. 사회 내 부분 이익들을 대변하는 파당들 간의 대립을 전제로 한 다원적 민주주의의 원칙 자체가 극도의 사회 유기체성을 강조하는 전체주의 사회와는 순응하기 어렵기 때문이다.

북한은 3개의 거대한 관료조직을 보유하며, 이들을 통한 국가주의적 통치를 실시하고 있다. 320여만 명의 조선노동당 조직과 119여만 명에 이르는 조선 인민군 조직, 그리고 입법부·행정부·사법부를 포괄하는 정부조직은 북한 국가체계의 명실상부한 토대를 구성하고 있다.

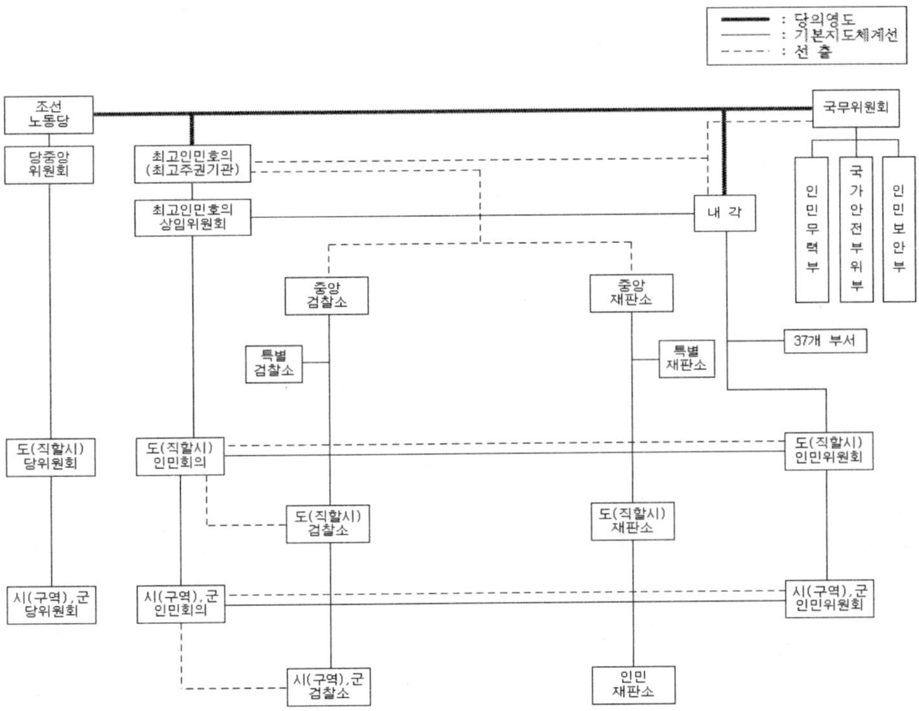

자료 : 통일부, 「북한권력기구도」, 2017. 2.

2. 조선 로동당 조직체계와 기능

조선노동당의 공식적 최고의사결정기구는 당대회이다. 당규약은 당대회가 "당노선과 정책 및 전략전술에 관한 기본문제를 결정"하도록 규정하고 있다. 그러나 실제로는 당 중앙위원회나 정치국이 내리는 결정을 사후적으로 추인하는 형식적 기능을 수행하고 있다.

당대회는 5년에 한 번씩 개최하는 것을 원칙으로 하지만 이 원칙은 잘 지켜지지 않고 있다. 1946년 제 1차 당대회 이후 1980년까지 총 6차례의 당대회가 소집되었으나, 이후 현재까지는 당대회가 개최되지 않고 있다. 북한은 당대회를 통해 당원과 인민을 교육 시키고 당의 업적이나 과업을 널리 선전하며 당에 대한 지지를 제고하는데 주력한다.

〈조선로동당 조직체계〉

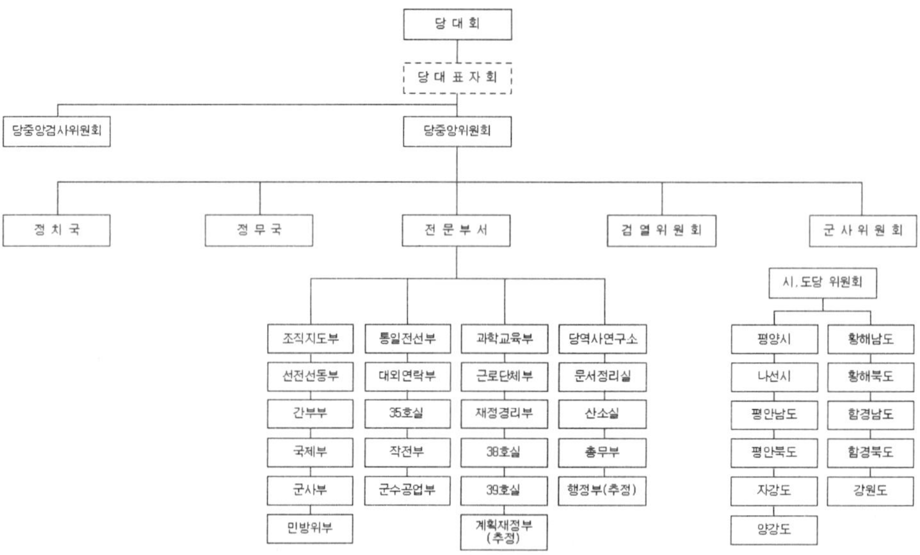

자료 : 통일부, 「북한권력기구도, 2017. 2.」

당 대표자회는 당 대회와 당 대회 사이에 당의 노선과 정책 및 전략·전술의 중요한 문제들을 토의·결정하며 당 중앙지도기관 구성원을 소환하고 보선하기 위해 당 중앙위원회가 소집하는 회의로 규정되어 있다. 제3차 당 대표자회(2010.9.28)를 통해서는 김정일 당 총비서 재추대, 당 규약 개정, 당 중앙 지도기관 선거 등이 핵심 의제를 다루어졌으며, 당 대표자회 개최 결과로서 '김정은 3대 세습의 공식화'를 비롯해 당 중앙위원회 의원, 정치국·비서국·당 중앙군사위원회 등 당 지도체제 재편 등이 이루어졌다.

김정일 사후 2016년 5월 제 7차 노동당 대회에서 김정은은 노동당 위원장(당 중앙군사위원회 위원장 겸직), 정치국 위원, 정치국 상무위원회 위원에 추대됨으로써 당·군의 최고직위로 등극하였다. 제4차 당 대표자회에서 개정된 당 규약은 서문에 "'김일성-김정일주의'를 유일지도사상으로 하고, 온 사회의 김일성-김정일주의화를 당의 최고강령으로 하며, 김정은 영도따라 주체혁명 위업의 승리를 위해 투쟁함" 등의 내용을 담고 있다.

구분	개 최 기 간	주 요 안 건
제1차 당대표자회	1958.3.3~6(4일)	• 인민경제 5개년 계획 • 당의 통일과 단결 강화 • 당 조직문제 등
제2차 당대표자회	1966.10.5~12(8일)	• 현 정세와 당의 과업 • 사회주의 경제건설을 위한 당면과업 • 조직문제 등
제3차 당대표자회	2010.9.28(1일)	• 김정일 당 총비서 재추대 • 당 규약 개정 • 당 중앙지도기관 선거 ※ 김정은을 당 중앙군사위원회 부위원장에 임명
제4차 당대표자회	2012.4.11(1일)	• 김정일 영원한 당 총비서 추대 • 김정은 당 제1비서 추대 (당 중앙군사위원장 겸직) • 당 규약 재정 ※ 김일성 · 김정일주의 유일지도사상 명문화 • 당 중앙지도기관 보선·선거·임명

자료: 통일부, 당 대표자회 개최 현황 2013.2

당대회가 열리지 않는 기간 동안 당 중앙위원회는 최고지도기관의 역할을 대행하며 모든 당 사업을 주관한다. 당 중앙위원회는 전원회의를 6개월마다 1회 이상 소집 하도록 되어 있으며, 전원회의가 개최되지 않는 기간 동안 그 권한은 당 정치국과 당 정치국 상무위원회로 위임된다. 당 중앙위원회는 당대회에서 선출된 정위원·후보위원·준위원으로 구성되며, 이들이 모두 참여한 중앙위원회 전원회의는 당내외 문제들을 논의·의결한다. 또한 전원회의는 당 총비서, 당 정치국 위원과 정치국 상무위원회 위원 및 당 중앙위원을 선출하며, 당 비서국과 당 중앙군사위원회를 조직하는 권한도 부여받고 있다.

조선노동당의 지방조직은 수직과 수평의 지배관계가 함께 구조화된 다층집권체제의 형태를 취하며 전국적으로 형성되어 있다. 다시 말해, 각급 당 위원회는 상하 당위원회에 대해 철저한 위계구조를 형성하면서, 다른 한편으로 동급의 여타 국가기관이나 사회단체에 대해 절대적 지배력을 행사한다. 이 같은 중첩적 위계구조는 당의 조직력 강화에 효율성을 부여하기는 하지만 대신 조직의 경직성을 가져오는 약점을 수반한다. 만약 상명하달의 정점 혹은 중간 매듭에서 독단이 야기되는 경우 이러한 위계구조가 초래하는 역기능은 현저할 수밖에 없다.

당 중앙위원회 밑에는 도. 시 및 군당 위원회를 거쳐 초급당 위원회, 분초급당위원회, 부문당 위원회, 그리고 최하 기층조직인 당세포가 존재한다, 각 단위별 당위원회는 해당 관할지역 내에서 중앙당의 축소판인 자체 조직구조들을 운용하며 절대적 권력을 행사한다. 각 단위지역 내 권력은 해당 당위원회의 책임비서에게 집중되는 것이 일반적이지만, 하부 단위로 내려갈수록 당비서 보다는 행정책임자의 권한이 강화되는 경향도 발견된다. 특히 북한 경제상황이 악화되어 주민들에 대한 당의 생계지원 기능이 위축되거나 상실되면서 당의 사회 장악력이 약화되고, 더불어 당비서의 권한도 제약되는 현상이 엿보이고 있다.

3. 행정, 군 및 기타 단체와의 관계

북한의 권력구조는 집중적 권력을 지닌 당을 중심으로 구성되기 때문에 정부기관들은 당에 의해 결정된 정책을 입법화하고 집행하며 평가하는 역할을 담당한다. 정부기관들에 대한 당의 통제는 통상 당 관료가 행정관료 등을 겸하는 겸직장치와 더불어 정부기관의 각 부서에 상응하는 당내 기구 설치를 통한 견제와 사찰로 이루어진다. 북한은 정부의 행정영역에 대해 당의 지도를 강화하는 것이 사회주의체제를 유지·발전시키는 토대라고 강조한다. 이를 위해 당 조직들은 해당 단위의 정책을 추진하며, 추진된 정책은 당 사업과 밀접히 결부시키도록 요구 받는다.

군부와의 관계에 있어서도 당은 조선노동당 규약에 따라 군부를 통제하는 지위를 부여받고 있다. 당 중앙군사위원회와 당 비서국은 군 전력 및 군수산업과 관련된 제반 사항에 직·간접적으로 간여하고 있다. 군부 통제를 위해 당은 군대 각급 단위에 당 조직을 설치하고 정치위원 혹은 정치지도원을 파견한다. 조선인민군 내에는 당의 정치사업을 주도·관리하는 총정치국이 있으며, 총정치국은 인민군 내의 각급 당위원회 및 조직을 총괄한다. 한편, 당 지도부의 실질적 관할 하에 있는 '김일성사회주의청년동맹'이 군내에 조직되어 당의 군부 통제기능을 보강한다.

한편, 조선노동당은 여타 사회단체 및 조직에 대해서도 지도와 통제를 행사한다. 북한 헌법 제67조에 따르면 "국가는 민주주의적 정당·사회단체의 자유로운 활동조건을 보장한다"고 규정하고 있다. 그러나 실제적으로 북한의 정치 및 사회단체들 중 다수가 실체 없는 명목상의 단체이거나 조선노동당의 직접적 지도와 통제 하에 있는 준국가단체의 성격을 지닌다. 북한의 소수정당이라 일컫는 조선사회민주당이나 조선천도교청우당도 유명무실한 단체로서 기껏해야 조선노동당의 위성정당으로 평가될 뿐이다.

근로대중 조직으로는 조선 민주여성동맹, 조선 직업총동맹, 조선 농업근로자동맹 등이 있다. 이들 단체들은 조선노동당의 외곽단체로서 당과 인민의 연결고리로, 인민의 사상교양을 주도하며 당의 충실한 전위대 역할을 수행하고 있다. 이 외에 당 통일전선부 산하 조국평화통일위원회, 조선 아시아태평양 평화위원회, 조국 통일민주주의전선, 민족화해협의회 등과 같은 통일 관련 단체들도 사실상의 준국가단체로서 조선노동당의 지휘체계 내에서 제한적 범위의 활동을 수행하고 있다.

4. 주요기관

가. 당 중앙위원회

노동당의 중앙조직으로는 당대회와 당중앙위원회가 있는데, 당대회는 5년에 한 번씩 열리게 돼 있는 비상설기구인 반면 당대회와 당대회 사이에 최고기관 역할을 하는 상설기구가 바로 당 중앙위원회다.

당중앙위원회는 당규약에 따르면 당 전체에 유일사상체계를 철저히 확립하고, 당의 노선과 정책을 수립하고 그 수행을 조직, 지도하도록 명시되어 있다. 뿐만 아니라 당과 혁명대열을 공고히 하고, 행정 및 경제사업을 지도·조정하며, 혁명적 무력을 조직하여, 그들의 전투능력을 높이도록 되어 있다. 그 밖에도 정당 및 국내외 기관의 활동에서 당을 대표하며 당의 재정을 관리하는 임무를 수행한다.

당중앙위원회 전원회의는 1년에 1회 이상 소집된다. 당중앙위원회 전원회의는 해당 시기에 당이 직면한 중요 문제 등을 토의·결정하며, 당 총비서, 당정치국 위원과 정치국 상무위원회 위원 및 당중앙 위원을 선거하고, 당중앙위원회의 정무국과 중앙군사위원회를 조직하는 일 외에도 당중앙위원회 위원 보선 등을 맡아 하기 때문에 당 중앙위원회에서 최고 의사결정기구로서의 기능을 수행한다고 볼 수 있다.

노동당은 최고인민회의, 국무위원회, 내각, 중앙검찰소, 중앙재판소 등의 인사권을 장악함으로써 이 국가기관들을 통제하고 있다는 점은 잘 알려진 사실이다.

나. 정치국

정치국은 당 중앙위원회 전원회의와 전원회의 사이에 당중앙위원회 명의로 당의 모든 사업을 결정하고 조직,지도하는 당의 최고 정책결정기관이다.

당중앙위원회에서 선출된 정치국 위원과 후보위원으로 구성되는 정치국은 통상 일부 노동당 비서들과 군부의 주요 간부 및 내각 등 행정·경제기관의 책임자, 그리고 일부 도(직할시) 당 책임비서 등 당 · 정 · 군 책임간부들로 구성되어 있다. 정치국은 정치국 회의를 통해 당과 국가의 중요한 정책을 심의 · 결정하는 최고 의사기구로서의 기능을 수행한다. 자유민주주의체제에서 집권당의 주요 정책실무자들과 국무위원회들이 참석하여 진행하는 당·정협의회와 비슷한 기능을 수행한다고 보면 된다.

다. 정무국

정무국은 당 내부사업등을 토의하고 결정하며, 그 집행을 조직 지도하는 기관이다. 정무국 인원은 당의 실권자인 위원장 1명과 부위원장 9명 내외로 구성된다.

라. 당 중앙군사위원회

북한의 조선노동당 규약은 당이 군부를 통제하도록 규정하고 있다. 즉 당 중앙군사위원회와 함께 군대내 각급 단위에도 당조직을 두고 있다. 또한 '인민군 당위원회' 집행기구로서 당의 정치사업을 유일적으로 조직·지도하는 총정치국이 있으며,

대대급 이상에는 정치부가 있다. 이처럼 노동당은 여러 조직을 통해 군을 지도·감독함으로써 군에 대한 막강한 통제력을 행사하고 있으며, 군대 내에는 당의 지도를 받는 김일성 사회주의 청년동맹(구 '사로청')이 있다.

당 중앙 군사위원회는 조선인민군 당위원회를 장악, 지도하며, 조선인민군 당위원회의 집행기구 인 총정치국을 통해 인민군대 내의 각급 당위원회와 조직을 통제하고 있다. 또 군단과 사단, 여단(독립 연대)까지 중앙 군사위원회에서직접 임명된 정치위원이 파견돼 있다.[6] 일부에서는 인민군 내당조직이 조선노동당 중앙위원회 산하 기구들의 지도와 통제를 받는 대신에 김정은의 직접 지도와 통제하에 있으며 당내 조직지도부, 간부부, 군사부 등이 제도적 메커니즘을 통해 인민군내 정치조직(당조직)을 장악하고 있다는 근거가 없다고 주장한다.[7]

그러나 주요 군사문제와 관련된 결정이 여전히 당 중앙 군사위원회의 이름으로 이루어진다는 점, 당 중앙군사위원회 위원으로 당 조직지도부 군사부문의 직접적 지시와 통제를 받는 군부 내 당조직이라고 보는 것이 타당할 것이다.

마. 최고인민회의

최고인민회의는 북한 헌법상 북한의 최고 주권기관이다. 헌법이 규정하는 최고인민회의의 가장 대표적인 권한은 역시 입법권으로 헌법 및 법령을 채택 및 수정하며, 최고인민회의가 휴회 중일 때는 최고인민회의 상임위원회도 입법권을 행사할 수 있다.

입법권 외에도 최고인민회의는 대내외 정책의 기본원칙을 수립하고 주요인사를 선거 및 소환한다. 최고인민회의는 이른바 인민경제발전계획과 국가예산을 승인하며, 전쟁과 평화에 관한 문제도 결정한다. 최고인민회의는 국무위원장, 최고인민회의 상임위원회 위원장·서기장·위원, 내각총리, 중앙재판소 소장, 중앙검찰소 소장 등을 선거 및 소환한다.

최고인민회의 대의원은 인구 3만 명당 1명의 비율로 선출되며 임기는 5년이다. 대의원 선거는 노동당이 결정한 단 1명의 후보를 놓고 찬반 투표를 할 뿐이기 때문에 이른바 '인민의 자유로운 의사표현'과는 거리가 멀다.

대의원들은 1년에 1~2회씩 정기회의와 임시회의에 소집된다. 임시회의는 대의

6) 김구섭 · 차두현, 북한의 권력구조와 권력엘리트(서울: 한국국방연구원, 2004), p.90
7) 김성철 · 북한 간부정책의 지속과 변화(서울: 민족통일연구원, 1997), p.60

원의 3분의 1이상의 요청이나, 최고인민회의 상설회의가 필요하다고 인정할 때 소집되는데, 회기는 통상 23일이다. 역대 최고인민회의 개최 현황 및 토의 안건에서 볼 수 있는 바와 같이 회기 일수, 안건 성격 등을 고려할 때 최고인민회의는 명목상의 권한만 갖는 형식적인 추인기관에 불과하다고 볼 수 있다. 더구나 앞서 말한 대로 최고인민회의 개최 직전에 당중앙위원회 전원회의가 열려 전반적인 인사이동은 물로 주요 사안을 사전에 토의한다.

최고인민회의가 휴회 중일 때는 최고인민회의 상임위원회가 업무를 대행하는데 이는 위원장, 부위원장, 서기장, 위원으로 구성되며, 약간의 명예부위원장을 둘 수 있다. 참고적으로, 상당한 수의 상임위원회 위원들이 노동당의 외곽단체 대표들로 구성되는 것과 대조적으로 상임위원회 산하의 부문별 위원회 위원장은 당중앙위원회 비서국 비서가 담당하고 있는 점에 유의 할 필요가 있다. 즉, 상임위원회보다는 위원회 활동이 정치적으로 비중이 더 크다고 볼 수 있다.

바. 국무위원회

국무위원회는 기존의 국방위원회에서 2016년 6월 최고인민회의를 개최하여 국무위원회로 명칭이 바뀌었으며, 수행업무는 국가의 전반적 무력과 국방 건설사업을 지도하며, 국방부문의 중앙기관을 설립하거나 없애며, 중요 군사간부를 임명 또는 해임한다. 또 유사시에는 전시상태와 동원령을 선포한다.

국무위원회 위원장은 김정은이며, 일체 무력을 지휘 통솔하며 국방사업 전반을 지도한다. 그러나 북한 군의 지휘체계는 이원화되어 있는 점에 유의해야 한다. 국가 권력기구인 국무위원회, 인민무력부, 각급 군부대 지휘관에 이르는 군사지휘체계와 당중앙위원회로부터 각급 군조직 내 노동당 조직 및 기관까지의 정치지도체계가 각기 다른 계선상에서 주어진 역할을 수행한다. 따라서 북한의 주요 군사정책을 심의하고 결정하는 기능을 하는 기구는 헌법기구인 국무위원회 외에 당중앙위원회 군사위원회를 빼놓을 수 없을 것이다.

당중앙위원회 군사위원회는 1962년 12월 4대 군사노선을 실현하기 위한 당의 기구로 설치되어 군의 각급 부대의 당조직 전체를 지휘하는 군사 부문의 최고 당정책 결정기구인데, 당규약 제27조에 따르면, 군사위원회는 당 군사정책 대행방법을 토의·결정하며 인민군을 포함한 전무장력 강화와 군수산업 발전에 관한 사업을 조직·지도하며 군대를 지휘하도록 되어 있다.

〈북한의 행정체계〉

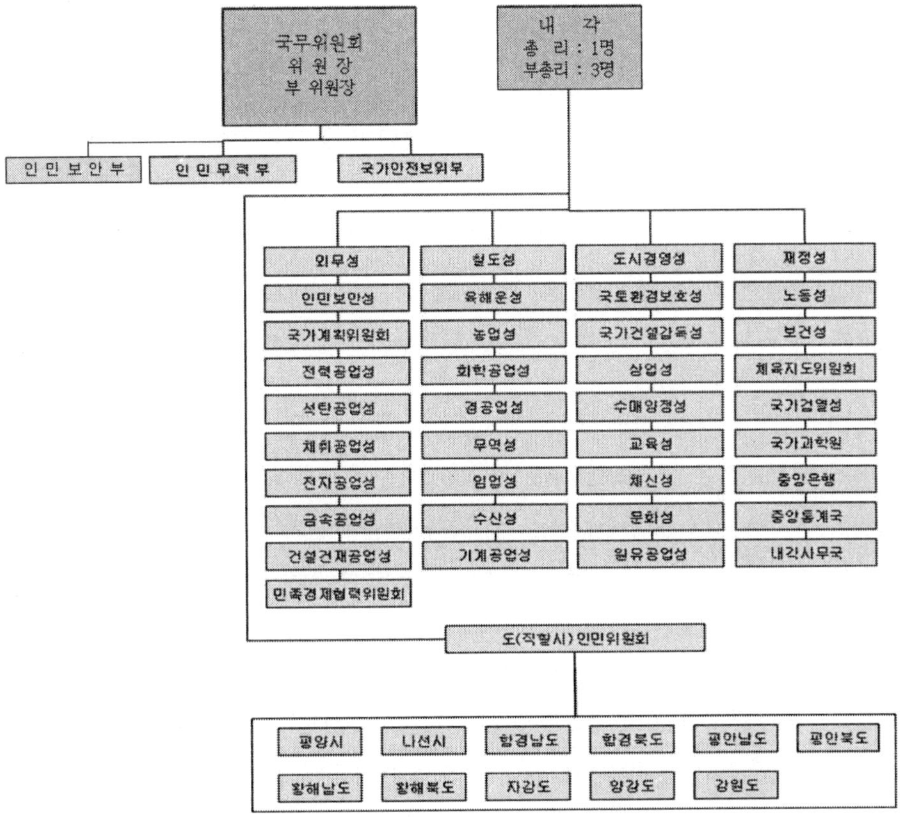

북한의 군대는 당 및 사찰기관과 더불어 북한체제를 떠받치는 중심 기둥에 해당한다. 병영(兵營) 국가의 한 전형으로 불릴 만큼 북한의 군대는 이 세 기둥중에서 가장 중심적인 역할을 하고 있다.

사회주의이론에 따르면, 군대는 당에 종속되어 있다. 군대는 정치 목적의 실현 도구일 뿐이다. 그럼에도 불구하고 군대는 정권의 정당성을 강화하는데 기여 할 수도 있으며, 또 정책결정과정에 직접 참여하기도 한다. 전체적으로 보면, 군대라는 무력이 당을 뒷받침하고 있어야 체제가 안정적일 것이라는 점은 너무나 자명하다. 북한의 현실은 이러한 일반적인 성향을 초월하여, 마치 체제를 이끌고 있는 것은 당이 아니라 군부가 아닌지 의혹을 불러일으킬 정도이다.

한편, 국무위원회의 산하기구로 알려지는 국가안전보위부는 김정은 체제의 유지를 위한 전형적인 감시 및 통제기구이다. 국가안전보위부는 중앙으로부터 도·시·군에 이르기까지의 모든 국가기관, 정당, 사회단체에 산하조직을 두고 있다. 인민군도 예외는 아니다. 국가안전보위부 조직이 대대급까지 편성되어 있다. 그 이하 부대인 중대 및 소대급에는 지도요원이 임명되어 있다.

군인 신분인 국가안전보위부 조직원들은 군대 내에서 외국 간첩의 적발과 대간첩 작전계획, 반혁명 태업 및 파괴에 대한 예방 활동, 부대원들의 정치적 내사 및 유일사상 위반자 색출, 각 요원의 활동 감시, 부대의 장비 및 전투 준비의 감독, 군사 기밀의 보호유지, 범죄 예방 및 수사 처리 등의 사업을 하도록 규정되어 있다.

사. 내각

북한의 행정기관은 우리의 정부 부처에 해당하는 내각과, 우리의 지방자치단체에 해당하는 도, 시, 군(구역, 구), 리(읍, 동)인민위원회 등으로 구성되어 있다.

내각은 최고 주권의 행정적 집행기관이며 전반적 국가 관리기관이다. 내각은 자기사업에 대하여 최고인민회의와 그 휴회 중에 최고인민회의 상임위원회 앞에 책임지도록 되어 있다. 그러나 1992년에 헌법에 비하여 '전반적 국가관리기관'의 권한을 추가로 확보함으로써 그 위상이 상대적으로 강화되었다. 또한 더 이상 과거의 주석, 중앙인민위원회의 통제를 벗어난 독립적 헌법기관이 된 것이다.

내각은 총리, 부총리, 위원장 및 상들과 그 밖에 필요한 성원들로 구성되며 임기는 5년이다. 총리는 최고인민회의에서 선출되며, '정부대표'권한을 갖는다.[8] 부총리, 위원장, 상 그 밖의 내각성원들은 총리의 제의에 의하여 최고인민회의가 임명한다.

아. 사법기관

북한의 사법제도는 중앙재판소를 정점으로 그 아래 도(직할시) 재판소, 지구 인민재판소 및 특별재판소로 구성되어 있다. 검찰조직도 사법조직과 동일한 체계로 편성되어 있다. 그러나 사법기관의 조직체계 및 관계법령상의 규정만 가지고는 북한의 사법제도 본질과 운영의 실제를 파악하기는 힘들다.

8) 사회주의 헌법, 제120조

북한의 사법기관은 무엇보다 노동당의 사법정책을 집행하는 프롤레타리아 독재의 강력한 무기로 기능하는 점에 유의해야 한다. '계급적 독재 실현에 복무하는 법을 해석 및 적용하고 집행하는 재판기관들의 권력적 활동' 이라고 북한의 사법 개념은 규정된다. 즉, 법 집행이 노동당에 전적으로 예속되어 있는 것이다. 사망 전에 김일성은 "당의 령도를 받지 않고서는 법을 옳게 집행할 수 없다"라고 못을 박았을 정도였다.

헌법 제162조에 따르면, 모든 재판소의 재판사업을 감독하게 규정되어 있는 중앙재판소는 자기 사업에 대하여 최고인민회의와 그 휴회 중에 최고인민회의 상임위원회 앞에 책임지도록 되어 있다. 비록 헌법 제160조에서 '재판소는 재판에서 독자적'이라고 규정하고 있으나, 실제에 있어서 재판의 독립성이 보장된다고 볼 수 없다. 우선 재판업무를 담당하는 재판원이 법률적 자격을 갖춘 1명의 판사 이외에 2명의 '인민참심원'으로 구성되는 북한 특유의 제도가 있다. 인민참심원은 노동당이 지배하는 인민회의에서 선출되는 것임을 감안할 때, 재판의 최종 결과에 대한 당의 영향력이 절대적임을 알 수 있다.

즉, 노동당이 실질적으로 선출하는 인민참심원은 재판 과정에서 당의 통제를 구현하는 것이다. 이런 형태의 당의 통제는 검찰기관에서는 보다 제도화된 형태로 이뤄진다. 각급 검찰소는 초급 당조직을 가지고 있는데, 당중앙위원회는 이 초급 당조직을 통해 각종 지시와 정책을 하달한다. 검사의 경우도 의무적으로 각종 당대회, 학습회, 연구회 등에 참가해야 한다.

검찰소는 헌법 제150조에 따라 기관, 기업소 단체와 공민들이 국가의 법을 정확히 지키는가를 감시하며 범죄자를 비롯한 법 위반자를 적발하고 법적 책임을 추궁한다. 이를 통해 국가의 주권과 사회주의제도, 국가와 사회협동단체 재산, 인민의 헌법적 권리와 생명재산을 보호한다고 명시되어 있다. 중앙검찰소는 최고인민회의와 그 휴회 중 최고인민회의 상임위원회 앞에 책임진다.

북한의 사법 및 검찰기관은 노동자, 농민을 비롯한 인민의 주권과 재산, 생명을 보호하는 기능을 담당하지만 궁극적으로는 사회주의체제를 보호하고 유지하는 기능과 당정책을 집행하고 당노선을 실천하는 프롤레타리아 독재체제의 한 기관으로 기능하는 측면이 강하다. 이러한 해석은 각종 교화소 및 정치범 수용소 운영 실태를 보면 설득력을 갖는다.

교화소는 범죄를 저지른 사람들을 수용하기 위한 시설인데 수감자 대부분이 경제사범이나 정치사범이라는 점이다. 그들에게는 면회, 사식이 전면 금지되며, 출소 후에도 감시와 제재를 받는다. 교화소는 각 도마다 1개씩 설치되며, 국가보위부가 이들을 관할한다. 한편, 요덕, 정평, 덕성, 온성 등 여러 곳에 산재하는 소위 정치범 수용소에는 반당·반혁명분자로 지목되어 강제로 수용된 사람들이 무려 20여 만 명이나 감금되어 있는 것으로 알려지고 있다. 결국, 북한의 사법기관은 자유민주주의 사회의 일반화된 현상인 사법기관의 독립과는 거리가 먼 채 노동당의 사법정책을 집행하는 프롤레타리아 독재의 수단이라고 볼 수 있다.

제3절 주 체 사 상

1. 형성배경

주체사상은 북한의 정치, 경제, 사회, 문화와 주민가치 및 생활영역에 이르기까지 전 영역에 영향력을 미쳤다. 북한은 그동안 노동당 규약과 헌법에 주체사상을 유일한 지도사상, 활동의 지도적 지침으로 규정하여 왔다. 2009년 개정 헌법에서는 주체사상을 선군사상과 더불어 “자기활동의 지도적 지침으로 삼는다.”라고 명기하였고, 2010년 노동당 규약의 전문에 “조선로동당은 주체사상을 유일한 지도사상으로 하는 주체형의 혁명적 당이다.”라고 규정하였으며, 2011년 12월 김정일이 사망하고 김정은이 후계자로 등장한 이후 2012년 4월 개정된 노동당 규약 서문에서는 당의 유일한 지도사상으로 주체사상 대신 ‘김일성-김정일주의’를 표방하고 있다.

‘주체사상’의 형성배경을 보면 자연적인 결과가 아니라 정치적 상황과 필요에 의해 출현했다고 할 수 있다. 왜냐하면 북한 통치 엘리트들이 국내정치 및 대외관계의 상황에 대처하기 위해 ‘주체’를 제기 했기 때문이다.

‘주체’라는 개념이 처음으로 제기된 것은 1955년 12월 28일 당선전선동 일군들 앞에서 “사상사업에서 교조주의와 형식주의를 퇴치하고 주체를 확립할데 대하여”란 제목으로 행한 김일성의 연설에서였다. 이 연설은 주로 사상 사업에서의 주체를 강조하면서 소련파, 연안파 등의 과오를 주체적인 기준에서 비판했는데, 연설 내용에 당시 북한이 '사상에서의 주체'를 들고 나올 수밖에 없었던 점이 잘 나타나 있다.

"우리 당 사상사업에서 주체는 무엇입니까? 우리는 무엇을 하고 있습니까? 우리는 어떤 다른 나라의 혁명도 아닌 바로 조선혁명을 하고 있는 것입니다. 이 조선혁명이야말로 우리 당 사상사업의 주체입니다. 그러므로 모든 사상사업을 반드시 조선혁명의 리익에 복종시켜야 합니다. 우리가 소련 공산당의 력사를 연구하는 것이나 중국혁명의 력사를 연구하는 것이나, 마르크스-레닌주의의 일반적 원리를 연구하는 것이나 다 우리혁명을 옳게 수행하기 위해서 하는 것입니다. 조선혁명을 하기 위해서는 조선력사를 알아야 하며, 조선의 지리를 알아야하며, 조선인민의 풍속을 알아야 합니다. 소련에서 나온 사람들은 소련식으로 중국에서 온 사람들은 중국식으로 하자고 하였습니다.[9]) 이 시기는 소련의 심한 내정간섭과 거기에 편승한 당내 파벌투쟁, 전쟁으로 인한 국내경제문제 등 북한정권이 총체적 위기에 처해 있었던 시기라고 볼 수 있다.

이에 김일성은 1956년의 '8월 종파사건'을 전후해서 소련이나 중국에 의존하면서 김일성 중심체제에 반대하던 자들을 당의 단결을 파괴하는 '반당종파분자', '수정주의자', '교조주의자', '사대주의자', '대국맹종주의자', 그리고 '민족허무주의자'란 낙인을 씌워 권력의 핵심으로부터 제거해 나갔는데, 이 과정에서 김일성은 반대파와의 권력투쟁에서 자기 입장을 정당화하고 합리화하는 사상적 무기로서 '주체'를 내세웠던 것이다.

이러한 대내적 갈등은 흐루시초프의 스탈린 비판을 거치면서 심화된 중·소 이념분쟁과 국제공산주의운동의 분열이라는 대외적 계기와 불가분의 관계를 맺고 있었다. 즉, 국제환경이 동서 간의 평화공존과 국제긴장완화의 분위기로 변하게 되자 스탈린주의를 따르던 김일성은 위기의식을 갖게 되었고, 사회주의진영 내부와 미·소 관계의 변화로 인한 외부 영향이 북한에 파급되는 것을 방지하지 않을 수 없었던 대외적 상황도 주체를 제기할 수밖에 없는 결정적이 요인이었다.

또한 중·소 분쟁의 와중에서 어느 한쪽으로 치우치는 데서 오는 불이익과 피해를 모면하기 위한 필요해서, 즉 실리외교의 차원에서도 주체가 제기되었다.

9) 김일성,「김일석 저작집」 제9권 (평양: 조선로동당출판사,1980),pp467-468

2. 주체사상의 변화 과정

국내외 정치경제적 상황 변화 속에서 1955년 12월 '사상에서의 주체'를 주창한 이래, 1956년에는 '경제에서의 자립'을, 1957년에는 '정치에서의 자주'를, 1962년에는 '국방에서의 자위'를, 1966년에는 '외교에서의 자주'를 제기하여 주체 개념을 각 부문별로 제시하여 종합 체계화하였고, 1970년 제5차 당대회에서는 새로 개정된 당규약 서문에 "조선로동당은 마르크스-레닌주의와 우리나라 현실에 마르크스-레닌주의를 창조적으로 적용한 김일성 동지의 위대한 주체사상을 자기 활동의 지도적 지침으로 삼는다"라고 규정하였다.

〈김일성 주체사상 체계의 형성과정〉

내 용	제 기 시 기	배 경
사상에서의 주체	당 선전선동대회 (1955. 12. 28)	스탈린의 사망(1953.3월) 당내 남로당파 숙청(박헌영 등, 1955년)
경제에서의 자립	당 중앙위 전원회의 (1956. 12. 11)	대외원조 급감(경제계획의 차질) 당내 반 김일성 움직밍 고조
정치에서의 자주	당 중앙위 전원회의 (1957. 12. 5)	공산권 개인숭배 반대운동 심화 당내 연안파,소련파 타도
군사에서의 자위	당 중앙위 전원회의 (1962. 12. 10)	한국에서 5.16 군사혁명 후 반공정책 중,소분쟁 심화
정치(외교)에서의자주	제2차 당 대표자회의 (1966. 10. 5)	중소분쟁의 확대 비동맹 운동에 발전
유일사상체계 확립	당 중앙위 전원회의 (1967. 6. 28) 및 5차당대회(1970. 11. 12)	김일성 1인 지배체제 확립 김일성 개인숭배운동 심화
주체사상을 지도이념화	제6차 당대회 (1980. 10. 10)	부자세습체제의 공고화
주체사상과 선군사상을 지도이념화	제 3차 당대표자회(2010.9.28)	3대 세습체제 공식화
김일성,김정일 주의를 지도이념화	제 4차 당대표자회(2012.4.11)	김정은 체제 출범

이런 변화는 1972년 12월 27일 개정된 사회주의 헌법 제4조에서 "조선 민주주의 인민공화국은 마르크스-레닌주의를 우리나라의 현실에 창조적으로 적용한 조선로동당의 주체사상을 자기 활동의 지도적 지침으로 삼는다"라고 규정함으로써, 당의 유일사상이 바로 주체사상임을 명백히 하는 단계를 밟게 된다. 이러한 탈 '마르크스-레닌주의화' 경향으로 1980년 제6차 당대회에서 채택된 당규약에 노동당은 김일성 주체사상에 의해 지도된다고 밝혔으며, 1998년에 개정된 헌법의 서문에서 북한은 "김일성의 사상과 영도를 구현한 국가라고 정의하고 주체사상으로 자주 자립 자위의 국가로 발전시켰다"고 천명하였다.

이상에서 본 바와 같이 주체사상은 1955년 당 차원에서 주체의 개념이 제기된 이후 1960년대의 복잡한 대외 환경에 대응해 나가면서 점차 그 체계가 잡혀갔다. 특히 1965년 4월, 반둥회의 10주년을 기념하여 인도네시아를 방문 중이던 김일성의 연설에서 주체사상을 언급하였는데, 주체사상의 주요 내용인 이른바 "사상에서의 주체, 정치에서의 자주, 경제에서의 자립, 국방에서의 자위"의 4대 노선이 확립되었다.

북한 당국은 주체사상은 사람 곧 인민대중이 모든 것의 주인이고 모든 것을 결정한다는 철학적 원리에 기초한 사상이며, 따라서 혁명과 건설의 주인은 인민대중이며 혁명과 건설을 추동하는 힘도 인민대중에게 있다[10]고 주장한다. 혁명과 건설의 주인이 인민대중이기 때문에 인민대중은 마땅히 혁명과 건설에 대하여 주인다운 태도를 가져야 하며, 주인다운 태도는 자주적 입장과 창조적 입장을 통해 표현된다고 하여 주체사상 당과 국가의 지도원칙일 뿐만 아니라 인민대중을 동원하는 역할을 담당하고 있다. 이후 김일성은 1966년 8월 12일 "자주성을 옹호하자"라는 「로동신문」의 논설에서 당의 자주노선을 천명하게 되었고, 당 지도사상으로서 주체사상은 1967년 12월에 열린 최고인민회의 제4기 1차 회의에 이르러 비로소 국가차원에서 다루어지게 된다. 이 회의에서 김일성은 국가 활동의 당면 과업인 공화국정부 10대 정강을 발표하면서 주체사상의 구현 국가 모든 부문의 기준으로 제시하게 된다.

김일성 개인숭배와 상승작용을 일으키면서 1968년 8월 개최된 사회과학부문 토론회에서 주체사상은 "가장 정확한 마르크스-레닌주의적 지도사상"[11]으로 규정하

10) 「정치사전」,(평양: 사회과학출판사, 1973),p.1055

였고, 1969년 "주체사상만이 마르크스-레닌주의와 로동계급의 혁명위업에 끝까지 충실할 수 있는 유일하게 정확한 지도사상"[12]으로 규정하여 마르크스-레닌주의와 차이를 부각시키지 않고 있다. 1970년대 들어서서 주체사상의 체계화 작업은 더욱 본격화되어, 주체사상을 인민대중의 역할에 기초한 혁명의 전략전술이라고 선전하고 주체형의 인민대중이 따라 배워야 할 인간형으로 김일성의 소년시절이 제시되고 개인의 생명보다 더 중요한 존재가 바로 김일성 수령이라는 주장을 펼쳐 나갔다.

1980년 제6차 당 대회에서 주체사상이 당의 유일적 지도사상으로 규정된 이후 1982년에는 주체사상을 전면적으로 심화 발전시키고 전일적으로 체계화했다는 소위 김정일의 '주체사상에 대하여'가 발표되었다. 이에 따라 주체사상은 김일성 우상화와 결합되어 수령의 통치명분을 정당화 하는 수령론의 기초가 되었다. 즉, "인민대중이 력사의 주체로서 역할을 다하려면 지도와 대중이 결합되어야 합니다. 인민대중은 력사의 창조자이지만 옳은 지도자에 의해서만 역할을 다할 수 있습니다.… 혁명운동에서 지도의 문제는 당과 수령의 령도 문제입니다. 로동계급이 이떻게 의식화·조직화되는가의 문제와 어떻게 역사적 사명을 다하는가의 문제는 수령의 올바른 령도를 받는가 받지 못하는가에 달려있읍니다"라고 주장하여 수령의 지도를 받을 때에 비로소 인민대중이 역사창조의 역할을 제대로 수행할 수 있다는 수령론을 주장한다.

이후 주체사상은 1980년대 후반 공산권의 붕괴와 더불어 체제수호를 뒷받침하는 이론으로 부각되었다. 과거 주민들의 대중동원과 수령의 유일통치를 정당화하기 위한 주체사상으로부터 공산권의 급격한 변화와 붕괴 앞에서 체제수호를 위한 사상으로 탈바꿈하였다.

1994년 김일성 사망과 1990년대 중반 심각한 경제난에 직면하는 등 북한정권수립 이후 심각한 정치,경제위기를 겪으면서 주체사상의 영향력이 약화되게 되었다.

2000년대 들어서 선군정치가 통치논리로 부상함에 따라서 주체사상의 영향력은 더욱더 저하되었다. 2011년 12월 김정일이 사망하고 김정은이 후계자로 등장한이후 2012년 4월 개정된 노동당 규약 서문에서는 당의 유일한 지도사상으로 "김일성-김정은 주의" 를 내세우고 있다.

11) 「로동신문」 1968년 8월 30일
12) 「로동신문」 1969년 4월 29일

3. 새로운 이념들의 출현

가. 우리식 사회주의와 조선 민족 제일주의

동구 사회주의가 몰락하고 소련이 해체되자 북한은 엄청난 충격을 받고 체제유지에 총력을 집중하지 않을 수 없게 되었다. 북한 정권이 사회주의 몰락의 도미노 현상을 차단하고, 변화의 물결이 북한 사회에 침투하지 않도록 주민들을 단속하기 위하여 내놓은 두 가지가 '우리식 사회주의'와 '조선민족제일주의'이다.

북한은 1980년대 말부터 '우리식대로 살자'는 구호를 대대적으로 내세우면서 이른바 주체사상에 기초한다는 '우리식 사회주의'를 집중 선전하기 시작하였다.

우선 동구사회주의의 몰락에 대해 "오늘날 일부 나라들에서 사회주의가 좌절한 것은 일시적 현상이며 인류가 사회주의대로 나아가는 것은 그 어떤 힘으로도 막을 수 없는 력사 법칙 이고 일시적 좌절의 이유는 주체사상과 같은 위대한 지도자가 없었기 때문이라고 왜곡하였다.

다원주의를 지향하는 동구의 민주화 개혁·개방에 대해서는 "제국주의자들이 사회주의를 파괴하기 위해 경제협력과 원조를 미끼로 침투해 들어온 반동적 책동의 결과" 라고 입장을 정리한 다음, "사회주의 사회에서 다원주의를 허용하는 것은 결국 사회주의 사회의 기초를 허물고 인민의 정권을 전복하기 위한 반혁명적 책동의 길을 열어주는 것"이라고 주장하였다. 대신 "우리식 사회주의 체제는 인민대중에게 자주적이며 창조적인 생활을 보장해주는 가장 우월한 사회제도"라고 선전하면서 "수령, 당, 대중이 일심단결하여 사회주의 제도를 튼튼히 고수하고 사회주의 위업을 끝까지 완성시켜 나아가기 위해 몸 바쳐 투쟁하자"고 주민들을 학습시키고 있다.

즉, 우리식 사회주의란 영원불멸의 탁월한 주체사상에 기초한 가장 독창적이고 우월한 사회주의, 다시 말해서 인류의 참된 복지생활이 보장되는 이상사회를 구현한 정치제도라고 주장하고, 주민들에게는 어떠한 시련이 닥쳐오더라도 한 걸음 물러서거나 주저함이 없이 김정일 중심으로 굳게 뭉쳐 주체사상을 구현한 우리식 사회주의를 끝까지 지켜 나아가라고 교육시키고 있다.

한편, 김정일은 우리식 사회주의와 함께 조선 민족제일주의를 새로운 통치이념으로 내세우면서 북한체제 유지를 위한 선전에 활용하였다.

조선민족제일주의는 1986년 7월 김정일의 당중앙위원회 책임 일꾼들과의 담화 '주체사상 교양에서 제기되는 몇가지 문제에 대하여'에서 처음 등장하였다. 이후 1989년 12월 당중앙위원회 책임일꾼들에게 행한 김정일 연설 '조선민족제일주의 정신을 높이 발양시키자'에서 거듭 강조되었으며 1990대 들어서는 북한 주민들에게 집중적으로 교육되었다.

북한은 조선 민족 제일주의의 원천이 첫째, 김일성과 김정일이라는 지도자 둘째, 주체사상 셋째, 혁명전통 넷째, 북한식 사회주의 다섯째, 민족의 고유한 역사에서 나온다고 주장하고 있다. 결국 조선 민족 제일주의는 민족적 우월성을 내세워 붕괴된 여타 사회주의 국가와의 차별성을 부각시킴으로써 주민들의 사상적 동요를 막고 체제결속을 도모하는 한편, 대남 측면에서는 민족대단결 논리를 뒷받침하여 통일전선을 획책하려는데 목적이 있는 것으로 보인다. 북한이 많은 자재와 노력을 들여 1994년 10월 단군릉을 완공한 것도 이와 같은 맥락에서이다.

나. 붉은 기 사상

주체사상에 대한 강조가 약화되면서 1995년부터 김정일은 "적들이 바라는 것은 우리의 사상이 희어지는 것이나, 우리는 붉다"며 사회주의 붕괴의 소용돌이 속에서도 이를 지키는 보루로서 자신을 부식시키면서, 사회주의 순결의 상징으로 '붉은 기 사상'을 내놓았다.

'붉은 기 사상'은 1995년 8월 28일 노동신문에 '붉은 기를 높이 들고 나가자'라는 논설이 실린 이후부터 북한의 각종 언론보도에 등장하였다. 이어 1996년 신년 공동사설이 '붉은 기를 높이 들고 새해의 진군을 힘차게 다그쳐 나가자'라는 주제를 내세우면서부터 붉은 기 사상의 비중은 두드러지기 시작했다.

'붉은 기 사상'은 심각한 경제난으로 체제위기를 느낀 북한지도부가 체제수호의 모토로서 내세운 것으로 주체사상 대신에 강조되기는 하였지만 주체사상을 대체한 새로운 사상으로 부각된 것은 아니었다. '붉은 기 사상'의 기초인 ' 붉은 기 철학'이 주체의 혁명철학에 기초해서 일심단결의 혁명 철학과 신념의 철학을 담고 있는 것으로 설명되는데, 이는 '붉은 기 사상'이 주체사상에 기초하되 새로운 상황에 직면해서 이를 돌파하기 위해서 나온 체제수호의 논리라는 점을 말해주는 것이다.

붉은 기 사상은 "어떤 배신도 모르며 사소한 사상적 변질도 없는 일심단결의 상징이며 혁명적 지조와 절개로 죽어서도 붉은 기폭에 싸여 영도자의 품속에서 영생하려는 신념의 기치"로 표현된다. 즉 살아서도 죽어서도 김정일에게 충성하라는 취지인 것이다. 그러나 1997년 10월 김정일이 조선로동당 총비서로 취임하고 황장엽 망명으로 인한 북한사회의 충격이 어느 정도 가시면서 '붉은 기 사상'에 대한 강조는 급격히 줄어들었다.

다. 강성대국론

강성대국론은 1998년에 본격 등장한 이념이다. 1998년 김정일의 자강도 현지지도 및 '8. 15'를 전후하여 '강성대국'이라는 용어가 제시되었다. 이어 8월 22일 노동신문 정론 '강성대국'이라는 용어가 제시되었다. 이어 8월 22일 노동신문 정론 '강성대국'이 발표되고, 같은 해 8월 31일 '광명성 1호'를 발사하고서는, 이를 강성대국으로 진입하는 신호탄인 것처럼 의미부여하면서 대대적으로 선전하기 시작하였다.

북한이 주장하는 강성대국 건설론은 3가지 측면으로 제시된다. 첫째는 사상의 강국, 정치의 강국 건설이고, 둘째는 군사의 강국 건설이며, 셋째는 경제의 강국 건설이다.

북한은 사상의 강국이란 "주체사상에 기초한 당과 혁명대오의 공고한 사상의지적 통일단결이 이룩된 나라"를 말하며, 군사의 강국은 "강력한 공격수단과 방어수단을 다 갖춘 무적필승의 강군, 전인 무장화, 전국 요새화가 빛나게 실현되어 그 어떤 원수도 범접할 수 없는 난공불락의 보루"를 뜻하고, 경제의 강국이란 "사회주의 건설을 다그쳐 경제를 활성화하고 자립경제의 위력을 높이 발양시키면 우리 조국은 모든 면에서 강대한 나라로 빛을 뿌리게 된다"는 의미라고 설명하고 있다.

북한이 강성대국론을 내놓은 배경에는 대내적으로 김정일 시대의 출범에 즈음하여 주민들에게 희망을 줄 수 있는 새로운 정치적 구호가 필요하고, 대외적으로는 북한이 붕괴되어 가고 있다는 국제적 인식을 불식하고 북한 정권이 건재함을 과시해야 할 필요성이 있다는 점 등이 작용했던 것으로 보인다.

라. 선군사상

주체사상이 김일성시대의 통치이념이라면 선군사상은 김정일 시대의 통치이념으로서 주체사상과 함께 노동당의 지도적 지침으로 삼는다고 2009년 개정헌법에 명시하였다. 1995년 이후 김정일 정치의 특징으로 선전되고 있는 것이 이른바 선군

정치이다.[13] '선군정치'라는 용어는 1997년 12월 처음으로 등장하였으나, 군 중시의 정치방식은 김일성 사후 1995년부터 시작되었다고 할 수 있다. 북한의 선군정치는 "인민군대 강화에 최대의 힘을 넣고 인민군대의 위력에 의거하여 혁명과 건설의 전반 사업을 힘 있게 밀고 나가는 특유의 정치"라는 표현에서 알 수 있듯이 '군사선행, 군 중시'의 정치라고 할 수 있다. 김정일은 "독창적인 위대한 선군정치로 인민군대를 주체혁명의 기둥으로 부강조국 건설의 주력군"으로 내세우고 있으며, "경제건설보다 중요한 것은 군대를 강하게 만드는 것이며 총대가 강하면 강대한 나라가 될 수 있다."는 표현으로 선군정치의 정당성을 주장하고 있다. 특히, "국방공업은 나라의 부강 번영과 인민의 행복, 혁명의 승리적 전진을 담보하는 국가정치의 첫째가는 중대사"라고 함으로써 다른 어느 분야보다 국방력의 강화에 매진할 것을 강조하였다.

또한 북한은 선군사상이 주체사상에 기초하였고 새로운 시대 상황에 맞게 정립된 것으로 주체사상은 선군정치를 구현하기 위한 방법론적 지침이라고 주장하고 있다. 주체사상이 추구하는 국가의 자주성을 수호하는 것은 선군정치에 의해서 가능하다고 하여 선군정치가 주체사상을 현실적으로 가장 잘 구현하는 방식이라는 것이다.

이러한 선군정치는 이른바 1990년대 중반의 '고난의 행군'시기에 군의 정치·경제·사회적 선도역할을 통해 대내외적인 어려움을 극복하려는 의도에서 강조되기 시작하였다고 볼 수 있다. 따라서 선군정치는 군 중시의 정치로서 "군사를 국사중의 제일국사로 내세우고 군력강화에 나라의 총력을 기울이는 군사선행의 정치"로 규정된다. 또한 선군정치는 "인민군대를 핵심으로 하여 혁명대오를 튼튼히 꾸리고 혁명적 군인정신을 무기로 하여 사회주의 건설을 밀고 나가는 것"으로 설명되기도 한다.

북한은 이러한 군 중시 정치를 "김정일 동지의 기상이자 우리당의 기질이고 김정일 동지식이자 우리당의 혁명방식"이라고 하는가 하면, "군대는 곧 당이고 국가이며 인민"이라는 데까지 확대해석하고 있다. 군 중시 사상을 반영한 국방위주의 정치라고 규정하고 있는 이 선군정치론은 오늘날 김정일 체제 유지의 독창성을 나타내는 중요한 통치도구로 활용되고 있다.

북한당국은 이와 같은 군 우선의 의지를 수시로 표현해 왔다. 1997년 신년 공동

13) 북한은 1995년 1월 김정일의 다박솔 초소를 방문하였을 때부터 선군정치가 시작되었다고 주장하고 있다.; 『노동신문』 (2001. 11. 22) 참조

사설은 "인민군대의 총창우에 사회주의 운명과 부강조국이 있다"고 주장했다. 1997년 2월 15일 김정일의 55회 생일을 축하하여 정권기관들이 보낸 축하문에는 "군대가 혁명 주체의 핵심역량, 주력군을 이루며 군대는 곧 인민이고 국가"라고 강조했다. 1998년 3월 9일 노동신문은 "군대를 기둥으로 하여 혁명을 완성해 나가야 하며 군대를 본보기로 온 사회와 혁명대군을 정예화 하여야 한다"고 주장하였다.

군사지도자들의 권력핵심의 인사에서도 두드러진다. 무엇보다도 김정일 자신이 1998년 9월에 이어 2003년 9월에도 국가최고의 직책인 '국방위원장'에 재추대 되었다.

1996년에는 4월 25일 인민군 창건일과 7월 27일 '조국해방전쟁 승리 기념일'(정전협정 체결일) 등 군 관련 기념일을 공휴일이자 국가명절로 지정하였다.

선군정치의 표방으로 군부의 역할도 확대되었다. 2003년 3월 노동신문에서 "인민군대는 혁명의 주력군으로 혁명과 건설에서 주도적인 역할을 한다"고 강조하고 있다. 청류다리, 금릉동굴, 금강산 발전소, 문화유적지 건설 등 대부분의 중요 경제건설사업과 각종 우상화 선전물을 군 인력으로 건설했다.

그밖에도 군대는 무역회사와 공장, 기업소, 광산, 협동농장 등을 포함하는 방대한 '제2경제'를 운영하고 있으며 심지어 농사와 철도운행, 중요 치안업무 등에도 간여 하고 있다.

1998년 신년 공동사설에서 "인민군대가 창조한 정신과 도덕, 문화와 생활기풍을 사업과 생활에 철저히 구현해 나가야 한다"며 사회가 군을 따라 배울 것을 독려하였다. 또한 '군민일치 모범군 쟁취운동', '우리초소 우리학교 운동'을 벌여 군과 사회의 일체화를 꾀하고, 2002년 부터는 '군민일치'14), '관병일치'15), '군정배합의 실현'16)을 강조하고 있다.

마. 김일성-김정일 주의

북한은 김정일 사망이후 2012년 4월 헌법 개정을 통하여 "김일성을 영원한 주석으로, 김정일을 영원한 국방위원장으로" 헌법 서문에 명문화 히였으며, 당규약 개

14) 군민일치란 "군대와 인민이 한마음 한뜻이 되어 한결 같은 것"을 의미한다. 『조선말대사전』 (평양 : 사회과학출판사, 1992. 3)P.388

15) 관병일치란 "지휘관과 병사가 하나와 같이 굳게 뭉쳐 서로 존경하고 아끼고 사랑하며 생사고락을 같이 하는 것"을 의미한다. 『조선말대사전』 (평양 : 사회과학출판사, 1992. 3)P.514

16) 군정배합이란 "군사일군들과 정치일군들이 서로 합심하여 최고사령관의 사상과 의도대로 군사업과 정치사업을 벌여나간다는 것"을 의미한다. 『노동신문』 (2002. 8. 3) 참조

정을 통해서는 "김일성-김정일주의"를 당의 지도적 지침으로 내세웠다.

김정은은 "김일성-김정은주의는 주체의 사상,이론,방법의 전일적인 체계이며, 주체시대를 대표하는 위대한 혁명사상" 이라고 밝혔다. 즉, 김일성-김정일주의가 주체사상에 뿌리를 둔 통치이념이라는 점을 분명히 나타내고 있는 것이다.

제4절 북한체제의 형성과정

1. 해방 이전의 한인 공산주의 운동 상황

가. 한인의 초기 공산주의 운동

마르크스와 엥겔스에 의해 제기되었던 이른바 '과학적 사회주의'는 20세기 초 레닌에 의해 정치체제로 구체화되었다. 그 이후 마르크스-레닌주의 또는 공산주의로 지칭되면서 전세계에 파문을 일으키게 되었는데, 일본의 식민통치 아래 있었던 한반도도 그 영향권에 휘말려 들어갔다.

한인의 공산주의운동은 러시아 10월 혁명 이후 시베리아에서 시작되었는데, 김철훈을 중심으로 귀화한 이르쿠츠크 지방의 러시아 한인들이 1918년 1월 22일 이르쿠츠크 공산당의 한인 지부를 결성한 것과, 이동휘 중심의 귀화하지 않은 한인들이 1918 6월 26일 하바로프스크에서 결성한 한인사회당이 그 대표적 예이다. 두 조직 모두 반일독립의 정치적 목표를 내세우고 결성되었지만, 김철훈 일파는 서부 시베리아의 한이 주민을 직접 볼셰비키 전선에 동원하는 일을 우선시 한데 반해, 이동휘 일파는 극동 시베리아의 한인을 규합하여 항일투쟁을 전개하는 것을 일차 목표로 함으로써 두 조직 간에는 분명한 차이가 있었다.

1919년 8월 말, 이동휘가 상해 임정의 초대 국무총리가 되어 상해로 근거지를 옮기고, 거기서 민족계 인사를 포함하여 1921년 1월 고려공산당을 조직했는데 이것이 소위 '상해파 고려공산당'이다. 또한, 같은 해 5월 김철훈 일파가 이르쿠츠크에서 종래 이르쿠츠크 집단과 이동휘 일파에서 이탈한 집단을 합하여 또 하나의 고려공산당을 조직했는데, 이것이 소위 '이르쿠츠크 고려공산당'이다

레닌 정권은 두 개의 고려공산당에 대해 자금을 제공하였는데, 두 공산당은 서로

의 우열을 다투면서 레닌 정권에 밀착하려 했다. 이로 인해 한인의 독립운동조직은 심한 분열 양상을 보이게 되었는데, 이 때 레닌 정권의 한인정책은 한인의 통일적 공산당을 주축으로 반일 해방투쟁의 통일 전선을 형성하는데 있었다. 이는 시베리아로 출병한 일본과 대항해야 하는 초기 레닌 정권으로서는 통일된 한인들의 힘을 대일방위전선에 이용하자는 의도가 짙게 내포되어 있었던 것이다.

이 방침에 따라 코민테른은 1922년 1월 '극동인민대표대회'에 한인의 좌·우파대표 다수를 한 자리에 참석시켰고, 11월 고려공산당 양파의 합동을 종용하였다. 그러나 이 계획이 실패하자 코민테른은 두 개의 공산당 조직을 해체하고 한반도 내에 새로운 공산당을 만들기로 결정 하였다. 이러한 필요에 따라 12월에 '꼬르뷰로'를, 1924년 3월에는 '오르그뷰로'를 설치하고 국내당 결성에 착수하였다.

나. 조선공산당의 결성과 해체 과정

1923년 6월 서울에 꼬르뷰로 국내부를 확보한 코민테른은 한반도 내의 각종 좌익단체들을 정비하고 이를 기반으로 1925년 4월 17일 코민테른 지부로서 조선공산당을 결성하였으며, 4월 18일에는 고려 공산당청년회를 결성하였다. 다시 국내에는 화요회, 북풍회, 서울청년회, 무신자동맹 등의 주요 사상단체가 있었는데, 그 중에서 화요회가 주동이 되어 조선공산당을 조직했다. 이 당의 책임비서는 꼬르뷰로 국내부 비서이며 이르쿠츠크파에 속했던 김재봉의 맡았고, 공청의 책임비서는 이르쿠츠크파 상해공청 비서였던 박헌영이 맡았다.

코민테른은 조선공산당을 코민테른의 조선지부로 정식 승인했는데, 이때부터 한반도 내의 공산주의운동은 코민테른의 직접 지도 아래 들어가게 되었다. 김재봉과 박헌영은 조직 확대와 공청원의 모스크바 파견과 훈련을 적극 진행 중 1925년 11월 신의주에서 계획이 탄로 나서 전원 검거되었는데, 이것이 소위 제1차 조선공산당 사건이다.

그 후 1925년 12월 서울에서 제2차 조선공산당과 고려공청이 결성되었는데, 1926년6·10만세운동을 통해 3·1운동을 재현하려던 계획이 거사 직전에 탄로나 같은 해 6~8월 사이에 101명의 공산주의자들이 검거되어 일망타진되고 말았다. 이것이 제2차 조선공산당 사건이다.

제2차 조선공산당 사건에서 검거를 모면했던 상해파의 김철수와 서울파의 이정

윤, 그리고 1926년 여름에 대거 귀국한 일본유학생 그룹(일원회) 등이 1926년 9월부터 당 재건을 꾀했으나 주도권 싸움 끝에 1928년 2월 중요 간부와 당원 32명이 대량 검거되어 당지도부가 붕괴 되고 말았는데, 이것이 제3차 조선공산당 사건이다.

또한 제3차 조선공산당이 붕괴하자 검거를 모면한 공산주의자들은 당지도부 재건을 논의하기 위해 1928년 2월 27일 일월회와 일부 서울파가 만든 마르크스-레닌주의동맹 출신인 이른바 '엠엘파' 공산주의자들의 중심이 된 회의 가 열렸다. 뒤이어 3월 중순에 노동공제회 창설자인 차금봉 책임비서로 하는 당지도부가 구성되었다. 이로써 엠엘파가 중심이 된 제4차 조선공산당이 결성된 것이다. 그러나 당지도부에 대한 일제의 대대적인 검거작전이 개시되면서 차금봉을 비롯한 170여 명의 공산주의자들이 검거되면서 당지도부 재건 반 년 만에 다시 지도부가 붕괴되었다.

이로써 조선공산당은 1925년 4월 창당 이래 4년여의 단명으로 끝이 났는데 그 후 코민테른의 재건지령에 의해 지하에서 재건공작이 벌어졌지만 해방에 이르기까지 조선공산당은 재건 되지 못했다.

이런 상황에서 1928년에 결정된 코민테른의 '12월 테제'는 종래까지 있었던 수차례의 코민테른 결정서에 비해서 좌경의 성향을 강하게 띠고 있었다. 즉, 종래에는 대체로 위로부터의 통일 전선이었다면, 이 테제는 밑으로부터 통일전선전술을 강조하여 민족개량 주의적 지도자들을 대중 앞에서 비판하라는 것이었다.

이 테제를 기본으로 한 조선공산당 재건운동이 각 파의 치열한 경쟁 속에서 벌어졌다. 이 과정에서 미숙한 공산주의자들이 1930년부터 신간회의 해체를 주장하였다. 결국 1931년 5월 대회에서 기습적으로 신간회가 해체되었는데, 이는 한 마디로 공사주의자들이 민족주의자들과 제휴를 불결한 결합으로 간주한 데서 나온 결과였다.

이런 상황에서 코민테른의 '12월 테제'에 호응하여 각 파의 공산당 재건운동이 계속되었지만 실현되지 못하고 대부분 검거되었다. 단지 박헌영의 콤그룹이 해방 당시까지 남아 있었지만, 1940년 12월과 1941년 6~12월의 검거선풍으로 인해 박헌영조차 해방 때까지 지하에 숨어 있을 수밖에 없었다.

다. 해방 전 김일성의 활동

김일성은 1912년 4월 15일 현재 만경대가 있는 평안남도 대동군 고평면 남리에서 3형제 장남으로 태어났다. 그의 집안은 지주집안의 묘지기였다고 하는데, 태어날 때 그의 이름은 김성주(金成柱)였다.

그의 아버지는 김형직이었고 어머니는 강반석이었다. 그의 부모는 모두 기독교 집안에서 태어났는데, 김형직은 김일성 출생 당시 평양의 유명한 미션스쿨인 숭실중학 학생이었고 뒤에 기독교 계통인 명신학교의 교사생활을 한 바 있다. 어머니 강반석은 기독교 집안 출신으로 아버지 강돈욱은 교회 장로로서 딸 이름을 베드로의 이름을 따서 교회의 반석이라는 뜻으로 지어 주었다. 실제로 김일성은 최근 발행된 자서전에서 어린 시절 자신이 어머니의 손을 잡고 교회를 다녔던 때를 회상하고 있다.

한편, 숭실중학을 졸업한 그의 아버지 김형직은 1917년 서당교사로 있으면서 평양의 지하 독립운동단체인 '조선국민회' 결성에 참가했으며, 이 때문에 1918년 검거되어 투옥되기도 했다.

김일성은 한 곳에 정착하지 못하고 여러 곳을 전전하며 어린 시절을 보냈는데. 감옥에서 나온 김형직이 만주로 이주하여 한의원을 개업함으로써 김일성도 1919년 어머니, 동생 철주와 함께 아버지를 따라 만주로 이사하게 되었다. 그러나 그의 부모는 그가 조선에서 교육받기를 원했기 때문에 1923년 다시 홀로 평양에 돌아와 외가 근처에 있는 창덕학교에 다녔다.

김일성이 창덕학교에서 다시 부모가 있는 만주로 건너간 것은 13세 때인 1925년이었다. 김형직의 위독한 병세로 만주로 건너간 것이다. 김일성은 김형직의 뜻에 따라 1926년 3월 천도교도인 최동오가 숙장으로 있던 만주의 화성의숙에 입학하였다. 1927년에는 길림의 육문중학에 입학했는데, 이 학교에서 김일성은 진보적인 교사들로부터 본격적인 공산주의 사상을 공부하게 되었다. 그리고 이 과정에서 '조선공산청년회'라는 조직의 일원으로 활동하게 되는데, 이것이 계기가 되어 1929년 일제 첩보자료에 처음 오르게 된다. 육문중학 시절인 1929년 가을에 김일성은 반일활동 혐의로 중국 군벌당국에 체포되어 생에 처음으로 수 개월 동안 옥살이를 하였는데, 이 사건을 계기로 길림중학에서 퇴학당하게 된다. 김일성은 1930년 봄, 감옥을 나오자 길림성 소재 카륜 지방에서 급진청년들이 다수 모여 있던 이종락이 이끄는 국민부 계통의 조선혁명군 길강지휘부 대원으로 활동하게 되었다. 이즈음 그는 다른 이름을 갖게 되었는데, 이것이 바로 김일성(金日成)이었다. 그 후 1931년 초 조선혁명군이 붕괴되자 간도지방으로 이동하여 공산청년동맹 요원으로 활동하다가 일국일당주의 원칙에 따라 중국 공산당에 입당하게 된다.

김일성이 빨치산 유격대투쟁에 본격적으로 나선 것은 1931년 9월 일제가 만주사변을 일으키면서부터였다. 만주사변이 발발하자 중국 공산당 중앙은 만주성 위에 유격대의 창설을 지시하였는데, 이 지시에 근거하여 만주 전역에 공산주의자들에 의한 유격대 창설이 시작되었다. 이 때 백두산 근처 안도현의 공산 청년조직에 관계하고 있던 김일성도 그 지역에서 1932년 4월 소수의 동료들과 함께 유격대를 조직하였는데, 1978년 이래 북한에서 조선인민군의 창군일로 소급하여 기념하고 있는 1932년 4월 25일이 바로 그 날 이다. 주로 빈·고농 출신으로 이루어져 문맹률이 80%를 넘었던 유격대 속에서 중학까지 수업한 김일성의 학력은 상대적으로 돋보였고, 유격활동능력을 어느 정도 인정받게 됨에 따라 22세의 젊은 나이에 동북인민혁명군의 정치위원이 되었다. 그러나 유격대에서의 초기 활동은 순탄치 않았다. 한때 당시 많은 조선인 공산주의자들에게 올가미로 씌워졌던 '일제주구'를 의미하는 '민생단분자'로 몰려 유격구 내의 아동학교의 교사로 강등된 적도 있었다.

그러나 김일성은 이러한 위기를 극복하고 재기하여 1936년 3월에 결성된 동북항일연군 제1로군 제2군 3사 사장이 되었다. 이 때 김일성의 나이 24세였고 그가 지휘한 유격대 병력은 약 600명 정도였으며 과반수가 조선인이었다.

6사 사장 시절 김일성은 해방 뒤 그의 권력상승에 커다란 도움을 준 두 가지 일을 해냈는데, 길림성 장백현과 함경남도 북부 지방 일대에 반일통일전선 조직인 조국광복회 조직확대작업을 주도한 것과 1937년 6월에 감행한 보천보(普天堡) 전투가 그것이다. 보천보 전투의 경우 김일성이 지휘하는 약 100명의 유격대가 동원된 전투로서 규모는 크지 않았으나 그 파장은 매우 컸다.

보천보는 갑산군 보천면 보천리의 약칭으로서 혜산진에서 백두산 쪽으로 24km 지점 압록강변에 위치한 한국인 208호, 일본인 26호, 중국인 2호가 살고 있었던 조그마한 마을이다. 1937년 6월 4일 밤 10시경 김일성의 6사 병력은 일제히 마을로 들어가서 보천면 경찰주재소(경찰 4~5명 상주)에 기습사격을 가하고, 동시에 보천면사무소, 면 우편소(우체국), 면 사림보호소, 면 소방서, 농업시험소, 보통학교(초등학교)에 불을 지르고 마을 거리를 일시 점령, 총성이 자자한 가운데 소위 친일파라는 부자집과 상점 등에서 식량과 일용품 및 현금 약 4000엔 등을 약탈하고 1시간 반 후에 철수하기 시작하여 날이 밝기 전에 압록강을 건너갔다. 보천보 기습당시 일본경찰 주재소에는 경찰관이 없어서 일방적인 사격이었을 뿐 교전이 없었고, 다만 경찰관의 2살짜리 딸과 일본 민간인 1명이 유탄에 맞아 사망했다. 이른바 김일성 항일투쟁 역사 중 가장 빛나는 업적으로 보천보 전투를 내세우는 김일성 전기에도 보천보 전투의 교전 상황이나 전과에 대한 구체적인 언급이 없음에 유의할 필요가 있다.

그러나 당시 국내 언론들은 이례적으로 이 사건, 즉 하나의 정규전적인 전투라기보다는 100여 명의 병력으로 대항하는 일본군도 없는 마을에 총을 난사하면서 방화하고 약탈한 사건을 대대적으로 보도했다. 일장기 말살사건으로 무기정간에서 풀려난「동아일보」는 6월 5일자로 두 차례에 걸쳐 호외를 발행할 정도로 이 사건에 관심을 보였는데, 이는 암흑기로 빠져든 식민지 조선 상황의 탈피욕구가 반영된 것이었다. 그러나 어쨌든 이 사건을 계기로 김일성 이라는 이름이 국내인 들에게 널리 알려지게 되었으며 그것은 해방 후 그의 지도자 부상에 유리한 배경으로 작용하였다.

한편 김일성은 1938년 12월 유격대 편제개편으로 동북항일연군 제1로군 제2방면군 군장이 되었는데, 이 당시 만주의 유격대는 1939년 말부터 시작된 일제의 대토벌 작전으로 인해 궤멸 직전의 상황에 놓여 있었다. 이 때 극동지역 소련군은 유격대 활동이 일·소 간의 긴장을 초래한다 하여 그들의 소련 입경을 요구하고 있었는데, 바로 이런 상황에서 만주의 유격대 지도자들은 유격대의 소련으로의 이동을 결정하게 되었다. 그 일환으로 김일성 부대도 1940년 11월 국경을 넘어 블라디보스톡 근처의 보로시로프 야영으로 이동하게 된다.

소련으로 도피한 후 일부 남녀 유격대원들은 치열한 유격전투의 현장에서 벗어나게 되자 곧 결혼생활에 들어가게 되었는데, 김일성 역시 1941년 함북 회령 출신의 부하 유격대원인 1919년생 김정숙과 결혼하였다. 그리고 1942년 2월 16일 첫째아들 정일을 낳았다. 김정일이 태어난 지 6개월도 채 못 되어 유격대가 '소련 제88특별독립저격여단'(제88여단)으로 재편되면서 김일성은 비야츠코에로 이동하게 되었는데, 중국인 주보중(周保中)이 여단장을 맡은 88여단의 4개 대대 중에서 김일성은 조선인 중심으로 결성된 제1대대장을 맡게 되었다. 참고적으로, 제88여단이 창설될 때 동북항일연군 소속대원들은 모두 소련군에 편입되었는데, 동북항일연군에서의 직책과 지휘한 부대 규모에 상응하는 소련군 계급과 직책을 부여 받았다.

김일성은 1945년 8월 16일 부대 해체 지시를 소련으로부터 받을 때까지 제88여단에 머무르면서 소련군 장성들과 접촉할 기회를 가졌다. 특히 김일성은 제88여단을 직접 관장하던 정찰국 조르킨 소장의 신임을 받았던 것으로 알려지고 있다. 조르킨 소장은 당시 극동지역의 KGB 책임자였을 뿐만 아니라 소련 내무상 겸 부수상 베리아의 심복이었다. 이렇게 정치적 영향력이 큰 조르킨 소장과 가까웠던 점은 김일성이 귀국시 '조선공작단'(朝鮮工作團)단장으로 임명되게 된 배경이 되었을 것이다. 조선공작단은 해방 후 조선에서 당 건설과 해방 사업을 추진하기 위해 결성되었는데, 이는 김일성, 김책, 최용권 등 60여 명이 귀국 이전에 이미 조선에서의 당 건설과 해방사업을 준비하고 있었음을 보여 주는 사례라 하겠다. 실제로 이들은 북한 공산당 창건과 북한의 인민군 창설, 북한 정부 수립, 그리고 6·25전쟁을 일으키는 핵심적인 인물이 된다. 그럼에도 불구하고 북한에서 발행되는 각종 김일성 전기에는 김일성이 소련 령으로 넘어가서 제88여단 소속된 사실과 귀국시 조선공작단장에 임명된 사실에 대해서는 일체 언급을 회피하고 있다.

이런 전기적 배경을 가진 김일성은 해방 직후 육로를 통해 북한에 들어가고자 했으나 한만 국경 선상에 있는 안동 철교가 파괴되는 바람에 지연되자 1945년 9월 말에 푸가초프 호를 타고 블라디보스톡과 원산을 거쳐 마침내 평양에 입성하게 된다.

2. 해방 직후의 북한의 정세와 공산주의 세력판도

가. 소련군대의 북한 진주

대일전쟁 참가문제를 논의한 포츠담 회담에서 연합국 정상들은 38도선을 경계로 한반도를 소련군과 미군의 활동 영역으로 나누기로 합의하였는데, 이 합의에 따라 극동에서 소련 측은 1945년 8월 9일 전쟁을 개시하였다.

전투가 시작된 지 이틀 후인 8월 11일 저녁 제25군의 일부가 경흥지방에서 한만 국경을 넘었으며, 8월 12일 오후에는 소련 태평양 함대 소속 해병대가 아무런 저항을 받지 않은 채 웅기항을 점령하였다. 8월 14일에는 소련의 해병대가 청진에 상륙, 격전을 치른 후 점령하였다. 그 이후 몇 일만에 38도선 이북에서 일본군의 저항은 진압되었고, 8월 15일 일본군 사령부는 한반도 주둔 일본군의 항복을 선언하였다.

한반도에서 소련군의 거의 모든 군사행동은 제1태평양 함대와 제25군 부대가 수행하였는데, 제25군 부대의 사령관에는 치스챠코프 대장, 참모장에는 펜콥스키 중장이 임명되어 점령 업무 전반을 지휘하였다.

북한의 소비에트화 과정은 주로 로마넨코 소장과 그의 밑에서 민간 행정 업무를 담당했던 이그나티에프 대령 및 행정장교 레베데프의 지도와 감동 아래 이루어졌는데, 특히 이그나티에프 대령과 레베데프는 북한의 소비에트화를 구상한 중심인물이었고, 로마넨코 소장과 함께 김일성을 최고 권력자의 자리로 끌어올리는데 결정적인 역할을 하였다.

또한 제1태평양 함대 군사위원회 위원인 슈티코프 대장도 중요한 정치문제의 결정과 이의 실행 과정에서 결정적인 영향력을 행사했는데, 그는 소련군이 북한에서 철수한 후 초대 북한 주재 소련 대사를 지냈다.

그러나 제25군이 북한에 진주하였을 초기 상황에서는 일본과의 전투에만 대비한 결과, 이 부대는 소수의 한국어 통역을 제외하고는 한반도 문제에 정통한 전문가가 거의 없었다. 즉, 한반도 문제 자체는 진지한 고려의 대상이 아니었기 때문에 작전의 준비 과정에서도 한반도는 미래의 정치적 투쟁의 장으로서가 아니라 군사적 행동의 무대로 간주되었을 뿐이었다. 따라서 북한에 진주한 제25군의 지휘관들은 군사적 상황 외에는 북한에 대해 전혀 알지 못한 채, 북한에서의 절대 통치자로 군림하게 되었다.

나. 8 · 15 해방 후 공산당 재건과 김일성의 등장

결국 코민테른 지부로서 조선공산당이 존재하지 않은 상황에서 8·15 해방을 맞이하게 되었는데, 이런 상황이 해방 이후 한반도 내의 공산당 조직이 난맥상을 나타내게 되는 하나의 요인이 되었다.

해방이 되자마자 8월 16일 서울에서 과거 공산당 조직에서 이탈했던 이영, 정백 등을 중심으로 '장안파 조선공산당'이 결성되었으며, 이와는 별도로 9월 12일에는 소위 정통파 동지들이 박헌영을 추대하여 '조선공산당 재건위원회'를 조직하였는데, 이는 9월 22일 '재건당'이라는 이름으로 발족하였다. 이 당은 1942년과 1943년 일제 감옥으로부터 출옥한 후 변절하지 않고 지하에 있다가 해방을 맞이한 박헌영 콤그룹을 주축으로 조직된 소위 정통파 조선공산당이었다. 이런 상황에서 투쟁 경력 등에서 박헌영과 비교될 수 없었던 '장안파 조선공산당'이 조선공산당 재건의 전권을 박헌영에게 일임하고 해체를 결정하자, 박헌영은 즉각 남북한 각지에서 조선

공산당 재건에 착수하였다.

이처럼 박헌영에 의한 조선공산당 재건운동이 활기를 띠는 가운데 소련군 점령하에 있던 북한 지역에서는 새로운 양상이 소련 점령군 지원 아래 전개되고 있었다. 평양에서는 1945년 10월 13일에 '조선공산당 서북 5도 책임자 및 열성자대회'를 열고 '조선공산당 북조선분국'을 설치하기로 결정하였는데, 이 대회는 박헌영 세력이 압도적으로 다수인 가운데 개최되었지만 소련 군정의 의도대로 책임 비서에 김용범을 선임하였다.

같은 해 12월 17~18일 평양에서 개최된 조선공산당 북조선 분국 제3차 중앙 확대 집행위에서는 소련 군정의 뜻에 따라서 소련군을 따라 들어 온 33세의 김일성을 책임 비서로 선출하였는데, 이리하여 조선공산당 중앙은 서울에, 분국 평양에 있게 되었다.

남북한의 조선공산당을 실질적으로 통제하는 지위에 있던 소련군 사령부가 선정한 김일성과 토착 공산주의 세력이 추내하고 당 조직체계상으로서 김일성보다 서열이 위인 박헌영과의 관계는 이와 같이 처음부터 미묘했다.

이 관계는 소련군 사령부의 조정에 의해 1946년 북조선노동당과 남조선노동당을 대등하게 분립·조직함으로써 두 사람은 대등한 지위를 가지게 되었는데, 그 후 1948년 남북한에 각기 독자적인 정부가 수립되고 남한 내에서 공산당 활동이 불법화되자 남로당 계열이 북한으로 오게 됨으로써 1949년 6월 평양에서 남북한 노동당이 합당, '조선로동당'이 결성되었다. 여기서 김일성은 중앙위원장, 박헌영은 2인 부위원장 중 1인이 됨으로써 두 사람의 관계는 김일성을 정점으로 정리되었다.

그 후 한국전쟁이 종결되면서 박헌영이 반당분자 및 미국 간첩으로 몰려 사형 당했는데, 이때부터 공산주의운동의 주도권은 토착공산주의세력이 아닌 소련에 의해 수입된 김일성의 의해 전적으로 주도되어 나갔다.

1945년 해방 당시 북한에는 공산주의 운동이 거의 존재하지 않았고, 주민 대다수는 전통적인 생활양식과 사고방식을 유지하고 있었으며, 해방의 기쁨과 함께 민족정신이 고취된 상태였다. 특히, 평양을 중심으로 한 서북지방에는 기독교 사상이 바탕이 된 서양문화가 조기에 유입되었으며, 조만식을 중심으로 한 민족주의세력과 종교 세력이 절대 다수였으며 공산주의자들은 극소수였다.

당시 북한 주민 940만 명 중 기독교 인구는 370만 명이었는데 비해, 공산주의자들은 불과 4,530명 정도였다. 이처럼 북한 사회는 전통적인 면이나 사상적인 면에서 자생적으로 공산화가 될 소지가 매우 희박하였다.

이런 상황에서 스탈린에 의해 선발된 김일성은 단순히 소련 공산당원이라기보다 그 당시 점령지역 공산화와 관련하여 합당한 대리 관리자를 선택하는 기준에 의해 선발된 인물이었다. 소련 간부들은 우선 국내 비공산주의자는 물론 토착공산주의자까지 제외시켰으며, 국내정치 기반이 없고 추종자도 없는 인물을 택했다 또한 소련에서 정치훈련을 받고 크렘린에 맹목적으로 순종할 철저한 스탈린주의자를 선택했다.

당시 스탈린이 김일성을 선정하는 과정을 보면 처음에는 외무성과 내무성을 통해서 추천하도록 했는데, 내무상인 베리아는 김일성을 추천하였으며, 외무상이 모로토프는 서울의 마지막 영사인 샤브신에 의해 선정된 박헌영을 추천하였다. 이런 상황에서 스탈린은 김일성과 박헌영을 놓고 택일하게 된 것인데, 마침내 스탈린은 앞의 기준에 의해 1940년 일본 관동군의 토벌작전이 대대적으로 전개되자 소련으로 도피한 후 소련 시민권을 얻어 입당하고 소련군에 입대한 김일성을 택하게 된 것이다.

다. 공산당 내의 파벌 및 문화

해방 방시 북한지역에는 민족해방 투쟁경력을 지닌 다양한 좌익세력이 분화상태로 존재해있었다. 그렇기 때문에 당 건설 초기 조선노동당의 권력구조는 다양한 세력을 당구조 속에 하나로 묶는 정치 연합의 형태를 Elf 수밖에 없었다.

해방 당시 북한지역에서 지도세력으로 부상하려면 최소한 다음의 두 가지 조건을 갖추고 있어야 했다. 첫째, 당시가 일제 식민지의 질곡 속에서 벗어난 해방정국이었기 때문에 민족해방운동의 경력이 필요 했다, 둘째, 한반도의 해방이 미·소대립의 냉전구조 형성의 의미를 지니고 있었기 때문에 소련군이 진주한 북한에서 지도세력으로 등장하려면 기본적으로 좌익성향을 지니지 않으면 안 되었다.

해방 당시 북한에는 이런 조건을 갖춘 좌익세력이 다양하게 존재해 있었다. 그들은 대부분 일제하에서 투항하거나 변절하지 않고 민족해방투쟁이나 공산주의 운동을 전개한 경력을 가지고 있었다. 앞에서 지적한 바와 같이 1928년에 조선공산당이 해산된 이래 조선의 공산주의자들은 통일된 혁명조직을 꾸리지 못한 채 분산적으로 대일투쟁을 전개하다가 해방을 맞이하였던 것이다.

결국 절대 우위의 유일 정통성의 부재는 해방 초부터 공산주의자들을 분화시키고 파벌화 시켰다. 이들은 일제하 투쟁지역 등에 따라서 분파화 되어가는 경향을 보였는데, 김일성은 뒷날 당시의 파벌화 경향에 대해서 다음과 같이 회고한 바 있다.

"사실 해방 직후 우리 나라의 정세는 매우 복잡하였습니다. 그 때 당안의 형편만 보아도 박헌영파요, 오기섭파요, 연안파요, 이르꾸쯔파요 뭐요 하는 숱한 어중이 떠중이들이 있었는데, 그자들은 제각기 상전을 등에 업고 그에 아부굴종하면서 자기파들끼리 한 자리 해먹자고 날뛰었습니다. 그래서 우리가 당을 창건하고 인민정권을 세울 때 숱한 애를 먹었습니다."

이런 분파화 경향으로 형성된 당내 세력들은 뒤에 권력 투쟁의 각각의 축이 되었다. 사실 해방 후 1950년대까지 북한의 정치 과정을 특징짓고 있는 일련의 권력투쟁과정의 기본 구도는 일제시기에 그 기원을 두고 있다고 볼 수 있다.

해방 당시 북한에서 세력이 강한 정치세력은 주로 민족주의적인 인사와 기독교도의 조직을 바탕으로 한 조만식 중심의 민족주의 세력이었는데, 이 세력은 소련의 북한 소비에트화 계획에 따라 얼마 가지 못하고 세력을 잃게 되었다. 한편, 북한 지도부는 출신에 따른 4개의 세력들이 혼재되어 있었는데, 즉 국내파, 연안파, 소련파, 빨치산 파가 그 예이다.

국내파는 일제하 국내에서 공산주의 활동을 한 사람들을 가리키는 말인데, 대표적 인물로는 김용범(평남), 박정애(평남), 오기섭(함남), 정달헌(함남), 최용달(함남), 장순명(함북), 주영하(함남), 장시우(평남), 최경덕(황해도) 등을 들 수 있다. 일반적으로 이들을 통칭해서 국내파라고 부르지만, 사실 이들이 모두 하나로 묶여져서 세력화된 적은 없었다. 단지 이들은 일제하 자신이 주로 활동했던 지역이나 자신이 속해있던 투쟁조직에 따라 몇 갈래로 나뉘어 국지적인 활동을 전개하고 있었다.

이들의 특징은 대부분이 1920년대 조선공산당 시절부터 공산주의 운동을 전개해 왔으며 김용범, 박정애 등을 제외하면 어떤 형태로든 당시 공산주의 운동에서 파벌과 관계되어 있었다는 점이다. 바로 이 점이 훗날 김일성에 의해 '종파주의자'로 비판받는 약점으로 작용하였다.

'연안파'는 일제하 중국의 연안지방을 중심으로 중국 공산당 아래서 항일 투쟁을 전개했던 세력을 말한다. 중국 본토에서 활동하고 있던 조선인 좌파 인사들은 1942년 7월 화북조선독립동맹을 결성하고 그 산하에 조선의용군을 두었는데, 바로 이 조직이 연안파라고 불리는 연안독립연맹 계열의 본산이다. 연안독립동맹 계열 인사들은 해방 공간에서 투쟁경력이나 명망성 그리고 고급의 인적 자원이 가장 풍부한 집단이었다. 그러나 이들은 항일 투쟁 과정에서 조국과 연계된 적이 없다는 약점을 안고 있었다.

연안독립동맹 결성 당시 주석은 중경을 떠나 1942년 4월에 연안에 도착한 좌익 민족주의자 김두봉이었다. 그 밖에 부주석에 최창익, 한빈, 집행위원에 무정, 허정숙, 이유민, 박효삼, 박일우, 김창만, 양민산 등이 있었다.

소련파에는 소련군 사령부가 북한에서의 정책 추진에 활용하기 위해 1945년 가을 북한에 파견한 다수의 소련국적 한인들이 속해 있었다. 소련군이 북한에 진주하게 되자 소련은 통역요원을 비롯하여 북한의 정치·행정·군사·문화 분야 등에서 실무를 맡을 전문요원들을 필요로 하게 되어 각 방면에서 실무 경험을 가지고 있는 소련 국적의 한인들을 뽑아 북한으로 내보냈는데, 이들이 바로 흔히 소련파라고 불리는 소련계 한인들이다.

그러나 이들은 원천적으로 북한 정치과정에서 주역으로 부상하기 힘든 한계를 가지고 있었다. 이들에게는 해방 공간에서 정치 지도자들에게 필수적인 민족 해방 운동 경력이 없었기 때문이다. 따라서 북조선 공산당에서의 이들의 영향력은 제한적일 수밖에 없었다. 특히 이들은 소련의 북한에 대한 영향력 감퇴와 더불어 극소수를 제외하고는 북한 권력구조에서 배제되어 갔다.

이들 소련계 한인들은 1945년 8월 하순부터 1946년 9월까지 5차례에 걸쳐 약 200여 명이 북한으로 들어온 것으로 알려졌는데, 박창옥, 한일무, 임해, 박영빈, 김일, 박길룡, 하가이, 방학세, 기석복, 김열, 김찬, 강상호 등 북한의 당과 정권기관에서 중책을 맡은 인물들이 대거 포함되어있다. 이들 중 북한에 들어오자 허가이와 같이 1946년 경에 소련군으로부터 북조선공산당으로 직을 옮긴 사람들도 있는데, 소련계 한이의 상당수는 소련군의 지휘체계하에서 일하다가 소련군 철수가 진행된 1948년 경에 본격적으로 북조선 노동당으로 자리를 옮겼다. 빨치산파에는 김일성을 중심으로 만주와 조·중 국경 지방에서 항일무장투쟁을 전개한 빨치산운동 참가자들이 속해 있었는데, 일명 만주파 또는 갑산파라고도 부른다, 만주파란 이들의 투쟁지역이 만주지방인 데서 온 말이며 갑산파란 김일성이 동북항일연군 제1로군 제6사사장 시절 조국 광복회 조직확대 작업과정에서 갑산군 보천보에 진공하는 등 항일유격대가 갑산 일원에 맺고 있던 연고에서 연유한 말이다.

만주 각지에서 전개된 항일무장투쟁 과정에서 살아남아 북한에 들어 온 사람으로는 항일연군 제1로군 6사 사장과 제2방면군 군장을 지낸 김일성과 동북항일연군 제7군의 참모장으로 활약한 최용건, 동북항일연군 제3군 정치위원이었던 김책 등이 대표적인 인물들이다. 만주의 항일유격대는 1940년부터 일제의 대토벌을 피해 만주를 떠나 소련 영내로 이동하였는데, 이들은 앞서 살핀 바와 같이 하바로프스크 근처 비야츠코에서 창설된 제88여단에 속하게 되었다.

한편 이들 유격대원들은 대부분 빈·고농 출신으로 유격전에 참가했기 때문에 당 활동이 가능한 정도의 경력과 지식수준을 갖춘 자는 많지 않았다. 따라서 이들 중 귀국과 함께 공산당 조직건설을 위해서 각 지방으로 파견된 김책, 안길, 김경석, 유경수, 조정철, 이봉수 등과 최용건, 강건, 김일 등 일부만이 당이나 행정활동에 참가하고 나머지 대부분은 군사·보안 분야 건설 작업에 참여하였다.

한편 항일유격대 출신은 아니지만 함경남도 갑산 일원에서 조국광복회 국내조직을 만들어 김일성의 항일유격대와 연계를 가졌던 세력도 넓은 의미에서 이 범주에 넣을 수 있다. 좁은 의미의 '갑산파'를 가리키기도 하는 이들은 박금철, 이효순, 이송운, 김왈룡, 허석선 등으로 대표된다. 이들은 1936년과 1937년에 있었던 조국광복회 국내와 장백현 일원의 조직이 붕괴되는 '혜산사건'을 계기로 검거되어 옥중에서 해방을 맞이하였다.

이들 4개 정파간의 차이는 매우 명백하였다. 물론 한 사람이 여러 파벌에 속하는 경우도 있었다. 박정애가 그 대표적 사례인데, 그녀는 소련파 한인으로서 젊은 시절 지하활동의 지시를 받고 한반도에 파견되어 현지 공산주의자들과 함께 활동하였으나, 해방 이후에는 김일성의 빨치산파에 가담함으로써 동시에 3개 정파에 소속될 수 있었다.그러나 박정애와 몇 사람의 경우는 매우 예외적인 것이었다. 대체로 파벌들 간의 경계가 뚜렷하여 가령 어느 누가 어느 파에 소속되어 있는가 하는 점은 자신뿐만 아니라 주변 사람들도 잘 알고 있었다.

그런데 1940년대 말까지는 4개 정파간의 갈등이 극심하게 표면화 되지 않았다. 이는 파벌간의 갈등을 우려하여 김일성의 입장과 소련파를 중시하면서도 파벌간의 균형을 유지하려던 소련 군정의 노력이 크게 작용한 결과였다. 그럼에도 불구하고 4개 파벌들간의 관계는 처음부터 평온한 것은 아니었다. 각 정파는 나름대로 인정하는 지도자들을 갖고 있었으며, 각 정파들은 처음 대면할 때부터 서로에 대한 경계심을 늦추지 않았다, 국내파는 연안파와 소련파를 자신들이 전개했던 지하조직 투쟁과는 아무런 연과도 없는 망명자에 불과한 것으로 평가절하했으며, 빨치산파는 소련파를 사이비 조선인으로 간주하여 싫어한 반면, 소련파는 그들대로 빨치산파를 교육도 받지 못한 집단으로 업신여겼다.

3. 북한의 공산화 과정

가. 북한의 공산화 과정

소련은 북한을 공산화 함에 있어서 1945년 이전 중앙아시아 소수민족과 외몽고에서 얻었던 경험, 그리고 전후 동구에 얻은 경험을 바탕으로 공산화, 즉 소비에트화를 실현하려 했다. 이는 최고의 수준에서 소련 지도부의 마음에 드는 정권을 수리하는 것이었다.

강력한 토착적인 정권을 수립한 후 소련의 정치체계를 토착 정권의 모델로서 채택하고, 정치권력을 소련에 전적으로 충성하는 토착 지도자의 손에 장악시켜 '민주주의'를 내세운 일련의 사회개혁을 추진하는 것이 소비에트화의 주요 목표였다.

북한은 제2차 대전 이후 소비에트화 3단계 과정을 거친 아시아의 유일한 지역이 되었는데, 소비에트화 3단계란 공산당과 사회적 기반, 이데올로기 및 정책정강이 상이한 몇 개의 정당들이 공통의 단기 목표에 입각하여 연합하는 순수한 연립정부형태(제21 계)에서 출발하여 공산당이 실천을 장악하게 되는 명무상의 위장된 연립정부형태(제 2단계)를 거쳐, 마침내 공산당 일당지배체제를 확립(제3단계)하는 과정을 통하여, 모스크바에 충성하는 공산정권을 조직는 일련의 과정을 말한다.

소련군 당국은 북한 공산화의 제1단계로서 1945년 8월 북한 전역에 걸친 '임시인민위원회'를 조직함에 있어 민족세력인 조만식의 인기를 이용하려 했다. 일본은 패망 직전 평남도 지사로 하여금 민족지도자인 조만식에게 평안남도 행정권을 이양하게 함으로써 조만식은 8월 17일 '평남재건준비위원'(평남건준)을 조직하여 치안과 민생문제를 처리하고 있던 상황이었다.

이와 같은 정세하에서 소련군은 북한의 공산화 작업에 착수하기 시작하였다. 소련군 치스챠코프 대장은 8월 26일 조만식 지도하의 평남건준의 해체를 요구하면서 대안으로 광범위한 세력을 망라한 조직체의 구성을 종용하였다. 그 결과 소련군 로마넨코 소장의 주관 좌우연합체로서 '평남인민정치위원회'를 좌·우익 같은 비율로 조직하고, 그 위원장에 조만식을 추대하였다. 이것이 북한의 공산화 제1단계의 출발 점이었다.

이와 같은 민족주의세력과의 일시적인 연합은 러시아 혁명에서의 노농동맹, 모택동의 연합정부 등 전통의 계보를 가진 행동으로서 공산당이 전 권력을 장악할 때까지의 기본적인 전술이었다. 동구에서와 마찬가지로 북한에서도 이 단계는 장기간 존속되지 않았다.

그 후 10월 28일에는 북조선 5도 행정위원회를 조직했는데 각 국장은 국내파 공산당원이, 부국장에는 소련파가 장악함으로써 공산당이 실권을 장악하는 명목상의 연립정부형태, 즉 소비에트화 제2단계의 서막이 오르게 되었다. 10월 13일에는 평양에서 조선공산당 서북 5도 당 책임자 및 열성자 대회를 개최하여 '조선공산당 북조선 분국'[17]을 조직하였는데, 이것이 마르크스-레닌주의 원칙에 입각한 최초의 조선공산당 조직임을 북한은 공식화하고 있다.

한편 민족주의 세력은 11월 3일 광주학생사건 기념일에 조만식을 중심으로 조선민주당을 창건하였는데, 이에 소련군 당국은 김일성으로 하여금 조만식 당수와 절충하게 하여 조선민주당에 최용건과 김책을 침투시켜 최용건 부위원장, 김책을 당서기장이라는 주요 직책에 앉히는 데 성공하였다. 그러나 조선민주당이 방대한 기독교 세력을 기반으로 하여 북한 전지역에 영향력을 급속히 팽창해 나가자, 공산당은 조선민주당의 와해 공작을 전개하였다. 이러한 조선민주당에 대한 탄압이 북한 공산화 제2단계의 본격적인 내용이었다.

1946년 1월 5일 소련군이 조만식 당수를 설득, 4대국 신탁통치안을 지지하도록 공작하였으나 실패하자 조만식을 연금하였는데, 이것이 북한 소비에트화 제3단계

17) 현재 북한의 공식문헌에서는 '조선공산당 북조선분국'이란 명칭을 찾아볼 수 없다. 이는 이 명칭을 사용할 경우 서울에 본부를 둔 조선공산당의 정통성을 인정하는 결과를 낳기 때문이다.

의 출발점이었다. 조만식을 제거한 후 공산주의자들은 2월 5일 북조선 민주당 열성자 대회를 개최하였는데, 당을 개편한다는 구실로 공산당원을 대거 입당시킨 후 2월 24일에는 최용건이 당을 장악하였다.

1946년 2월 8일에는 현 북한 공산정권의 모체인 '북조선 임시인민위원회'가 조직되었는데, 이로써 북한에서의 레닌주의적 일당체제가 확립되게 된다. 그 후 3월 5일에는 토지개혁을 실시하여 지주계급의 경제적 기반을 박탈하고, 8월 10일에는 전 산업, 교통, 운수, 체신, 은행 등의 국유화를 실시하였는데, 8월 28일 '북조선 공산당' 이 연안파 세력 중심의 조선신민당을 흡수·합당하여 '북조선 로동당'을 만들어 공산당 일당독재체제를 완성함으로써 마침내 북한 소비에트화 제3단계는 일단락 짓게 되었다.

일당 독재체제 형성에 의한 소비에트화는 동구에서는 대체로 1950년에 완성되었으나, 북한의 경우는 그 기간이 훨씬 단축되어 불과 1년만에 완성되었다. 이것은 북한의 역사적 조건이 동구와 달리 순수한 식민지였기 때문이었다.

즉, 통치의 경험이 없고 정치적 세력의 진공상태 하에서 소련의 예속화에 대한 개인적 불평과 민족적 울분은 일제 식민지로부터 독립이라는 실질적이고 객관적인 정세 때문에 생각할 겨를이 없었고, 또한 소련군의 진주라는 조건 외에 공산주의자들이 그 반대파보다 권력에 대해 더 큰 애착을 가지고 있었고, 정치투쟁의 전략과 전술에서 우세했기 때문이었다.

이와 같이 하여 정권을 장악해 나간 김일성은 1946년11월 3일 도·시·군 인민위원회 선거를 '북조선 민주주의 민족통일전선'(민전) 추천의 단일 입후보에 대한 흑백함투표로 실시하여, 도·시·군 인민위원 3,459명을 선출하고, 1947년 2월 17일에는 도·시·군 인민위원 3,459명의 3분의 1과 북로당, 민주당, 천도교청우당, 직업자동맹, 민청, 여성동맹 등에서 1,196명의 대표들이 도·시·군 인민위원대회를 개최하여 북조선인민회의 설치를 가결하고, 1947년 2월 21일에 북조선 인민위원회를 조직했다.

그 후 1948년 5월 10일 남한에서 총선가가 실시되자, 김일성은 7월 9일 북조선인민회의 제5차 회의에서 그동안 토의되었던 헌법 초안에 기초한 정부 수립을 결정하고 또한 8월 25일에 남북총선거를 실시하기로 결정했다.

이에 따라 남북노동당은 남북총선거 실시 준비에 들어갔는데, 남한에서는 남한

지역 대표선출을 책임진 남로당의 경우 비밀 지하선거를 실시하여 최고인민회의 대의원 선거를 위한 1,080명의 인민대표를 선출하였다. 그리고 이들 중 997명이 8월 21일부터 해주시에 모여 남조선 인민 대표자 대회를 열고 최종적으로 인구 5만 명당 1명씩의 비례에 의해서 남한 측 몫인 360명의 대의원을 선출하였다.

북한 지역에서도 8월 25일 212명의 최고인민회의 대의원을 뽑는 선거가 99.97% 참가에 98.49%의 찬성 속에 북로당의 주도로 치러졌는데, 이렇게 해서 뽑힌 572명의 대의원이 최고인민회의를 구성하여 9월 2일부터 제1기 1차회의를 개최하고 여기에서 헌법을 채택하여 이를 9월 8일에 선포하고 그 다음날인 9월 9일에 조선민주주의 인민공화국을 수립하여 오늘의 북한 정권을 수립하였다.

나. 한반도 공산화 시도와 6·25 남침

그 동안 6·25의 기원과 원인을 규명하는 문제는 국내외를 막론하고 한국전쟁의 핵심적인 주제였다. 아마도 이 문제만큼 많은 논쟁을 불러일으킨 주제도 없을 것이다. 누가 전쟁을 일으켰냐를 규명하는 것 자체가 초미의 관심사였다. 왜냐 하면 남북한 모두 서로에게 전쟁의 책임을 전가해 왔기 때문이다. 남침설에 입각한 전통주의적 해석, 북침설에 기초한 수정주의적 해석, 남북한 모두 전쟁을 준비하고 있는 상황에서 북한이 선제공격을 개시했다는 중간설 등 이 그동안 논쟁이 낳은 산물이다.[18]

한동안 북침설과 중간설이 학계에서 주장되기도 했으나, 러시아의 역사학자들조차 얼마 전부터 공개되기 시작한 소련의 비밀문서에 근거하여 북한이 먼저 전쟁을 일으켰다는 역사적 사실을 솔직하게 지적함으로써 이제는 쓸모없는 가설이 되어 버렸다. 스탈린 주도설과 스탈린과 모택동의 공동 모의설에 입각해 도출된 다양한 전통주의적 해석도 러시아측 관련자료들이 조금씩 공개됨에 따라 검증 과정을 거치고 있다.

그러나 북한이 1950년 6월 25일 새벽에 남한을 침공했다는 사실을 제외하면 한국전전쟁의 기원과 과정에 관한 많은 부분이 아직까지 '역사의 흰 얼룩'으로 남아 있는 상황이다. 이는 전쟁의 당사자격인 러시아와 중국에서 북한과의 관계를 고려해 관련자료를 선별적으로 공개하고 있기 때문이다.

6·25의 원인은 기본적으로 해방 이후 미국과 소련의 '분할점령'에서 비롯된다.

18) 김학준,「한국전쟁 : 원인· 과정· 휴전· 영향」(서울 :박영사,1989)pp55-102

분할 점령 계획은 2차 대전을 주도했던 미국에 의해 입안된 것이었는데, 물론 분단의 고착화가 처음부터 기도된 것은 아니었다. 그러나 한국이 처한 국제 정치상의 위치로 볼 때, 미국이 전쟁 초기에 구상한 전후의 강대국 협조에 의한 평화 체제가 무너지는 경우 분단의 고착화는 충분히 예견되는 일이었다.

2차 대전 중에 연합국 사이에서 합의된 전후 한국처리 방안은, 카이로 선언에서 '적당한 시기에'(In due course)로 표명된 완전 독립까지의 과도기 조치로 국제연합 또는 미·소·영·중의 4개국에 의한 신탁 통치안은 루스벨트 대통령이 2차 대전 후에 피식민지 지역의 완전 독립의 전 단계 조치로서 구상한 것인데, 한국의 경우는 소련이나 중국의 단독 지배를 방지할 수 있는 방안이라는 의미에서 고려되었다.

그런데 루스벨트가 사망한 이후, 폴란드 문제 등을 둘러싸고 야기된 소련과의 불협화음, 일본 처리와 중국 문제에 대한 미국의 정책변화 등에 따라 한국에 대한 국제신탁통치는 소련의 한반도지배 저지라는 대소전략상의 고려가 더 큰 비중을 차지하게 되었다.

2차대전의 종결과 더불어 남북한을 분할 점령한 미·소양군의 점령 정책은 본질적으로 달랐다. 소련군은 진주와 동시에 일본의 기존 통치 기구를 일체 인정하지 않고, 형식적으로는 조선인에 의한 행정구역 단위의 인민위원회를 결성하게 하여 간접 통치의 방식을 취하면서 토지개혁, 중요 산업의 국유화 등 공산화 정책을 소위 '민주개혁'이라는 이름 아래 추진해 갔다. 이는 일시적인 군사점령 이상의 의미를 지니며, 북한의 소비에트화를 의미한다. 즉, 점령지역을 한반도 전체의 혁명을 위한 기지로 발전시킨다는 이른바 '민주기지'노선의 정책을 추진시켰던 것이다.

한편 미군은 직접통치의 원칙 아래 처음에는 일제하의 통치기구와 인원을 거의 그대로 존속시키려 했을 정도로 현상유지 정책을 취함으로써 한국인들의 폭발적인 정치적 요구에 적극적으로 대응하지 못하는 결과를 초래했다.

그러는 동안 모스크바 3상회의에서 신탁통치안이 채택되었다. 그러나 이 안에 소련의 주장이 상대적으로 강하게 반영됨으로써 국내 우익세력들이 격렬한 반탁운동을 벌이게 되고, 이로 말미암아 모스크바 결정에 따른 미소 공동위원회가 실패로 끝나자 미국은 한국 문제를 국제연합으로 이관시켜 문제를 해결하고자 노력했다. 미국이 한국 문제를 국제연합으로 이관시킨 것은 한국 문제를 국제화시킴으로써 국제사회의 여론에 호소함과 동시에 이 문제의 직접적인 책임에서 벗어나고자 했던 의도가 작용했기 때문이다. 그러나 이는 남북한에 두 개의 정권 수립을 초래하는 결과를 낳고 말아, 결국 남북 분단의 장기화를 불러일으키게 되었다.

이때부터 남북한의 정치 지도자들은 모두 분단의 조속한 종식, 곧 통일만이 민족의 유일한 활로라고 믿었고, 이 민족적 활로를 열기 위해서는 무력행사도 불사한다는 신념을 강하게 가졌다. 즉, 남북한 모두 자신을 한반도의 유일합법정부라고 주장하여, 대한민국은 헌법에서 북한을 포함한 한반도 전체를 자신의 영토로 규정하고 북한 지역을 반국가단체가 불법 점거하고 있는 잃어버린 땅으로 간주하여 이 땅의 회복을 바로 통일과 동일시하였으며, 북한도 그 당시의 헌법에서 서울을 '통일조선'의 수도로 규정하여 '남조선 해방'을 통일과 동일시하였다.

남북한 모두 서로 자기 측의 제체와 통치를 상대방에게 확장한다는, 즉 상대방의 붕괴 내지는 소멸이라는 조건 아래서만 통일을 이루려고 했다. 이런 상황이 점차 한반도의 분단 구조를 내쟁 형으로 만들고 분단 구조를 불안정하게 만듦으로써 마침내 6·25 발발의 중요한 원인을 세공하게 되었나.

6·25는 북한에 수립된 공산 정권이 국제 냉전체제라는 국제정치환경 속에서 남북대결을 벌이면서 '인민해방전쟁'의 명분으로 일으킨 것이었다. 그런데 전쟁발발 과정을 살펴보면 북한정권 내의 주도권 경쟁이라는 요인도 전쟁발발과 깊은 연관이 있다.

1945년 10월, 북한에 조선공산당 북조선 분국이 설치될 때까지만 해도 김일성을 포함한 북한의 공산주의자들은 박헌영 지도부의 서울중앙에 복종할 것을 천명했었다. 그러나 소련군 점령하라는 유리한 여건에서 주도권이 점차로 소련군의 전면적인 후원과 지시를 받는 김일성에게 넘어가고 남북한에 노동당이 별도로 결성되면서, 남한에서의 활동방침도 북한으로부터 지령을 받지 않으면 안 되는 상황이 벌어지게 되었다. 김일성과 박헌영의 위치가 역전된 것이다.

1946년 7월의 공산당의 신전술에 따라 남한의 거의 전지역에서 벌어졌던 10월 폭동으로 남로당은 지하로 들어가고 폭동에 가담했던 공산주의자들은 산악지대로 피신하여 공산게릴라가 되었다. 그 후 북한으로 넘어간 박헌영 중심의 남로당계 공산주의자들은 그들의 권력기반인 남한을 해방시키는 것만이 그들의 지위를 만회하는 길이라고 생각하기 시작했다.

북한에서 남조선 해방의 성공을 예견할 수 있었던 데에는 10월 폭동 이후 산악지대로 피신한 공산주의자들과 북한에서 파견된 빨치산들의 활동에 대한 과대평가가 바탕이 되었다. 전쟁발발 이전에 각종 회의에서 남한의 정세 보고를 주도했던 박헌영은 이를 내세워 김일성을 설득했다.

또 한국 정국의 추이, 특히 5·30 선거에 대한 분석이 이를 더욱 설득력 있게 만들었다. 특히 미국의 태평양 방어선에서 한국을 제외한 애치슨 성명은 북한이 전쟁을 감행하더라도 미국이 개입하지 않을 것으로 판단하는 데 결정적인 영향을 주었다.

해방 이후에 소련군과 같이 입국한 부대와 중공군과 같이 활동하다가 입국한 부대가 주축이 되어 조직이 된 북한 군대는 소련의 적극적 지원으로 탱크 등의 중장비를 갖추어 1950년 초에 이르면서 남한 군사력에 비해 월등히 우세하게 되었다. 따라서 미국만 개입하지 않으면 군사적으로 승산이 있다고 단정했던 것이다.

그 동안 6·25의 기원을 규명하는 문제에서 소련의 구체적인 역할이 중요한 논쟁점의 하나였다.

최근 소련의 비밀문서가 공개되면서 소련의 역할에 대한 새로운 사실들이 속속 밝혀지고 있다. 특히, 공개된 소련 비밀문서는 그 동안 학계에서 수정주의 학자들이 주장했던 이른바 남침유인설(굽타), 침묵의음모설(스톤), 예방전쟁론(콜코부부), 민족해방전쟁설(커밍스) 등의 가설들을 전면적으로 부정하고 있다.[19)]

러시아연방 대외정책 문서에서 밝혀진 바에 의하면, 김일성은 1949년 남한 빨치산의 게릴라 활동이 퇴조하는 것을 보고 무력침공계획을 굳히고 있었다. 김일성은 남한 내부에 있는 이승만 반대자들과 통일전선을 결성하고 방위군에 침투하여 이를 게릴라화 함으로써 쉽게 통일을 달성할 수 있을 것으로 판단했으나 이 같은 기도가 여의치 않았다.

이에 김일성은 38선상에서 일어난 충돌 사건들을 이용하여 위기의식을 조장하면서 남한의 북침에 관한 허위 정보를 모스크바에 전달해 소련의 군사지원을 요청했지만, 1949년 1월 27일 슈티코프 북한주재 소련대사가 38선 일대의 분쟁으로 남한이 침입할 것이라고 보기는 어렵다는 보고를 함으로써 이것 또한 쉽지 않았다.

김일성과 스탈린이 최초로 남침 계획을 의논한 것은 그 해 3월 김일성의 모스크바 방문 때였다. 김일성은 회담에서 남침과 조선 통일에 관한 소련의 의견을 물었

19) 김학준, "6· 25 연구의 국제적 동향 : 6· 25 연구에 관한 문헌사적 고찰", 김철범 편,「한국전쟁을 보는 시각」(서울 : 을유문화사, 1990) pp 30-51

는데,[20] 이에 대해 스탈린은 남한 군에 절대적인 우위를 확보한 상태에서 남한의 침략을 격퇴시키는 한 이루어질 수 있다고 강조하면서, 6개 보병 사단, 3개의 기계화 부대, 150대의 전투기를 무장시킬 수 있는 4,000만 달러 상당의 무기를 공급하는데 동의했다.

1949년 8월 중순 김일성은 소련측에게 남침을 구체적으로 제의하기 시작했다. 김일성은 8월 12일과 14일 슈티코프 대사와 면담을 통해 소련의 지원 요구와 함께 옹진을 점령하고자 하는 계획을 제시했다. 8월 27일 슈티코프 대사는 모스크바를 방문, 스탈린에게 이를 보고하면서 북한의 대남공격은 불가하다는 자신의 견해를 덧붙였다.

9월 11일 모스크바 당국은 김일성의 대남공격과 관련, 툰킨 공사에게 남북한의 군사력 정도, 빨치산의 대북협력 정도, 북한 선제 공격시 남한 인민의 지원 정도, 대남공격시 미군의 예상대응, 소련 대사관의 견해 등을 물었다. 9월 12일과 13일, 김일성과 박헌영을 면담한 툰킨공사의 결론은 현상황에서 북한이 내전을 개시한다는 것은 적절치 못하며 옹진반도 점령이라는 제한적인 수행에 대해서도 강력히 반대했다.

9월 20일 소련 공산당 중앙위원회는 슈티코프 대사를 통해 현재 내외적 상황으로 보아 대남 공격은 적절치 못하다는 지침을 전달하라고 말했다. 오히려 소련은 남한의 공격이 있을 경우 북한 영토로 들어오도록 한 뒤 반격 작전을 개시해 옹진반도를 점령하라는 방안을 제시했다. 그러나 김일성과 박헌영은 이 같은 지침을 소극적으로 받아들였다.

김일성은 1950년 4월 초, 다시 소련을 방문하여 개전 문제를 논의하고 같은 달 25일 평양으로 귀환했다. 이 회담에서 스탈린은 국제환경이 유리하게 변했다고 판단, 북한이 통일 과업을 개시하는데 동의했다. 그러나 이 과업의 최종 결정은 중국과 북한에 의해 공동으로 이루어져야 한다며, 중국측이 부정적일 경우 협의를 다시 시작해야 한다는 점을 강조했다.

김일성은 이 같은 회담 결과를 갖고 5월 13일 중국을 방문, 목택동과 회담을 가졌다, 이 자리에서 김일성은 1단계로 군사 병력을 증강하며, 2단계로 평화통일에 대

20) 김부기, "한국 전쟁에 대한 소련의 정책", 김철범 편,「한국 전쟁을 보는 시각」(서울 : 을유문화사, 1990) pp 208-209

한 대남 제의를 하고, 3단계로 남한의 거부 시 전투행위를 시작한다는 '3단계 방안'을 제시했다. 모택동은 이에 대해 북한군이 신속히 행동해야 하며, 주요 도시를 포위하되 이를 점령하기 위해 지체해서는 안 되며, 각 병사들과 사령관에게 구체적인 행동을 시달하는 것이 중요함을 강조했다. 모택동은 미국이 참전할 경우 북한을 돕겠다는 점도 밝혔다.[21)]

중국이 6·25에 참전하게 된 것은 국민당 정부를 후원하는 미국의 무력개입을 견제하기 위한 것이었다. 그러나 중국 지도자들은 처음부터 한국전에 적극적으로 개입할 의도를 가지고 있지 않았다. 여러 가지로 좋지 않은 국내 상황을 감안하여 중국 공산당은 1,400만 명의 인민해방군을 감축할 작업을 준비하고 있던 때였다. 따라서 김일성의 요청에 따라 인민해방군에 속해 있던 한국계 중국군을 보내는 선에서 그치려고 했다.

그러나 전쟁발발 직후 미국이 대만에 제7함대를 배치시키자 미국이 중국 내전에 참전할지도 모른다고 믿게 되었고, 이에 따라 그 해 7월 10일 '미국의 대만 및 한국 침략에 대한 중국 인민위원회'가 설치됐다. 주은래는 10월 2일 당시 인도 대사 파니카를 통해 미군이 북한을 점령한다면 중국은 전쟁에 개입할 것이라고 경고했고, 이에 대해 영국 외무장관 포리스트 버빈은 인도의 네루를 통해 유엔군이 38선을 넘어야 할 경우 압록강 40마일 앞에서 멈추겠다고 통보했다.

당시 중국 본토는 국민당 잔당의 활동이 살아나고, 지방의 사보타지나 소요가 빈번해 상황이 좋지 않았다. 그러나 미국은 맥아더가 타이페이를 방문하는 길에서 한국전에 국민당 군대동원을 공개적으로 제시함으로써 중국의 불안감을 가중시켰다.

이 같은 상황에서 1950년 10월 1일 김일성은 불리한 전황을 알리고 인민의용군의 즉각 참전을 요구하는 전문을 모택동에게 보냈다. 북동부 지역 사령관 임표는 처음에는 이를 강력하게 반대했으나 장기적인 차원에서 어느 정도 희생을 치르는 것이 불가피하다고 판단을 내렸다.

드디어 모택동은 10월 2일 병력파견을 결정했다. 모택동은 10월 13일 김일성이 중국으로 후퇴하기 전에 파병하는 것이 낫다는 판단에 따라 진격하기로 결정했다. 소련은 1950년 말 공군 2개 사단(전투기 2백 대)을 파견, 압록강 철교와 1,000km에

21) 황병무, "한국 전쟁과 중국의 외교정책". 김범철 편,「한국 전쟁을 보는 시각」(서울 : 을유문화사, 1990) pp 229-249

달하는 의용군 보급로를 엄호했고 소련군 조종사들은 중국인민의용군 군복을 착용했으며 생포시 자신들은 중국계 러시아 소수민족이라고 말하도록 교육시켰다. 모택동은 압록강을 건너기 직전 팽덕회에게 기습만이 조기 승리를 획득할 수 있다고 지시했다.

이상의 사실에서 해방 이후 북한에 진주한 소련군에 의해 북한에서 소비에트화 정책이 급속히 추진되었다는 것과 6·25는 이를 기반으로 발발한 한반도의 공산화 목적의 남침 전쟁이었음을 알 수 있다.

한반도 전체의 공산 혁명을 위해서는 '인민해방전쟁'의 형태를 취해서라도 달성해야 한다고 믿었던 김일성의 남침 의지와 소련의 세력을 한반도에서 확대시키려는 스탈린의 야망, 그리고 중국의 공산화를 완수하려는 모택동의 경계심이 서로 맞아떨어져 민족의 비극인 6·25가 일어나게 된 것이다. 앞으로 관련 자료들이 공개될 때마다 이 사실은 더욱 구체화될 것이다.

제5절 권력투쟁과 김일성, 김정일, 김정은체제 구축

김일성 봉건왕조체제로 불리우고 동양적 전제주의국가, 유교적 공산주의국가로 평가받기까지 권력의 핵심부는 어떤 과정을 겪으면서 소용돌이 쳐왔는가? 해방 이후 북한의 50년 역사는 김일성 일인 통치를 위한 권력 획득 과정이었다고 할 수 있는데, 김일성은 해방 후 당내세력지형 속에서 최초로 국내파 공산주의자들을 숙청한 이래 소련파와 연안파를 숙청함으로써 김일성 중심의 단일지도체계를 구축하는데 성공했다. 그런 다음 조국광복회 출신들을 숙청하고 또 자신의 빨치산 동지인 항일유격대 출신 일부를 숙청함으로써 이른바 김일성 유일 지도체계를 세우게 된 것이다. 마치 유일적인 권력을 장악하기 위해 양파 껍질을 벗기는 양상의 단계별 숙청 과정을 진행시켜 나갔다.[22]

---

22) 이종석, 「조선로동당연구 : 지도사상과 구조변화를 중심으로」(서울 : 역사비평사, 1995) pp 322-323

1. 국내파 숙청

해방 이후 6·25 발발 전까지 단행된 국내파 공산주의자들에 대한 숙청의 명분은 '반종파주의'였다. 김일성이 조선공산당 북조선 분국을 이끌어가면서 당내에서는 김일성 중심의 지도체계 확립을 위한 움직임이 가시화되기 시작했는데, 이 과정에서 분국 결성 당시부터 나타나 지속되어 온 일부 분파적 행위들이 '종파'라는 이름으로 비판받기 시작했다.

종파 문제가 분국 확대 집행 위원회에서 공식적으로 제기된 것은 1946년 2월 제4차 중앙 확대 집행위원회에서였다. 최초의 비판은 분국 결성 과정에서 서울 중앙의 권위를 운위해 온 함남지역 출신 공산주의자들에게 가해졌다.

1948년 개최된 북로당 제2차 당대회에서 종파 문제에 대한 비판이 집중적으로 행해졌는데, 이 때 종파 행위로 집중 비판받은 오기섭(북조선인민위원회 노동국장), 정달헌, 최용달(사법국장) 등은 예외 없이 모두 국내파 공산주의자들이었다. 비판의 선두에 나선 것은 대부분이 한일무, 김열, 박창옥, 허가이 등 소련계 한인들이었다. 이는 그들이 당 조직문제에 관한 한 전문가로 대접받고 있었기 때문이다. 즉, 소련계 한인들은 당 건설 과정에서 소련이라는 선진당에서 일한 경력으로 인해서 권위를 인정받고 있었던 것이다. 한편 이 사실은 1948년 시점에서 이미 소련계 한인들이 김일성을 유일 최고 지도자로 옹립하는데 참여하고 있음을 보여주는 것이기도 하다.

2. 연안파와 소련파의 숙청

6·25는 김일성을 비롯한 조선노동당 지도부에게 무력 통일이라는 기회와 함께 패전으로 인한 당과 국가의 붕괴 직면이라는 심각한 위기를 가져다 준 사건이었다. 특히 기회의 상실 속에서 위기가 닥쳐왔기 때문에 전쟁을 주도한 김일성에게는 6·25로 시작된 한국전쟁의 시기가 시련의 시대였다.

그러나 김일성은 이 시련을 극복해 나가는 과정 속에서 1949년 6월 남북노동당 합당으로 인해 구축되어 있던 권력구조를 변화시켜 자신의 단일 권력체제 확립의 기초를 닦는데 노력했는데, 그는 1950년 12월부터 1953년 8월까지 몇 차례에 걸쳐 자신과 권력을 나누어 갖고 있거나 잠재적 경쟁 당사자였던 중요한 정치적 라이벌들을 권력핵심부에서 도태시키는 작업을 실행해 나갔다. 결국 한국전쟁 시기는 당내 권력구조를 김일성 중심으로 재구조화한 시기였다고 할 수 있다.

이런 맥락의 연장선상에서 1959년까지 진행된 소련파와 연안파에 대한 숙청이 진행되었는데, 명분은 '반종파주의'와 '반교조주의'였다. 김일성은 1950년 12월 강계에서 열린 당중앙위원회 전원회의에서 전쟁 수행 과정에서의 문제점을 집중거론했는데, 이 때 비판의 표적은 전쟁초기 제2군단장을 지내다 철직당한 무정이었다. 김일성은 무정이 군대 내의 명령을 집행하지도 않고 전투를 옳게 조직하지 못했으며 철직당한 후에도 퇴각 과정에서 아무런 법적수속도 없이 사람을 마음대로 총살하는 봉건시대의 제왕과도 같은 무법천지의 군벌주의적 만행을 저질렀다고 격렬하게 비판하였다.

김일성이 이미 중징계당한 무정을 당시 강하게 비판한 것은 팽덕회와 무정의 특별한 관계를 염두에 두었기 때문이었다. 팽덕회는 중국혁명 과정에서 무정과 함께 싸운 오랜 전우로서 두 사람 간의 돈독한 우정은 널리 알려져 있었다. 이런 사정을 잘 아는 김일성으로서는 팽덕회가 중국인민지원군 총사령이 되었다는 사실을 알았을 때부터 무정의 존재를 의식하지 않을 수 없었고, 따라서 그가 작전지휘권을 가지고 있는 동안 무정에 대한 회복불능의 책벌조치를 가하지 않으면 안 되었던 것이다. 해방 초기 김일성의 경쟁자로 인식된 적이 있었던 연안계열 무정의 책벌은 당내 세력판도를 보다 김일성 중심으로 재편시키는 효과를 가져왔다.

1951년부터는 전쟁 지휘의 작전권을 중국에 이양할 수밖에 없어 이때부터 김일성은 상대적으로 소홀히 했던 당에 대해 관심을 쏟게 되었는데, 그 결과 그 동안 당을 전담해 온 허가이와 당 사업문제를 두고 갈등하게 되었다.

조선노동당은 중앙위원회 제3차 전원회의 이후 당 정비 작업에나서 유엔군에 의해서 점령당했다가 해방된 지역들에서 당원 재등록과 조직정리사업을 실시하였다. 특히 이사업은 1951년 7월부터 휴전협상이 시작되고 전쟁이 소강상태에 접어들면서 본격화되었다. 당이 이사업을 추진한 목적은 피점령상태를 이용하여 당에 잠입한 이색분자를 색출하고 후퇴시에 일부 당원들이 저지른 과오를 비판 시정시키기 위해서였다. 당시 당 정비작업은 1948년 9월 이래 당을 전담해 오던 허가이의 책임 아래 진행되었다그런데 당시 김일성은 사업추진 과정에서 노정된 몇 가지 중대한 문제들을 지적하면서 허가이를 비판하였다. 비판은 주로 당 정비 과정에서 나타난 지나친 책벌주의와 입당을 까다롭게 만든 소위 관문주의에 대해 집중적으로 제기되었는데, 이로 인해 1951년 11월에 열린 당중앙위원회 제4차 전원회의에서 허가이는 당 제1비서에서 해임되고 농업담당 부수상으로 좌천되었다. 결국 허가이는 미군 폭격을 받아 무너진 순안 저수지 복구사업을 현장 지휘하라는 김일성의 명령에 불복하고 1953년 7월에 자살하였다. 자살 후 그는 김일성 지도부에 의해서 공개적으로 반당종파분자, 혁명의 배신자, 변절자로 낙인찍혔다. 이러한 김일성에 의한 허가이 축출은 대소의 존상황에서 김일성의 당내 장악력이 어느 정도인지 보여 주는 상징적인 사례였다.

한편 김일성이 당을 재장악하고 내치에 힘을 쏟으면서 김일성 개인숭배가 크게 고조되기 시작하였는데, 전쟁 전까지만 해도 조심스럽게 쓰여지던 수령이라는 그에대한 호칭이 북한 사회 전반에 일반화되어 쓰이기 시작하였다. 1952년 3월부터는 '수령의 교시를 실천하기 위한 투쟁' 이라는 구호까지 내걸었다. 그리고 그 해 4월 김일성의 40회 생일을 맞이하여「로동신문」 은 그의 일대기를 담은「김일성 장군 략전」 을 싣는 한편, 박헌영, 박정애, 박창옥 등 많은 지도자들이 공개적으로「경애하는 수령」 의 만수무강을 축원하였다. 이 때 김일성의 생가가 있는 만경대에서는 그의 기념관 건립식이 거행되었으며, 당시 김일성 개인숭배를 주도한 박창옥. 이문일 등은 1952년 6월 25일「로동신문」 이 6·25 2주년을 맞이하여 내보낸 사설 제목에 '수령은 조선인민을 승리의 길로 인도한다'로 뽑을 정도로 김일성 권력강화를 위한 작업에 몰두하였다.

6·25가 북한의 정치판도에 미친 가장 큰 영향은 박헌영과 남로당 세력이 몰락이었다. 해방 직후 조선공산주의운동의 대표주자로 부각되었던 박헌영과 그의 남로당계는 전쟁에서 남조선해방의 꿈이 좌절되면서 몰락의 길을 걷게 된 것이다.

김일성은 6·25전쟁에서 북한이 승리했다고 억지를 쓰기는 했지만, 실제에 있어서는 북한이 패배한 것이 누구도 부인할 수 없는 사실이었기 때문에 그러한 패배의 책임을 추궁당해 실각 될 것을 걱정했다. 특히 자기의 강력한 후원자인 스탈린이 1953년 3월에 사망하고 나서부터는 그러한 걱정이 더욱 커졌다. 그래서 김일성은 그러한 책임추궁을 면하기 위한 방책으로 전쟁의 패배책임을 박헌영 등 남로당계

간부들에게 전가, 그들을 처형함으로써 자기의 책임을 면하고 정적도 없애버리는 이중효과를 노렸던 것이다.

김일성은 휴전직후 박헌영을 미국의 스파이로 몰아 투옥했고, 박헌영의 심복인 이승엽, 이강국을 비롯한 남로당계 간부들을 모조리 사형시키거나 강제수용소로 보내버렸다. 남로당계의 숙청은 1955년에 투옥 중이던 박헌영의 사형을 집행함으로써 마무리 되었다. 그는 그러한 남로당계의 숙청에 있어서는 자기의 빨치산파를 주력으로 삼고 소련파, 연안파 등과 제휴했다.

김일성은 남로당계의 숙청에 뒤이어, 남로당계 숙청 때 동맹세력이었던 연안파를 숙청하기 시작했는데, 중국에서 활동했던 공산주의자들인 연안파의 숙청은 사실상 6 · 25때 전황이 불리해지면서부터 실행되었다. 앞에서 언급했던 것처럼 김일성은 6 · 25의 패전책임을 물어 포병사령관과 평양방위사령관을 역임한 중공 팔로군 출신인 무정을 숙청했고, 내무상을 지내고 6·25 때 조·중 연합사 부사령관이던 박일우와 6사단장 방호산을 친박헌영계, 종파분자라는 등의 죄명을 씌워 1955년 4월에 숙청했다. 그리고 군부와 내무성 내의 연안파 지도급 인물들을 하나하나 제거, 연안파의 세력을 꺾어 나갔다.

1956년 7월경에 이르면 북한 권력구조 내에서 광범위한 반김일성 연합이 이뤄지게 되는데, 8월 당중앙위 전원회의에서 부수상인 최창익, 최고인민위원장인 김두봉, 상업상 윤공흠 등의 연안파가 김일성을 비판하는 상황이 이 때의 분위기를 대변해 준다. 그러나 이를 계기로 김일성은 연안파를 모조리 검거 숙청하기 시작했는데, 이것이 이른바 '8월 종파사건'이다.

8월 종파사건으로 야기된 반종파 투쟁으로 인해 1956년 말부터 1960년까지의 북한 정치는 한 마디로 광풍의 시대를 방불케 했다. 김일성은 1958~1960년대 초에 걸쳐 「중앙당 집중지도 사업」 이라는 명목으로 연안파는 물론, 반김일성 세력을 대대적으로 숙청했는데, 당시 「중앙당 집중지도사업」 의 총책은 김일성의 동생 김영주였고, 그 요원들도 김일성 직계의 핵심당원과 간부들이었다.

김일성은 「앙당집중지도사업」을 통해 북한 주민들을 핵심계층, 중간계층, 적대계층으로 분류, 숙청된 자와 그 가족을 비롯하여 종교인, 지주, 기업가, 월남자 가족 등을 적대요소로 규정하여 탄압하고 반항자를 숙청했다. 김일성이 이처럼 연안파를 대대적으로 숙청한 것은 일제 때 연안에 본부를 둔 공산당 산하에서 활동한 연안파가 중국의 지원을 받아 자신의 집권을 위협할 우려가 있었기 때문이었다. 김일성은 자기에게 많은 약점이 있기 때문에, 상대방이 자기를 공격할 것을 항상 두려워 해 왔으며, 자기를 공격할 우려가 있는 세력을 완전히 제거함으로써 그러한 우려를 해소하려 했다.

김일성은 연안파 간부들 가운데 허정숙을 제외한 전원을 숙청했다. 연안파 중 윤공흠, 이상조 등 중국이나 구소련으로 도망간 사람들은 살아났지만 그렇지 못한 사람들은 모조리 암살되거나 처형되었다. 허정숙이 숙청을 면한 것은 연안파 숙청을 위한 당회의에서 자기 남편인 연안파 핵심인물 최창익을 공개비판 하여 김일성편을 들었기 때문이었다. 김일성의 연안파에 대한 숙청은 1958년에 마무리 되었다.

연안파와 함께 김일성은 소련파도 숙청했는데, 이들 소련파는 초기에 김일성의 정권장악에 결정적인 도움을 주었던 세력이나 스탈린이 죽고 흐루시초프가 새 권력자로 등장하여 정책노선을 변경하고 있는 상황에서 김일성에게 가장 위협적인 존재가 되었기 때문이다. 김일성은 허가이 숙청 이후 김열, 채규형 등을 제거했는데, 나머지 소련파 간부들도 관직 박탈, 강제수용소 감금, 추방 등의 조치를 취했다. 소련의 공민출신인 소련파 간부들은 대부분 소련으로 도망가 생명을 건졌지만, 미처 소련으로 도망가지 못한 소련파들은 모두 행방불명 되었다.

3. 직계파 숙청

소련파까지 숙청을 끝낸 김일성은 이제까지 다른 파들을 숙청할 때 자기를 충실히 지지했던 간부들 중에서 맹종도가 약한 자, 또는 자기가 보기에 의심이 가는 자들을 또다시 숙청하기 시작했는데, 1967년에 발생한 상당수 당 고위간부에 대한 숙청이 그것이다.

이 숙청은 당 내부문제에 국한된 사건이었다. 이 사건은 개인숭배운동이 본격적으로 전개되기 시작하던 시점인 1967년 5월, 당중앙위원회 제4기 15차 전원회의에서 이루어졌는데, 숙청대상자는 당내 고위직에 있던 박금철, 이효순, 허석선, 임춘추, 김창만, 고혁 등이었다. 이들 숙청의 결정적인 이유는 당내에 두 가지 규율을 두어 김일성 유일지도성 확립을 훼손시켰다는 것이다. 숙청대상자들이 주로 조국광복회 관련인사들이란 점에서, 만약 김일성 유일지도체계 확립에 방해가 되면 자기 계파 출신도 예외 없이 제거할 수밖에 없다는 것을 보여준 사건이었다.

당시 사상투쟁에 관한 북한의 공식기록을 살펴보면 이 투쟁이 후계체제의 확립과 결코 무관하지 않음을 알 수 있다. 이 투쟁과정에서 김정일은 당시 평양 시내에서 공연되었던 연극 '일편단심'에 대해 이는 일제시대 혁명의 곁에서 변절 타락한 자의 자서전을 각색하여 만든 것으로서 당내에서 부르주아 사상, 수정주의 사상 등을 은밀히 퍼뜨리는 종파주의에 해당한다고 문제 삼고 일편단심이란 오직 수령을 위한 일편단심 일뿐이라는 주장을 펼치게 된다, 이런 비판에 따라 당시 문화예술부장을 거쳐 부수상으로 있던 고혁과 당교육과학부장 허석선, 사상담당비서 김도만 등도 숙청된다.

이를 계기로 당내에 두 가지 규율을 두어 김일성 유일지도성 확립을 훼손시킨 혐의로 당중앙위원회 정치위원으로 당조직을 담당하고 있던 박금철과 정치위원으로 대남업무를 총괄하고 있던 이효순, 정치위원인 김광협, 정치위원회 후보위원이며 당국제부장인 박용국, 직총위 원장 김왈룡, 검찰소장 이송운 등도 숙청된다.

그렇게 함으로써 당과 정권 내에서 김일성에게 도전할 우려가 있는 인물들은 모두 사라지고, 김일성과 이런저런 혈연이나 인척관계가 닿는 족벌들과 김일성의 명령에 무조건 복종하는 맹종파들만 남게 되었다. 이처럼 김일성에 맹종하는 자들만 남게 한 숙청과정에서는 유일하게 살아있는 김일성의 동생 김영주가 적극적으로 이용되었다.

이렇게 해서 김일성은 유일지배체제를 구축했다. 그 결과 김일성 정권의 핵심적인 권력의 자리는 대부분 친인척들로 매워졌는데, 우리에게 잘 알려진 허담, 양형섭, 김영주, 박성철, 강성산, 손성필, 김중린, 장성택 등이 그 대표적인 인물들이다.

4. 김정일 후계체제 구축

그러나 숙청은 그것으로 끝나지 않았다. 김일성은 자기의 권력을 김정일에게 세습시키기로 작정하면서, 이제까지 자기를 위해 싸워온 자기의 분신같은 동생 김영주와 그 측근들을 숙청했다. 왜냐하면 동생인 김영주가 김정일에게 권력이 세습이 된 이후에 김정일의 권력에 위협적인 존재가 될 것을 우려했기 때문이다.

김정일이 김일성의 유일 후계자로 추대된 시기는 1974년이다. 북한은 당중앙위원회 제5기 8차 전원회의를 1974년 2월 12일에 개최된 바 있는데, 여기서 김정일을 김일성의 후계자로 결정하였다.

이 결정에 대해 북한은 "비로소 우리나라에서 혁명위업 계승문제가 빛나게 해결되었으며 주체의 혁명위업을 대를 이어 계승 완성할 수 있는 확고한 담보가 마련되었다"고 평가한 후 김정일을 '당중앙'으로 호칭하기 시작했는데, 이때 부터 후계자로서의 공인화가 당차원에서 본격화 되었다.

그 후 김정일은 '당중앙' 외에 '친애하는 지도자 동지', '유일한 지도자', '향도의 횃불'등으로 불리워졌으며, 1975년에는 정무원 결정 제715호로 김정일 생일인 2월 16일이 임시 휴무일로 정해졌다. 또한 1980년 10월 제6차 당대회를 통해 후계자로서의 위치를 대내외에 공식 선포하기까지 권력의 제2인자로 부상시키기 위한 김정일 치적 선전사업이 활발히 진행되었다.

그런데 이러한 김정일 권력승계작업은 훨씬 이전부터 진행된 김정일 후계자 만들기의 결과라고 할 수 있는데, 앞에서 지적한 바와 같이 특히 1967년에 벌어진 당내의 사상투쟁과 관련이 깊다. 1964년 4월 김일성 종합대학을 졸업한 김정일은 당조직지도부 지도원을 거쳐 1966년 2월부터 당선전선동부에서 지도원으로 영화사업을 지도하기 시작했는데, 이 무렵 1966년 10월에 소집된 당대표자대회와 그 이듬해인 1967년 5월 비밀리에 개최된 당중앙위원회 제4기 12차 전원회의를 계기로 당 핵심부에 진입한 뒤 문학예술부 부부장을 맡게 되었는데, 김정일은 이를 바탕으로 당의 유일사상체계를 확립하기 위한 당내 사상투쟁을 주도해 나가게 된다.

이런 사상투쟁 과정 속에서 김정일은 당내에서 조직, 사상부문을 장악하기 시작해 1969년 3월에는 비서국 조직지도부 부부장에, 1970년 10월에는 선전선동부 부부장에, 1972년 1월에는 선전선동부장에 오른 이후 그 해 12월에 개최된 당 제5기 6차 전원회의에서 비밀리에 후계자로 내정되며, 1973년 9월 4일에 개최된 7차 전원회의에서 비서국 조직 및 선전선동부담당 비서와 당정치위원회 후보위원으로 발탁되면서 후계자로 지목된다. 그리고 마침내 1974년 2월 12일 8차 전원회의에서 김정일은 당중앙위원회 정치위원회 위원이 됨과 동시에 김일성의 유일한 후계자로 추대된다.

김정일의 위상은 1주일 후 2월 19일 주체사상을 '김일성주의'로 새로이 규정짓는 수위 '2 · 19 선언' 을 김정일 명의로 발표함으로써 분명하게 드러나게 되는데, 기존의 주체사상을 주체의 사상, 이론 및 방법의 전일적 체계인 「김일성주의」로 확대 해석함으로써 유일 통치 이데올로기로의 해석권까지 장악했음을 보여 주게 된다.

그러나 김정일의 당내에서의 지위부상은 당시 대내외적으로는 공표되지 않았다. 이는 김정일의 부상에 대한 대내적인 명분을 준비하는데 시간이 필요하다는 점과, 대외적으로 공표함으로써 받게 될 비판의 소지를 제공하지 않겠다는 점이 고려된 것으로 보인다.

김정일이 대외적으로 공식적 후계자로서 공표된 것은 1980년 10월 조선로동당 제6차 대회를 통해서이다. 10월 10일부터 5일간 개최된 대회에서 조선노동당은 당규약을 개정하고 중앙지도기관 선거를 통해 신세대의 등장과 함께 김정일 후계체계의 확립을 공개적으로 공개한 바 있다. 또한 이 대회는 1980년대의 중요 과제로 '주체혁명의 대를 잇는 과업'을 제기하여 이른바 '혁명전통의 계승발전'을 공식화 했는데, 이는 1980년대는 김정일 후계체제를 공고화 하는 시대가 될 것임을 천명하는 의미를 지닌다. 이렇게 제6차 당대회를 통해 김정일의 후계자 위치가 대내외적으로 공표된 이후 북한사회 내부에서는 김정일에 대한 선전과 찬양이 공개적으로 본격화되면서 이른바 김정일 개인숭배 캠페인이 시작된다.

가장 먼저 나타난 것은 김정일에 대한 호칭의 변화이다. 김정일은 제6차 당대회 이후 1980년대에 '령도자'(1983), '최고사령관'(1983), '수령'(1985), '인민의 어버이'(1986), '위대한 지도자' 및 '위대한 령도자'(1987) 등으로 불리우게 되는데, 특히 그의 생일을 기해 개인숭배의 정도가 심화되어 가는 양상을 띈다.

1990년대부터는 김일성에 버금가는 호칭이 등장하고 있는데, '인민의 운명을 책임진 혁명의 지도자'(1990), '위대한 수령'(1991), '친애하는 아버지'(1992) 등이 그 대표적 예이다. 그리고 김일성 사망 이후부터는 김정일을 체제 구심점으로 하여 뭉칠 것을 강조하면서 김정일을 '유일적 령도자'로 부르고 있다.

이와 같은 유일체제 확립과 이의 이양작업이 전개되는 과정에서 누구라도 살아남기 위해서는 절대권력자인 김일성과 명실상부한 김정일에게 맹종하는 길밖에 다른 도리가 없었다. 그렇지 않은 자는 언젠가는 김일성으로부터 숙청의 칼을 받게 될 것이 자명했기 때문이다.

5. 김정은 체제 구축

2008년 8월 김정일이 뇌졸중으로 쓰러진 이후, 북한에서는 후계자 문제가 급부상하였다. 김정일과 성혜림 사이에서 출생한 김정남과 재일교포 출신 고영희와의 사이에서 출생한 차남 김정철과 3남 김정은 세명의 아들이 그 대상이었다.

김정남은 2001년 5월에 일본 나리타공항을 통해 입국하려다 여권이 위조된 것이 발각되어 구속되었다가 중국으로 강제출국 당했다. 그 뒤 일본 언론에 공개되어 화제가 되었는데, 그러한 언동을 포함하여 자유분방한 그의 생활이 작용하여 후계자에서 탈락했다. 또한 차남 김정철은 리더십이 부족하다고 판단되어 후계자에서 제외되었다.

2008년 김정일의 건강에 이상이 생기면서부터 2009년 1월 한국의 일부 언론에서는 김정은 후계자설이 보도되었고, 북한에서는 은밀하게 후계자 작업을 추진하여 2010년 초 인민무력부 기관지인《조선인민군》은 김정은 후계자화 움직임이 빨라지는 내용의 사설을 보도했다.

김정은은 '청년대장, 김 대장' 이라는 별칭으로 북한 전역에 퍼져 나갔고, 북한 당국은 김정은 찬양가 '발걸음'을 주민들에게 배포했다. 같은 해 7월부터는 정책에도 관여하기 시작했고, 2010년 1월부터는 대외문제에도 관여하기 시작했다. 북한은 내부적으로 각종 당원교육이나 군인들에 대한 사상교육, 주민교육을 통해 김정은 알리기와 군부대 방문이나 광명성 발사지도 등 업적 쌓기와 찬양을 급속도로 추진했다.

김정은은 같은 해 9월 27일 '대장'의 칭호를 부여받고, 다음 날 제3차 당대표자회에서 당 중앙군사위원회 부위원장의 직위를 차지함으로써 사실상 2인자의 지위에 올랐다. 같은 해 10월 10일 노동당 창당 65주년 경축 열병식장에 김정일과 김정은이 함께 단상에 등장했고, 이를 외신기자들이 생중계함으로써 김정은의 후계자 지명을 외부에 공식적으로 기정사실화하였다.

2011년 12월17일 김정일이 사망하였다. 김정일 사망 발표 이후 당시 김정은 노동당 중앙군사위원회 부위원장을 서열 1위로 한 232명의 장의위원회를 구성하여 김정은을 후계자로 사실상 대내외에 발표하였다. 김정은은 김정일이 사망한 직후부터 불과 4개월여 기간 동안에 과거 김정일이 갖고 있던 정치적 지위를 절차적으로 모두 차지했다. 김정은은 최고사령관, 노동당 위원장, 노동당 중앙군사위원회 위원장, 노동당 정치국 상무위원, 국무위원장을 아래와 같은 정치일정과 회의를 통해 차지했다.

시 기	내 용
2011. 12월	당 중앙위원회 정치국 : 최고사령관 추대
2012. 4월	당 대표자회 : 당 제1비서, 당 중앙군사위원회 위원장, 당 정치국 상무위원
	최고인민회의 : 국방위원회 제1위원장
2016. 5월	제 7차 노동당 대회 : 노동당 위원장
2016. 6월	최고인민회의 : 국무위원장

권력 승계 절차를 준비하는 과정에서 북한은 노동당 규약을 개정하여 노동당 제1비서의 권한과 위상을 이전 노동당 당규의 노동당 총비서의 권한및 위상과 같이 하였다. 아울러 헌법개정을 통해 국방위원회 제1위원장의 권한이 이전 헌법의 국방위원장과 동일하도록 조치했다. 2012년 7월 18일 김정은은 원수로 추대되어 김정일이 갖고 있던 당 및 군의 주요 지위를 모두 차지하였다.

북한의 3대 세습은 그간에 어떤 독재체제에서도 볼 수 없는 전대미문의 행위이다. 그러나 김정은 시대의 개막과 함께 북한이 겪을 변화는 김정일이 남겨준 유산들 간의 상호관계 및 작용 그리고 외적 변수에 의해 규정될 수 있다는 점에서, 앞으로 김정은 체제의 안착은 북한 내부의 가변적 정치상황, 북한내부 경제여건의 개선여부, 국제적인 환경의 조성 여부 등이 관건이 될 전망이다.

북한은 김정은으로의 3대 세습에 대한 정당성을 확보하기 위해 김일성을 강조하는 모습을 보이고 있다. 특히 최고영도자로서의 이미지를 구축하기 위해 김일성의 젊은 시절을 떠올리도록 김일성과 유사한 모습의 김정은을 만들고 있는 것이다. 또한 2010년 9월 28일 당 대표자회를 진행하면서 김영남 최고인민회의 상임위원장이 김정일을 노동당 총비서로 재추대하는 연설 내용 중 '김일성민족'이란 표현을 사용하였고, 그 이후 '김일성민족'이라는 표현이 북한 보도매체에서 자주 사용되었다. 그뿐만 아니라 2010년 당 규약을 개정하면서 '김일성 조선', '김일성 당'이라는 표현도 명기하였으며 2012년 개정된 당 규약 서문에서는 김일성·김정일 주의를 유일지도사상을 명문화하였다.

이상에서와 같이 북한 지도부는 주민들에게 "또 한분의 김정일인 김정은"과 김일성과의 관계를 부각시키고, 김일성과 김정일에게 충성을 했듯이 대를 이어 김정은에게도 충성을 다할 것을 암묵적으로 요구하고 있다.

그럼에도 불구하고, 권력세습 과정에 있어서 현재 북한정권과 김정은이 처한 객관적 · 주관적 조건이 과거 김정일로의 세습 때와 많이 다르다는 점만큼은 분명하다.

제 3 장 북한의 경제

제1절 경제체제의 특징과 경제정책 기조

제2절 경제의 부문별 현황

제3절 경제정책 변화와 개혁·개방 전망

제3장 북한의 경제

제1절 경제 정책의 특징과 기본 노선

1. 경제체제의 특징

북한을 제외한 다른 사회주의 국가들은 초기 사회주의 국가 수립 이후 일정 시간이 지나면서 중앙 집중적 계획경제 체계의 비효율성을 점차 개혁해 나갔다. 중앙 집중적 계획경제 체계는 다음 세 가지 특성을 지닌다. 첫째로 소유제도 면에서 집단 및 국가의 소유만 인정한다. 둘째로 경제 활동에 필요한 자원배분 면에서 중앙 계획 당국의 계획이 주요 역할을 행한다. 셋째로 최종 경제 단위의 경제활동 면에서 중앙계획 당국의 지도 및 명령지표가 의사결정 기준이 된다.

사회주의 경제체제의 이러한 특성은 경제의 비효율성과 공급부족 현상을 초래했다. 이에 대부분의 사회주의 국가들은 1960년대 이후 시장 기능을 부분 도입하며 점차 사회주의적 시장경제, 또는 시장사회주의 체제 등으로 변화해 나갔다. 구사회주의 국가들은 시장 기능을 체제 내부 차원에서 부분 활용하는 부분개혁 체제를 실험하다가 결국 탈냉전 이후 시장경제 체제로 전환해 나갔다.

반면에 북한은 1980년대 말까지 이러한 사회주의 국가들의 경제체제 변화 과정과 대비되게 스탈린식 중앙 집중적 사회주의 계획경제 체제(centrally planned socialist command system)의 전형을 유지해 왔다. 1990년대 경제난 이후 사실상 중앙 집중적 사회주의 계획경제 시스템 유지가 곤란해졌음에도 불구하고 북한은 '사회주의 원칙 고수'를 강조하며 경제체제의 의미 있는 변화를 공식적으로 추구하고 있지 않다. 계획경제 기능의 마비로 경제 현실에서는 시장화 현상이 확산되고 있지만, 북한 당국은 일부 경제관리 개선조치들만 취함으로써 제도와 현실이 괴리된 경제체제의 이중화 현상을 초래하고 있다.

가. 국가소유 위주의 사회주의 소유제도

사회주의 경제체제의 핵심은 생산수단에 대한 사회적 소유로부터 출발한다. 이에 북한은 1998년 개정 헌법에서 생산수단은 국가와 사회협동단체가 소유(제20 조)하며, 이는 생산수단의 사회적 소유가 국가소유(제21조)와 사회협동단체 소유 (제22조)로 구분되는 것을 의미한다고 명시하고 있다. 국가소유는 전체 인민의 소유로서 나라의 모든 자연자원, 철도, 항공, 운수, 체신, 중요 공장, 기업소, 항만, 은행 등에 대한 소유뿐만 아니라 대상에는 제한이 없음도 규정하고 있다. 사회협동 단체 소유는 해당 단체에 소속되어 있는 근로자들의 집단소유로서 토지, 농기계, 배, 중소공장, 기업소 같은 것이 대상으로 되어 있다. 북한에서 협동적 소유 분야는 농업 부문의 협동농장이 전형을 이룬다.

한편 북한은 개인소유를 인정하고 있지만 이것은 어디까지나 생산수단에 대한 사회적 소유의 토대 위에서 발생된 것이기 때문에 소비를 목적으로 하는 소유에 한정한다고 규정하고 있다.(제24조) 개인소유의 대상은 텃밭을 비롯한 개인 부업경리에서 나오는 생산물, 합법 경리 활동으로 얻은 수입, 근로자들의 노동소득 몫, 이들 수입으로 구입한 소비품 등으로만 구성되고 생산수단을 대상으로는 할 수 없게 되어 있다.

북한은 사회주의 국가의 소유제도가 국가소유 즉 전 인민적 소유제 위주여야 한다고 강조하고 있다. 협동적 소유는 "소상품 생산을 기초로 하는 사적 소유로부터 전 인민적 소유로 발전하는 과정에서 나타나는 불완전한 소유 형태"이므로 "협동적 소유는 협동단체 성원들의 자원적 의사에 따라 점차 전 인민적 소유로 전환 시켜 나간다" 고 헌법(제23조)에 규정하고 있다.

따라서 북한은 다른 사회주의 국가들과 비교할 때 처음부터 사회주의 소유 제도가 국가소유 위주로 구성되고 협동적 소유 형태는 다음 〈표 5-1〉에서 보듯 그 비중이 다소 낮게 구성되는 형태였다. 북한에서 협동적 소유는 철저하게 중앙집 중적 계획관리 아래에 놓여 있도록 했기 때문에 협동적 소유 역시 사실상 전 인민적 소유 형태와 다를 바 없다고 할 수 있다. 그리고 북한은 소상품 경제 형태를 완벽히 소멸시키고 개인소유는 근로소득과 일용 소비품에만 한정함으로써 사회주의 국가들 가운데에서도 가장 엄격한 국가소유 위주의 사회주의 생산관계를 구축했다고 볼 수 있다.

총 공업생산액 중 소유 형태

구분	1946	1949	1956	1959	196	1963
사회주의 경제 형태(%)	72.4	90.7	98.0	100.0	100.0	100.0
(국영)	(72.4)	(85.5)	(89.9)	(89.5)	(89.7)	(91.2)
(협동경영)	(0.0)	(5.2)	(8.1)	(10.5)	(10.3)	(8.8)
소상품 경제 형태(%)	4.4	1.5	0.7	0.0	0.0	0.0
자본주의 경제 형태(%)	23.2	7.8	1.3	0.0	0.0	0.0

출처: 『조선중앙연감』 (1964). p.171.

과거 동유럽 사회주의 국가들의 협동적 소유 비중은 나라별로 20~40%를 차지했다. 1980년대 폴란드의 경우 개인 경작지가 약 70% 이상이었고, 개혁·개방 이전 중국의 경우에도 수공업 및 소공업 부문에서 소상품생산 경제 형태가 상당한 비중으로 잔존하고 있었다. 물론 북한은 1998년 개정 헌법에서 "합법적 경리활동을 통해 얻은 수입"의 개인소유 및 상속을 인정함으로써 경제난 이후 확산되고 있는 소토지 경작물, 상설 시장에서 획득한 수입, 발명과 같은 지식 재산으로 얻은 수입 등도 개인소유 대상으로 공식 확대하는 조치를 취했다. 그러나 이는 상당히 제한된 범위의 확대일 뿐 최근까지 엄격한 국가소유제를 고수해 오고 있다.

그러나 이와 같은 국가소유 위주의 엄격한 사회주의 소유제도는 경제난 이후 시장경제 활동을 통한 주민들의 재산 축적 현상이 확대되면서 점점 이완되고 있는 현실이다. 주민들이 장사나 식당 운영 등 각종 개인경제 활동으로 벌어들인 돈을 화폐 자산 형태로 보유하고, 이를 가동 및 운영이 중단된 소규모 공장·기업소나 상업 기관 등에 비공식적으로 투자함으로써 사실상 생산수단의 사유화 현상이 일부 나타나고 있다. 종합시장이나 장마당의 매대도 매매 또는 양도되고 있다. 주민들 사이에는 관할 기관에 뇌물을 주고 '국가주택 이용 허가증'(입사증)의 명의를 변경 하는 식으로 주택의 개별 거래가 이루어지는 등 주택의 개인 사유화 현상도 일부분 나타나고 있다.

북한이탈주민들에 따르면, 현재 북한 주민들은 소토지, 살림집, 매대를 '3대 재산권' 대상으로 인식하고 있다고 한다. 개인경제 활동으로 사유 재산의 축적이 가능해지면서 개인 재산 관념이 부동산으로까지 확장되고 있는 것이다. 최근 북한에는 제도상으로 사회주의 국가소유제를 유지하고 있지만, 현실에서는 다양한 형태의 사유 현상들이 등장하여 '은폐된 재산권' 현상까지 등장하고 있음을 주목할 필요가 있다.

나. 중앙집권적 계획경제와 집체적 경제관리 방식

북한은 1958년 토지 및 생산수단의 사회주의 생산관계가 구축되어 중앙 집중적 계획경제를 실시할 수 있는 기반을 확립하였다. 이에 따라 자신들의 경제를 "중앙집권화 된 경제이며 유일적인 국가계획에 따라 계획적으로, 균형적으로 발전하는 사회주의 경제", "통일적으로 지도·관리되는 경제"라고 규정하고 중앙집권적 계획경제 체계를 구축해 나갔다. 즉 중앙의 계획기구(국가계획위원회)가 당의 지침을 받아 인민경제 계획을 수립하고 이를 분야별 각 경제 단위에게 생산과 소비, 수요와 공급 등 명령을 내려 경제 단위들이 이를 집행하는 계획경제 체계를 1960년대 초에 구축한 것이다.

북한의 계획경제 체계는 다른 사회주의 국가들보다 철저하게 계획의 일원화·세부화 체계를 강조하는 '명령형' 계획경제 체계였다. 여기서 '계획의 일원화 체계'란 경제계획의 작성 및 집행을 국가계획위원회를 중심으로 하여 공장, 기업소, 협동농장 등 하부 단위에 이르기까지 일원화된 체계로 수행하는 것을 말한다. 우리의 정부 부처에 해당되는 내각의 각 성(省), 위원회, 지방인민위원회들도 각기 계획을 작성하지만 이들 수치는 모두 중앙에 있는 국가계획위원회에 집결되어 통제와 조정을 받아야 한다.

북한은 이렇게 일원화된 체계이어야만 각 경제 단위가 당과 국가의 이익보다 자신들의 이익을 우선 추구하는 기관본위주의, 지방본위주의, 주관주의 등이 타파 되고 계획의 유일성이 보장된다고 인식했다. 국가계획위원회는 노동당 중앙위원회에서 결정된 정치 사업과 경제정책을 반영해서 계획지표를 수립해야 하므로 결국 이런 과정을 거쳐 경제 사업에서 수령 및 당이 지도하는 '유일적 계획화'가 가능하다고 보았다.

'계획의 세부화'란 중요한 것만 계획지표를 작성하는 것이 아니라 각 산업 부문 간, 단위 기업소·공장 간 계획들이 철저하게 맞물리도록 하기 위해 사소한 것들까지 자연 발생 요소를 허용하지 않고 계획에 의해 수행되도록 하는 것을 말한다. 즉 공장 가동률, 품질 수준, 생산품 가격, 제품의 규격 등까지 계획지표화하는 것을 말한다.

북한의 계획화 체계는 다른 사회주의 국가들과 비교해 볼 때 중앙 집중 성격, 하부 경제 단위들의 자율성 범위, 당에 의한 통제 등 모든 면에서 가장 엄격했다. 대부분의 사회주의 국가들은 계획지표가 '명령지표'보다 '지도지표' 성격을 띠었고, 공장 내부의 경제 활동까지 계획지표화하지 않았다.

예컨대 개혁 · 개방 이전의 중국은 중앙 단위의 계획지표는 큰 방향의 8개 정도였다. 이에 비해 북한은 1960년대 후반에 중앙 단위의 계획지표가 1만 개가 넘을 정도였다. 이러한 엄격한 계획의 일원화·세부화는 1970년대 이후 경제가 고도화되고 복잡해지면서 점차 이완되어 나가고 효율적으로 집행될 수 없었다. 1980년대 이후로는 경제난 때문에 변형된 방식으로 작동될 수밖에 없었다. 즉 경제난에 의한 재정위기로 '계획의 일원화·세부화 원리'에 따른 중앙 집중적 계획화 체계 자체가 불가능해진 것이다.

이에 따라 북한의 경제체제는 더 이상 과거처럼 엄격한 중앙집권적 명령경제 및 계획 체계로 작동되지 않고 있다. 북한 당국은 1990년대 중반부터 전략상 중요하고 국가 차원에서 해결해야 하는 중요 경제 지표들(국방공업, 기간산업, 선행 경제 부문들의 경제지표)만 중앙의 국가계획위원회에서 계획해 관리하고 있다. 그 밖의 경제 지표들은 해당 기관이나 공장·기업소에서 자체 계획을 세워 해결하도록 하는 '변형'된 계획화 체계를 운용해 오고 있는 실정이다. 55) 그리고 전략 부문을 제외한 대부분의 경제 단위들에 계획지표로서 '물량지표'가 아닌 '액상(금액)지표'를 부과하고 있다. 계획지표의 형태로 '액상지표'가 부과되면서 각 경제 단위는 본래의 생산활동과 상관없이 시장을 활용해 계획지표를 달성하는 현상이 점차 확대되었다. 그리고 계획지표를 수행한다는 명분하에 비합법적 시장 지향적 경제활동도 확산되어 나갔다

한편, 북한은 이러한 중앙집권적 계획경제 체계를 구축하면서 공장, 기업소, 협동농장에 북한 특유의 경제관리 방식도 도입했다. 동구 사회주의 국가들의 경우 지

배인 유일 관리제(소련), 노동자평의회에 의한 노동자 자주관리방식(유고) 등 다양한 형태의 경제관리 방식을 모색하였다. 북한은 1960년대 이후 이른바 '청산리 방법', '대안의 사업체계' 56) 라는 명칭하에, 도 농촌경리위원회(산하 조직은 군 협동농장경영위원회 · 리 협동농장관리위원회), 기업소 · 공장 당 위원회에 의한 집단적 경제관리 방식을 도입한 이후 지금까지 유지하고 있다.

북한에 따르면 이들 관리 방식은, 경제 사업에 대한 당·국가·유일적 지도와 정치사상에 의거한 경제 사업, 철저한 계획화가 수행되도록 집체적 지도와 유일적 지휘가 배합되는 관리 방식이라는 것이다. 즉 공장, 기업소의 생산 및 경제 활동을 공장 당 위원회의 집체적 지도와 책임 아래 수행하도록 한다는 것이다. 공장 당 위원회는 당 비서, 지배인, 기사장, 부지배인, 직장장, 직장 부문 당 비서, 작업반장, 일부 생산현장 노동자 등으로 구성된다. 공장·기업소 내의 대표 구성원들이 경영 활동에 참여하는 것 같지만 기업의 모든 경영 활동이 노동당 중앙위원회의 의사와 결정에 근거하여 진행되도록 하였다.

2. 경제정책 기조와 변화 모색

북한은 1960년대 김일성 시대에 사회주의 공업화 과정을 본격화하면서 이른바 3대 경제건설 노선을 사회주의 경제건설의 기본 노선으로 내세웠다. 즉 「자립적 민족경제 건설 노선」, 「중공업 우선 발전 노선」, 「군사 · 경제 병진 노선」 등을 3대 경제정책의 기조로 삼고 북한 특유의 경제발전 전략을 추구해 왔다. '90년대 이후 북한은 경제 환경의 변화로 인해 이 정책기조들을 부분 수정하고 있지만, 아직 본질적인 정책 변화를 시도하고 있다고 할 수 없다.

가. 자립적 민족경제 건설 노선

자립적 민족경제 건설 노선이란 "남에게 예속되지 않고 제 발로 걸어 나가는 경제, 자기 인민을 위하여 복무하며 자기 나라의 자원과 자기 인민의 힘에 의거하여 발전하는 경제건설 노선" 57) 이라는 것이다. 즉 생산수단 및 최종 재화의 생산을 자체 조달을 기본으로 하여 대내 수요를 충당하고, 확대재생산을 할 수 있는 여건도 자체 인민경제 구조 내에서 해결한다는 것이다.

이는 인민경제를 완결된 자립형 경제 구조로 만드는 것을 목표로 하는 경제건설 노선이다. 또한 사회주의 경제발전을 내부 자원의 동원에 의거해 성취하겠다는 수입 대체형 경제발전 노선으로서 비교우위 발전론을 거부하는 경제건설 노선이다.

모든 국가는 경제발전에 필요한 모든 요소를 완벽하게 국내에서 조달할 수 없고, 다른 나라보다 우위에 있거나 뒤떨어진 생산 요소들을 보유하고 있다. 따라서 모든 재화 생산을 자체 해결하기보다, 비교 우위에 있는 생산 요소를 활용해 상품을 생산하고 다른 나라들과 무역 관계를 맺는 것이 경제의 효율성과 생산성을 높이게 된다.

과거 마오쩌둥 시절 중국 역시 이 발전 노선을 기본 경제건설 노선으로 삼음으로써 많은 경제력 낭비와 비효율성을 초래했었지만, 1978년 이후 비교우위 발전론으로 경제정책 기조를 수정하고 국제경제 질서에 적극 편입해 나감으로써 경제성 장을 도모할 수 있었다. 반면, 북한은 여전히 비교우위 발전론을 제국주의 착취론 이라고 거부하며 자력갱생론을 경제정책의 한 기조로 강조하고 있는 실정이다. 다만, 사회주의 경제권의 붕괴로 과거처럼 엄격한 자력갱생론에 의거한 경제의 확대 재생산이 불가능한 환경에 처하면서, 최근에는 부분 완화된 '개방형' 자력갱생론을 내세우고 있다.

즉 1991년 나진 · 선봉 경제무역지대, 2002년 개성공업지구(2002년 10월), 금강산 관광지구(2002년 11월) 등을 설치하고, 김정은 시대에 들어와서는 「경제개발구법」을 제정(2013.5.29)하여, 2015년 12월 현재 중앙급 경제특구 5개, 중앙급 경제개발구 4개, 지방급 경제개발구 17개를 지정하고 있다. 북한은 '자력갱생'은 우리 혁명의 승리를 위한 근본 담보이다" 58) 라고 주장하면서도 다른 한편으로는 경제환 경의 변화에 조응해 국내 경제와 분리된 경제특구를 점진적으로 확대하는 '개방형' 자력갱생 정책을 추구하고 있는 것이다.

나. 중공업 우선 발전 노선

중공업 우선 발전 노선은 '자립적 민족경제'를 전면 구현하는 수단으로 채택된 노선이다. 북한은 "사회주의 공업화의 중심은 중공업의 선차적 발전에 있다. 기계 제작 공업을 핵심으로 하는 강력한 중공업을 창설하여야 자립적 공업체계를 확립 하며, 인민경제의 전면적 기술재건도 실현할 수 있다" 59) 라고 주장했다. 이 경제건설 노선은 중공업 우선 불균형 성장 전략을 기본으로 하면서 과거 소련, 중국 등이

'사회주의 발전법칙'으로 오랫동안 신봉해 온 경제발전 전략이기도 했다.

자본주의 국가들과 체제 경쟁을 해야 했던 사회주의 국가들은 급속한 시간 내에 "미국을 따라 잡자", "영국을 따라잡자"라는 구호를 내걸고 급속한 생산력 발전을 추구했다. 그리고 이를 위해 소비를 위한 분배를 최대한 억제하고 저축을 증대 시키는 한편, 중앙에 집중된 축적 자본을 특정 산업부문, 특히 군수산업이나 생산 수단 부문에 집중 배분하는 정책을 시행했다.

남한과의 체제 경쟁에 주력한 북한 역시 이러한 논리에 따라 1960~70년대에 인민경제비 투자 지출에서 70% 이상을 중공업 부문에 편중 배분하는 정책을 시행 했다. 그 결과 북한의 산업 구조는 구소련처럼 중공업 부문 위주로 편성되었지만, 1970년대 후반경부터 농업・경공업 부문이 극심하게 낙후되는 산업 구조의 불균형 현상이 초래되었다.

중공업 우선 발전 노선은 '90년대 이후 에너지난, 기초원자재난, 외화난이 도래하면서 더 이상 고수하기 어려운 환경에 저하게 되었다. 이에 김정일 정권은 군수공업 부문의 확대재생산 유지를 위해 중공업 우선 발전 노선을 국방공업 우선 발전 정책으로 변경하고, 군수부문과 연관된 일부 중공업 부문의 생산력 유지에만 역점을 두었다.

다. 경제·국방 건설 병진 노선

경제·국방 건설 병진 노선은 경제 발전과 군사력 강화를 동시에 추구한다는 노선이다. 본래 병진 노선은 소련·중국 등 사회주의 선도 국가들이 자본주의 진영과의 체제 경쟁에서 군사력의 우위를 확보하기 위해 추진한 정책이었다. 사회주의 진영 내 독자 노선과 남한과의 체제 경쟁에서 군사력 우위 확보를 의도했던 북한은 1966년 노동당 중앙위원회 전원회의에서 이 노선을 당의 경제건설 노선으로 확정했다. 60) 당시 김일성은 국방에서의 자위를 실현하려면 경제건설과 국방 정책을 옳게 배합해야 한다고 하면서 병진 노선의 당위성을 주장했다. 북한은 구소련·중국과 달리 인민경제의 규모가 사실상 소규모이기 때문에 병진 노선이 적합하지 않음에도 이를 경제 정책의 기조로 채택한 것이다.

이 노선이 채택된 이후부터 북한의 군사비 지출은 매년 총 예산의 약 10% 비중에서 1967~1971년 5년간 30% 이상 증액되었다. 1970년대 이후부터 현재까지 군사비 지출은 매년 총 예산의 14~17%로 편성되고 있다.

북한의 병진 노선은 북한 경제 구조를 왜곡시키는 기본 토대로서 오늘날까지 북한 경제에 많은 문제점을 야기하고 있다. 첫째, 중공업이 기계·화학공업을 중심으로 군수산업에 계열화됨으로써 북한의 산업을 '군산복합형'으로 변모시키고, 군수산업과 민수산업 간의 구별을 어렵게 만들었다. 둘째, 군수생산 계획을 인민경제 계획보다 우선시함으로써 북한 민수산업과 소비경제의 발전을 심각하게 위축 시키는 결과를 가져왔다. 셋째, 경제난 이후 군수산업이 단순히 국방경제에만 한정되지 않고 점차 시장을 활용해 잉여 경제적 효과를 얻기 위한 독립된 경제 공간의 성격으로 발전해 나가도록 만들었다. 즉 북한 경제 내에 '군 경제'라는 특권경제 영역을 확대시켰다.

라. 선군경제 건설 노선

김일성시대에 경제정책 기조로 채택된 경제・국방 건설 병진노선은 김정일시대에는 선군경제건설노선으로, 김정은시대에는 경제・핵무력 건설 병진노선으로 의미 일부만 약간 변화시키며 그 명칭을 변경하고 있다고 할 수 있는데 그 내용은 다음과 같다.

선군경제 건설 노선이란 "국방공업을 우선 발전시키면서 경공업과 농업을 동시에 발전시키는 노선"으로 규정된다. 김정일 정권이 공식 출범한 1998년 당시 북한은 잇따른 자연 재해, 기근과 더불어 공장 가동률이 심각한 수준으로 추락해 있던 최악의 경제 위기 상황이었다. 일부 기관 들은 당시 북한 민수산업 부문의 공장 가동률을 약 20% 수준으로 추정할 정도였다.

게다가 김정일 정권은 1993년 제1차 핵 위기 이후 핵 개발 의지를 지속 표명함으로써 대외적으로도 국제사회와의 관계가 악화되고 있는 상황이었다. 이에 김정일 정권은 한편으로 최악의 경제 위기로부터 탈출하고, 다른 한편으로 이른바 김일성 사회주의 체제도 보전하는 체제생존전략으로 선군혁명 노선을 채택했다. 핵 등 대량살상무기 개발을 지속 강화해 나가고, 군수경제를 유지하는 것이 김일성 사회주의체제를 보존시킨다고 판단한 것이다. 이에 따라 '80년대 후반에 비해 절반 수준으로 위축된 국가재원을 군수산업 유지・강화에 집중 투입하고 민생경제는 사실상 자력갱생 원리에 맡기는 이원화된 경제정책을 시행했다.

김정일 정권은 선군경제 건설 노선에 의한 국방공업 우선 발전 정책이 북한 특유의 산업구조를 유지시켜, 경제난 회복 이후의 북한 발전 수준을 이른바 '단번 도약'수준으로 유도할 수 있다고 주장했다. 61) 기존의 병진 노선에 의해 국방공업, 중공업이 북한 산업경제의 주요 부문으로 구축되어 있기 때문에, 이 부문부터 회생 시키는 국방공업 우선 발전 정책을 추진함으로써 경제 회복의 기본 토대가 빠르게 구축된다는 논리를 주장했다. 또한 국방공업의 발전을 통한 첨단 과학 및 기술 발전이 다른 경제 부문의 발전도 추동해 나갈 수 있게 된다고 강조했다.

그러나 이는 체제수호 입장의 왜곡된 논리로서, 중공업 우선 발전 정책보다 북한의 산업 구조를 더욱 왜곡시키고 민생경제 회복에 최근까지 애로를 조성하고 있다. 국가는 군수생산 지표 달성을 우선시 하는 계획화 사업에만 주력하기 때문에, 민수산업 분야는 '90년대 파괴된 생산력 수준에서 쉽게 회복되지 못하고 있다. 또한 북한당국이 정책적으로 의도하지 않은 시장화 확대 현상을 초래함으로써, 제도와 경제 현실산의 괴리 현상을 확장시켰다.

경제·핵무력 건설 병진 노선

김정은 정권은 2013년 3월 31일 당 중앙위원회 전원회의의 결정을 통해 김정일의 선군경제 건설 노선보다 더욱 확장된 경제·핵무력 건설 병진 노선을 경제정책의 기조로 채택하고 있다. 김정은 정권은 현시대에서는 핵무력 강화가 '혁명발전의 합법칙적 요구'이므로 이를 결코 포기하지 않고 지속시켜 나갈 것이며, 경제건설도 동시에 병행할 것이라고 주장하고 있다. 62) 즉 선군경제 건설 노선처럼 핵무력 강화가 과학기술 발전을 초래하고, 이것이 다른 경제 부문의 발전도 추동할 것이라는 논리를 내세우고 있는 것이다.

그리고 경제·핵무력 건설 병진 노선은 "국방비를 추가적으로 들이지 않고도 전쟁 억지력과 방위력의 효과를 결정적으로 높임으로써 경제건설과 인민생활에 보다 힘을 집중할 수 있게 되었다"라고도 주장하고 있다. 즉 김정은 정권의 병진 노선이 이전의 병진 노선들보다 인민생활 향상에 좀 더 비중을 두는 정책인 것처럼 선전하고 있는 것이다. 그러나 김정은 정권의 경제·핵무력 건설 병진 노선은 기존 북한 경제의 모순을 더 심화시킬 수밖에 없을 것으로 보인다.

그 이유는 첫째, 김정은 정권의 병진 노선 역시 국가의 투자 재원 배분에서 민생경제 부문을 배제할 수밖에 없어 시장의 부분 활용 정책 도입이 불가피하기 때문이다. 그런데 현재 시장은 북한 경제 내에 구조화되어 있는 상황으로서 기존처럼 체제 내부의 부분 개선 조치 수준에 한정된 정책만으로는 민생경제의 활성화가 어려운 현실이다. 김정은 정권의 주장대로 인민생활의 향상을 위해서는 1980년대 중국처럼 경제정책의 기조 변화를 근본적으로 모색해야만 한다.

둘째, 경제·핵무력 건설 병진 노선은 국제사회의 대북제재 강화로 인해, 외부자본의 유입 자체를 어렵게 하기 때문이다. 북한 경제는 20년 이상 지속된 경제 위기로 '빈곤의 함정'에 처해 있고, 이것은 외부로부터 재원이 투입되지 않는 한 극복될 수 없는 현실이다. 김정은 정권이 병진 노선을 고수하는 한 북한은 내부 자원 동원에 의한 경제 활성화 정책을 시행할 수밖에 없고, 내부 자원의 동원은 장기적으로 '자원의 유한성' 때문에 한계에 부딪힐 수밖에 없다.

제2절 경제의 부문별 현황

1. 거시적 현황과 과제

북한은 1965년 이후 거시경제 총량 지표를 공식 발표를 하지 않고 있다. 정치 상황의 필요에 따라 간혹 일부 지표만 언급하고 있으나, 그것도 일관되지 않은 다양한 통계 숫자만을 발표하고 있다. 북한이 발표하는 경제 통계는 체제 선전 차원 에서 발표되기 때문에 신뢰할 만한 것으로 평가되지 못하고 있다.

한국은행이 1990년부터 자본주의 국민소득 추계 방식에 따라 산정하여 발표 하는 북한의 거시경제 통계는 그나마 의미 있는 통계라고 할 수 있다. 하지만 이 또한 북한의 실물경제 파악에는 한계가 있다. 그 이유는 북한의 명목 국민총소득 (Gross National Income)과 1인당 국민소득 추계시 다양하게 입수되는 북한의 산업별 생산량 추계치를 토대로 하되, 남한의 물가·환율 통계치를 적용하기 때문 이다.

북한은 부가가치 및 화폐가치가 남한보다 현격히 낮고 물가 구조도 국정 물가와 시장 물가로 이원화되어 있기 때문에 남한의 물가와 환율을 적용한 한국은행의 거시경제 통계는 사실상 과대 추계되는 측면이 있다. 그러나 이러한 한계에도 불구하고 한국은행의 거시경제 추계치는 1990년 이후 북한의 거시경제 흐름을 시계열로 이해하는 데 도움이 된다. 한국은행이 추계한 북한의 거시경제 통계치를 통해 북한 경제의 현황을 살펴보면 다음과 같다.

(1) 국민소득과 성장률

국민소득 추이

한국은행이 추계한 북한의 국내총생산(Gross Domestic Product) 통계에 의거해 북한의 1990년대 이후 경제성장률 추이를 살펴보면 〈표 5-2〉와 같다. 이 표를 보면 북한은 1990년 사회주의 경제권의 붕괴 이후 1990~1998년 9년간 연평균 -3.8%의 성장률을 보임으로써 총 생산력 수준이 1980년대 말에 비해 절반 수준 이하로 하락했다. 1990년대의 공장 가동률은 20% 안팎에 불과했으며, 이 당시 공장 대부분의 가동이 중단되고 일부 기간산업 및 군수공장만 겨우 가동된 것으로 알려져 있다. 북한 주민들이 '고난의 행군 시기'이라고 부르는 이 시기에 북한의 산업은 군수산업만 제외하고 사실상 붕괴된 상황이었다.

1990년대 북한 경제의 위기는 사회주의 경제권과의 대외경제 부문에서부터 시작되었다. 특히 석유 등 주요 원자재를 수입하던 구소련이 사회주의 우호 무역에 의한 공급을 중단함으로써 본격화되었다. 석유 등 주요 원자재의 수입 중단·감축은 곧 주요 산업 부문에서의 생산요소 투입량 감소로 이어지고, 이것이 전 산업 부문에서 산업연관 관계가 단절되는 상황으로 전개되었다. 그 결과 1990년대 북한 경제는 전시가 아닌데도 유례가 없을 정도로 급격한 축소재생산을 겪게 되었다.

1999년 이후 북한 경제는 연속적인 마이너스 성장세에서 일단 벗어나고 있지 만, 전반적 회복 추세는 여전히 어려운 상황이다. 즉 2000~2005년 6년간 잠시 연평균 약 2.2%의 성장세를 나타냈지만, 2006~2010년간 다시 연평균 -0.1%에서, 2011~2014년간 연평균 1.1%의 성장률만 보이고 있을 뿐이다. 북한과 같은 최빈곤 국가가 '빈곤의 함정'에서 탈출하기 위해서는 최소한 5% 이상의 성장률을 지속적으로 나타내야 한다.

2014년 북한의 명목 국민총소득은 약 34.2조원(한화 기준)으로서 남한의 1/44, 1

인당 국민소득은 138.8만원(한화 기준)으로 남한의 1/21에 불과하다. 이는 1990년 남북한 국민총소득 격차가 약 1/11, 1인당 국민총생산 1/5에서 더욱 확대된 것이다. 향후 남북한 경제력 격차는 북한의 경제난이 해소되지 않는 한 더욱 확대되어 나갈 수밖에 없을 것이다.

산업별 성장률 추이

북한 경제의 위기와 정체 상황은 산업별 성장률 추이를 살펴볼 때 보다 선명하게 관찰할 수 있다. 〈표〉에서 볼 수 있듯이, 1990년대에 북한의 제조업과 광업은 심각하게 추락했었다. 가장 최악이었던 1997년도에 광업의 성장률이 전년 대비 -15.8%, 제조업의 성장률은 -18.8%에 이를 정도였다. 이 당시 북한 제조업 가동률은 평균 20% 수준으로 평가되고 있다.

1990년대 북한 제조업과 광업의 급격한 축소재생산은 원유도입량이 1/3 수준으로 감소하고, 이것이 전력난・원자재난 등으로 연결되는 공급경제의 위기로부터 비롯되었다. 1998년 출범한 김정일 정권은 산업연관 관계를 복구하는데 역점을 두었지만, 효과를 거두지 못했다. 〈표〉에서 보듯이, 광업 및 제조업의 성장률은 2003년도까지 마이너스 성장세에서 벗어나지 못하다가, 2004~2008년 5년간 연평균 2%대의 성장세를 잠시 시현하고, 2011년 이후 1%이하로 정체상태에 머물러 있다.

북한의 경제성장률 추이

(단위 : %)

구분	'90	'95	'98	'99	'02	'05	'06	'07	'08	'09	'10	'11	'12	'13	'14
북한 성장률	-4.3	-4.4	-0.9	6.1	1.2	3.8	-1.0	-1.2	3.1	-0.9	-0.5	0.8	1.3	1.1	1.0
남한 성장률	9.9	8.9	-5.7	10.7	7.4	3.9	5.2	5.5	2.8	0.7	6.5	3.7	2.3	2.9	3.3

자료: 한국은행, 『북한 경제성장률 추정 결과』, 각 연도

2000년대 이후 북한의 산업은 1980년대 수준으로 회복되고 있지는 않지만 '90년대의 연속 마이너스 행진에서 벗어나, 다소 부분적이며 불균등한 회복세를 나타내고 있는 것으로 평가되고 있다. 김정일 정권이 체제유지에 관건인 국방공업 우선 발전 전략에 따라 전략산업, 기간산업 등 이른바 '4대 선행 부문'에 재원을 집중 투입함으로써, 군수공업과 연관된 산업부문에서 미미하지만 부분 산업연관 관계의 회복을 이룩한 것으로 판단되고 있다.

한편, 식량·비료 등 민생과 관련된 원자재를 상당 부분 국제사회의 무상원조 덕분에 북한은 2000년대 이후 농업 생산력의 부분 회복도 이룩한 것으로 보인다. 마지막으로 2000년대 이후 양적·질적으로 성장한 시장으로 인해 서비스·유통·건설 분야가 여타 경제부문에 비해 상대적으로 성장하고 있음도 볼 수 있다. 특히 북한의 경제부문 중 서비스분야는 유일하게 2004년 이후 기복 없이 10년간 플러스1%대를 유지하고 있는 것이다.

김정일 정권은 중화학 공업 일부 부문에 대한 대규모 투자를 시도하며 산업연관관계의 복구에 주력했다. 하지만 김정은 정권은 중화학공업 부문의 현상유지에 중점을 두고 3대세습의 정당성 확보와 김정은의 애민 이미지 제고를 위해 경공업 부문 정상화에 역점을 두고 있는 것으로 보인다.

2013년 3월 10년 만에 개최된 전국 단위의 경공업 대회에서 김정은이 "경공업 공장·기업소에서는 생산을 정상화하는 것을 선차적인 과업으로 틀어쥐어야 한다" 63) 라고 강조했다. 이에 따라 북한은 일용품 공장, 방직 공장, 식료품 공장, 화장 품·신발 공장 등에 대한 설비 대체 투자를 몇 개 단위에서 시범 시행했다. 그러나 〈표 5-3〉에서 보듯이 아직 그 성과는 미미한 수준인 것으로 판단되고 있다. 산업 정상화의 핵심인 전력난이 지속되고 있어 경공업 부문 전반의 정상화가 쉽지 않기 때문이다.

(2) 산업 구조

북한의 산업 구조는 다른 나라들과 비교할 때 특이한 양상을 보인다. 공업화 추진으로 산업 구조가 고도화되어 가면서도, 다른 한편으로 농업 부문의 비중이 하락하지 않고 평균 4분의 1 정도의 비중을 유지하고 있다.

이를 자세히 살펴보면 우선 다음 〈표〉에서 보듯이, 1990년대 이전 북한의 광공업 부문은 40% 이상이었으며, 특히 1980년에는 60% 비중으로까지 확대되었다. 농림수산업은 평균 25% 안팎을 차지하였고, 서비스 부문 비중은 하락 추세에 있었음을 알 수 있다. 이는 중공업 발전만을 추구한 사회주의 공업화와 자립적 경제발전 노선의 결과로서, 자본주의 공업화 과정과는 상반된 현상이라고 할 수 있다.

자본주의 시장경제 체제에서 공업화 과정은 산업 구조의 고도화와 더불어 농업 부문 하락, 서비스 부문 상승이라는 산업 구조의 변화를 초래하는 것이 일반적이다. 예컨대 2014년 남한은 농림어업 비중이 2.3%, 광공업 비중이 30.5%, 서비스 부문 및 사회간접자본(SOC) 부문이 67.2%를 각각 차지하고 있다. 북한이 남한과 상반된 산업 구조 변화를 보이게 된 것은 중공업 우선 발전 정책, 군사·경제 병진 노선과 자립적 경제발전 노선을 추구한 것에 기인한다고 할 수 있다.

북한의 산업 구조는 경제난이 도래한 1990년대 이후 약간의 변화를 겪고 있다.

민수 부문 공장 가동률이 20% 수준으로까지 하락한 1990년대에 광공업 부문 비중은 급락하는 반면에, 농림수산업 비중과 서비스 및 기타 부문 비중은 상승하는 추세를 나타내고 있다. 즉 〈표 5-4〉에서 보듯 2000년의 경우 광공업은 25.4%, 농림수산업은 30.4%, 서비스 및 기타 부문은 44.2%의 비중을 각각 보여주고 있다.

이는 배급제 붕괴와 식량난의 여파 때문인 것으로 추정된다.

2000년대 이후 북한의 산업 구조는 산업생산력이 불균등하게 일부 회복하는 추세 속에서 경제난 지속과 시장화 현상을 반영한 모습을 나타내고 있다. 즉 광공업 부문 비중이 완만하게 증가하는 추세 속에서 농업 부문 비중이 1990년대 이전으로 복귀하는 한편, 서비스 및 기타 부문 비중이 증가하는 현상을 보여 주고 있다.

2. 경제 부문별 현황과 과제

(1) 기초 원자재 생산

북한의 산업생산력은 아직 1980년대 후반 수준을 회복하지 못하고 있다. 이는 기초 원·부자재 생산력이 1990년대 급격하게 하락한 이후 정상화가 되지 않고 있기 때문이라고 할 수 있다. 사실 기초 원·부자재의 부족은 에너지 부족으로 인한 공장 가동률 저하에 기인한다. 에너지 공급 감소로 철강·시멘트·화학·비료 등 기초 원자재 생산이 하락하게 되고, 이는 다시 중간재와 최종 소비재 부문의 생산력 하락으로 이어지게 되었다.

몇 가지 주요 원자재 공급량 추이를 통해 북한의 기초 원자재 생산력 실태를 살펴보면 〈표〉와 같다. 철광석·비철금속·강철·시멘트·비료 등 주요 기초 원자재 공급량이 1990년대 이후 계속 감소하고, 2000년대 들어와서 미미한 회복 추세를 보이다가 2009년 이후 다시 정체 상태에 있음을 볼 수 있다.

2014년 경우를 보면 자세히 살펴보면, 1991년 대비 철광석 생산의 경우 약 66.9%, 강철 약 38.5%, 비철금속 약 38.3%, 비료 약 62.4% 수준에 머물러 있고 시멘트만 유일하게 약 29.1% 증가한 것으로 나타나고 있다. 이는 시멘트 생산 부문이 자본투자 규모가 작은데다가, 북한의 대표 시멘트공장인 상원 시멘트연합기 업소에 대한 해외자본 투자가 있었기 때문이다. 북한은 경제난에도 불구하고, 평양-남포 고속도로, 평양 10만 가구 아파트 건설, 백두산영웅청년발전소 건설 등대규모 건설 사업들에 주력해 시멘트공장 설비 투자를 우선 시행했었다.

북한의 주요 기초 원자재 생산 추이

(단위 : 만 톤)

연도/부문	철광석	비철금속	강철	시멘트	비료
1991	816.8	22.7	316.8	516.9	80.4
1993	476.3	146.4	185.9	398.0	90.1
1996	344.0	11.8	120.8	379.0	53.6
1998	289.0	9.7	94.5	315.0	39.2
2001	420.8	9.2	106.2	516.0	54.6
2003	443.3	9.4	109.03	554.3	41.6
2005	491.3	10.7	116.8	593.0	45.0
2007	513.0	9.2	122.9	612.9	45.4
2009	495.5	9.1	125.5	612.6	46.6
2010	509.3	9.2	127.9	627.9	45.9
2011	523.2	9.1	122.5	645.2	47.1
2012	519.0	9.0	122.2	644.6	47.6
2013	548.6	9.2	121	660	48.5
2014	547.1	8.7	122	667.5	50.2

자료: 한국은행, 「북한 경제성장률 추정 결과」, 각 연도

(2) 에너지 생산

북한의 에너지 부족 문제는 북한의 산업 가동률을 떨어지게 하는 직접적인 원인이며, 식량난과 더불어 북한 경제 회복의 최대 관건으로 되어 있다. 현재 북한의 에너지 공급량은 수요량의 절반에도 미치지 못하고 있는 실정이다. 북한의 에너지 공급량 추이와 실태를 자세히 살펴보면 〈표〉와 같다.

북한의 에너지 공급 추이

(단위 : 만 톤, 천 배럴, 억 kWh)

구분	1990	1992	1994	1996	1998	2000	2002	2004	2006	2008	2010	2011	2012	2013	2014
석탄 생산	3,315	2,920	2,540	2,100	1,860	2,250	2,190	2,280	2,468	2,506	2,500	2,550	2,580	2,660	2,709
원유 도입	18,472	11,142	6,670	6,861	3,694	2,851	4,376	3,900	3,841	3,878	3,870	3,856	3,834	4,237	3,885
발전량	227	247	231	213	170	194	190	206	225	255	237	211	215	221	216

자료: 통계청, 『북한의 주요통계지표』, 각 연도.

원유 도입

원유 도입은 1990년에 18,472천 배럴을 도입하였지만, 2014년에는 3,885천 배럴에 그쳐 도입량이 1990년 대비 약 21%에 불과하다. 냉전시대에 구소련은 북한 원유 도입량의 약 80%를 사회주의 우호무역, 즉 국제 시세보다 낮은 가격인 구상 무역 방식으로 공급하였다. 그러나 1990년대 이후 북한은 국제시장 가격에 의한 경화 결제 방식으로 원유를 도입해야 했으므로 외화 부족으로 인해 원유 도입이 급감할 수밖에 없었다.

북한은 1990년대 이후 최근까지 원유 도입의 대부분을 중국에 의존하고 있으며, 최근 10년간 대중 원유 도입량은 연평균 50만톤 내외로 추정된다. 원유의 대부분은 군 경제와 관련된 산업 및 기간산업 부문, 가장 불가피하게 요구되는 수송·운송 분야, 일부 석탄 화력발전소에서의 착화용 등에 주로 이용되고 북한 가계의 난방·취사용 목적의 사용량은 극히 미미한 수준이다. 북한이탈주민을 대상으로 한 에너지경제연구원의 조사에 따르면, 북한 가정의 석유 소비는 2011년 기준 전체 수요량의 약 8.6%에 불과한 것으로 나타났다. 북한의 가정연료는 나무류, 무연탄, 갈탄, 진탄 등 가공되지 않은 석탄류 순으로 조사됐다.

석탄 생산

북한은 원유 도입에 어려움을 겪게 되자 산업의 정상화는 곧 석탄 생산의 정상화에 달려 있다고 보고, 석탄을 '공업의 식량, 인민경제의 생명선'이라고 강조해 왔다. 그러나 북한의 석탄생산량은 1990년 3,315만 톤에서 2014년 현재 2,709만톤 으로서 81.7% 수준만 회복하고 있다. 이는 북한의 석탄 생산 부문이 쉽게 해결되기 어려운 구조적 문제를 안고 있기 때문이다.

북한은 사회주의 공업화 초기부터 자력갱생발전 노선에 따라 산업 에너지를 석탄에 의존하는 '주탄종유(主炭從油)' 정책을 취해 왔다. 즉 석탄 에너지에 토대를둔 공업생산 체계를 구축하였다. 이 때문에 북한의 1980년대 석탄 생산은 이미 심부화(深部化) 현상이 심각하게 진행되었다. 또 채탄 장비 노후화, 신규 설비 투자부족, 자재 공급 애로까지 겹치면서 1980년대 후반부터 이미 석탄 생산량의 감소 추세를 나타내고 있었다. 여기에다 1990년대 중반에 3년 연속 일어난 대규모 홍수는 서해안 일대에 집중되어 있던 많은 탄광을 붕괴시켰고, 당시 수해를 본 탄광들 가운데 많은 곳이 아직도 과거 수준으로 복구되지 못하고 있는 상황이다.

전력 생산

원유 도입량, 석탄 생산량의 급격한 감소는 심각한 전력난으로 연결되어 전력 생산량 또한 1980년대 후반 수준을 회복하지 못하고 있다. 〈표 5-6〉에서 보듯이, 북한의 발전량은 2003~2008년 6년간 연평균 5% 정도의 증가세를 나타내기도 했지 만, 2009년 이후 다시 하락세를 나타냄으로써 1990년 수준에 못 미치고 있다. 그런데 사실 1990년 발전량 자체도 그 당시 수요량의 약 40% 수준에 지나지 않은 것으로 알려져 있어, 북한의 전력난은 1980년대 중반경부터 진행되어 왔다고 할 수 있다.

북한은 극심한 전력난을 해결하고자 강·하천을 활용한 중소형 발전소를 '고 난의 행군' 이후 약 6,800여개를 건설 했다. 그러나 이들 중소형 발전소들은 소규모인 관계로 산업 정상화에 도움이 되지 않았고 낙후된 설비 사용과 일정하지 않은 강우량으로 인해 효용성이 떨어졌다. 이에 2000년 이후 강원도 원산청년발전소, 자강도 희천발전소, 양강도 백두산영웅청년발전소 등 중·대형 수력발전소 건설 정책으로 전환했지만, 현재 신설 발전소 중 제대로 가동되는 것은 몇 개 되지 않은 것으로 알려지고 있다.

또한 북한 당국은 2000년대 초반 '에너지문제 해결 3개년 계획'(2003~2005년) 을 세우고, 북창·평양 화력발전소 등 핵심 석탄 화력 발전소의 노후화된 발전 설비 교체 및 보수, 일부 탄갱의 기술 개선 및 설비 현대화 등을 내용으로 하는 정책을시행하기도 했었다. 메탄가스 등 대용 연료 개발 및 풍력, 태양열, 조력 등 대체 에너지의 활용을 모색하기도 했다.

최근에는 국가차원에서 전력산업 복구가 난망을 보이자, 개별 가정, 소규모 서비스 기관·공장 기업소들이 중국으로부터 9W, 11W, 100W 등 소형 태양광 집열판과 축전지 등을 수입해 일상생활에 필요한 전기를 자체 생산해 사용하고 있는 실정이다. 그러나 이는 생활경제 차원의 소규모 투자에 기초한 것으로서, 북한 전력문제의 근본적인 해결책이 되지 못하고 있다. 북한 전력산업의 정상화는 외부로부터 대규모 자본투자가 도입되어야만 해결될 수밖에 없다고 하겠다.

(3) 식량 생산

북한의 식량난은 1970년대 중반에 도입된 이른바 '주체농법'이라는 북한식 농정의 실패, 사회주의 집단영농 생산 방식으로 인한 농업생산력 침체 등으로 인해 이미 1980년대 중반부터 진행되었다고 할 수 있다. 1980년대에도 북한의 식량생 산량은 평균 415만 톤 정도에 불과하여 정량배급 기준으로 이미 평균 200여 만톤의 부족 현상을 나타냈다. 이로 인해 북한은 1987년부터 1인당 배급량을 평균 700g에서 22%를 감량한 546g만을 배급하였다. 다만 이 당시에는 소련을 비롯한 사회주의 국가들의 지원 등으로 기근 문제가 본격 제기되지 않았을 뿐이다.

그러나 북한은 1990년대 들어와 소련을 비롯한 사회주의 국가들의 지원 및우호 무역이 중단되고, 경제난으로 인한 농업 원자재 생산 급락, 연속된 자연재해 등으로 식량생산량도 400만 톤 이하로 급감하면서 심각한 기근에 직면하게 되었다. 즉 〈표〉에서 보듯이, 기근이 가장 심각하게 진행된 것으로 알려진 1995~1997년 3년간 식량생산량은 평균 354만톤에 불과, 감량배급(1인당 546g/ 일) 기준으로도 식량 부족량이 평균 164만 톤에 이를 정도였다.

2000년대 들어와서는 양호한 기상 조건, 남한의 지속적인 비료 지원과 국제사회의 농업 지원, 북한 당국의 식량 증산 정책 등에 힘입어 400만 톤 대 생산량을 회복하고, 2014년에는 '고난의 행군' 이후 사상 최대치인 507만 톤의 생산량을 기록했다. 북한이 매년 평균 상업적으로 약 30만 톤 정도의 식량을 수입하는 것을 감안하면, 최근 2년간 식량 부족량은 10만 톤 내외로서 고난의 행군 시기 이후 가장 식량 부족량이 적은 상황이다. 이 때문에 김정은 정권은 식량문제만을 매년 '주 공전선'으로 삼던 과거와 달리, 농업 외 수산·축산분야도 강조하며, 곡물 이외 단백질 섭취 문제에도 역점을 두고 있다.

북한의 식량 수급량 추이

(단위 : 만 톤)

연도	'95	'97	'00	'02	'04	'05	'06	'07	'08	'09	'10	'11	'12	'13	'14	'15
식량 수요량	534	530	518	536	548	545	560	543	540	548	546	534	540	543	537	549
전년도 생산량	413	369	422	395	425	431	454	448	401	431	411	425	445	484	503	507
부족량	121	161	96	141	123	114	106	95	139	117	135	109	95	59	34	42

주: ① 1995~2010년간 식량수요량은 농촌진흥청이 추계한 것으로, 감량배급(성인 1일 546g)기준으로 계산.
② 2011년 이후로는 WFP/FAO가 추계한 것으로, 1일 최소 칼로리 기준량(1인당 458g)기준으로 계산한 것임.
자료: 농촌진흥청(1995~2010, 1~12월 기준), WFP/FAO(2011~2015, 11월~10월 기준)

그러나 북한의 식량문제가 완전히 해소되고 있다고 평가하기에는 아직 이르다.

우선 북한 농업 생산력이 농업 인프라의 부족과 가뭄·홍수 등 기후조건에 크게 영향을 받고 있어 여전히 불안정하기 때문이다. 또 분배체계의 왜곡, 경제 양극화 현상의 확대 등으로 외부지원이 필요한 계층이 여전히 존재하고 있다. 유엔기구는 최근에도 북한 전체 인구에서 식량 절대량 부족 인구를 약 15~20%로 발표했다.

그리고 북한 인구의 약 절반 정도가 만성 영양실조 계층이라고 발표했다.

김정일 시대에 북한은 '7.1경제관리 개선조치'를 시행하면서 주체농법을 부분 수정하고 분조관리제를 개선하였지만 효과는 미미했다. 이에 김정은 정권은 출범과 동시에 이른바 '분조관리제 하의 포전담당책임제'라는 개선조치를 일부 지역에서 시범 시행하고 있는 중이다. 그러나 여러 가지 문제점으로 인해 그 효과는 아직 불확실한 것으로 알려지고 있다. 북한의 식량 문제는 1980년대 초 인민공사를 해체한 중국의 농가생산책 임제 개혁처럼 소유제 개혁을 시행하는데서 출발하지 않으면 쉽게 해결되기 어려울 것으로 보인다.

(4) 재정 규모

사회주의 국가에서는 국가가 국영기업소의 자본 형성 및 투자 외에 운영 자금까지 부담하고, 생필품을 생산비 이하로 공급해주는 배급제 운영, 의료, 교육, 주택등 '사회적 소비'(social consumption)까지도 모두 책임지기 때문에, 국민총생산 에서 재정규모가 차지하는 비중이 매우 높은 것이 일반적이다.

북한은 1990년 이전까지 구소련에 비해 더욱 중앙 집중적인 계획시스템과 배급제를 유지해 왔기 때문에 국민총생산(GNP)에서 재정이 차지하는 비중이 상당히 높았다. 한 연구에 의하면, 1990년 북한의 국민총생산에서 차지하는 재정의 비중은 90%수준으로서, 평균 40~60% 비중을 보였던 동구권 국가들에 비해서도 상당히 높았다고 한다.

그러나 북한은 경제난이 도래하면서 동시에 재정난도 초래되었기 때문에 더 이상 과거와 같은 재정의 역할을 유지할 수 없었다. 극심한 기근이 진행되었던 1995-97년 사이에는 재정규모를 발표할 수 없을 정도로 재정의 위기가 심각했고, 1990년대 말경 재정규모는 1994년 대비 약 46% 수준(달러표시 기준)으로 추락했다.

연도	달러표시(억달러)	북한 원화표시(억원)	대미 환율(원)
1990	165.6	355	2.14
1994	191.7	414	2.16
1995~'97	-	-	-
1998	91.0	200	2.20
2001	98.1	217	2.21
2002	-	-	-
2003	22.3	3,234	145
2005	29.0	4,057	140
2007	32.6	4,406	135
2009	35.9	4,815	134
2011	577.7	5,669	98.3
2012	61.2	6,217	101.5
2013	66.2	6,563	99.2
2014	70.9	6,983	98.4
2015	74.3	7,366	99.1

자료: 통일부

북한의 재정은 2000년대 이후 산업생산력이 불균등하게 회복하는 추이를 보이면서 점진적으로 증가하고 있는 추세이지만 아직 재정난이 해소되고 있는 것으로 보기는 어렵다. 식량 배급제는 체제유지와 관련된 인구의 약 10% 정도에만 적용되고 있고 사실상 포기한 상태이며, 사회주의 사회보장제도들 또한 제도적 명의로만 존재할 뿐 현실적으로는 개인 부담에 의해 작동되고 있고 국영기업소들에 대한 국가의 예산지원도 대부분 중단되고 독립채산제 형태로 운영되고 있기 때문이다.

한편, 〈표〉에서 2003년~2015년간 북한의 경제성장율이 연평균 1%대로 정체되어 있는 것에 비해, 북한의 재정이 연평균 약 9.8%씩(북한원화 기준)의 성장세를 나타내고 있음을 주목할 필요가 있다. 이는 시장화 현상이 확대되면서 북한 재정이 사실상 비계획경제 부문의 경제 활동에 상당 부분 의존되어 도모되고 있기때문인 것으로 분석되고 있다. 즉 계획 부문의 경제 단위들이 시장과 연계하여 계획지표를 수행하고 있을 뿐만 아니라, 많은 경제 단위들이 시장 활동에서 얻은 수익금을 이익금, 거래수입금 등 국가납부금 명분으로 납부하고 있음을 반영한 것이라 할 수 있다. 북한은 국가 재정자금으로 조달해야 하는 각종 공공재 건설, 각급 학교 운영비, 인민군대에 필요한 생활필수품 보급 등도 '사회적 과제'라는 이름 아래 주민들로부터 거두어들이는 준조세들로 충당하고 있다.

(5) 대외무역

북한 경제는 냉전시대에 자력갱생 발전 노선을 경제정책 기조로 하고, 구소련이 원유 등 전략 물자들을 사회주의 우호 무역에 따라 대부분 공급해 주었기 때문에 대외무역 의존도가 거의 10%가 넘지 않는 구조였다. 대외경제관계는 북한 내수시장에서 생산되지 않은 생산요소들의 수입을 위해 최소한 수준으로 유지되었다. 경제난 도래 이전 북한의 무역액은 1990년 42억 달러가 가장 높은 규모였다.

북한 대외무역과 북중·남북 교역 규모의 추이

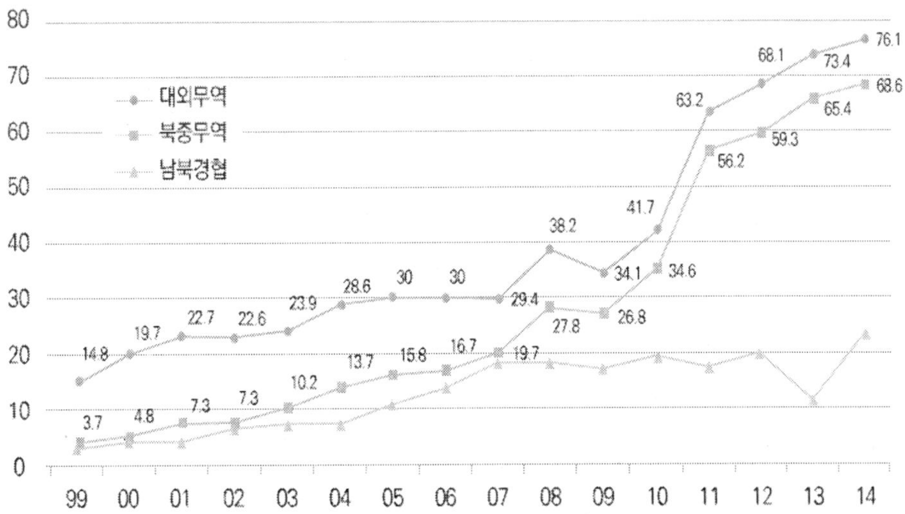

자료: 무역협회

그러나 1990년대 구소련의 체제전환과 중국의 개혁·개방으로 북한의 대외무역은 1998년 14.4억 달러까지 추락하였다. 북한은 탈냉전 이후 시장경제 체제로 단일화된 국제경제 질서 변화에 대응해 새롭게 대외경제관계 구축을 모색해야 했었다. 그러나 개혁·개방을 지체함으로써 북한 산업생산력 유지에 필요한 투입 원자 재 수입 곤란과 더불어 외화난에 직면하게 되고 무역의 붕괴도 겪게 되었다.

북한의 대외무역은 2000년대 이후 점진적으로 회복세를 나타내 2014년 현재 76억달러로, 1990년 대비 약 81%의 증가세를 나타내고 있다. 북한의 거시경제 지표들이 대부분 미미한 회복세를 보인 것에 비해, 이는 상대적으로 큰 성장세이다.

경제성장율이 2000년대 전·후반기로 플러스, 마이너스 기복을 보이고, 연평균 1% 내외의 성장세를 나타낸 것에 비한다면, 북한의 대외무역액은 2000-2014년간 연평균 약 20%씩 성장한 것이다. 그러나 2000년대 이후 북한 대외무역의 양적 성장 내용은 북한 경제의 기초 생산력 회복에 토대를 두고 전개된 것으로 보기 어렵다.

그 이유는 첫째, 무역수지의 만성적 적자와 함께 확대된 내용을 보이고 있기 때문이다. 북한의 무역수지 적자는 '90년대 연평균 4.9억 달러에서 2000년대 이후 매년 8억~10억 달러로 늘어났다. 북한 경제의 미미한 회복세와 시장의 발달로 인해 수입은 급증한 반면, 수출은 1차 자원에만 의존함으로써 수출 증가률이 수입 증가률에 못 미쳐 왔던 것이다.

둘째, 대외무역이 중국과 남한에 편중되는 구조, 특히 중국에 대한 무역 의존도가 압도적으로 증대하는 형태로 전개되어 왔기 때문이다. 북중무역은 1999년 25%에 불과했지만, 2014년 북한 대외무역의 90.1%의 비중을 차지하고 있다. 2010년 '5.24조치' 이후 남북경협이 개성공단사업으로 한정된 반면, 북중경제 관계는 투자협력, 위탁가공, 노동력 수출, 일반교역 등 전방위적으로 전개되고 있는 실정이다. 한 국가의 대외경제 부문이 어느 한 국가에 90% 가까이 의존되어 있는 것은 흔치 않은 경우라 할 수 있다.

북한 대외 무역에서 북중 무역의 비중

(단위 : 억 달러)

연도	'99	'00	'02	'04	'06	'08	'10	'12	'14
총교역규모	14.8	19.7	22.6	28.6	30.0	38.2	41.7	68.1	76.1
북중교역규모	3.7	4.8	7.3	13.7	16.7	27.8	34.6	59.3	68.6
비중(%)	25	24.4	32.3	47.9	55.7	72.8	83	87.0	90.1

주: 남북 경협을 제외한 비중

자료: 대한무역투자진흥공사, 『북한의 대외무역동향』, 각 연도

북한의 대중국 의존도가 급증하게 된 것은, 북한의 대중국 광물자원 수출 급증, 경제회복을 위한 설비자재의 수입 증가, 시장의 발달로 인한 소비재 수입의 급증, '5.24 조치'로 인한 남북경협의 위축 등이 복합적으로 작용한 것으로 보인다.

마지막으로는 북한의 무역규모 확대는 기초 원자재, 공업완제품, 에너지, 식량 등을 주로 수입하고, 수출은 1차 자원(광물자원, 동물제품, 수산물 등) 및 위탁가공 제품에 편중되는 후진국형 구조로 전개되어 왔다는 점이다. '14년 북한은 대중국 교역에서 무연탄 등 광물성 연료(40.3%), 철강석(11.9%) 등 광물성 제품을 52.2%수출하고, 식량·에너지·설비자재·완성 공업제품 및 소비제품 등을 중국으로부터 수입하고 있다.

김정은 정권은 정책적으로 무역의 다변화, 다종화를 위해 노력하고 있지만 현재와 같은 대중국교역 일변도, 완성제품 수입, 1차 자원 수출이라는 후진국형 교역구조는 단기간내에 개선될 전망이 크지 않다고 할 수 있다. 이는 국제사회의 대북제재로 인한 외자도입의 곤란, 생산력의 정체가 쉽게 해결되기 어렵기 때문이다.

제3절 경제정책 변화와 개혁·개방 전망

북한의 경제난은 산업연관 관계를 단절시키고 경제의 전 부문에 걸쳐 축소 재생산을 초래하였다. 그러나 북한은 투자 재원을 군수공업 및 연관 기간산업 분야에 집중 투입하고, 민생경제는 자력갱생에 맡기는 경제정책을 추진해 오고 있다. 김정일은 선군경제 건설 노선을, 김정은 시대는 '경제 · 핵무력 건설 병진 노선'을 추진하고 있다. 이 때문에 시장화 개혁을 시행하지 않은 채 시장을 묵인하다가 다시 통제 하는 경제정책을 반복하고 있다.

1. 시장의 활용과 통제

(1) 시장화 현상

주민들의 민생경제를 자력갱생 원리에 맡긴 북한의 정책은 점차 '아래로부터의 시장화' 현상을 확산시켜서 2000년대 초에 북한 경제 내 시장이 양과 질로 구조화되는 상황을 초래하였다. 1980년대 후반부터 식량 및 생필품 부족이 확산되자 기존의 10일장 형태로 열리던 합법 농민시장이 매일 열리는 상설시장으로 변모되고, 1990년대 중반경 배급제 마비 이후 주민들은 장마당에서 식량·공산품 등 주민들의 일상생활에 필요한 모든 제품을 거래하기 시작하였다.

처음에 북한 주민들은 배급제가 중단될 당시 생존을 위한 식량 획득 목적으로 '단순 거래자'로서 농민시장에 등장했었다. 그러나 점차 국경무역 개방 및 국가재산의 전유·약탈·탈취 등을 통해 식량과 생필품들이 장마당에 유입되자 여러 차례교환 활동으로 부가가치와 교환가치를 획득하는 원리를 인식하고 상업 자본을 축적하기 시작하였다. 장마당 참여 주체들은 처음에는 '등짐장사'로 출발하였지만 점차 지역간에 부족한 물자를 유통시켜 이익을 얻는 장사인 '되거리장사', 철도·차량을 이용한 도매 장사인 '달리기장사' 및 '차판장사' 등으로 분화해 나갔다.

1990년대 말부터는 상설시장에서 장사하는 '매대장사'로 정착해 나갔다.

〈그림〉에서 보듯이 대표성을 띠는 시·도 종합시장들이 대규모 도매시장으로 발달하고, 이를 토대로 지방 소도시까지 유통망이 형성되는 현상이 나타났다.

평양 통일거리 종합시장

지방의 장마당

또한 계획경제 부문 내의 국영기업소 및 생산 단위들은 계획 체계 작동의 핵심인 '자재공급체계'가 마비됨에 따라, '계획지표'가 아닌 '기업 자체 지표'에 따라 경제 활동을 하게 되고, 물량지표가 아닌 액상(금액)지표로 국가계획 활동을 하기 시작했다. 즉 본래 그 국영기업소의 생산활동과 상관없는 무역 활동이나 상업 활동 등으로 국가납부금을 내거나 투자자인 '돈주(전주)'와 결탁해 생산활동을 하기 시작했다. 이로 인해 계획경제 활동 내에서 합법적인 비계획(시장) 활동 또는 불법적인 비계획(시장) 활동이 확산되었다.

1990년대 중반 이후 북한경제 내에 시장화 현상이 양적으로 확산될 수 있게 된것은, 1995년 공장 · 기업소 · 기관별로 식량 문제를 알아서 자체 해결하라는 김정일의 지시가 결정적 요인으로 작용한 것으로 알려졌다. 이에 각 경제 단위는 식량을 자체 조달해야 하는 상황에 직면하게 되면서 각기 외화벌이 회사를 조성해 상업 및 무역 활동을 하기 시작하였고, 이는 북한의 유통시장이 확장되는 요인으로 작용했다.

특히 '고난의 행군'으로 군부가 협동농장, 공장, 철도, 운수, 체신 등 경제 부문의 전 영역에 걸쳐 경제 활동의 대체자로 등장하고 군경제 기관들에 의한 비계획적 경제활동이 증가되면서, 북한의 시장공간은 양적으로 확산되어 나갔다. 여기에다 1990년대 후반 이후 군 · 당 등 특권기관들이 자본을 보유한 이른바 신흥 부유층인 '돈주'들과 결탁해 비계획 경제 활동의 영역을 확대 재생산해 나가면서, 북한의 시장은 북한경제 내에 질적으로 구조화되기 시작했다. 결국 시장화 현상은 유통 부문을 넘어 생산 부문에까지 확산되고, 시장 활동의 행위자도 일반 주민뿐만 아니라 당·정·군 기관들에까지 확대되는 현상으로 발전하게 되었다.

(2) 시장 기능의 부분 제도화

시장화의 양적 확산과 질적 구조화 현상은 북한 당국으로 하여금 계획 기능의 분권화와 시장 기능의 부분 활용을 모색하도록 압박했다. 그 이유는 첫째로 재정위기의 지속으로 인해, 국가의 모든 재원을 국방공업과 이와 연관된 기간산업 및 중공업 부문에 집중 투입하고, 여타 경제 부문들은 불가피하게 일부분을 시장 메커니즘에 맡길 수밖에 없었기 때문이다. 둘째로 국방공업 우선 발전을 위해서는 여타 경제 부문들로부터 잉여 경제의 이전이 요구되었고, 이를 위해 시장기능의 부분 도입에 의한 생산성 증대 및 경제의 활성화가 필요하였다. 셋째로 이미 북한경제 내에 구조화 조짐을 나타내고 있는 시장공간을 국가의 통제 아래 관리할 필요성도 제기되었기 때문이다.

이에 따라 북한은 2002년 7월 1일 시장기능의 부분 활용을 주요 내용으로 하는 '7·1경제관리개선조치'를 발표하였다. 7·1조치는 ① 국영기업소, 협동농장 등 각 경제 단위의 경제 활동에서 경영 분권의 부분 허용, ② '번수입(수익)'을 기준으로 하는 경영지표 변경, ③ 시장가격 수준으로 국정가격의 현실화, ④ 협동농장 분조 축소와 개인경작지 규모 확대, ⑤ 주민들의 모든 소비품 및 식량 거래를 허용하는 종합시장(2003년), 기업소 간 원자재 거래를 허용하는 사회주의물자교류시장 (2002년), 수입물자들의 시장 거래를 허용하는 수입물자교류시장(2004년) 등의 개설, ⑥ 물질적 인센티브제의 도입 등을 핵심 내용으로 하는 조치였다.

이 조치는 계획경제 시스템을 유지하면서 시장기능을 부분 활용하고, 궁극에 는 계획경제 시스템을 정상화하려는 의도를 내포했던 '체제내적 개혁'의 성격을 가진 조치였다. 당시 북한 당국은 '선군경제건설 노선'을 경제정책의 기조로 하는 가 운데 '실리사회주의 노선'이라는 정책노선을 병행적으로 강조했었다. 북한 당국에 따르면, '실리사회주의 노선'이란, 사회주의 원칙을 지키면서 경제 활동의 성과에서 실리를 최대로 내야 한다는 논리이다. 김정일 정권은 군수생산 부문은 계획경제 시스템을 통해 국가가 관리하고, 민수생산 부문의 경우 시장기능의 부분 활용을 통해 자력 활성화하도록 한다는 관점에서, 시장기능 일부를 부분 제도화 했던 것이다.

그러나 7·1 조치는 "계획형 경제관리 내에서의 부분 시장 허용"이라는 정책 의도를 무색하게 할 정도로, 부문별 시장(사금융, 노동, 생산, 유통, 주택 등)의 부문별

양적 성장 · 심화와 더불어 계획경제 부문조차 시장에 의존하는 시장화 현상의 확대를 더욱 더 초래했다. 이에 북한 당국은 2005년 10월 이후 7·1 조치를 후퇴시키고 시장을 단계별로 통제해 나가기 시작했다.

(3) 시장 통제와 화폐 개혁 시행

시장의 통제

7.1조치 시행 이후 2000년대 중반 경 북한의 시장은 생계형 형태에서 부의 축적 공간으로 발전되어 나갔으며, 이를 활용해 부를 축적하는 신흥 부유 계층도 형성되는 단계에까지 이르렀다. 다양한 형태의 개인 경제활동(임노동, 장사, 개인경작, 개인 가정교사, 개인 식당운영, 개인 숙박업 등)이 급속도로 성장하면서 계획경제 부문에서의 노동력 이탈 현상이 확대되어 나갔다.

나아가 계획경제 부문이 점차 시장경제 부문에 침식당하거나 의존하는 현상도 나타났다. 인민경제 내에 군 경제, 당 경제 등 특권경제 부문의 비중이 더욱 높아지는 현상도 나타났다. 특권경제 기관들이 권력을 배경으로 합법을 내세운 불법 행위로 시장에서 부를 축적하는 현상이 초래된 것이다. 이 과정에서 극심한 양극화와 부패경제 확대 현상도 나타났고, 북한 주민 대부분의 소득 취득과 소비 생활이 공식경제가 아닌 '장마당 경제'에 의존하는 현상이 심화되었다.

이에 북한 당국은 심각한 체제 위협 의식을 느끼고 2006년부터 단계적으로 시장 통제 정책을 추진해 나갔다. 처음에는 종합시장의 개장시간 제한, 장사 여성의 연령 제한, 매대의 폭 및 장사 품목 수 제한, 메뚜기 장사꾼(종합시장에 고정 매대 가 없는 장사꾼) 단속 등의 수준이었으지만, 2008년 이후 종합시장마저도 철폐하는 시도를 시작했다. 그러나 시장을 철폐하려는 북한 당국의 조치는 주민들의 저항에 부딪힐 수밖에 없었다. 경제난 이후 북한 주민들에게 공식 임금은 의미 없는 금액인지 오래였고, 주민들은 시장을 통해 대부분 생계를 유지하고 있었기 때문이다.

그럼에도 불구하고, 북한 당국은 2009년 상반기 "시장은 비사회주의의 서식장이요, 자본주의의 본거지"라고 하면서 대규모 도매시장의 대명사인 평양 인근의 평성시장을 폐쇄하고, 계획경제 체제의 복원을 위해 2009년 11월 30일 화폐 개혁 을 전격 단행하였다.

화폐 개혁

화폐 개혁은 예고 없이 신·구 화폐를 1:100 비율로 교환하는 조치였다. 이때 가구당 북한 원화 10만원(후에 50만원으로 조정)을 교환 상한선으로 설정했다. 이와 함께 종합시장 철폐, 외화사용 거래 금지, 여러 당・군 산하에 난립되어 있는 무역회사들의 무역성 산하로 귀속 등의 조치들도 동시에 시행함으로써 중앙집중적 계획경제 시스템을 복원하려는 의도를 명백히 했다.

그 밖에 구화폐를 모두 회수하고 신화폐만 사용을 허용함으로써 국가의 발권 능력 회복과 함께 재정 확충을 도모했다. 2009년 당시 북한은 김정은을 3대 후계 자로 공식화하고, 이른바 2012년 강성국가 건설을 위한 건설사업들을 많이 추진하고 있었기 때문에 막대한 재정자금들이 요구되고 있었다. 또한 3대 세습 체제의 안정적 구축을 위해 급격히 성장하고 있던 시장세력들을 통제할 필요성도 제기되 고 있었다.

그러나 화폐 개혁은 시행 직후 북한 경제에 심각한 혼란을 야기 하였다. 북한이 이른바 2012년 강성국가 건설을 위해 2008년부터 시행해 온 경제정책들에 많은 타격 을 주었다. 첫째, 북한 원화 가치의 추락과 북한 경제의 위안화·달러 화 현상을 가속화시켰다. 둘째, 김정은 정권 출범 초기에 이르기까지 극심한 인플레이션을 초래했다. 예컨대 쌀 1kg의 가격이 화폐 개혁 직전인 2009년 11월 초에 비해 2013년 11월 말 약 250~300% 수준으로 크게 인상되었다. 셋째, 장마당 경제의 침체와 더불어 국영기업소, 계획경제 부문까지도 더욱 위축시킴으로써 재정의 위기를 더욱 악화시켰다.

공급 능력 확충이 뒷받침되지 않는 화폐 개혁은 실패할 수밖에 없었다. 오히려북한경제 내에 시장화 현상이 구조화되어 있으며, 과거와 같은 계획경제 시스템이 사실상 복원될 수 없음을 확인해 준 계기가 되었다. 결국 북한 당국은 2010년 2월 초 이후 재차 종합시장 및 외화 거래 허용과 특권기관 산하 무역회사들의 활동도 인정할 수밖에 없게 되었고, 이후 시장에 대해 김정은 정권 출범 때까지 묵인 정책 을 시행했다.

화폐 개혁의 내용

- 신·구 화폐 1:100 교환(저금소 저축은 1:10 교환)
  가구당 10만 원 상한 교환 → 나중에 상한선이 50만 원으로 조정된 것으로 알려짐

- 화폐 개혁과 동시에 시행된 조치들
  ① 종합시장 폐쇄, 농민시장으로 강제 전환
    - 상인 보유 물자, 화폐 모두 국영상점으로 이관 및 국가기관 납부
  ② 외화 사용 금지
    - 개인의 외화 상거래 불법, 보유 외화 모두 당국에 헌납
    - 기업소·무역회사 외화 수입은 24시간 내 저금소(은행) 입금
  ③ 노동자·농민의 임금 종전대로 지불
    - 1인당 500원 배려금 지불, 농가 가구당 15만 원 현금 분배

(4) 시장 기능의 부분 활용 재시도

2012년 4월 공식 출범한 김정은 정권이 직면한 북한경제의 문제점은 다음과 같다고 할 수 있다.

첫째, 김정일 정권 말기 희천발전소 건설 등 몇몇 대규모 건설사업들을 추진했지만, 북한의 산업생산력은 아직 1980년대 후반 수준으로 회복되지 못하면서 김정은 정권의 물적 기반을 조성해주지 못하고 있었다.

둘째, 극심하게 확대된 경제의 양극화를 해결하고 민생경제를 활성화해야 하는

과제를 안고 있었다. 김정일 시대의 선군경제정책과 시장의 부분 활용→통제→묵인의 반복으로 민생경제가 더욱 악화되어 3대세습 정권의 경제적 기반을 취약하게 만들었다.

사회주의 강성국가

사회주의 강성국가 구호는 1990년대 중반 심각한 식량난과 기근, 탈북자 증가, 국제사회 에서의 고립 등이 심화된 상황에서 1998년 공식 출범한 김정일 정권이 내세운 구호이다. 최악의 대내외적 위기속에서 체제유지를 최우선 과제로 삼았던 김정일 정권은 탈냉전시 대의 도래라는 국제정세 변화를 거부하고, 정치・사상・군사・경제 등 각 부문에서 김일성 생일 100주년 되는 해인 2012년도에 사회주의 강성국가를 건설하겠다고 주장했었다. 그래서 북한은 2008년도부터 이른바 '주체공업'(주체철, 주체비료, 주체섬유)과 관련된 흥남 비료공장 등 일부 공장들에 대한 설비투자, 평양 10만세대 아파트 건설, 자강도 희천 발전 소 건설 등에 주민 총동원 정책을 시행했다.

셋째, 경제관리 체계를 개혁하지 않으면 경제의 위기 상황이 더욱 악화되는 모순에 직면하고 있다. 이미 시장이 북한경제 내에 구조화되고 있음에도 불구하고, 시장 기능을 제도화하지 않음으로써 경제의 양극화 확대와 더불어 특권 세력들의 지대소득 확대만을 초래하고 있다. 즉 시장 활동에서 산출되는 부가가치 및 잉여가치가 국가의 재정으로 유입되어 산업경제 정상화에 투입되는 경로가 만들어지지 못하고, 국가의 통제에서 벗어난 암시장만을 확산시켜 왔을 뿐이다.

이에 김정은 정권은 2013년 3월 31일 당 중앙위원회 전원회의를 통해 경제・핵무력 건설 병진 노선을 경제정책의 기조로 선포하면서, '우리식 경제관리방법'을 일부 경제 단위에서 실시하고 있다. 즉 김일성 시대부터 북한의 핵심 경제정책 기조인 군사・경제 병진 노선을 단지 명칭만 변경해 유지하면서도, 구조적으로 고착되어 있는 시장화 현상 일부를 수용해 경제의 효율화와 생산성 증대를 도모하려 하고 있다.

우리식 경제관리 방법'은 과거 '7・1조치'의 내용이 대외적으로 공개되고 경제 각 부문별로 전격 추진되었던 것과 달리 아직 대외적으로 그 전모가 공표되지 않았다. 북한은 "우리식 경제관리 방법을 확립하는 것은 경제강국 건설과 인민생활 향상을 위한 투쟁을 다그치는 관건적 고리"라고 하며, 내부에서 시장기능 부분 활 용 조치들을 재도입·시행하고 있음을 밝히고 있을 뿐이다. 노동신문이나 조선신보, 해외 언론과의 북한 경제학자 인터뷰 등을 통해 알려진 내용은 다음과 같다

첫째, 농업분야에서 '분조관리제하의 포전담당책임제'를 일부 지역과 협동농장에서 시행하고 있다. 포전담당책임제는 협동농장의 최종 작업조인 분조(15~20여 명, 50정보) 내에 포전을 담당하는 최종 노동단위를 3~5명으로 구성하고, 1인당 약 1정보씩 토지를 분배해 당국이 제공한 농자재 비용과 국가 몫 납부 후 초과 생산물을 국가와 농민간에 일정 비율로 분배하는 것을 내용으로 하고 있다. 북한 당 국자는 포전담당책임제 도입을 통해 농민의 생산의욕이 제고되어 식량 증산효과 를 보게 되었다고 주장하고 있다.66) 그러나 이 제도는 아직 일부 지역에서만 조심스럽게, 지역별로 변형된 방식으로 실시되고 있는 것으로 보인다. 그리고 실행과 정에서 군량미 수매 우선 원칙, 비현실적인 계획 수매량, 기존 협동농장 조직체계의 유지, 분배 토지등급의 차이, 분배 토지면적의 편차, 여전한 주체농법의 강조 등으로 인해 그 효과가 아직 명확하지 않다.

둘째, 공장·기업소에 '사회주의 기업 책임관리제'를 도입해 독립채산제 및 경영 분권화 조치를 확대하고 있다. 특히 지방공장의 경우 국가계획 외 기업소 자체 계획을 허용해 생산량, 생산물의 품질, 가격·임금 결정 등에 있어서 일부 권한을 부여하고, 초과 생산품의 시장판매를 허용하고 있다고 한다. 그러나 아직 '대안의 사업체계'라는 기업관리 체계가 유지되고 있고, 전력·자본·원부자재 부족 등으로 인해 일부 수출기업 외에는 큰 성과를 거두지 못하고 있는 실정이다.

'우리식 경제관리 방법'에서 시행하고 있는 경제관리개선조치 내용들은 사실상 2002년 7.1경제관리개선조치 및 2004년 확대조치 방안을 대부분 재시도하는 것 이라고 볼 수 있다. 7.1조치 실험 중단→시장의 통제와 묵인의 반복 속에 제도와 현실 간의 격차가 더욱 확대된 상황을 사후적으로 일부 수용한 것이다. 다만 김정은 정권은 김정일 정권에 비해 상대적으로 유연한 시장정책을 시행하고 있는 것으로 판단되고 있다.

그러나 김정은 정권은 '우리식 경제관리 방법'이 당의 지도, 사회주의 집단적 소유제 원칙을 구현하는 가운데 시행하는 것으로서 "유연한 집단주의 경제관리 체계"라고 주장하고 있다. 따라서 '우리식 경제관리 방법' 역시 '체제내적 개혁'이 라는 한계성을 안고 시행되고 있어 향후 추진방향을 지속적으로 관찰할 필요가 있다.

2. 제한적 대외 개방 정책

(1) 모기장식 개방과 4대 특구 개설

북한은 1990년 사회주의 경제권의 붕괴로 산업연관 관계의 단절 현상이 야기되자 대외경제 개방을 모색하기 시작했다. 소련으로부터 우호가격으로 제공받아왔던 원유, 코크스, 기초 원자재 등을 이제는 국제시장에서 정상 교역의 무역 관계로 조달해야만 하는 상황에 직면했기 때문이다. 그러나 개혁·개방을 체제 위협 요인으로 인식하는 북한은 '문은 열되 모기장을 치고 연다'는 의미의 '모기장식 개방론' 을 내세우고 1991년 12월 처음으로 함경북도 최북단 항구 도시인 나진·선봉을 경 제특구로 지정하고 외국인투자관련법 등을 제정하였다.

북한은 처음에 나진·선봉 경제특구를 중계무역, 수출가공, 관광 및 금융중개 기능을 수행하는 국제 교류의 거점으로 육성한다는 계획을 세웠다. 이를 위해 외자를 공업 부문 약 36억 달러, 인프라 부문 약 9억 달러, 서비스 부문 약 1억 달러 등 총 투자 건수 119개에 47억여 달러를 유치한다는 계획을 세우고 1996년 9월과 1998년 9월 두 차례에 걸쳐 투자 포럼을 열었다. 그러나 2000년 12월 말까지 이 지역에 대한 투자는 약 1억 2,000만 달러의 투자 유치에 그쳤다.67)그나마도 대부 분 호텔, 식당, 카지노, 운수업, 상업 등 서비스 분야에 편중되었다. 투자자도 화교 자본이 약 70%, 조총련 자본이 약 20%를 차지하여 서방 자본의 투자는 미미하였다.

북한은 '모기장식 개방론'에 기초해 내륙 지역과 차단된 나진 · 선봉 지역을 경제특구로 지정 · 운영하려고 했지만 성공할 수 없었다. 대외개방은 대내 개혁과 동시에 진행해야 성공 가능성이 높아진다. 북한은 대내경제의 개혁조차 시행하지 않았고 남한 자본의 접근도 허용하지 않았다.

2000년대 들어오면서 북한은 자력으로는 '90년대 붕괴된 산업경제를 정상화시킬 수 없음을 인식하고 변방의 경제특구를 확대해 나갔다. 2002년 7 · 1 조치를 시 행하면서 「신의주특별행정기본법」, 「개성공업지구법」, 「금강산관광지구법」 등을 제정하여 나진 · 선봉 경제특구와 신의주 · 개성 · 금강산까지 더하여 4대 경제특구를 지정하였다.

신의주는 특수행정 단위로 중앙의 관할 아래에 두지만 자율적인 입법권, 사법권, 행정권을 부여하려고 했다. 정치제도 면에서는 홍콩식을 경제특구 제도 면에서는 사회주의 계획경제 토양 위에 시장경제 제도를 도입한 중국의 선천 특구를 선별 혼합한 방식의 내용을 각각 담고 있었다. 그러나 북한이 당시 계획한 '신의주특별행정구'는 중국의 초대 행정관으로 임명된 화교 사업가 양빈이 중국 당국에 탈세혐의로 체포되면서 무산되었다. 개성공업지구와 금강산관광지구는 남한 자본이 단독 투자·개발하는 형태의 특구로 개설되었다.

그러나「개성공업지구법」,「금강산관광지구법」조항이나 남북한 합의와 달리 개성공단과 금강산관광지구는 북한의 대남전략과 남북관계 변화에 영향을 받고 있다. 금강산관광지구는 2008년 우리 관광객 피격으로 잠정 중단되어 있고, 개성 공단은 북한의 제2차 핵실험이 시행된 2009년 이후 몇 차례 중단 위기를 겪었다. 2013년 상반기에 166일간이나 잠정 중단되는 사태가 있었지만 아직까지 운영되고 있다.

(2) 대중국 개방 확대

북한은 2010년 천안함 폭침 등 연이은 대남 도발로 남북 경협이 위축되자, 대중국 개방을 더욱 확대하는 조치를 취하고 외화를 확보하는 방향으로 대외경제 정책을 변화시켰다. 2011년 황금평 · 위화도를 새로운 경제특구로 지정하고, 이를 나선경제무역지대와 함께 중국과 공동 개발하기 시작했다. 그리고 중국의 동북 3성 지역과 북한 북부 접경 지역의 교량, 도로, 철도 등 교통인프라를 확대 · 연결하기로 합의했다.

당시 북한이 나선, 황금평 · 위화도 경제특구를 중국과 공동 개발하려 했던 것은 북 · 중 간 정치적 요인도 있지만 경제적 수요도 작용했다. 우선 중국은 제11차 5개년 경제개발계획(2005~2010년) 추진 이후 향후 경제 성장의 견인차로 동북 3성 지역을 주목했다. 따라서 동북 3성 지역 개발에 주변 지역인 몽골, 러시아, 북한과의 접경지역 연계발전이 절실했었다.

특히 2009년 9월 중국의 국가전략으로 확정해서 추진하고 있는 '창지투(창춘 · 지린 · 투먼) 개발개방선도구'의 개발에 북한의 나진항을 이용한 동해로의 출로 확보가 절대 요구되고 있었다. 반면 북한의 입장에서는, 2009년 2차 핵실험 이후 강화된 국제사회의 대북제재와 2010년 5.24조치의 돌파, 그리고 2012년 강성국 가 달성을 위한 경제건설 등으로 북중경협이 필요했다.

특히 2009년 9월 중국의 국가전략으로 확정해서 추진하고 있는 '창지투(창춘 · 지린 · 투먼) 개발개방선도구'의 개발에 북한의 나진항을 이용한 동해로의 출로 확보가 절대 요구되고 있었다. 반면 북한의 입장에서는, 2009년 2차 핵실험 이후 강화된 국제사회의 대북제재와 2010년 5.24조치의 돌파, 그리고 2012년 강성국 가 달성을 위한 경제건설 등으로 북중경협이 필요했다.

나선 경제특구와 황금평 경제특구

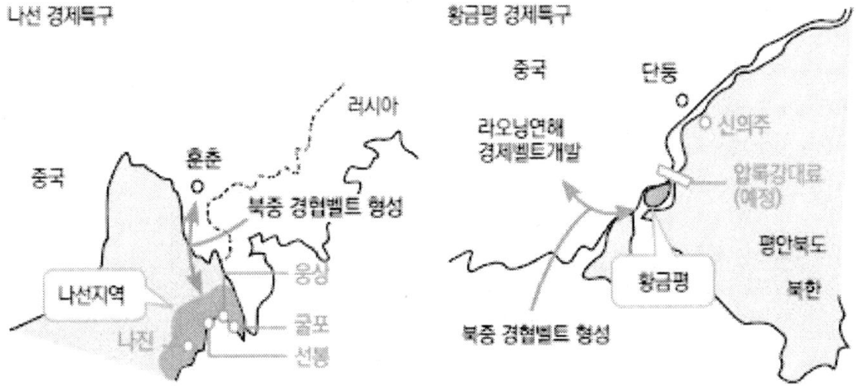

(3) 경제개발구 신설

김정은 정권 출범 이후 북한은 나선, 황금평·위화도, 금강산, 개성공업지구 등 4대 중앙 특구 외에 지방에도 경제개발구를 개설하고 있다. 2013년 5월 29일「경제개발구법」을 제정한 이후 순차적으로 경제개발구 설치를 발표함으로써 2015년 12월 현재 중앙급 경제특구 5개, 중앙급 경제개발구 4개, 지방급 경제개발구 17 개 등 총 26개에 이른다. 북한이 기존에 발표한 5개의 경제특구(나선 경제특구, 황금평 · 위화도 경제특구, 개성공업지구, 원산 · 금강산관광지구, 신의주 국제무역지대를 제외하면, 김정은 정권이 새롭게 지정한 경제특구 · 경제개발구는 무려 21개 나 된다.

북한의 경제특구 및 경제개발구

단위	종 류		지역
중앙급 경제특구 (5개)	나선 경제무역지대		직할시
	황금평·위화도 경제무역지대		평안북도
	개성공업지구		직할시
	신의주 국제경제지대		평안북도
	원산-금강산 국제관광지대		강원도
중앙급 경제개발구 (4개)	강령 국제녹색시범구		황해남도
	은정 첨단기술개발구		평양시
	진도 수출가공구		남포시
	무봉 국제관광특구		양강도
지방급 경제개발구 (17개)	경제개발구	압록강경제개발구	평안북도
		만포경제개발구	자강도
		혜산경제개발구	양강도
		청진경제개발구	함경북도
		경원경제개발구	함경북도
	공업개발구	위원공업개발구	자강도
		청남공업개발구	평안남도
		현동공업개발구	강원도
		흥남공업개발구	함경남도
	농업개발구	숙천농업개발구	평안남도
		북청농업개발구	함경남도
		어랑농업개발구	함경북도
	관광개발구	온성섬관광개발구	함경북도
		청수관광개발구	평안북도
		신평관광개발구	황해북도
	수출가공구	송림수출가공구	황해북도
		와우도수출가공구	남포시

자료: 북한 투자제안서, 「조선민주주의인민공화국에서의 특수경제지대 개발 실태와 전망」 및 노동신문

김정은 정권의 경제개발구 추진은 기존 북한의 대외개방 정책보다 확대된 내용들을 보여주고 있다. 그것은 첫째, 중국식 경제특구 정책을 모방해 경제특구·개발구를 중앙급·지방급으로 이원화하고 있다는 점이다. 이는 지방 정부에도 경제특구를 개설할 수 있는 권한을 부여하고 지방 정부가 주체가 되어 지방경제를 활성화하도록 허용한 것이다. 그러나 지방급 경제개발구들은 개설 규모가 최저 1.5㎢~최고 5㎢(평균 3㎢)이고, 목표 외자유치 규모도 1억달러 내외 수준에 지나지 않고 있다.

둘째, 기존의 종합 경제특구가 아닌 각 지방 정부들이 보유한 비교우위 요소를 기초로 특화된 경제개발구들을 추진하고 있다. 2015년 10월까지 발표된 경제특구·경제개발구들을 유형별로 보면, 경제개발구 5개, 공업개발구 4개, 농업개발구 3개, 관광개발구·특구 4개, 수출가공구 3개, 첨단기술개발구 1개, 국제녹색시범 구 1개 등이다.

셋째, 기존과는 달리 경제개발구 지대 밖의 북한 기업이 새로운 경제특구·경제개발구에 진출할 수 있게 하고"(경제개발구법 제20조), 지대 내의 외국자본이 지대 밖의 북한 기업들과 연계될 수 있도록(경제개발구 기업창설규정 제21조) 제도화하였다. 나진 및 개성공단에 진출한 기업들은 지대 밖 북한의 기업들과 위탁가공 내지는 생산공정의 분업관계를 맺을 수 없었다.

그러나 북한의 경제개발구 정책은 근본적으로 많은 어려움에 직면해 있다. 우선 외자유치가 쉽지 않은 여러 현실 여건이 존재하고 있다. 북핵 문제로 인한 국제사회의 대북제재 지속, 북한의 시장개혁 지체, 개성공단의 반복적인 중단 위기 사례, 전력 부족과 열악한 인프라, 낙후된 물류 체계, 시장경제 의지 및 전문가 부족, 김정은 정권의 내부 불안정 요소 등이 외자유치를 어렵게 만들고 있는 것이다.

중국이 경제특구 정책을 통해 경제성장을 이룩할 수 있었던 것은, 중국 정부가 국제질서에 적극 편입하는 대외정책을 시행하며, 최고 지도자가 개혁·개방 의지를 확고하게 밝혔기 때문이다. 또한 경제특구 지역과 국내 산업·시장의 연계를 위한 대내 시장개혁을 중단 없이 지속해 나가고, 중앙·지방 정부가 외자유치에 필수적인 법제도 및 인프라를 조성하였기 때문이다. 외자유치의 관건은 그 나라 정부에 대한 신뢰가 형성되고 인프라 등 자본 유치의 여건이 마련되는 데 있다. 따라서 북한이 대외개방과 개혁을 동시에 시행하는 종합계획을 제시하고 핵개발 포기 의지를 적극 표명하지 않는 한 경제개발구 정책은 한계를 보일 수밖에 없을 것으로 보인다.

3. 북한 경제의 개혁·개방 전망

김정은 정권은 20년 이상 지속되고 있는 경제난과 추락한 산업생산력을 복구해야 하는 과제를 안고 있다. 이를 해결하기 위해서는 세계 시장질서에 적극 편입하여 해외자본을 활용하는 경제개발 전략을 수립하지 않으면 안 된다. 또한 제도는 계획경제이지만 현실은 시장화가 확산되고 있는 경제체제의 모순을 해결하고, 시장화 확대를 통해 산출되고 있는 부가가치들을 경제 개발을 위한 투자 재원으로 활용해 나가야 한다.

그러나 현재 김정은 정권은 선대 정권의 연장선상에서, 경제·핵무력 건설 병진 노선 기조를 전제로 한 '우리식의 경제관리 방법', 경제개발구 정책을 추진하고 있다. 핵 능력 강화와 경제개발을 동시에 모색하는 병행전략을 여전히 추구하고 있다. 김정일 정권보다는 다소 민생경제 회복에 비중을 두는 것으로 보이지만 여전히 중국식 개혁·개방정책을 거부하며 '북한식' 변화전략을 고수하고 있다. 즉 본격적인 경제개발 정책을 추진하지 않고, 체제유지 분야에 재원 배분의 우선 순위를 두는 경제정책을 여전히 전개하고 있다.

북한은 사회주의 국가들의 체제 전환 이후 '북한식 변화'의 모색과 중단을 반복해 오고 있다고 할 수 있다. 시장에 대한 통제와 묵인 속에 '90년 이후 북한 시장화 현상이 양적·질적으로 지속 발전되어 온 양상과 달리, 제한된 개방과 시장 기능의 부분 활용이라는 양면 정책을 시행→중단→재시도 등으로 반복해 왔다. 이로 인 해 북한이 시도하는 '변화정책'들은 현실적으로 확장되고 있는 시장화 현상을 적극적으로 제도화하지 못하고, 아래로부터의 압박을 사후적으로 수용하는 소극적 조치들에 머무르고 있다. 그 결과 오늘날 북한 경제체제는 제도와 현실간의 괴리 가 크게 확장되고 이중 경제체제로 평가받고 있다.

김정은 정권은 향후 이러한 모순을 해소할 적극적인 개혁·개방정책을 추진할 것으로 전망되지 않는다. 북한체제의 내재적 딜레마가 김정은 정권의 선택지에 제한 을 가져올 수밖에 없기 때문이다. 북한의 경제난 극복과 경제개발을 위해 개혁·개 방이 불가피한데, 이것은 북한식 세습 체제의 내구력에 손상을 입히고 체제전환 요소를 확장시켜 나갈 가능성이 높다. 결국 김정은 정권은 향후에도 '북한식 변화 경로'를 반복해 나갈 것으로 보이며 이는 장기적 추세 속에서 북한 경제체제의 이행기적 성격을 누적시켜 나갈 것으로 판단된다.

제4장 북한주민의 생활

제4장 북한 주민의 생활

제1절 일상생활

1. 북한주민의 하루일과

어느 사회나 하루생활은 연령과 직업 등 집단에 따라 다르지만, 북한주민의 통상적 하루 일과는 다음과 같이 요약할 수 있다. 북한 주민은 일반적으로 6시경에 기상한다. 여자는 아침식사를 준비해야 하기 때문에 좀 더 빠른 시간에 기상한다. 기상 후 세면을 하고 아침식사를 한다. 아침식사는 계층에 따라 다른데, 대부분의 일반 주민은 잡곡밥이나 강냉이밥을 주식으로 한다. 나물국, 배추김치, 무생채가 일반적 찬이며, 계란 부침이나 소시지를 곁들이는 주민은 생활형편이 나은 경우에 속한다.

〈북한 주민의 하루일과〉[23)]

시 간	주 요 활 동
06:00	기상
06:00~07:00	아침식사, 출근준비
07:00~07:30	출근
07:30~08:00	독보회, 생활총화
08:00~12:00	오전작업
12:00~13:00	점심식사, 장마당 활동준비
13:00~17:00	오후작업
17:00~17:30	퇴근
17:30~22:00	저녁 식사, 부업(장마당), 땔감, 텃밭
22:00~	취침

23) 「북한이해 2008」 통일교육원 p.212

식사가 끝나면 출근준비를 하고 보통 7시 30분까지 출근한다. 출근은 평양 등 대도시에서는 지하철이나 무궤도 전차 등 운송수단을 이용하며, 30~40분씩 걸어서 출근하는 주민도 많다. 출근하면 독보회 및 당 지시사항 전달, 그리고 생활총화 등 당정치 사업을 한다. 독보회는 약 30분 간 진행되는데, 직장에 따라 독보회 시간은 약간씩 차이를 보인다.

정규 작업은 8시에서 12시까지 4시간, 13시에서 17시까지 4시간으로 총 8시간이다. 12시에 오전작업이 끝나면 점심시간이다. 점심은 일반적으로 현장에서 도시락으로 해결하며, 직장에 인접한 동료 집에서 먹기도 하고, 집이 가까우면 집에 가서 먹기도 한다. 주로 잡곡밥이나 강냉이밥을 먹으며, 여유가 있는 집안은 김밥에 감자볶음, 소시지를 먹기도 한다. 상당수의 주민은 점심시간을 이용해 집에 가서 떡, 두부밥, 빵, 꽈배기, 밀주 등 장마당에 내다팔 음식을 준비하는 등 개인 장사를 위한 활동을 한다. 농촌지역의 경우, 집으로 가는 도중 나물, 돼지풀, 채소 등을 채취하고 집에 도착하면 가축(개, 돼지, 닭, 염소, 토끼, 오리 등)에게 먹이를 주며, 농장에 나가기 전까지 텃밭에서 잔일을 한다.

북한 주민의 하루 일과 중 특징적인 현상은 오침시간이다. 오침시간은 주로 행정직·전문직·사무직 등 정신노동을 위주로 하는 '사무원'에 적용되어 왔다. 그러나 2000년대에 들어서면서 오침시간은 사실상 폐지되었다. 공장 가동률이 저조하기 때문에 상당수의 노동자들은 잡담을 하는 등 노동 없이 중간에 퇴근하는 경우가 많으며, 오후 5시가 되면 거의 모두 퇴근한다. 출근부에 도장만 찍고 오전에 퇴근하는 노동자도 많이 있으며, 사무직의 경우도 일찍 퇴근하는 경향이 높다. 농장원의 경우 일의 특성상 규정된 시간에 퇴근하기보다는 하던 일이 어느 정도 마무리되어야 퇴근하는데, 2~3일에 한 번씩 조퇴하여 자신의 텃밭에 전념하는 농장원이 늘고 있다.

오후 작업이 끝나면 작업총화시간이며 일주일에 한번씩 생활총화를 한다. 생활총화 시간에는 자신의 잘못을 뉘우치는 자아비판과 동료들의 과오를 지적하는 상호비판을 하는데, 비판의 기준으로 김일성 교시나 김정일의 말씀을 인용해야 한다. 이후에도 추가 노동을 하거나 학습회를 개최하기 때문에 북한 주민들은 평일에 개인적 시간을 갖기가 쉽지 않다.

퇴근하면 전기사정이 나쁘기 때문에 대체로 해가 지기 전에 저녁을 먹는다. 저녁

식사는 아침식사와 비슷하지만, 국수, 감자, 고구마 등으로 해결하기도 한다. 저녁을 먹고 난 이후는 여가시간이라고 할 수 있다. 여가시간에는 남자의 경우 집 수선을 하거나 동료들과 시간을 보내며, 여자의 경우 빨래와 집안 청소를 하고는 장사를 나간다. 농장원들의 경우, 텃밭에 가서 김을 매기도 하고, 산에 가서 땔감을 하기도 한다.

날이 어두워지면 가족들이 모일 수 있는 시간이 된다. 가족들이 함께 즐기는 여가생활은 주로 TV시청이다. TV는 대도시를 중심으로 보급되어 있으며, 보급실태가 열악한 농촌지역의 경우 여러 세대가 모여 TV를 시청한다. 통상 22시경에 취침하는 것이 일반적이다.

2. 생애과정

북한 주민의 출생으로부터 유아기, 아동기, 청소년기, 성년기를 거쳐 결혼, 노년기, 사망에 이르기까지 생애과정을 간략히 알아보면 다음과 같다.

출생 : 아기가 태어나면 세대주는 주거지 분주소(파출소)에 찾아가 출생신고서 양식을 받아와 인적사항을 기재하고, 인민반장의 확인을 거쳐 동사무소에 가서 출생등록을 하며, 다시 분주소에 출생신고서를 제출한다. 출생신고서에는 출생지, 성명, 생년월일, 성(性), 아버지와 어머니 이름 등을 기록한다.

유아기 : 백일잔치는 하지 않거나 간소히 하지만, 돌잔치는 제대로 치르려고 노력한다. 아이는 생후 3개월이 지나면 탁아소에 보내는 것이 일반 관행 이었으나 요즈음은 가정에서 직접 양육하는 경향이 높다. 나이가 4세가 되면 거의 대부분 유치원에 들어가며, 5세가 되면 의무교육의 일환으로 유치원 높은 반에 편입된다

아동기 · 청소년기 : 6세가 되면 소학교에 들어가서 5년간 교육을 받는다. 11세가 되면 중학교에 입학하여 6년간 교육을 받는다. 유치원 높은반(5세)에서부터 중학교 6학년까지가 북한에서 말하는 '전반적 의무교육기간'으로 총 12년이다. 소학교 2학년(7세)이 되면 의무적으로 소년단에 가입하며, 중학교 4학년(14세)이 되면 김일성사회주의청년동맹에 가입하여 집단생활을 하면서 정치사상학습을 받는다.

성년기 : 중학교를 졸업하면 크게 대학진학, 군입대, 그리고 직장배치 등 3개의

진로가 있다. 남자는 대부분은 군입대, 여성은 주로 직장배치를 받는다. 곧바로 대학에 진학하는 이른바 '직통생'은 13%정도에 불과하다. 직장생활 혹은 군대생활 중에 추천을 받아 대학에 들어가기도 한다. 중학교 졸업생의 경우 직장은 본인의 의사와는 거의 상관없이 배치된다.

결혼 : 북한에서는 사실혼이 인정되지 않는다. 결혼은 연애혼이 많은 것으로 알려지고 있으며, 농촌지역에는 중매혼 전통이 많이 남아 있다. 배우자를 찾을 때 결혼 당사자의 의사가 중요해지면서, 그 기준도 출신성분보다는 애정과 경제적 능력으로 변하고 있다. 혼수는 대체로 여자가 장만한다. 예식장은 따로 없고, 공공회관이나 신랑의 집에서 식을 올린다. 결혼식이 끝나면 공원이나 김일성 동상 앞에서 기념사진을 찍고, 친지들을 찾아다니며 인사를 한다. 신혼여행은 없으며, 신랑의 부모 집에서 첫날밤을 보내는 것이 일반적이다. 결혼휴가는 1주일이지만, 보통 3일 쉬고 출근한다.

노년기 : 1960년대에 김일성이 '60청춘 90환갑'이란 구호를 제창하면서 회갑이 사라졌으나, 1970년대 부활되었다. 회갑에는 온 가족이 모여 주로 '이밥'(쌀밥)에 돼지고기국을 먹는다. 북한의 노인은 일을 하지 않으면 식량배급이 줄어들기 때문에 가급적 일을 하려고 한다. 일이 없으면, 공원 등에서 소일하거나, 손자를 돌보기도 한다. 노년층은 배급이 중단되면서 가장 큰 타격을 받은 집단의 하나이다.

사망 : 북한 주민의 평균수명은 약 70세였으나, 1998년에는 줄어들었다가 현재는 이전의 평균수명을 거의 회복한 것으로 보인다. 장례는 보통 3일장이나 1990년대 중반 이후 경제난이 지속 되고 사망률이 증가하면서 1~2일장이 보편화 되었다. 상복은 따로 없고, 남자는 검은 완장을 차고 , 여자는 흰 리본을 꽂는다. 1970년대에는 화장이 강요되었으나, 1980년대 이후 매장이 일반화되었다.

3. 조직생활

가. 개요

북한사회는 '하나는 전체를 위하여, 전체는 하나를 위하여'라는 집단주의 원칙에 기초하고 있으며, 북한 주민의 조직생활은 집단주의를 실천하는 방안의 하나이다.

북한 주민은 출생에서 사망에 이르기까지 조직생활이 일상화되어 있다고 해도 과언이 아니다. 구체적으로, 북한의 어린이는 출생 후 3개월 정도가 되면 탁아소 생활을 하면서 조직생활을 익히게 되고, 정규교육과정에 들어가면 소년단과 김일성사회주의청년동맹 등 공식적인 조직에 의무적으로 가입해야 한다. 성인이 된 이후에도 노동당이나 직업총동맹과 농근맹 등 노동당 외곽단체에 가입해서 활동해야 하며, 직업이 없는 '가두여성'(전업주부)인 경우 여성동맹에 가입하여 활동해야 한다.

<table>
<tr><th>나 이</th><th>가 입 단 체</th><th colspan="2">비 고</th></tr>
<tr><td>만7~13세</td><td>소년단</td><td colspan="2">학교 소년단 위원회 지도</td></tr>
<tr><td>만14~30세</td><td>김일성 사회주의 청년동맹</td><td colspan="2">· 맹원증 수여
· 청년 동맹 위원회 지도원의 지도</td></tr>
<tr><td>만31~65세
(여자 : 60세)</td><td>직업총동맹</td><td rowspan="3">만18세부터 30세까지 노동당에 가입하지 못한 사람</td><td>· 노동자, 사무원</td></tr>
<tr><td>만31~65세
(여자 : 60세)</td><td>농업근로자동맹</td><td>· 농민(협동농장원)</td></tr>
<tr><td>만31~60세
여성</td><td>민주여성동맹</td><td>· 전업주부</td></tr>
</table>

* 직장 없는 노인, 전업주부 : 인민반 활동

나. 소년단과 청년동맹

북한 주민의 조직생활은 사실상 출생에서부터 시작되지만, 노동당의 직접 통제를 받는 조직생활은 만 7세가 되는 소학교 2학년 때 시작된다. 소학교 2학년이 되면 모두 소년단에 입단하게 되지만 한꺼번에 입단하는 것은 아니다. 소년단 입단식은 북한에서 최고의 명절로 내세우는 2월 16일(김정일 생일)과 4월 15일(김일성 생일) 그리고 소년단 창건기념일인 6월6일 등 3차례 진행된다. 결국 모든 학생이 입단할 때까지는 친구 간에도 소년단 가입자와 미가입자가 구분되는데, 먼저 입단한 학생은 자부심을 갖는 반면 입단을 하지 못한 학생은 열등의식을 갖는다. 학생들은 2학년이 되면 소년단에 입단하기 위하여 노력하는데, 먼저 입단하기 위해서는 공부를 잘하고 책임감이 강할 뿐 아니라 동료들로부터 신망을 받는 것도 중요하고 집안 성분도 좋아야 한다.

먼저 입단하는 아이들의 경우, 입단식 자체도 거창하게 진행하는데, 많은 사람들을 모아 놓고 소년단 깃발 앞에서 선서를 하고 입단맹세를 받아 읽게 한 뒤 붉은 머플러와 휘장을 달아주는 행사를 갖는다. 입단식에는 시(군·구역)의 간부들을 포함하여 항일 빨치산 운동이나 국가에 대한 공헌으로 훈장을 받은 노인들이 참가하여 입단하는 아이에게 직접 붉은 머플러를 매어 주면서 자부심을 심어 준다. 입단식에 참여하는 학생들은 자신이 사회조직의 일원이라는 자부심을 갖게 되며, 조직생활을 충실히 하여 국가와 민족을 위해 노력해야겠다는 각오를 다지게 된다.

소년단에 입단하고 난 뒤에는 학교 소년단 위원회의 지시를 받고 실천하는 등 조직적으로 학교생활을 하여야 한다. 각 학교에는 조직생활을 지도하는 조직 담당 위원장과 사상 담당 위원장 등 학생간부가 있다. 학교 소년단위원회는 학급별로 특정과업을 수행하라고 지시하며, 학생들은 조를 짜서 이를 관철하여야 한다. 토끼 기르기, 농촌일 돕기, 자갈 모으기, 파철과 폐휴지 모으기 등이 가장 대표적인 과업의 예이다. 또한 소년단의 날인 토요일에는 분열행진을 하고 학급별 생활총화에 참여하여야 한다. 소년단 생활은 소학교를 졸업하고 만 13세가 될 때까지 이어진다.

만 14세가 되면 김일성사회주의청년동맹(약칭 청년동맹)에 가입하게 된다. 청년동맹 가입은 소년단 입단과정과 유사하지만 더 복잡하고 까다로운 절차를 거친다. 청년동맹에 가입할 때에도 소년단에 입단할 때와 마찬가지로 먼저 학급의 추천을 받아 학교 단위인 초급단체의 심의를 거치지만, 추가적으로 시(군·구역) 청년동맹 학생부의 심의도 거쳐야 한다.

여기서 합격을 하여야 최종적으로 소년단의 표지인 붉은 머플러를 풀고 청년동맹 가입식을 거쳐 맹원증을 받을 수 있다. 맹원증을 받을 때 학생들은 이것이 자신의 육체적 생명보다 더 소중하게 여겨야 할 사회정치적 생명을 나타내는 표지라는 점을 인식하도록 교육받는다. 그렇기 때문에 학생들은 맹원증이 물에 젖거나 훼손되지 않게 비닐 등으로 잘 싸서 지갑에 넣은 뒤 허리에 차고 다닌다.

청년동맹은 북한 당국이 가장 큰 관심을 갖고 정치교육을 실시하는 조직으로 이는 2008년 신년공동사설에서도 재차 강조되고 있다. 북한은 청년들을 "선군혁명 위업의 믿음직한 계승자이며 사회주의 건설의 가장 활력있는 전투부대"라고 규정하면서, 청년동맹조직을 "혁명의 수뇌부를 결사옹위하는 선군시대의 청년영웅, 총 폭탄영웅으로 튼튼히 준비시킬 것"을 촉구하였다.

소년단과 학교별 청년동맹에 소속하여 조직생활을 하는 학생들의 경우 담임교사의 영향력도 크지만 무엇보다도 노동당의 이념을 철저하게 따르면서 그 방침을 수행하도록 교육하는 시(군·구역) 청년동맹위원회 지도원의 평가를 좋게 받아야 한다.

지도원은 학생들을 대상으로 하는 강연회와 학습회, 생활총화, 이야기모임, 꼬마계획 등 조직생활을 책임지고 지도하면서, 학생들이 졸업할 때 평정서에 최종적인 서명을 하고 다른 곳으로 이동할 때 필요한 각종 증명서를 발급해 주는 역할을 한다. 학생들은 지도원을 통해 노동당에 충성을 다하는 자세로 조직생활을 해야 한다는 점을 철저히 인식하게 되는 것이다.

다. 노동당, 직업총동맹, 농업근로자동맹, 여성동맹

중학교를 졸업하고 만 18세가 되면 노동당에 가입할 수 있는 연령이 된다. 소년단과 청년동맹이 사실상 의무적으로 가입하는 조직이라면, 노동당은 자발적으로 가입하는 조직이다. 북한의 체제상 노동당은 국가보다도 상위조직으로서 권한이 막강하기 때문에 누구나 가입하려고 하지만, 소수의 선택된 주민만이 당원자격을 얻을 수 있다.

노동당에 입당하려면 1년 동안의 후보당원 기간을 거쳐야 하는데, 후보당원이 되기 위해서는 몇 가지 절차가 필요하다. 당에 가입하려는 사람은 입당청원서와 당원 2명의 입당보증서를 당세포에 제출하여야 하며, 당세포 총회에서 토의를 거쳐 자격 유무를 결정하면 지역 당위원회에서 비준한다. 예외적으로 전쟁에서 큰 공을 세웠거나 최고지도자의 의중에 따라서 화선입당(火線入黨), 즉 후보당원을 거치지 않고 바로 노동당에 입당하는 경우도 있다.

노동당원은 직장과 지역에 따라 5~30명 단위로 당 세포를 구성하고, 세포비서의 지도 아래 당원으로 활동한다. 당 세포는 노동당의 최말단 기층조직으로 당의 조직생활과 정책 수행의 최소단위이다. 한 직장에 당원이 5명이 안 되면 별도의 세포를 구성하지 않고 주변의 다른 세포에 속하게 하거나, 두 개 이상의 직장을 묶어 하나의 세포를 만들기도 한다.

노동당 가입자는 청년동맹에서 노동당 조직으로 옮겨가게 되며, 입당하지 못하면 30세까지 청년동맹에서 조직생활을 한다. 30세가 되어도 입당을 하지 못한 주민들은 각자의 직업에 따라 노동자는 직업총동맹(직총)으로, 농민은 농업근로자동맹(농근맹)으로 소속을 옮기게 된다. 직업총동맹 산하에는 세부 직업별로 직업동맹(직맹)이 구성되어 있다. 입당을 하지 못한 상태에서 결혼을 하고 직장에 나가지 않는 전업주부가 되면 나이와 관계없이 민주여성동명(여맹)으로 소속을 옮긴다. 농촌의 경우에는 농근맹의 맹원으로 조직생활을 하여야 한다.

직맹과 농근맹, 여맹의 조직생활은 당 세포의 조직생활만큼 강하게 하지는 않지만, 조직생활을 하지 않아도 되는 사람은 없다. 같은 직장에 근무하는 근로자라 하더라도 자신의 소속에 따라 노동당과 청년동맹, 직맹의 구성원으로 별도의 조직생활을 하게 된다.

조직생활은 크게 강연회와 학습회, 생활총화 등으로 구성된다. 강연회란 노동당의 유일사상 체계를 튼튼하게 세우고 당의 정책을 관철하기 위한 선전선동사업으로 수요일 저녁에 실시하는 경우가 많아 '수요강연회'라는 명칭으로 부르기도 한다. 학습회는 대상별 수준에 맞추어 간부반과 당원반, 근로자반으로 나눈 뒤 다시 당원반과 근로자반을 높은반과 낮은반으로 구분하여 노동당의 정책과 북한 최고 지도자의 '교시'와 '혁명노작'등을 공부하게 된다. 학습과정안 하나를 마치면 각 학습반에서는 그 반에 소속된 사람들이 얼마나 학습했는지 알아보는 학습총화를 실시한다.

생활총화는 자신의 생활을 반성하면서 결점과 과오를 스스로 비판하고 다른 사람의 잘못을 비판한 뒤 개선할 점을 찾는 모임으로서, 대체로 1주일에 한 번씩(주총화) 조직별로 개최한다. 생활총화를 할 때는 '당의 유일사상체계확립 10대원칙'을 비롯하여 김일성 - 김정일 부자의 '교시' 및 '말씀'을 근거로 자아비판과 상호비판을 한다.

라. 인민반

북한 주민은 소학교에서 소년단에 입단한 이후 사망에 이르기까지 조직생활을 하지 않을 수 없다. 직장이 없는 노인들은 인민반 내에서 노인분조를 만들어 조직생활을 하고 대다수 '가두여성'(전업주무)들은 여맹활동과는 별도로 인민반 활동에 참여하여야 한다.

인빈반은 대체로 20~40세대로 구성되는데, 도시에서는 아파트 동별로 인민반을 구성하기 때문에, 인민반을 구성하는 세대는 더 많아질 수도 있다. 원래 한 마을에 사는 사람이라면 누구나 인민반의 구성원이 되어야 하지만, 아이들은 학교에서 조직생활을 하고 세대주인 남자들은 각각 소속된 직장에서 노동당이나 근로단체의 구성원으로 활동을 하기 때문에 인민반 활동은 주로 노인이나 전업주부인 가두여성이 수행해야 할 몫으로 남게 된다.

인민반에서는 인민반장의 지도하에 학습회나 강연회를 조직하고 생활총화를 진행하는 등 다른 단체에서 볼 수 있는 조직활동을 한다. 그리고 각 인민반별로 배정된 과업을 수행한다. 인민반장의 권한이 크기 때문에 그의 지시를 무시하기는 쉽지 않다. 그러나 최근에는 인민반장의 지시를 거부하고 조직생활에서 빠지거나 과업수행을 등한시하는 사람들도 증가하고 있다. 특히 돈이 주요 생활수단이 되면서, 경제적으로 여유가 있는 사람들은 일정한 금액의 돈을 지불하고 과업에서 빠지는 경우도 있다.

북한 주민은 조직활동에 참여하지 않고는 일상생활을 하기 힘들 정도로 공식적인 규제를 받기 때문에, 생활의 불편을 덜기 위해서라도 조직활동에 참여하는 것이 필수적이다. 예를 들면, 여행이나 이사를 위해서는 공식적 통제기구 외에도 인민반장으로부터 시작하여 직장에 이르기까지 허락을 받아야 한다. 조직활동에 대한 평정을 잘 받아야 좋은 직장으로 옮겨갈 수 있으며, 직장에서의 승진도 마찬가지이다. 조직생활에 불성실할 경우 '자유분자'로 낙인찍히는 등 동료나 주민들로부터 배척받을 수 있으며 생활총화에서 비판의 대상이 되기도 한다. 따라서 북한 주민은 원하든 원하지 않든 조직생활을 하나의 생활양식으로 받아들일 수밖에 없다.

제2절 의식주 생활

1. 개요

북한은 사회주의 사회로서 노동력을 제외한 생산수단은 오직 국가 혹은 협동단체만이 소유하며, 개인은 생산수단을 소유할 수 없는 사회이다. 생산수단이 집단적으로 소유될 뿐 아니라 거기서 파생되는 모든 생산물은 공동의 소유가 되며 따라서 의식주 등 생활필수품은 일정한 원칙에 따라 분배되고 소비된다. 물론 1990년대 중반 이후 시장에서의 상거래가 묵인되고 2002년 7월 '경제관리개선조치'(7.1 조치)에 따라 일부 농지(텃밭)의 개인 경작을 허용하면서 의식주 생활도 개인적으로 해결하는 경향이 높아지고 있다. 그러나 북한 주민의 의식주 생활을 이해하기 위해서는 북한의 배급 제도를 이해할 필요가 있다.

북한은 "국가는 인민의 생활에 전적으로 책임을 지고 있으며, 인민생활을 골고루 급속히 향상시키면서 생활수준의 격차를 없애는데 힘을 쏟고 있다"고 주장하지만, '평등분배'의 원칙은 명목적으로만 작용할 뿐 의식주 및 기타 생필품을 차별적으로 공급해 왔다. 북한은 주민들을 계층에 따라 중앙공급대상과 일반공급대상으로 나누고, 공급등급도 매일 공급대상자, 1주 공급대상자, 2주 공급대상자, 인민반공급대상자로 세분하여 물자를 차별적으로 배급해 왔다. 평양을 비롯한 대도시와 지방도시, 농촌 등 지역에 따라서도 배급을 달리한다. 전반적으로 평양 등 대도시에 거주하는 특권층에게는 필요한 양만큼 매일 또는 수시로 배급하지만, 지방의 일반 주민들에게는 정해진 일정에 따라 배급한다.

2. 식생활

우리가 오래 전부터 '의식주'로 불러왔던 관용적 어구를 북한에서는 1980년대 중반부터 '식의주'라고 표현해 왔다. 그만큼 북한 주민의 일상생활에서 '먹는 문제'가 중요하다는 점을 시사한다. 이미 1982년 김일성은 "쌀은 곧 공산주의"라고 말하면서 식량증산의 중요성을 지적한 바 있다. 김정일도 "옷감이나 집 같은 것은 없어도 참을 수 있지만 배고픈 것과는 타협할 수 없다"는 말을 하기도 하였다.

급수별 1일 식량공급량		
급수	공 급 량	대 상 자
1급	900g	유해직종 종사자, 중노동자
2급	800g	탄광·광산 운반공, 중장비 운전자
3급	700g	일반노동자
4급	600g	대학생, 연로보장 공로자, 환자
5급	500g	중학생
6급	400g	소학생
7급	300g	연로보장자, 전업주부, 유치원생
8급	200g	2~4세 어린이, 죄수
9급	100g	1세 이하의 유아

북한 주민의 식량구입에는 크게 2가지 방법, 즉 국가의 배급에 의한 방법과 스스로 시장에서 구입하는 방법이 있다. 국가의 배급에 의한 방법은 북한 주민의 전통적 식량 조달 방법이다. 원래 북한의 배급체계는 1일 식량공급량을 연령과 직업에 따라 총 9급으로 구분하고 있다.

공장 · 기업소에 근무하는 일반노동자들은 일반적으로 배급표와 배급카드를 기준으로 식량배급을 받는데, 배급표는 보통 15일에 한 번씩 받는다. 해당 주민은 지정된 날짜에 식량공급소에서 배급을 받는다. 공급일은 매달 1일~6일, 8일~13일이며, 7일과 14~15일은 공급소가 쉬는 날이다. 이런 일정은 하순에도 유사하게 적용된다.

<table>
<tr><th colspan="6">배급표의 모양</th></tr>
<tr><td rowspan="6">3급 700g
11월 상순

〈도, 시, 군〉
식량 량정과</td><td>상(순) 700g</td><td>상(순) 700g</td><td>상(순) 700g</td><td>상(순) 700g</td><td>상(순) 700g</td></tr>
<tr><td>3급 11</td><td>3급 11</td><td>3급 11</td><td>3급 11</td><td>3급 11</td></tr>
<tr><td>상(순) 700g</td><td>상(순) 700g</td><td>상(순) 700g</td><td>상(순) 700g</td><td>상(순) 700g</td></tr>
<tr><td>3급 11</td><td>3급 11</td><td>3급 11</td><td>3급 11</td><td>3급 11</td></tr>
<tr><td>상(순) 700g</td><td>상(순) 700g</td><td>상(순) 700g</td><td>상(순) 700g</td><td>상(순) 700g</td></tr>
<tr><td>3급 11</td><td>3급 11</td><td>3급 11</td><td>3급 11</td><td>3급 11</td></tr>
</table>

자료 : 좋은 벗들, 『북한 사람들이 말하는 북한 이야기』, 2000, 정토출판, p.69.

배급표 왼쪽에는 해당 노동자의 급수와 1일 식량 공급량, 배급시기, 배급소의 위치 등이 기재되어 있고 오른쪽에는 각각 하루 공급량을 적은 15개의 작은 부분으로 나뉘어 있다. 직장에서는 개별 근로자가 지난 15일 동안 무단결근과 지각한 횟수를 합쳐 해당하는 분량만큼 배급표의 작은 부분('눈깔')을 떼어내고 준다. 무단결근 하루와 3회 지각에 각각 1일치의 배급량을 공제한다.

연로보장을 받는 노부모와 직장에 배치되기 전의 자녀들, 전업주부로서 세대주의 부양을 받는 가두여성들의 식량배급표는 세대주의 직장에서 나누어 준다. 세대주가 지각이나 무단결근으로 배급량을 공제 당한다 하더라도 피부양인들의 배급량은 15일치 전부를 공급하는 것이 원칙이다.

협동농장의 농민은 1년에 한 번 '결산분배'를 통해 배급을 받는다. 각 농민이 받는 결산분배량은 작업반의 목표달성도에 따라 정해진다. 예를 들어, 자신이 속한 작업반에서 원래 계획의 80%를 달성하면, 정해진 분량의 80%를 받는다. 따라서 분배량은 작업반에 따라 달라질 수 있지만, 같은 작업반에서는 같은 분배량을 받는다고 할 수 있다.

그러나 1990년대 중반 이후 배급체계가 평양시민과 군부대 등 특수계층을 제외하고 와해된 상황에서, 대부분의 북한 주민들은 스스로 식량을 구할 수밖에 없게 되었다. 농촌지역에서는 세대 당 30~50평 정도의 텃밭을 갖고 있으며, 여기서는 채소와 감자 등 농작물을 가꾼다. 돼지나 염소를 키우는 농민도 증가하고 있다. 산에서 나물을 채취하거나 농장에서 식량을 훔치는 사람들도 늘어나고 있다. 도시주민들도 텃밭을 갖고 있기는 하지만 식량을 구하는 곳은 주로 장마당이라고 할 수 있다. 장마당은 1990년대 중반 이후 우후죽순 격으로 생겨났으며 대부분의 생필품은 장마당에서 거래된다. 장마당은 사실상의 '암시장'역할을 한다. 물자는 다양하고 풍족하지만 값이 비싸기 때문에 쉽게 구입할 수는 없다. 2015년 기준으로 북한 노동자 월급이 2000~4000원으로 장마당 쌀값은 kg당 6천원을 넘고 있는바, 2개월 월급을 모아야 쌀 1kg을 살 수 있다.

3. 의생활

배급제도는 의생활 분야에도 오랫동안 적용되어 왔다. 공급체계가 원활하게 돌아가던 시절에는 대다수 북한 주민들이 인민반을 통하여 공급카드를 발급받은 뒤 상점에 가서 카드를 제시하고 옷감과 의복을 국정가격으로 구매하여 사용하였다.

의복 배급 또한 식량과 마찬가지로 중앙공급대상자와 일반공급대상자로 나누는 등 급수에 따라 차별적으로 이루어진다. 중앙공급대상자는 고급 모직물을 배급받는다. 특히 예술가와 기자, 교원 등 특수집단과 당 및 내각의 간부를 대상으로 특별히 좋은 옷감과 의복을 공급한다. 그러나 급수가 낮아질수록 반모직이나 그보다 질이 나쁜 옷감을 받는다. 털모자, 면장갑, 셔츠, 블라우스, 스타킹, 운동화 등과 같은 보조 의복들은 공급대상 품목이 아닌 자유판매품이기 때문에 개인적으로 구입한다.

1990년대 경제난을 겪으면서 의복의 공급은 식량보다 먼저 중단되었다. 따라서 의복을 개인적으로 구입하는 데 익숙한 북한 주민들은 의복은 배급받는 것이 아니라 자신이 알아서 구해 입는 것으로 알고 있다. 다만 학생복은 아직도 배급을 주는 경우가 있다. 예전에는 2년에 한 벌씩 무상으로 공급했지만, 최근에는 국정가격으로 공급한다. 국정가격은 장마당 가격보다 훨씬 저렴하기 때문에 학부모들이 선호하지만, 공급물량이 모자라 학생복 구입도 대체로 장마당에서 이루어진다.

북한 주민의 의생활도 시대에 따라 변화해 왔다. 1970년대까지만 해도 대다수 북한 주민들의 의생활은 '천리마시대와 사회주의 생활양식'이라는 명목으로 획일화되어, 남자는 인민복에 레닌모를 쓰고 여자는 흰 저고리에 검정 통치마 한복을 입는 것이 일반적이었다. 북한 여성은 현재에도 주로 치마·저고리를 입지만 남자가 한복을 입는 관행은 오래 전에 사라졌다.

그러나 1970년대 후반에 이르면, 블라우스와 점퍼, 스커트 등 양장이 등장하기 시작하였다. 이는 김일성이 "평양시 등 대도시 주변 인민들은 발전하는 시대의 요구에 맞게 유색복장을 해야 한다"는 지시를 내린 후의 일이다. 특히 외국인과 해외교포의 왕래가 많은 평양·원산·청진 등 대도시 주민들은 양장을 많이 한다. 1982년 4월 최고인민회의에서 김일성이 "여성들이 소매 없는 옷과 앞가슴이 많이 팬 옷을 입고 다닌다고 해서 사회주의 양식에 어긋나는 것은 아닙니다." 라고 언급한 후 색상과 디자인도 다양해졌다.1980년대에는 당 기관지와 매체에 패션기사들이 많이 게재되고, 1990년대 들어 그 영역이 머리모양과 화장법에까지 넓혀졌다.

북한 주민의 복장이 결정적으로 변화된 계기는 1989년 평양에서 개최된 '제13차 세계 청년학생 축전'(일면 평양축전)이라고 할 수 있다. 당시 평양을 방문한 외국인들의 세련되고 활달한 차림새는 북한 주민에게 하나의 충격으로 다가왔다. 외국인들의 옷차림이나 머리모양새를 흉내 내는 주민들이 증가하기 시작했고, 옷차림이 눈에 띄게 활달하고 화려해졌으며, 화장도 진하게 하는 등 외모에 많은 신경을 쓰게 되었다. '삼각머리', '채양머리', '오사리머리' 등 다양한 헤어스타일도 등장하였다.

1990년대 이후에는 '민족전통'이 강조되면서 매체에서 여성들의 '조선옷' 차림을 칭송하는 등 전통적인 복장을 강조하기 시작하였다. 오늘날 북한 여성의 옷차림은 비교적 다양하다고 할 수 있지만, 생활고로 인해 옷을 여러 벌 구입하는 일은 쉽지 않다.

1990년대 중반 식량난을 거치면서 북한 주민의 옷차림은 남루할 정도였으나, 최근 옷차림이 밝아지기 시작하였다. 그러나 일반 주민들은 점퍼나 스웨터, 인민복, 작업복 차림이 일반적이며, 주로 짙은 색 계통의 옷을 입는다. 젊은 여성의 경우 세트기를 이용하여 머리를 손질하고 가볍게 화장하는 것이 일반적이지만, 나이 든 여성들의 경우 머리 모양이나 화장에 큰 신경을 쓰지 않는다.

4. 주생활

북한에서 주택은 국가예산으로 건립되는 '집단적 소유물'이기 때문에 개인은 주택을 건축할 수 없으며, 개인소유 역시 원칙적으로 허용되지 않는다. 따라서 주민들은 주택을 국가로부터 배정받아 매달 사용료를 내는 임대형식으로 거주한다.

주택은 직장과 직위를 기준으로 1~4호, 특호등 모두 5개 유형으로 배정한다. 1호로 분류되는 말단 노동자 및 사무원, 그리고 협동농장원은 방 1~2개와 부엌이 딸린 집단공영주택 혹은 방 2개에 부엌과 창고가 딸린 농촌문화주택을 배정 받는다.

2호인 학교 교원이나 일반 노동자는 방 1~2개에 마루방과 부엌이 딸린 일반 아파트를 배정받으며, 3호인 기업소 부장, 중앙기관 지도원, 도 단위 부부장은 방 2개에 부엌과 창고가 딸린 중급단독주택을 배정받는다. 4호인 중앙당 과장급, 내각 국장급, 대학교수, 기업소 지배인 등은 방 2개 이상에 목욕탕, 수세식 변소, 냉온방, 베란다 시설이 달린 아파트를 배정받는다. 그리고 특호로 분류되는 중앙당 부부장 이상, 내각 부상 이상, 인민군 소장급 이상은 독립식 다층 주택으로 정원, 수세식 변소, 냉온방 시설이 갖춰진 고급주택을 배정받는다. 주택배정은 직장과의 거리를 감안해서 이루어지기 때문에, 직장을 옮길 경우 직장 가까이에 있는 주택을 배정받는다.

당·정·기업소 간부들의 주택보급률은 거의 100%라고 할 수 있다. 특히 올림픽이나 세계선수권 대회 등 국제대회에서 우승한 체육인에게는 평양시 만경대구역 팔골동에 위치한 원통형 아파트와 함께 개인 승용차를 제공하기도 한다. 반면 일반 주민의 주택보급률은 50~60% 수준에 불과한 실정이다. 주택을 신청하고 입사증을 받기까지 4~5년이 걸리며 최근에는 10년을 기다려도 주택을 배정받기 힘들다고 한다. 따라서 신혼부부도 입사증이 나올 때까지는 부모와 같이 살거나 아파트 한 채에 2세대가 더불어 사는 '동거 살이'를 하는 경우가 많다.

구분	주 택 형	가 옥 구 조	입 주 자
특호	독립고급주택	• 독립식 단층 또는 2층 주택 • 정원 • 수세식 변소 • 냉온방 장치	• 중앙당 부부장급 이상 • 정무원 부부장급 이상 • 인민군 소장급 이상
4호	신형고층아파트	• 방2개 이상 • 목욕탕 및 수세식 변소 · 베란다, 냉온수시설	• 중앙당 과장급 이상 • 정무원 국장급 이상 • 대학교수 • 인민군 대좌 • 문예인 간부 • 기업소 책임자
3호	중급단독주택 및 신형아파트	• 방2 • 부엌, 창고	• 중앙기관 지도원 • 도단위 부부장급 • 기업소 부장
2호	일반아파트	• 방1~2개, 마루방 1, 부엌	• 인민학교, 고등중학교장 • 일반노동자 • 사무원
1호	단독공영주택	• 방1~2, 부엌	• 말단근로자 및 사무원
	농촌문화주택	• 단층연립주택 • 방2, 부엌, 창고1	• 협동농장원
	구 옥	• 방2~3개의 농촌 기존 구억	• 변두리 농민

북한 주택의 문제 중 하나는 시설의 취약성이다. 1990년대 중반 이래 개보수가 거의 이루어지지 않았으며, 도색도 거의 되지 않았기 때문에 미관상의 문제뿐만 아니라 자연재해에 취약한 문제점을 안고 있다.

북한은 '세금이 없는 나라'라고 주장하지만, 주택사용료 명목으로 전기·수도세를 내야 한다. 북한의 주택에는 전기 계량기와 수도 계량기가 없기 때문에, 사용료는 실제 사용하는 양이 아니라 무엇을 얼마나 소유하고 있느냐에 따라 달리 책정된다. 1달을 기준으로 40와트짜리 전구는 얼마, 텔레비전은 얼마, 녹음기는 얼마 하는 방식이다. 여유가 있는 집에서는 정전에 대비하여 축전지를 사용하는데, 이는 은밀히 사용하기 때문에 사용료를 내지 않으며 결국 실제 전기 사용량과 사용료 간에는 많은 차이가 발생한다.

북한은 주택의 사적 소유와 거래를 금지하고 있지만 1980년대 중반 이후 주택난이 악화되면서 음성적인 거래를 묵인하는 실정이다. 국가로부터 정식으로 입사증을 받아 주택을 배정받는 데는 시간이 너무 오래 걸리기 때문에 우선 동거인으로 등록한 뒤 세대주를 변경하는 방식의 편법으로 주택을 거래하는 경우가 많다는 것이다. 주택을 옮기기 위해서는 원 사용자의 동의가 필요하기 때문에, 동의를 얻기 위해 돈을 지불하기도 한다. 이렇게 볼 때, 북한 주민들은 주택의 소유권은 없지만 돈만 있으면 좋은 집으로 옮겨가 살 수 있다고 할 수 있다. 가구와 관련하여 북한 주민들은 "사람이 살려면 오장육부가 있어야 하듯이 가정에도 5장 6기가 있어야 한다."고 말한다. 5장이란 이불장·양복장·책장·신발장·찬장이고, 6기란 TV수상기·냉동기·세탁기·재봉기·선풍기·사진기나 녹음기 등을 말한다. 가구는 개인별로 장만해야 하는데, 권력층의 경우 5장 6기뿐만 아니라, 외제 가구와 가전제품을 소유하기도 한다. 그러나 일반 주민의 경우 5장 6기를 다 갖추기는 힘들다. 신부가 시집을 갈 때 2장 3기만 갖추어도 만족스럽게 여길 정도이다.

제3절 여가와 명절·풍습

1. 여가

북한 주민은 생산 활동은 물론 생산외적 조직 활동에도 참여해야 하며, 정규일과 후에도 개인장사 등 부업으로 바쁘기 때문에 하루일과에서 여가를 찾기가 쉽지 않다. 더욱이 열악한 전기사정으로 인해 일찍 취침을 해야 하기 때문에 여가를 즐길 수 있는 시간은 더욱 짧을 수밖에 없다. 물론 여가를 생산과 취침 외적 활동으로 광범위하게 정의한다면 북한 주민들도 여가가 많다고 볼 수 있다. 예를 들면, 직장에 나가도 할 일이 많지 않기 때문에 정규 노동시간에 잡담을 하거나 운동경기를 하는 등 여가를 즐길 수 있기 때문이다. 북한 주민이 즐길 수 있는 여가시간은 주로 일요일과 명절이라고 할 수 있다.

비록 제도적으로 보장된 여가 시간은 많지 않지만 북한 주민도 기회를 활용하여 여가를 즐긴다. 북한 주민의 대표적 여가 활동을 보면 다음과 같다.

여행 : 여행은 여전히 통제된다. 시·군·구역의 경계를 벗어날 때는 여행허가증이 있어야 하며, 종전까지는 개인적 용무의 허가증은 좀처럼 발급되지 않았다. 그러나 식량난이 발생하면서, 여행증이 쉽게 발급되고 불법적 여행도 묵인되는 등 여행이 상대적으로 자유로워졌다. 여행의 빈도가 높아지면서 정보의 유통도 원활해지고 있다. 북한주민의 여행은 대부분 장사와 관련되어 있기 때문에, 진정한 의미에서 여가라고 보기는 힘들다.

영화(연극) : 영화(연극) 감상은 북한 주민이 전통적으로 즐겨온 여가활동이다. 사회가 안정되었을 때의 연평균 관람 횟수는 8~9회에 달하며, 이는 남한주민의 평균보다 높은 빈도이다. 오미란, 홍영희 등 인민배우는 거의 장성급에 해당하는 월급('생활비')에 방 2칸짜리 주택을 배정받으며, 화장품값과 의복구입용 활동비가 따로 지급되는 등 특혜가 주어진다. 평양을 중심으로 일부 청소년들이 팬레터('공연축하 성과 편지')를 보내기도 한다. 과거에는 단체로 극장에서 관람했는데, 최근 단체관람의 빈도는 급격히 줄어들었다.

TV 및 라디오 방송 : 북한 TV방송은 조선중앙TV방송국이 대표적이며 오락을 가미한 만수대TV, 대남선전을 위해 창설된 개성TV가 있다. 1974년부터 컬러방송을 시작한 조선중앙TV는 평일에는 오전 5시부터 11시까지, 일요일과 공휴일에는 오전 10시부터 오후 1시, 오후 3시부터 밤 11시 30분까지 방영하며, 저녁뉴스는 8시에 한다. 1980년대에 설립된 만수대TV는 영화와 혁명가극 등 예술프로그램 위주로 편성되어 있으며 주말에만 방영되고 평양만 시청이 가능하다.

주민이 가장 빈번하게 즐기는 여가활동은 TV 시청이나 TV 보급률이 높지 않기 때문에, 여러 세대가 모여 시청한다. 최근 전기사정이 열악해지면서 TV를 보는 것도 쉽지 않다. 일부 부유층에서는 정전에 대비하여 축전지를 준비한다. 최근 〈겨울연가〉와 〈가을동화〉등 남한의 드라마가 북한주민들 사이에서 암암리에 유통되고 있으며, 함경남·북도 등 일부 지역에서는 남한의 방송을 실시간으로 시청하는 주민이 늘어나고 있다.

라디오 방송은 조선중앙방송과 평양방송, 평양FM방송과 "구국의 소리" 방송 등 15개 방송국이 있다.

신문 : 신문은 노동당 기관지인 "로동신문"을 비롯해서 기관지인 "민주조선", 평양시 인민위원회 기관지 "평양신문", 김일성 사회주의청년동맹 기관지 "로동청년" 등이 대표적인 중앙지다.

그리고 스포츠기사만을 보도하는 일간 "체육신문"도 발행되고 있다. 북한신문의 논조와 성격을 상징하는 "로동신문"은 매일 6면으로 발간하고 있으며, 그 가운데 제5면과 6면은 남조선소식 및 국제뉴스로 각각 할애하고 있다. "평양신문"은 일반뉴스에서는 "로동신문"과 동일하지만 간단한 광고를 싣는다든가 TV 및 라디오 프로그램을 게재하는 등 편집상 약간의 다양성을 볼 수 있다.

노래 : 음주가무는 예전부터 우리 민족이 즐겨온 여가로 알려지고 있는데, 북한 주민들도 예외가 아니다. 친구의 결혼식 등 행사가 있을 때 노래를 많이 부른다. 〈김정일 장군의 노래〉 등 정치성 있는 노래, 〈사랑 사랑 내 사랑〉 등 연속극 주제가, 〈휘파람〉 등 서정가요가 대표적이며, 비공식적 모임에서는 〈그때 그 사람〉과 〈사랑의 미로〉 등 주로 남한 노래의 인기가 높다. 최근 우리가 즐겨 부르는 〈두만강〉, 〈찔레꽃〉, 〈홍도야 울지마라〉 등 '흘러간 노래'가 '계몽기 가요'라는 명목으로

해금되면서 북한 주민들도 이런 노래를 많이 부른다. 평양에는 노래방('화면반주 음악실')도 있다.[24)]

음주와 흡연 : 북한 주민들도 음주와 흡연을 좋아한다. 과거 술은 정기적으로 그리고 결혼과 장례 등 계기가 있을 때 특별 배급하여 왔다. 그러나 최근 배급이 중단되면서 권력층과 부유층을 제외한 대부분의 북한 주민들은 정규 공장에서 만든 술('국주')을 마시기 힘들다. 일반 주민들이 많이 마시는 술은 가정에서 만든 밀주인데, 이를 '민주'라고 부른다. 우리의 막걸리와 유사한 술로는 농가에서 만들었다고 하여 '농태기'라고 부른다. 북한 남성들의 흡연율은 세계 최고라고 할 수 있을 만큼 대부분의 성인 남자는 흡연을 한다. 그러나 음주와 흡연을 하는 여자는 드물다.

취미 : 북한 주민도 등산·낚시·사냥 등 놀이를 즐기며, 축구나 배구 등 스포츠를 즐긴다. 낚시는 북한 주민의 주요 취미활동의 하나인데, 낚시를 통해 잡은 물고기는 북한 주민이 즐기는 안주감이다. 배구는 직장에서 일이 없을 때 직장동료들과 함께하는 대표적 스포츠이다. 강이나 해안에서 수영을 하기도 하며, 평양에는 볼링장도 있다. 평양 인근에 골프장이 들어섰지만, 외국인과 특정계층의 사람만이 할 수 있는 예외적 스포츠라고 할 수 있다. 주민이 일상적으로 즐기는 여가활동으로는 독서와 주패놀이(카드놀이)라고 할 수 있다. 장기와 바둑을 두는 주민도 꾸준히 늘어나고 있지만, 아직은 보편적 오락이라고 하기 힘들다.

2. 명절

북한의 명절은 크게 국가적 명절, 경축기념일, 국제 경축일, 그리고 민속명절로 나눌 수 있다. 북한에서 편찬된 『조선말대사전』(1992)에 의하면, 국가적 명절은 "나라와 민족의 륭성발전에서 매우 의의 깊고 경사스러운 날"로서 김일성 생일인 4월 15일을 '우리 인민의 민족최대의 명절'로 규정하고 있다. 경축기념일은 사회적으로 혹은 경제적으로 기념하는 날로서 6·6절, 교육절, 광부절 등이 여기에 해당한다. 국제기념일은 "국제로동계급과 세계인민들의 사회 계급적 해방과 전투적 련대성을 강화하기 위하여 경축하는 기념일"로서, 국제노동자절(5월 1일)과 국제부녀자

24) 「북한주민의 일상생활과 대중문화」 민족화해협력 범국민협의회 p.71

절(3월 8일)이 여기에 속한다. 그리고 민속명절은 우리 민족이 전통적으로 즐겨오던 설, 정월대보름, 추석 등을 일컫는다.

북한의 정규 공휴일은 모두 11일이다. 이 중 김일성 생일(4월 15일)과 김정일 생일(2월 16일), 김정은 생일(1월 8일)은 '민족 최대의 명절'이라고 일컫는다. 김일성 생일의 경우 1962년 50회 생일에 기하여 임시 공휴일로 선포하고 명절의 의미를 부여하기 시작했다. 그 뒤 몇 년 동안 공휴일로 지키지 않다가 56회 생일이 되는 1968년에 국가적 명절로 제정하였으며, 60회 생일이 되는 1972년부터 '민족 최대의 명절'로 규정했다.

김일성 사후인 1997년에는 이날을 '태양절'로 정하고, 김일성의 출생연도인 1912년을 원년으로 하는 '주체년호'를 사용하기 시작했다. 김정일 생일의 경우는 출생 33년에 해당하는 1975년 임시 공휴일로 지정하여 명절의 의미를 부여하기 시작했으며, 다음해인 1976년 '국가적 명절'로, 그리고 1995년에는 '민족최대의 명절'로 규정했다. 김일성 생일과 김정일 생일은 다른 명절과는 달리 '충성의 편지 이어달리기' 등 행사가 다채롭고 특별 배급품을 공급한다. 언론 매체에서는 이날을 전후하여 여러 나라에서 축하 편지와 꽃바구니를 전달했다는 소식을 매일 전하면서 온 세계가 함께 이날을 축하한다는 점을 강조한다. 또한 이날이 되면 "백두산에서 눈보라가 불다가 아침 해가 솟을 무렵 갑자기 멎었고 밀림도 잠잠해져서 장쾌한 해돋이가 펼쳐졌다"는 등 각종 신비한 자연현상이 나타난다고 한다. 이날이 되면 특별배급품으로 사탕·과자·돼지고기 등이 제공되기 때문에, 북한 주민들은 특별배급품이 없는 '껍데기 명절'과는 다르다는 인식을 한다.

〈국가 명절 및 민족명절〉

명 칭	구 분		비 고
	국가명절	민속명절	
양력설날		1. 1(양)	
음력설날		1. 1(음)	3일 연휴
정월 대보름		1. 15(음)	3일 연휴
김정은생일	1. 8		
김정일생일	2. 16		
국제부녀절	3. 8		2일 연휴(광명성절,2일휴무)
김일성생일	4. 15		
인민군 창건일	4. 25		2일 연휴(태양절,2일휴무)
국제노동자절	5. 1		

단 오		5.5(음)	
조국해방전쟁승리기념일	7. 27		
해 방 기 념 일	8. 15		
한가위(추석)		8. 15(음)	
정 권 창 건 일	9. 9		
노 동 당 창 건 일	10. 10		
헌 법 절	12. 27		
계	11개	5개	총 16개, 19일 휴무

이 외에 국가적 명절로는 인민군 창건일, 조국해방전쟁승리기념일, 해방 기념일, 정권창건일, 노동당 창당일, 그리고 헌법절이 있다. 그리고 국제기념일로는 1909년 시카고 여성의 시위를 기념하여 제정한 국제부녀절(3월 8일)과 1886년 시카고 노동자들의 파업을 기념하여 제정한 국제노동자절(5·1절)이 있다.

민속명절은 양력설과 음력설, 정월대보름, 그리고 한가위(추석) 등 전통적으로 지켜오던 명절이다. 민속명절은 1967년 "봉건잔재를 뿌리 뽑아야 한다."는 김일성의 지시가 내려지면서 철폐되고 양력설 하나만 인정했다. 그러나 1972년 추석을 맞이하여 성묘를 허용하는 등 전통명절을 부분적으로 부활하기 시작했으며, 1989년에는 음력설, 한식, 그리고 추석을 민족명절로 지정했다. 2003년에 음력 정월 초하루를 앞두고 김정일 국방위원장이 양력설 대신 음력설을 지낼 것을 지시하였으며, 정월대보름도 하루 휴식하고 단오와 추석을 예전의 명칭인 수리날과 한가위로 부르라고 지시하였다.

민속명절은 제도화된 휴일이라기보다는 그때그때 당국의 지정에 따른다. 민속명절을 휴무일로 지정한다는 의미는 해당 명절을 앞두고 내각에서 올해 음력설이나 추석은 휴무일로 정해서 쉰다는 것을 공식적으로 발표하는 절차를 말한다. 이는 곧 내각에서 그해 민속명절을 휴무일로 지정한다는 발표를 하지 않고 그냥 넘어갈 가능성도 있다는 의미이다. 실제로 최근에는 단오와 한식을 민속명절에 포함시키지 않고 있다.

민속명절이 되면 당국에서 북한 전역에서 윷놀이와 농악무·민족음식 품평회를 비롯한 다양한 행사를 진행하고 씨름경기를 개최하는 등 명절 분위기를 돋우기도 한다. 그러나 막상 대다수 주민들은 민속명절에 큰 의미를 부여하지 않는다. 대부분의 새터민들은 민속명절을 진정한 명절로 생각한 적이 없고 그날이라고 특별한 놀이를 했던 기억이 없다고 말한다. 다만 설날이 되면, "새해를 축하합니다."라는 인사말을 나누며, 제사를 지내고 조상의 묘소를 찾아 성묘한다. 제사를 지낼 경우에는 벽에 걸려 있는 김일성·김정일 부자의 초상화에 인사를 올리고 난 뒤 차례를 지낸다.

3. 풍습

회갑, 장례, 제사 등의 전통적인 풍습은 1950년대에 사회주의적 생활양식을 확립하는 과정에서 배척되어 왔으나, 김정일 후계체제가 공식화된 1980년대 말부터 전통풍습을 부쩍 강조하고 있다. 회갑은 최근 들어 김정일 위원장이 "인덕정치" 차원에서 회갑을 맞은 사람을 비롯해 70, 80, 90, 100세를 맞은 노인들에게 생일상을 차려주고 있다.

장례는 통상 3일장으로 치러지며 장례절차는 가족들이 관할 동 인민위원회에 신고하면 록화사업소와 같은 국영 장의사나 농촌에서는 협동조합에서 맡아 처리해 준다. 탈상은 1년이 통례이나 3년 만에 하는 경우도 있다. 상복은 따로 없고 남자는 팔에 검은 천을 두르고 여자는 머리에 흰 리본을 다는 것이 보통이다. 운구 시 곡하는 것은 금지되어 있다. 매장은 해당 군 소재의 지정 공동묘지에서 이루어지며 개인이나 문중묘지는 일체 허용되지 않는다. 직계존속 사망 시 상주에게는 3일간의 휴가와 함께 약간의 장례보조금과 쌀, 술 등이 지급된다.

제사는 "사회주의적 제사"라는 방식을 강조하고 있다. 이는 1974년 1월 13일 김일성이 전국농업대회에서 한 연설에서 비롯된 것으로 그는 "많은 음식물을 차려놓고 절을 하는 것은 아무런 의미도 없다. 제사 지내는 것은 죽은 사람을 잊지 않기 위한 것이다. 그러므로 제삿날에 무덤에다 꽃을 가져다 놓든가 가족들이 한자리에 모여서 경건한 마음으로 죽은 사람의 지난날을 회상하면서 그가 다하지 못한 일을 살아있는 사람들이 마저 하기 위하여 노력하자는 결의를 다지는 것이 좋을 것이다."라고 강조하였다. 이후 북한에서 제사는 사회주의 건설을 위한 사상교양의 한 방편으로 허용되어 왔다.

성묘는 북한에서도 대개 한식과 추석 등 봄, 가을에 한 차례 한다. 지난 1980년대 이전까지는 거주하는 시군지역 내에 조상 묘가 있는 사람에게만 성묘가 허용되었으나 1980년대 이후에는 추석에 한해 통행증 없이도 지방에 갈 수 있도록 조치함에 따라 추석성묘는 활발히 이루어지고 있다. 최근 북한에서도 추석 때 귀성인파가 늘어나 귀성객들에게 버스와 열차에 대한 특별교통편을 제공하는 모습을 볼 수 있다. 제사나 성묘 때 하는 큰절과 지방, 축문 등은 사라졌고 대신 일어선 채 묵념을 하는 관행이 보편화되어 있다.

민속놀이로는 씨름경기와 줄다리기가 활발하다. 1994년 3월 3일 처음으로 민속씨름 경기를 개최하고 중앙TV방송을 통해 방송하였다. 씨름은 모래판이 아닌 매트 위에서 치러지고 우승자에게는 황소와 송아지가 상품으로 주어진다. 씨름과 줄다리기 이외에 일반주민들의 놀이로서 윷놀이, 그네, 농악, 널뛰기, 활쏘기 등이 명맥을 이어가고 있다. 직장에서 체육대회를 할 때 줄다리기와 씨름은 거의 빼놓지 않는 편이라 이 두 가지가 가장 일반화되어 있다고 볼 수 있다.

제4절 종교생활

1. 개요

해방 당시만 해도 북한지역은 남한에 비해 종교 활동이 활발하게 이루어지던 곳이었다. 유명한 사찰이 곳곳에 자리 잡고 있었고, 기독교와 천주교 역시 남한보다 먼저 전파 되었던 지역으로서 신도의 수도 더 많았던 것으로 알려지고 있다. 구체적으로, 북한이 1950년에 펴낸 『조선중앙연감』에 의하면, 1945년 해방당시 북한에는 천도교도 약 150만 명, 불교도 약 37만 5천 명, 개신교도 약 20만 명, 천주교도 약 5만 7천 명, 총계 약 200만 명의 종교인이 있었다. 이는 당시 북한 인구의 22.2% 수준이고 특히 개신교와 천주교는 남한보다 먼저 전래되어 교세도 컸다.

그러나 북한에 사회주의 정권이 들어서면서 북한 주민들의 종교생활이 제약을 받을 수밖에 없었다. 대부분의 종교인들이 월남하였거나, 전쟁 당시 사망하거나 행방불명되었고, 북한에 남아 있던 종교인들은 심한 탄압을 받았기 때문이다.

외형상 북한에 종교가 존재하는 것은 사실이다. 헌법에도 "공민은 신앙의 자유를 가진다."고 규정되어 있으며, 조선불교도연맹과 조선그리스도교연맹 등 종교단체가 존재하고 있기 때문이다. 그러나 신도의 수가 얼마 되지 않을뿐더러, 사실상 종교 활동이 자유롭지 못하기 때문에 실질적으로 종교가 있다고 하기는 힘들다.

2. 종교관

북한당국의 종교에 대한 견해는 마르크스의 종교관과 유사하다고 할 수 있다. 마르크스는 종교는 사회마다 성격을 달리하는바 자본주의 사회의 종교는 부르주아의 지배하에 있으며, 따라서 부르주아 지배계급의 역할을 정당화하고, 착취계급의 혁명의식을 약화시키는 부정적 역할을 한다고 본다. 마르크스가 "종교는 아편이다." 라고 말했을 때, 이는 노동자들이 그들을 착취하는 사회구조에 대한 혁명의식을 마비시키는 역할을 한다는 의미이다.

북한당국의 종교관도 종교를 '아편'으로 보며 기껏해야 봉건시대의 낡은 잔재인 '미신'에 불과하다고 본다. 구체적으로, 김일성은 "종교는 반동적이며 비과학적인 세계관입니다. 사람들이 종교를 믿으면 계급의식이 마비되고 혁명하려는 의욕이 없어지게 됩니다. 결국 종교는 아편과 같은 것이라고 말할 수 있습니다."라고 언급한 바 있다.

1981년에 펴낸 북한의 『현대 조선말사전』 에서는 종교를 다음과 같이 정의하고 있다.

종교 : "〈신〉, 〈하느님〉 등과 같은 자연과 사람을 지배하는 그 어떤 초자연적이고 초인간적인 존재나 힘이 있다고 하면서 그것을 맹목적으로 믿고 그에 의지해서 살게 하며 이른바 저승에서의 〈행복한〉 생활을 꿈꿀 것을 설교하는 반동적인 세계관 또는 그러한 조직 …… 력사적으로는 지배계급이 인민을 속이고 억압, 착취하는 도구로 리용되었으며 근대에 와서는 제국주의자들이 뒤떨어진 나라들을 침략하는 사상적 도구로 리용되고 있다. 종교는 인민대중의 혁명의식을 마비시키고 착취와 억압에 무조건 굴종하는 무저항주의를 고취하는 아편이다."

종교에 대한 북한 당국의 부정적 입장은 1985년 출판된 『철학사전』 에도 반영되어 있다. 이 철학사전에 의하면, 종교는 '반동적이며 비과학적인 세계관'이라는 김일성의 언급을 인용하면서, "불교, 기독교, 회교 등 어떤 형태의 종교이든 현실이 인간의 의식에 환상적으로 왜곡되어 반영된 것으로 그 내용은 '전체가 허위적'이 비교적 오랫동안 그 잔재가 남아 있을 수 있지만, 착취사회가 청산되고 사회주의제도가 수립되면 종교도 사라질 것"이라고 주장한다.

그러나 최근 종교에 대한 북한 당국의 관점은 조금씩 변화를 보이고 있다. 김일성 주석도 '종교를 악용하는 반동통치배'와 '진보적인 종교인'을 구분하여 대처할 것을 지시하면서, 진보적인 종교인과의 교류에 대해 전향적인 자세를 보인 바 있다. 구체적으로,

"종교에 대한 올바른 리해를 가지고 종교를 믿는 사람들과의 사업을 잘하는 것이 매우 중요합니다. …… 그러므로 종교를 믿는 사람을 나쁘다고 할 수 없습니다. 나쁜 것은 사람들로 하여금 현실생활에 대하여 환멸을 느끼도록 만드는 반인민적인 정치이며 인민들의 자주의식을 마비시키고 저들의 지배에 순종시키기 위한 수단으로 종교를 악용하는 반동통치배들입니다. 진보적인 종교인들은 사람들이 서로 사랑하면서 화목하게 살 것을 바라고 있습니다." (북한, 『김일성 저작집 43(1991. 1 ~ 1992. 10.)』(평양 : 로동당출판사, 1996).

남북 간 교류가 활성화되고 북한 당국의 종교관이 조금씩 바뀌게 되면서 종교에 대한 정의도 달라지고 있다. 구체적인 예를 보면, 1992년에 출판된 『조선말대사전』에는 종교에 대힌 정의가 비교적 가치중립적으로 기술되고 있다.

종교 : 사회적 인간의 지향과 념원을 환상적으로 반영하여 신성시하며 받들어 모시는 초자연적이고 초인간적인 존재에 대한 절대적인 신앙 또는 그 믿음을 설교하는 교리에 기초하고 있는 세계관. 신이나 하느님과 같은 거룩한 존재를 믿고 따르며 그에 의지해 살아갈 때에만 온갖 소원이 성취될 뿐 아니라 래세에 가서 영원한 행복을 누릴 수 있게 된다고 설교한다. 원시종교로부터 시작하여 불교, 기독교, 회교 등 수많은 종교와 그의 크고 작은 류파들이 있다.

종교에 관한 북한의 헌법 규정도 바뀌어 왔다. 1972년 헌법에는 "공민은 신앙의 자유와 반종교선전의 자유를 가진다."고 규정하였으며, 실제적으로 반종교선전의 자유에 무게를 두었다고 볼 수 있다. 그러나 1992년 개정헌법에 따르면, "공민은 신앙의 자유를 가진다. 이 권리는 종교건물을 짓거나 종교의식 같은 것을 허용하는 것으로 보장한다. 누구든지 종교를 외세를 끌어들이거나 국가사회질서를 해치는데 리용할 수 없다."고 규정하였다. 비록 개정헌법에서 종교를 억압할 수 있는 단서 조항을 신설하기는 했지만, '반종교선전의 자유'를 삭제했다는 점에서 진일보했다고 볼 수 있다.

북한이 종교에 대해 고심하는 한편 종교 활동에 대해 조금이나마 전향적인 자세를 취하고 있는 데는 몇 가지 이유가 있는 것으로 보인다. 첫째는 북한에 종교가

없다는 주장이 결코 자랑이 될 수 없으며 국제사회의 조롱 및 비난의 대상이 될 뿐이라는 점을 자각했기 때문이다. 둘째는 종교를 대남교류와 관련하여 정치경제적으로 활용하기 위해서라고 볼 수 있다. 실제로 북한에서 종교에 대해 전향적인 자세를 갖게 된 것은 남한과의 대화를 전후하여서라고 할 수 있는데, 1990년대 이후 식량난을 계기로 남한과 외국의 종교단체들이 인도적인 지원활동을 하면서 북한 종교단체의 활동도 보다 활성화되었다. 셋째는 종교 활동이 더 이상 북한의 체제안전에 위협요인이 되지 않는다고 판단했을 수 있다. 그동안 종교 활동은 거의 사문화되다시피 위축되었으며, 지배자의 통치권이 강화되어 왔기 때문에 종교가 정치적 도전세력으로 작동하기 힘든 상황이라는 점이다.

3. 종교생활

오늘날 북한의 대표적인 종교단체로 활동하는 '조선 그리스도교연맹'이나 '조선 불교도연맹', '조선 천도교중앙지도위원회' 등 여러 단체는 1972년 남북대화가 시작되면서 조직되었다. 그 뒤 1980년대 들어 재외동포 종교인을 상대로 북한을 방문하도록 초청하기 시작하면서 '조선천주교인협회'(1999년 조선카톨릭교협회로 개칭)와 '조선종교인협의회' 등 몇몇 단체가 새로 만들어졌다.

가. 개신교

1960년대까지만 해도 북한의 개신교 활동은 대외적으로 전혀 모습을 드러내지 않았지만, 1970년대 초 남북관계의 진전에 따라 대외선전 및 대남 통일전선 차원에서 개신교의 존재를 부각시키기 시작했다.

그러나 아직은 체제의 속성상 당과 국가의 철저한 통제를 받고 있는 상황이기는 하지만, 남북 종교교류의 여파로 조금씩 변화하는 모습도 일부 감지할 수 있다.

북한의 개신교 인구는 정확히 알려지지 않고 있으나, 조선 그리스도교연맹의 2,000년 12월에 의하면 목사 30명과 교직자 300명이 있으며, 기독교 신자는 1만 2천여 명이라고 밝힌 바 있는데 현재로는 당시에 비해 조금씩 늘었을 것으로 추정해 볼 수 있다.

북한은 교회를 장악하려는 목적에서 1946년 11월 28일에 북조선 기독교도연맹을 창설 사실상 노동당의 하부기관의 성격을 지닌 종교단체로 출발했으며, 활동의 주된 목적은 신도의 단합과 전도가 아니라 기존의 교회조직을 와해시키기 위한 것이었다. 이 연맹은 1959년까지 존속하였으나, 북한에서 기독교가 말살된 이후 유명무실해졌다. 그러다가 1972년 7·4남북공동성명으로 남북대화가 시작되면서 남한의 종교단체와 접촉을 위해 1974년 "조선 기독교도연맹"으로 명칭을 변경시켰다.

이후 이 단체는 남한의 종교 단체와 접촉창구로서의 역할과 함께 해외 거주 반한 교포 및 단체 포섭, 남한 기독교인들 간의 회담을 제의하거나 국내 종교인들의 반미자주투쟁을 부추기는 데 적극 이용되어 왔으며, 그리고 국제 기독교 단체와 유대 강화에 주력해 왔다. 1992년 2월에 현재의 "조선 그리스도교연맹"으로 개칭되었다.

산하에는 1972년부터 재개된 평양신학원(평양신학교 후신)이 운영되고 있는데, 처음에는 3년제였으나 2000년 9월에 5년 학제로 개편되었다. 졸업한 신학도는 대체로 가정 예배소에서 전도사(책임지도원)로 일정 기간 봉사해야 하며, 목사 안수를 받으면 연맹 소속 교직자로서 교회와 가정예배소 등지에서 일하는 것으로 알려지고 있나.

북한의 공식 교회는 1988년에는 평양에 봉수교회를 세웠고 1992년에는 평양에 칠골 교회를 건립하였다. 교인은 봉수교회 300여 명, 칠골 교회 100여 명이며 그중 60%가 여성 신도인 것으로 알려져 있다. 예배과정은 남측과 유사하나, 목사의 설교 중간 중간에 수령에 대한 은혜와 배려를 강조한다는 것이 특징이다.

그리고 가정교회(가정예배)는 10~15명 단위로 모여 한국의 구역예배처럼 각 가정에서 예배를 드리며 계속 증가하는 추세며, 현재 북한 전역에 800여 곳에 산재하고 있으며, 이 중 33곳이 평양에 소재하고 있다고 한다. 가정교회는 속성상 당과 국가의 엄격한 규제 하에 조선그리스도교연맹의 통제를 받고 있으며, 신자들은 사회주의체제의 우월성을 당연시하는 사람들이라고 한다.

나. 불교

북한의 불교는 조계종을 표방하고 있으며, 승려는 머리를 기르고 절에 상주하지 않는다는 점에서 대처승에 해당하며, 승려는 불교학원에서 양성되고 있으며, 현재 300여명이 각지에 산재하고 있는 60개 사찰에 배치되어 있는 것으로 알려지고 있다.

승려의 월급은 조선 불교도연맹으로부터 받는다. 신도는 약 1만 명 정도인 것으로 알려져 있다. 사찰은 종교적 의미와 기능보다 문화재로서의 가치가 더 강조되고 있는 실정이다.

그리고 북한은 1988년 5월, 묘향산 보현사에서 석탄절 법회를 처음 시작한 뒤 매년 석탄절, 열반절, 성도절 등 불교의 3대 기념법회를 개최해 왔다. 그러나 모든 사찰이 법회 등 종교행사를 정기적으로 개최하지는 않는다. 시국의 변화에 따라 조국통일기원법회가 열리거나 남측 인사가 방북할 경우 합동법회가 열리는 정도다. 석가탄신일 법회를 하고 연등을 달면서 부처님 오신 날은 축하하는데 개인적인 소원을 비는 경우는 별로 없으며, 충성, 강성대국, 수령 결사옹위 등 정치적 글귀가 많다. 즉 기념일에 예불이 접전되고 법회도 열리지만 신자들의 자발적인 신앙의 표현이라기보다는 주로 형식적으로 이루어지고 있는 형편이라고 한다.

현재 북한의 불교관련 행사를 총괄하는 기구는 노동당의 통제를 받는 조선 불교도연맹인데 1945년 12월 26일 창립된 "북조선 불교도연맹"을 모체로 하고 있으며, 1958년부터 종교에 대한 의식구조 개선사업이 추진되면서 사찰이 관광지화 내지 휴양지화 됨에 따라 1965년에 폐쇄되고 말았다. 그러나 1970년대 남북대화가 시작되면서 이 연맹은 1972년부터 "조선 불교도연맹 중앙위원회"라는 이름으로 대외 활동을 재개했다. 최근에 한국 및 해외 종교단체에 공개 및 비공개적으로 원조를 요청하는 한편, 원조물품의 수령창구 역할을 하고 있다.

북한의 승려 배출 교육기관인 불교학원은 1989년에 김일성의 지시로 양강도 삼수군 중흥사에 설립되었으나, 1991년 2월 평양 소재 광법사가 복원되면서 이곳으로 이전되어 교육기간은 3년 과정으로 매년 30여 명을 양성하고 있는 것으로 알려지고 있다.

2004년에는 특히 남북 불교계의 움직임이 활발하여 1999년 이후 계속 해 온 개성 영통사 복원 사업을 마무리 짓고, 금강산 신계사 복원공사를 2007년에 완료하였다.

다. 천주교

해방 당시 북한 지역의 천주교 교구는 평양교구, 함흥교구, 덕원교구 등 3개 교구와 50여 개의 성당 및 수도원이 있었고 신도수도 5만여 명이 이르렀다. 그러나 남북 분단 후 공산주의 정권이 수립되면서 천주교는 거의 소멸되고 말았다.

바티칸 교황청은 남한의 주교를 평양 교구장과 함흥 교구장 서리에 임명함으로써 북한지역의 교구에 대한 관할권을 남한 천주교 교구에 위임하고 있다.

현재 북한의 천주교회는 당 국가의 개입과 통제 하에 있으며, 전국적으로 3천명의 신도가 있는 것으로 알려지고 있다. 국가가 인정하는 공식 성당으로는 1988년 10월에 건축된 장충성당이 있는데 이곳에는 매주 일요일마다 100~200명의 신자들이 모여 미사를 드리고 있다. 미사에서 행해지는 설교는 기독교 교리 해설뿐 아니라 주한미군 철수, 연방제통일, 반미 선전 등의 내용도 담고 있다고 한다.

북한의 천주교를 대표하는 단체는 조선 카톨릭교 협회인데, 1988년 6월 30일 결성된 "조선 천주교인협회"가 그 전신이다. 당시 결성배경에 대해 북한은 과거 천주교인들의 단체가 없음으로 하여 천주교인들을 대변하는 문제와 각국의 천주교인 및 단체와 연대하고 친선관계를 발전시키는 데 제한성이 있었기 때문이라고 밝힌 바 있다. 이 협회는 1999년 6월에 현재의 명칭으로 변경되었다. 그러나 교황청은 북한지역에 교구를 인정하지 않고 있기 때문에 아직 이 협회는 천주교 신도회로 공인받지 못하고 있다.

라. 천도교

지금 북한의 조선 천도교회 중앙지도위원회는 1946년 2월 8일에 창당 된 '북조선 천도교 청우당'의 후신으로 1974년에 처음으로 결성되었다.

현재 북한에서의 천도교는 신자 수나 교당 혹은 성직자의 수가 전혀 알려져 있지 않으나 큰 영향력을 지니고 있는 것으로 보인다.

해방 당시 천도교는 북한에서 가장 큰 종교세력(당시 신자 수 약 150만 명)이었으며, 초기 북한정권에 호의적이었으며, 공산당의 외곽정당인 청우당이란 정당을 조직하여 정치에 관여하기도 하였다.

1970년대 초까지 활동은 거의 없었으며, 1970년대 중반부터 여러 차례 정치적 성명서를 발표하면서 그 활동을 재개하였다.

특히 1989년 5월 30일 조선종교인 협의회를 결성하는데 주도적 역할을 했으며 다른 종교단체들과 함께 수차례 대남 담화문도 발표하기도 했다.

현재 평양에는 중앙지도위원회가 있고 시, 도별로 지방조직이 있다고 하나, 공식적으로 지방조직의 활동상황이 보고 된 적은 없다.

1992년 사회과학출판사가 펴낸 '조선말 대사전'에는 천도교를 "우리나라 종교의 하나인 동학을 갑오 농민정쟁 이후 시기에 고쳐 이름을 지은 것"이라고 정의하며 '사람이 곧 한울'이라는 것을 기본 교리로 내세우고 '보국안민'의 지향 밑에 '지상천국'을 건설할 것을 주장한다고 설명하고 있다. 따라서 천도교는 북한에서 민족종교로 인식되어 신도수와 교당이 다른 종교에 비하여 많은 편이다.

천도교는 1946년 3월에 '북조선 천도교 청우당'의 이름으로 종교자체의 순수한 목적과는 관계없이 정치 선전적인 기능을 수행하였다.

이후 남북대화가 시작된 70년대의 1974년 2월 청우당이라는 정당이 만들어져 1986년에는 남한의 천도교 교령이었다가 미국을 통해 월북한 최덕신이 위원장직을 맡기도 하였으며 1994년 12월에는 단군능에서 단군제를 거행하기도 하였다.

마. 기타

러시아 정교도 최근 북한 당국의 관심을 끌어왔다. 2002년 8월 김정일 국방위원장이 러시아 극동지역을 순방했을 때 러시아 정교회를 방문하여 북한에 성당을 건립하는 문제를 논의하였다. 2003년 1월에는 러시아정교 신부가 평양을 방문하여 성탄절 미사를 집전하였으며, 같은 해 6월에 평양에 러시아 정교회인 정백사원을 착공하여 2006년 8월에 준공하였다.

북한 당국에서 종교에 대해 전향적인 자세를 갖게 되면서 부분적이나마 종교 지도자를 양성하기 위한 노력도 병행하였다. 1989년에 김일성 종합대학교 역사학부 산하에 종교학과를 설치하고 기독교와 천주교·불교·천도교·이슬람교 등 5대 종교의 교리와 의식을 가르치고 있다. 2003년 3월에는 김일성종합대학 졸업생 4명이 조선 그리스도교연맹 주관으로 모스크바 신학교에서 공부한 바 있다.

〈북한의 종교 실태〉

종과	신도수		교직자수		교당(사찰, 교회)수		비고
	해방후	2008년	해방후	2008년	해방후	2008년	단체명
천도교	150만명	1만5천여명	0	250명	99개	약 8백개	조선 천도교회 중앙지도위원회
불교	37만명	1만여명	732명	300명	518개	약 65여개	조선불교연맹
기독교	20만명	1만3천여명	908명	300명 (목사, 전도사)	2천개	2개(평양봉수, 칠골)	조선그리스도연맹
천주교	5만7천명	4천명	262명	0	교구4개	성당1개	조선카톨릭교협회
총 계	2백12만7천명	4만2천명	1,902명	850명	2617여개, 4교구	868개	

북한에서 종교에 대해 보다 전향적인 자세를 갖고 있는 것은 사실이지만, 북한 주민들이 자유로이 종교 활동을 할 수 있는 것은 아니다. 신도의 수가 극히 제한되어 있을 뿐 아니라, 실제로 북한에 가서 종교 활동을 해본 종교인들은 북한의 신도들이 찬송가를 모를 뿐 아니라 성직자들도 종교에 대해 단편적인 지식만을 알고 있다고 한다. 북한 주민들도 대부분 목사와 신부, 승려 등 종교지도자를 '무섭고 악착한 사람'으로 인식하는 경향이 강하게 남아 있다. 이는 북한 당국이 오랫동안 정치교육을 통해 종교지도자에 대해 부정적인 묘사를 해왔기 때문이다.

제5절 가정생활

1. 개 요

북한은 혁명이념에 부합하는 새로운 가족질서를 형성하기 위하여 종래의 전통적 대가족제도를 해체하고, 여성들의 사회적 해방과 남녀평등권의 실현을 추구하여 왔다.

여성해방의 실질적 내용은 여성전체가 사회적 노동에 복귀하는 것을 의미하며, 이를 위해 가족의 개념과 형태를 집단주의체제에 알맞은 형태로 변형 시키려 한 것이다.

그리하여 가장을 중심으로 하는 서열구조와 동족집단의 조상숭배 관념은 배제되고, 그 대신 소위 '사회주의적 가족'의 개념으로 대체시켰다. 또한 가족제도의 변형은 호적제도를 말살하는 것으로부터 진행되었는데, 호적제도와 친족개념이 봉건사회의 잔재라고 이를 폐지하고 공민증제도를 1946년 9월 1일부터 실시하였다.

한편, 친족범위를 6촌까지로 제한함과 동시에 주민행정에 대한 기능을 강화하여 주민의 동태를 정확히 파악할 수 있도록 하였다.

2. 가족제도 변화과정

북한의 가족제도 변화과정을 보면 1940~1950년대의 사회주의적 개혁정책(토지사유제 폐지, 재산상속제 소멸 등)과 1960년대의 사회주의 공업화정책의 시행으로 가족중심의 경제적 기반이 무너지고 가부장적 위계질서의 파괴와 함께 대가족제의 붕괴가 초래되었다.

따라서 북한은 가정이 인간적인 삶의 터전이기에 앞서 당의 통제단위로써 당적 과업을 촉진하는 매개집단으로서의 도구적 의미를 지닌다.

또한 북한은 가정의 혁명화를 표방, 전래의 전통적 가정을 낡은 생활방식의 온상지로 규정하고 새로운 사회주의 건설을 위해서는 낡은 사상과 관습을 제거해야 한다고 주장한다. 이로 인해 북한은 가정을 '온 사회를 사회주의 대 가정'으로 만들기 위한 '사회의 기층생활단위', '최저생산단위'로 규정하고 있으며, '사회주의 혁명이론의 학습장'으로서 기능하도록 하고 있다.

〈가족제도의 변화과정〉

시 기	변 화 내 용
1945~1953년	· 가족중심의 경제활동 유지 · 봉건적 유습 청산 · 혼인과 이혼의 자유보장
1954~1960년	· 가족중심의 경제활동→사회적 경제활동으로 전환
1961~1990년	· 사회적 경제활동 강화 · 사회주의적 인간 주조
1991년 이후	· 가족법 제정(1991. 4. 11) : 사회주의적 결혼관계와 가족, 친척들 사이의 재산적 관계를 규제(7조)

한편, 1991년 4월 11일 가족법을 제정하였고, 제18조에서 가정생활에서의 남편과 아내의 평등한 권리를 규정하고 있다. 1990년대 후반에 들어서는 사회전반에 '선군사상'의 확산과 함께 가정에서도 군대식의 생활기풍을 솔선수범하여 실천할 것을 여성들에게 강조하고 있다.

3. 결 혼

혼기를 앞둔 청춘 남녀들은 보통 연애 혹은 중매를 통해 결혼한다. 예전에는 중매결혼이 대세였으나 지금은 '맞혼인(연애결혼)'이 대세이다. 청춘 남녀의 결혼에서 가장 큰 문제는 군 복무이다. 북한 남자들의 군복무 기간이 10년이라 이성 교제를 할 수 있는 시간이 절대적으로 부족하다.

그러나 능력 있는 남자들은 군 복무 기간 동안 연애를 하다가 제대할 때 고향으로 돌아오기도 한다. 군에 가지 않는 대학생이나 일반 젊은이들은 연애결혼을 선호한다.

데이트 코스로는 영화관, 볼링장, 교예극장, 유원지 등을 많이 이용한다. 대학생의 경우에는 원칙적으로 연애가 금지되어 있으며 잘못하면 퇴학을 당할 수도 있지만, 보통 남의 눈에 걸리지 않게 몰래 도둑 연애를 한다. 최근 들어 연애결혼의 비중이 높아지고 있다. 가족법에 의하면 법적 결혼 연령은 남자는 18세, 여자는 17세 이상이지만 군대와 직장생활로 시간을 보내고 자리를 잡느라 이보다 늦어지고 있다.

예전에는 이상적인 배우자상으로 뛰어난 출신성분을 우선적으로 꼽았으나 최근에 와서는 경제적인 능력도 상당히 중요하게 평가되고 있다. 북한에서 사주와 궁합은 '사회주의 생활방식'에 맞지 않는다는 이유로 금지되어 있으나 민간에서는 결혼을 앞두고 양가 부모님들의 허락이 떨어지면 몰래 궁합을 보기도 한다. 약혼식은 식량난 등의 영향으로 많이 사라졌다.

결혼식은 주로 일요일을 비롯한 공휴일에 치러진다. 대부분 전통혼례의 방식을 따르지만 복식은 달라져 신부는 전통한복을, 신랑은 양복을 입는다. 결혼식에서는 특별한 주례가 없고 친구나 직장 상사가 주례 겸 사회를 맡아 결혼식을 진행한다. 신랑신부 맞절 등의 절차는 없다.

결혼식은 신랑신부의 가족, 친척, 친구, 직장 동료들이 참석한 가운데 신랑 집이나 신부 집 또는 직장이나 문화회관을 비롯한 대중시설에서 치러진다. 조금 여유가 있는 계층에서는 평양 시내 경흥관, 문수식당, 청류관에서 결혼식을 올리기도 하는데, 경흥관이 인기가 높다. 평양시 보통강구역 경흥거리에 있는 경흥관은, 1987년 결혼예식장으로 신설되어 4개의 결혼식장을 갖추고 있으며 한 해 약 1,400여 쌍 정도의 결혼식이 치러진다. 결혼식장에서 신랑과 신부의 출발을 축하하는 의미에서 하객들이 꽃가루를 뿌려주는 것을 흔히 볼 수 있다. 예전에는 신랑과 신부가 목에 화환을 걸고 결혼식을 치르는 것으로 알려졌으나, 최근 들어 꽃가루를 뿌리는 것이 '신혼부부의 행복을 바라는 마음이 반영된 우리나라를 비롯하여 세계 여러 나라 사람들 속에서 결혼식 풍습'으로 자리 잡았다는 이유로 거의 모든 결혼식장에서 행해지고 있다. 야외촬영을 하는 부부도 많아졌는데, 평양의 모란봉 공원이나 문수공원 등 풍광이 좋은 곳에서 추억을 남기려는 신랑신부를 볼 수 있다.

예단과 예물은 결혼식 당일에 교환된다. 혼수나 예물은 지역이나 생활수준에 따라 차이가 있으나 일반적으로 신랑 양복감, 신부 한복감, 가족 양복감, 화장품 정도를 주고받는다. 남자 쪽에서는 신부 옷감과 집을 마련하고 여자 쪽에서는 세간을 준비한다. 2001년부터는 결혼을 앞둔 처녀·총각들에게 화장품 지급을 계획하고 있는 것으로 보도되기도 했다. 집은 국가에서 배정해 주며, 살림살이나 가구, 이불과 베개 등은 신부 쪽에서 장만하는 것이 일반적이다. 혼수는 지역별로 차이가 있다. 평안도나 황해도 지역에서는 신랑이 살림살이 일부를 해가기도 하지만 함경도에서는 살림살이 모두를 신부가 장만하는 것이 일반적이다. 혼기를 앞둔 자녀가 있는 집에서는 미리 살림살이를 장만했다가 시집갈 때 보낸다. 경제적 형편이 나은 집안에서는 5장 6기(찬장·이불장·옷장·책장·신발장·냉동기·세탁기·텔레비전수상기·녹음기·선풍기·사진기)를 해주는 경우도 있으나 일반적이지는 않다.

결혼식을 앞둔 신랑과 신부 그리고 가까운 일가친척들에게는 3~5일 정도 휴가가 주어지며, 친구들이 결혼식을 도와준다. 결혼식에서 가장 중요한 음식은 술이다. 결혼식이나 명절에 맞추어 국가에서 술이 배급되지만 결혼식을 감당하기에는 턱없이 부족해 별도로 구입한다. 결혼식 하객들에게는 떡, 국수, 강냉이, 술 등이 주로 나오며, 하객들은 축의금으로 돈이나 강냉이, 쌀 등을 내기도 한다.

결혼식을 치르고 나면 며칠 이내로 혼인신고를 해야만 한다. 법적으로도 '신분등록기관에 등록하지 않고는 부부생활을 할 수 없다.'고 규정되어 있다. 북한의 공민증 뒷면에는 혼인을 했다는 것을 증명하는 '결혼관계란'이 따로 있다. 이혼하거나 사별하고 새로 공민증을 받으면 결혼관계란이 공란으로 나온다. 결혼한 경우에는 남편을 '세대주'라고 부른다.

4. 이 혼

사회주의 국가에서는 이혼이 자유롭다는 인식과는 달리, 북한사회에서 이혼에 대한 태도가 허용적이거나 긍정적인 것만은 아니다. 이혼에 대한 부정적 의식은 특히 여성에게 더 많은 제약으로 등장한다. 물론 북한에서도 이혼하는 경우가 종종 있다.

이혼과정에서 문제가 되는 것은 자녀양육권이다. 이혼 시 자녀양육에 대해서는 일차적으로 당사자들의 합의가 중요하며, 합의가 이루어지지 않을 경우에는 재판소가 이를 정한다. 그러나 부권(父權)이 강한 사회이기 때문에, 이혼 시 아버지 쪽에서 자녀를 맡는 경우가 많다. 실제로 한 탈북자는 탈북 전 자신의 아들과 며느리가 이혼하게 되었을 때, 아버지가 친권을 갖게 되므로 며느리가 사정을 했지만, 결국에는 아이를 주지 않았다고 한다.

한편 이혼 후 재혼을 하는 경우도 있으나 역시 보편적인 현상이라고는 할 수 없다. 결국 사회주의 국가로서 북한이 이념을 구현하기 위해 규정한 법과 사람들이 살아가는 현실을 지배하는 원리 사이에는 어느 정도 거리가 존재한다고 보는 편이 옳을 것이다.

5. 부부관계

사회주의 국가에서는 대부분의 여성들이 취업한다는 통념과는 다르게 북한에서는 의외로 전업주부들이 많다. 물론 이들은 각종 노동력 제공 사업에 동원되지만, 이는 무상이기 때문에 대부분의 여성들은 취업하기를 희망한다. 그러나 북한의 경제가 상당히 어려운 처지이기 때문에 일자리가 주어지지 않아, 암시장 등에서 장사로 돈을 벌려고 하는 경우가 많다. 북한의 경제가 궁핍해지면서 여성들이 나가 일하는 경우가 많아지자 고정된 수입으로 배급도 제대로 받지 못해 불만이 커진 상태에서 남편들 중에는 부인이 돈을 벌지 못한다고 때리는 경우도 발생한다. 사실상 남성의 권위가 강한 북한에서 가정폭력은 자주 일어나는 편이라고 한다.

남편과 부인 간 의사소통의 빈도는 그렇게 높지 않은 편인데, 하루 종일 정해진 근무 외에도 생활총화 등 각종 사업에 참여하다 보면, 사실상 가족끼리 한가롭게 지낼 여유조차 많지 않다. 전통적인 부부관계 의식 때문에, 부부 간에 애정 표현을 공개적으로 하지 않는다.

한 가지 특기할 것은 북한이 주거시설의 부족으로 인해 부부간의 사생활이 보호되지 못하는 형편이라는 것이다. 북한에서의 피임은 콘돔을 사용하기도 하지만 그 비율은 낮은 편이라고 할 수 있고 루프나 복강경 수술 등 주로 여성들의 피임에 의존한다. 이를 통해서도 남성 위주의 가족이나 부부생활을 엿볼 수 있다.

북한에서의 혼외정사를 '부화사건'이라 불려지는데, 이것이 문제가 되어 사회적 물의를 일으키면 재판을 받거나 법적 절차에 따라 이혼하는 경우도 더러 있다.

북한 부부관계의 특징은 무엇보다도 분리된 성역할 의식과 태도이다. 응답자들의 과반수가 넘는 60.6%가 북한에서는 부부간의 역할 구분이 뚜렷하다고 답하였다. 그리고 가정에서 중요한 일을 결정할 대, 남편이 전적으로 결정하거나(38.5%) 남편이 주로 결정하되 부인과 함께 상의하는 비율이 높아서(42.7%) 북한 부부관계의 가부장적 일면을 드러낸다.

가정생활의 일 중 남편의 일이라고 인식하는 것은 가족의 부양(53.5%), 집안 수리(85.1%), 연탄찍기(84.4%) 등이며, 부인의 일이라고 인식하는 것은 자녀돌보기(66.9%), 생활비 관리(75.0%), 집안 청소(71.6%), 취사, 조리(91%), 자녀를 탁아소에 맡기고 찾아오기(74.6%), 주민회의 참여(67.8%) 등으로 가사는 성별 분리된 특징을 보이고 있다. 그 외에 자녀 공부 도와주기는 부부공동의 일(53.5%)로 인식되고 있다.

북한사람들의 부부관계에서 가장 중요하게 생각하는 것은 정서적인 유대관계(54.3%)로 응답자의 절반이 이를 지적했다. 사회주의 동지의 결합이라고 응답한 사람들은 31.2%이다. 이를 통해 북한에서 '가정의 혁명화' 사업 실시를 통해 가정생활이나 가족관계에 공산주의 이념을 침투시키고자 하였으나 친밀한 인간관계를 변화시키기에는 한계가 있었던 것으로 여겨진다.

6. 생활예절

절을 하는 방식은 전통적으로 엎드려서 하는 절과 선 채로 허리만 굽히는 간편한 절이 함께 통용된다. 북한에서도 설이나 추석 때면 차례상을 차리고 조상에게 큰절을 올린다. 특이한 것은 북한에서 보편화된 '선절'이다. 선절이란 큰절 대신 서서 머리를 깊이 숙여 인사하는 것으로 전통적인 예의범절로 소개되었다. 북한 『조선말 대사전』(1992년 판)에서는 선절을 '서서 하는 절'이라고 했으며, 《천리마》(2000년 11월호)에서는 인사예절에 대해 소개하면서 절의 형식을 큰절, 반절, 선절로 구분했다. 이 가운데 '선절'은 '말 그대로 선 자리에서 몸을 숙여 예의를 표시하는 절로 우리 인민들 속에서 가장 널리 쓰여 온 전형적인 인사 예법'이라고 소개했다. 선절은 실내보다는 실외에서 하는 것으로 '윗몸을 깊숙이 굽히는 형식', '절반정도 굽히는 형식', '고개만 숙이는 형식'이 있으며, 윗몸의 굽히는 정도가 클수록 정중한 태도가 된다고 소개하고 있다.

북한에서도 청소년의 도덕성에 대해서는 상당한 관심을 갖고 청소년들에게 '공산주의 도덕'을 철저히 준수할 것을 강조한다. 특히 북한의 경제난이 심각해지면서

도덕의식이 많이 약해진 것으로 알려졌다. 청소년의 공중도덕 의식을 강조하는 가장 큰 이유는 공산주의 도덕을 지키는 것이 공동생활의 바른 행동일 뿐만 아니라 사회주의 제도를 지키기 위한 것이기 때문이다. 즉, "사회질서와 공중도덕을 지키도록 하는 사업은 단순히 사람들이 도덕규범과 생활세칙대로 살게 하는 실무적인 사업이 아니라 온 사회에 사회주의 사회의 본성적 요구에 맞는 사회문화 생활기풍을 세우고 우리의 사회주의 제도와 우리 인민이 이룩하여 놓은 귀중한 창조물들을 지키고 빛내이기 위한 정치적인 사업"이기 때문이다.

공중도덕과 예의범절을 잘 지키지 않는 현상은 청소년 사이에서 더욱 심하게 나타난다고 하면서 청소년들의 공중도덕을 강조했다. 청소년 도덕의식의 해이를 나타내는 구체적인 사례들로는 '청년들이 버스 줄에 새치기'하는 것, '남보다 먼저 자리를 차지하려고 질서를 지키지 않'는 것, '담배꽁초를 함부로 버'리는 것, '노인이 있는데도 자리에 앉아 조는 시늉을 하'는 것 등이다. 이러한 행동들은 '비(非)도덕적'일 뿐만 아니라 '이런 것은 나 초보적인 공중도덕도 시킬 줄 모르는 문명치 못한 행동', '대중을 무시하는 무례한 행동'이라고 비판했다.

또한 젊은이들에게 전통적인 미풍양속의 중요성을 잘 알리고 이를 장려하기 위한 해설, 담화 등의 교양사업을 전개할 것도 강조하고 있다. 미풍양속에는 우리 민족의 고상한 생활기풍이 다 반영되어 있으므로 우수한 민족적 전통과 풍속을 일깨우기 위해 미풍양속의 우수성을 장려하고 있다.

전통적 미풍양속을 살리는 것을 비롯한 새로운 법령이 만들어지는 경우에는 인민에게 새로 제정된 법과 규정, 명령 등에 대한 선전사업을 실시한다. 2000년대 들어 북한 인민에게 각종 법규를 잘 지키도록 계도하기 위한 '법 해설선전사업'을 전개되고 있다. 매월 첫 주를 '법무 해설원의날'로 정하고, 각 시·도 인민위원회에서 각급 단체와 공장, 기업소에 법무 해설원들을 파견시켜 법무해설과 시범교육, 경험토론회 등 다양한 형식과 방법으로 법 해설 선전사업을 실시해 모든 종업원들이 국가의 법 규범과 규정을 자발적으로 지키도록 하는 준법기풍을 세워나가고 있다. 법무해설원들은 해당 단위 종사자들에게 새로 나온 법 규범과 결정, 지시 등을 알려주면서 예술소품 공연과 직관물(선전화, 표어), 법 해설 담화자료, 카드 등을 통해 교양사업을 전개하고 있다. 이들이 벌이는 법 해설 선전사업은 사업장의 특성에 따라 다른데, 근로자들의 경우에는 인민경제 계획법, 사회주의 노동법, 노동규율 규정 등을, 교통 관련 종사자의 경우에는 교통 규정 등을 교양한다. 노동자들이 해당 사업에 필요한 법을 해설해 주어 주민들이 사회주의 제도와 질서를 잘 지키는 도덕과 인격을 갖추도록 유도하고 있다.

제6절 직장생활

1. 직장배치

북한에서의 직업선택은 본인의 의사보다는 당과 행정기관의 조정·통제에 의해 이루어지고 있다. 즉, 주민의 직장배치는 각 부문별 수요에 따라 중앙의 총체적인 계획에 의해 이루어지고 있다.

직장배치에서 가장 핵심적인 판단기준은 성분과 당성이라는 이른바 정치적 기준이다. 직장배치와 사회적 지위를 결정하는 또 하나의 부차적 기준은 실무적 기준이다. 이는 직무수행능력으로서 학력, 자격, 실무능력, 활동력, 근무년수, 근무평점 등이 고려된다.

특히, 이 가운데 학력은 사회적 신분상승의 주요한 수단이 되는데 동요계층과 적대계층의 진학 등은 엄격한 심사와 규제를 받고 있기 때문에 이들이 사회적 지위와 보수가 나은 직업 및 직장에 진출할 기회를 갖기는 사실상 어렵다.

직장배치는 일반적으로 간부와 노동자로 구분된다. 간부는 도·시·군 당(리당 포함) 간부부에서 하며, 대상은 대학졸업자, 국가사무원, 노동현장에서 충실성과 당성이 높은 노동자 등이다.

노동자의 경우는 각 도·시·군(리 포함) 인민위원회 노동과에서 일률적으로 배치한다. 이와 같은 직장배치의 경우 본인의 희망, 소질, 능력은 부차적이며, 국가에서 배치한 생산 현장으로부터 다른 직장으로의 이동은 사실상 힘들게 되어 있어 처음 배치된 직장이 평생직장이 되는 것이 대부분이다.

그러나 특권계층들의 자녀나 친인척 등 성분이 좋거나 배경이 있는 사람들은 얼마든지 자기가 원하는 좋은 기관과 직장으로 마음대로 옮겨갈 수 있다. 또 사회통제가 낮은 틈을 타 뇌물을 주고 직장을 옮기는 경우도 빈번해지고 있다.

최근 들어 북한은 경제난으로 사회통제가 이완된 틈을 이용하여 뇌물을 주고 직장을 옮기는 경우도 빈번해지고 있다. 이용하여 뇌물로 편안한 기관과 직장으로 옮겨 다니는 노동기피 현상 내지 직장이탈현상도 일부 나타나고 있다. 2002년 7월 단행한 경제관리개선 조치도 이와 같은 현상들을 방지하기 위한 조치의 일환이라고 볼 수 있다.

그러나 지속되는 경제난의 여파로 북한주민들 사이에는 물질주의적 가치관이 팽배해지면서 외화벌이가 가능한 외교관, 무역일꾼, 외항선 타는 선원, 부수입이 많은 서비스업 부문에 배치되기를 선호하는 경향이 높아지고 있는 추세이다.

2. 임 금

북한은 1949년 내각결정 제196호에 의해 임금기준을 결정한 이래 2002년 '7·1 경제관리개선조치' 이전까지는 대체로 이를 준용해 왔다. 이 기준은 경노동보다 중노동이, 중노동 가운데서도 유해노동 종사자들이 더 많은 임금을 받게 되어 있고, 동일직종에서도 숙련도나 생산성 등 노동의 질에 따라 급수가 결정되어 임금수준이 변화한다. 또 일반 사무원보다는 당·정 기관종사자의 보수가 상대적으로 높은 것이 특징이다.

북한이 1992년 12월 13일 중앙 인민위원회 정령을 통해 발표한 당 · 정기관, 공장 · 기업소, 노동자, 사무원, 편의시설 종사자들의 임금은 당 · 내각의 상급 370~350원, 특급기업소 지배인 250~300원, 광부 · 제련공 90~100원, 서비스업 50~80원 등이다.

이후 2002년 '7 · 1경제관리개선조치'로 각 직종에 따라 이전보다 20~30배로 임금이 인상되어 2,000원 이상을 임금으로 받는 것으로 알려져 있다. 또한 북한은 노동자·사무원 등 전 직종을 대상으로 임금을 인상하면서 '노동의 결과에 따른 분배원칙' 아래 임금을 차등지급하는 실적제를 도입한 것으로 알려져 있다.

3. 휴일 및 휴가

북한은 직종 또는 지역을 구분하여 휴일을 달리하고 있다. 특히 생산직 노동자의 경우는 지역에 따라 휴일을 달리하고 있는데, 예를 들면 평양은 일요일, 함경북도는 수요일, 함경남도는 목요일, 평안북도는 화요일, 강원도는 금요일을 휴일로 지정하고 있다.

협동농장의 경우는 매월 1일, 11일 21일 등 10일에 하루씩 쉬게 되어 있는데 실제로는 공식휴일 뿐만 아니라 개인적 용무로도 휴가신청을 많이 하고 있다. 수산업에 종사하는 어업노동자에게는 연간 300일 출어를 원칙으로 하고 있으나 연료부족, 어족자원 고갈 등으로 제대로 지켜지지 않고 있다.

한편, 휴가는 사회주의 노동법이 규정한 대로 연간 14일의 유급휴가를 받을 수 있다.

〈휴 가 제 도〉

종 류	대 상	기 간	비 고
정기 휴가	일반노동자, 사무원	연간 14일	유급휴가
보충적 휴가	지하 및 유해직 근로자	정기휴가 14일 외 7~12일	〃
산전산후 휴가	임산부	150일	〃
임시 휴가	부득이한 특수사정이 있는 자	단기간	무급휴가

*출처 : '사회주의 노동법' 규정 내용 정리

여성의 경우는 1978년 제정된 사회주의 노동법 상에는 산전·산후 77일간의 출산휴가를 받을 수 있도록 규정하였고, 1986년 2월 20일 정령 2464호에서 150일간으로 연장되었음에도 현실적으로 지켜지지 않고 있다. 정기휴가 이외에도 휴양권 및 정양권이 있는데, 이는 각 직장마다 생산경쟁을 유도하려는 일종의 인센티브제도로써 모범근로자들을 대상으로 일부 실시되고 있다.

제 5 장 북한의 교육과 문학 · 예술

제 5 장 북한의 교육과 문학 · 예술

제1절 교육제도

1. 교육 목표

북한은 "주체사상"을 교육원리로 삼고 있으며, 교육 목표는 헌법 제 43조에 "후대들을 사회와 인민을 위하여 투쟁하는 견결한 혁명가로, 지덕체를 갖춘 공산주의적 새 인간으로 키운다" 로 명시되어 있다.

〈교육목표에 관한 문헌〉

① 사회주의 헌법 : 국가는 사회주의 교육학의 원리를 구현하여 후대들을 사회와 인민을 위하여 투쟁하는 견결한 혁명가로, 지덕체를 갖춘 공산주의적 새 인간으로 키운다(제3장 43조)

② 어린이 보육 교양법 : 모든 어린이들을 주체형의 혁명적 새 인간으로 키우며… (제 4장 29조)

③ 사회주의 교육에 관한 테제 : 사회주의 교육의 목적은 사람들을 자주성과 창조성을 가진 공산주의적 혁명인재로 키우는 것이며, 사회주의교육은 사람들을 사회와 인민을 위하여, 사회주의, 공산주의를 위하여 몸바쳐 투쟁하는 공산주의적 혁명인재로 키움으로써 사회주의 제도를 위하여 복무하며 노동계급의 혁명위업에 이바지하여야 한다(제1장)

④ 김일성 로작 해설 강좌 : …사회주의적 애국사상과 혁명적 세계관으로부터 출발하여 …혁명과 건설에 앞장서 나가는 공산주의적 도덕품성을 갖추는 새 형의 인간으로 자라나도록 하여야 한다.

교육은 사회체제를 유지하고 재생산하는 사회적 기능을 담당하고 있는 주요 수단 중 하나이다. 북한은 해방 이후 사회주의 체제를 건설하는 과정에서부터 교육의 주요성을 강조하며 교육제도의 수립을 추진해 왔다. 그 결과 취학 전 교육, 11년제 무상의무교육, 학교교육과 사회교육의 결합, 근로자를 위한 성인교육 등을 주요 내용으로 하는 북한의 교육제도는 북한체제의 우월성을 드러내는 대표적인 정책 중 하나로 주장되어 왔다.

그러나 북한의 교육제도는 경제난 이후 기자재 부족, 시설 낙후, 출석률 저하, 수업질 하락, 교권 하락 등의 총체적인 위기를 드러내고 있다. 이에 북한은 교육 운영의 파행화를 취소화하고 사회 전 분야의 사상적 이완을 정치사상교육의 강화를 통해 방지하는 한편, 경제 재건을 위한 과학·기술 분야의 인재양성 등 일련의 변화를 시도하고 있다.

북한의 교육제도는 체제유지에 필요한 인재양성에 일차적인 목적을 두고 운영되어 왔다. 이는 '교육법'과 '사회주의 교육에 관한 테제' 등 북한의 교육관련 법령에 명시된 교육의 목표와 이념에 잘 드러나 있나. 북한의 교육목적은 "선전한 사상의식과 깊은 과학기술지식, 튼튼한 체력을 지닌 믿음직한 인재를 키우는 것"으로 '교육법 제 1장3절에 명시되어 있다.

이와 같이 북한이 교육을 통해 길러내고자 하는 인간은 사회주의, 공산주의를 위하여 헌신적으로 투쟁하는 공산주의적 인간이며, 혁명적인 사상과 자연 및 사회에 대한 깊은 지식과 건강한 체력을 갖추고 있는 인간이다. 북한교육에서 추구하는 공산주의적 인간이 갖추어야 할 혁명사상, 과학지식, 체력 등의 요소 가운데 가장 강조되는 것은 혁명사상이다. 이는 과학지식과 체력이 어떤 목적에서 어떻게 활용되는가가 사상에 의해 좌우되기 때문이다. 북한교육에서 혁명사상의 주요 내용은 주체사상, 당 정책 및 혁명정통 교양, 공산주의에 대한 신념과 혁명적 낙관주의 등이고, 과학기술교육은 선진과학기술의 성과를 체득시켜 주기 위한 교육이며, 체육교육은 노동과 국방의 의무를 감당한수 있도록 육체적 준비를 갖추는 것을 의미한다. 따라서 북한의 교육목표는 공산주의적 새 인간형, 즉 '주체형의 인간을 양성하는데 있으며, 주체형의 인간이란 구체적이고 적극적으로 노동하는 인간, 김일성사상으로 무장된 인간, 사회적 이익을 추구하는 인간, 그리고 공산주의 건설을 위한 혁명적 낙관주의를 갖는 인간을 의미한다. 이런 맥락에서 볼 때, 북한의 교육은 개인의 자아발달보다는 사회주의 건설에 매진할 수 있는 공산주의자를 양성하는 데 일차적 목표를 두고 있다고 할 수있다. 결국 교육을 통해 달성하고자 하는 목표는 학생들을 '혁명화, 노동계급화, 공산주의화 하여, 사회주의 혁명과 건설, 그리고 김일성과 김정일 등 지도층에 복종하는 충직한 인재를 양성하는 데 있다.

2. 교육 행정 체계

북한의 교육행정은 당의 지도에 의해 수립되고 집행된다. 북한은 일체의 국가기구와 사회조직이 최고의 권한을 지닌 당의 지배 아래 당의 노선과 정책을 집행하는 도구로 이용되는 당-국가의 사회주의 체제이다. 이에 따라 교육정책의 수립과 총괄적 지도는 노동당 중앙위원회 산하의 과학교육부가 담당한다. 교육정책의 집행 및 교육과 관련된 행정의 총괄은 내각에 있는 교육성에서 이루어지며 각급 교육기관은 당-내각의 지도 아래 교육을 실시한다. 이와 같이 북한의 교육행정 체계는 당, 내각, 그리고 학교 등으로 구성되는 3원 구조에 기초하고 있으며, 그 관계는 아래 그림과 같다. 여기서 당은 지시와 감독을 하고, 내각은 당에서 내려온 지침에 따라 구체적인 교육정책을 관장하며, 학교는 교육을 실시한다.

〈북한의 교육행정체계〉

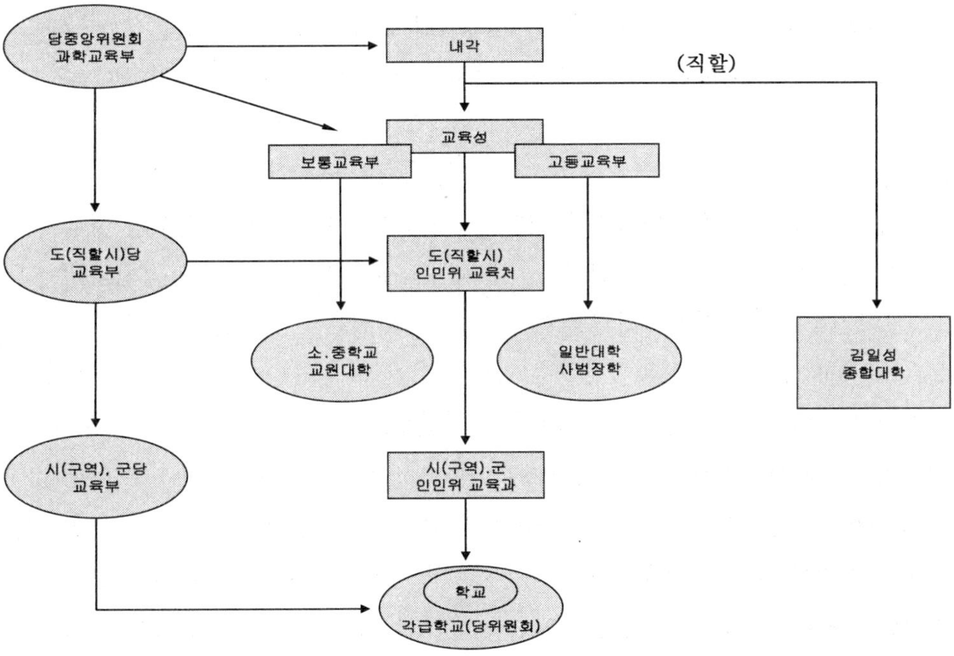

① 노동당 : 당은 교육과 관련된 당 중앙위원회의 결정을 당 위원회와 내각에 지시 · 전달한다. 북한체제의 특성상 당은 내각이나 일선 학교에 대해 우선적인 권한을 갖고 인사나 교육문제를 다룬다. 이에 따라 모든 학교는 형식상 교장이 책임을 지고 있지만, 학교에 파견된 당 위원회 위원장인 부교장이 실권을 장악하고 있다. 즉 학교장은 학교의 책임자로서 행정과 재정을 총괄하는데 비해 부교장은 교원들의 조직생활을 관리하며 교수교양사업과 사상교양사업을 담당하고 있다.

② 내 각 : 행정적 · 실무적인 업무는 내각의 교육성이 담당한다. 교육성 산하에는 보통교육부와 고등교육부가 있다. 보통교육부에서는 유치원, 소학교와 중학교, 교원대학을 관장하며, 고등교육부에서는 일반대학과 사범대학을 관장한다. 교육성은 교육지침을 각 도(직할시)에 위치한 인민위원회 교육처로 하달하고, 인민위원회 교육처는 이를 다시 해당 시·군· 구역에 위치한 인민교육과로 송부한다. 교육지침이 최종적으로 각급 학교에 하달되면, 그 지침에 의거하여 교육이 실시된다.

③ 학 교 : 각급 학교는 당과 내각의 지도 및 통제를 받아 교육을 실시한다. 학교의 행정조직은 학교장과 학교단위 초급당위원회 위원장인 부교장, 그리고 각 분과의 경리주임 등으로 이루어져 있다. 중학교 에서는 교과별 분과가 조직되어 있고, 소학교에서는 학년별로 분과가 조직되어 있다. 또한 학교당위원회가 있고 이 당위원회 산하에 교원사회단체, 학생사회단체 등의 사회정치활동 조직이 있다. 당 우위의 통치체제에서 당의 통제력은 학교교육의 정치문제 지도에 국한되지 않고 실제 학교운영 전반에 걸쳐 행사되고 있다.

이에 따라 학교 위원회 위원장의 권한은 학교 관리·운영의 책임자인 교장의 권한을 능가한다. 이런 점에서 북한의 교육행정체계는 교육부문에 당의 개입이 제도화된 교육의 당적 통제체제라는 특성을 지니고 있다.

제2절 학 제

1. 개 요

북한의 학제는 아래그림에 제시되어 있는 바와 같이 5 - 6 - 4년제를 근간으로 하고 있다. 구체적으로 소학교 5년, 중학교 6년, 대학교 4년으로 구성되어 있다. 그러나 기본학제와는 별도로, 엘리트를 양성하는 영재학교, 외국어학교 등 각종 특수학교를 설치하고 예 · 체능분야의 특기자교육과 혁명학원과 같은 출신성분에 따른 특수교육 등도 실시하고 있다.

고등교육과 특수교육은 학교나 학부의 성격에 따라 다양한 학제를 채택하고 있다. 예컨대, 교원대학과 전문대학은 3년제이고, 단과대학과 종합대학은 학부에 따라 4~6년제이다. 사범대학은 4년제로 운영되고, 김일성종합대학의 경우 인문과학부는 4년, 사회과학부는 5년, 자연과학부는 6년제이나 최근에는 자연과학부의 졸업연한이 1~2년 짧아지고 있다고 한다. 북한의 학기는 1969년 이후 9월 1일에 시작되었으나, 1996년부터는 개학날이 4월 1일로 환원되었다. 방학은 여름방학 (8월 중)과 겨울방학(1월에서 2월 초 사이)을 합쳐 두 달 정도이다. 3월에 학년말 시험을 치르고 약 10일 정도 휴식을 가진 후, 4월1일 새 학년이 시작된다.

<북한의 학제>

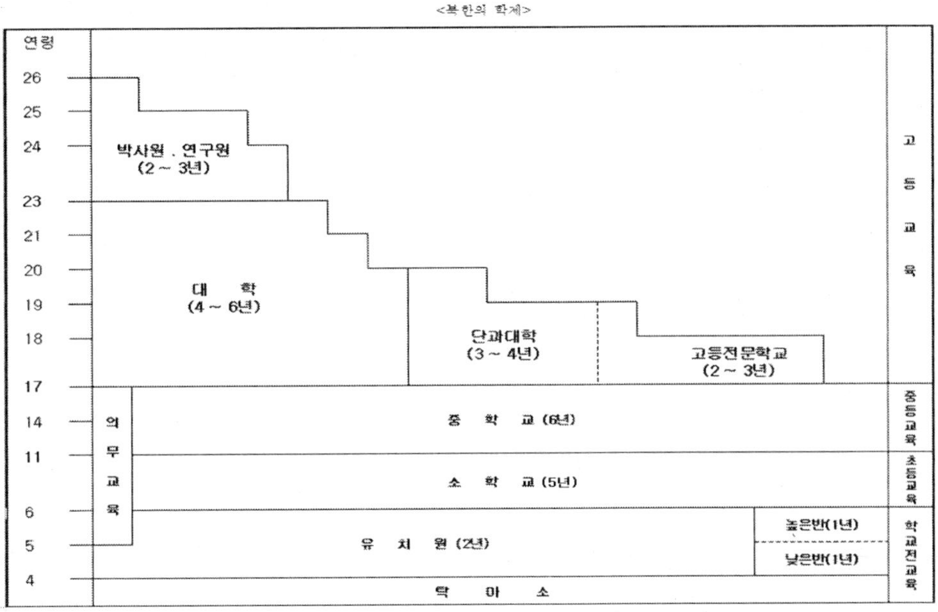

2. 보통교육(유치원, 초등교육, 중등교육)

북한에서는 해방과 더불어 '북조선 학교교육 실시 조치법'을 제정하여 일제 잔재를 청산한다는 명분에서 종래의 초등학교를 인민학교로 개칭하고, 예비반 1년 과정을 포함한 6년제 인민학교를 시작으로 교육을 실시하여 왔다.

그 후 수차례 학제를 개편하였으며, 최근 실시되고 있는 학제의 골간은 2014년부터 실시된 '전반적 12년제 의무교육' 제도로 유치원 높은 반 1년, 소학교 5년, 중학교 6년 등 유치원과 초중등단계를 포괄한 12년제의 의무교육이다. 북한은 "사회의 모든 성원들을 공산주의적 인간으로 키우기 위한 전민적 교육을 위하여 의무교육을 실시하며, 이는 사회주의 사회에서만 가능하다"고 주장한다.

따라서 북한의 의무교육은 사회의 모든 구성원을 공산주의적 인간으로 키우기 위한 수단으로서 공산주의 혁명사상을 체계적으로 학습시키기 위한 것이다. 이는 어릴 때부터의 조직적이고 체계적인 교육이 공산주의적 인간으로의 개조 효과를 극대화시킬 수 있기 때문이다.

한편 북한에서 실시되고 있는 무상교육은 모든 자원이 정부 소유로 되어 있고 모든 생산물 역시 정부가 소유하여 분배하는 사회주의 체제에서 특별한 의미를 갖지 못한다. 더구나 북한의 교육이 '노동을 병행' 하는 원칙 아래 진행되는 현실을 감안하면 학생들의 근로지원 활동은 등록금을 보상한다고도 할 수 있다. 또한 교재 및 학용품 구입 등 각종 명목의 잡부금을 학생들이 부담해야 하며, 이에 대한 부담이 경제난 이후 더욱 가중되면서 가정형편이 어려운 학생들의 이탈이 증가되고 있다. 이 같은 교육현실을 감안하면 북한의 무상 의무교육은 북한의 선전과는 달리 그 의미가 퇴색되고 있다.

평등주의적인 원칙으로 운영되던 북한의 교육은 1990년 이후 사회주의권의 붕괴와 경제난 등 대내외 환경변화에 적응하기 위해 외국어와 컴퓨터 등 실리적인 내용의 교육과 수재교육 등을 강조하고 있다. 이에 따라 모든 중학교에서 컴퓨터 교육을 받게 하는 한편, 지역별 특성에 따라 도시와 공업지대에 위치한 중학교는 수학과 물리분야의 과목에, 농촌지역 중학교는 생물과 화학분야의 과목에 중점을 두도록 하였다. 또한 세계화, 정보화의 흐름에 영향을 받아 정보·기술 분야의 인재양성을 위한 엘리트교육기관이 1980년대 중반부터 설치되기 시작하여 1990년대 들어

시와 군 지역까지 확대되었다. 이 같은 조치는 경제난으로 부족한 자원을 선택 투자할 수밖에 없는 상황에서, 우수한 전문 인재 양성에 집중하여 북한당국이 주창하는 강성대국 건설에 활용하기 위한 것이다.

북한 학생들의 근로지원 활동은 학교생활에서 중요한 부분을 차지하고 있다. 소학교 학생들의 경우에는 학교에서의 노동뿐만 아니라 농사철에 농장에 나가 일손을 돕기도 한다. 일반중학교 학생들을 농번기에 연간 4주(1~4학년) 내지 8주(5~6학년)동안 농사지원이나 건설현장 지원을 나가야 한다. 특히 7월 한 달 동안 행해지는 '김매기전투'나 모내기하는 '봄 전투', 가을걷이하는 '가을 전투'는 각각 5월 초와 9월말에 시작돼 20~30일 계속된다.

3. 고등교육

북한에서의 고등교육은 1946년 9월 1일 '북조선 임시인민위원회' 가 김일성종합대학을 평양에 건립할 것을 결정함으로써 시작되었다.

6.25 전쟁 후 3개년 복구 건설기(1954~1956)에는 정치·경제 분야의 대학들이 신설되었고, 1957년부터 시작된 5개년 계획 기간에는 전반적 중등의무교육의 실시를 위해 중등교원의 대량 양성을 위한 교원대학과 사범대학의 확장에 주력 하였다. 1960년에는 경제계획의 수행에 필요한 기술자 확보를 위해 '일하면서 배우는'공장대학·야간대학 설립이 결정되어 7개년 경제계획(1961~1970) 기간에 공장대학이 증설되었다. 이어 제2차 7개년 경제계획(1978~1984) 기간에는 부족한 각급 학교 건설을 당면과업으로 설정하고 소규모의 공장대학·통신대학·전문학교 등 의 증설에 주력하였다.

그 결과 북한의 고등교육기관으로 김일성 종합대학, 김책 공업종합대학, 고려 성균관 등 3개의 종합대학 및 일반 단과대학과 함께 농장대학, 어장대학, 공장대학 등 산업체 부설 현장대학이 설립되었다. 1990년대 후반부터 북한은 경제재건을 위해 과학기술의 발전을 강조하는 한편, 컴퓨터 및 정보통신 분야의 발전을 강성대국 건설을 위한 과제로 간주하고 이들 분야의 인재양성에 주력하고 있다. 1999년에는 김일성종합대학의 자동화학부와 물리학부를 일부 개편하여 컴퓨터 과학대학을 신설하고, 2001년에는 김책 공업종합대학에도 정보과학기술대학과 기계과학 기술대학과 기계과학기술대학을 신설하였다.

2006년에는 김일성 종합대학에 정보기술 전용 교육단지를 세우고, 김책 공업종합대학에 전자도서관을 설치하였다. 또한 김일성종합대학과 김책 공업종합대학을 비롯하여 여러 대학에서 원격교육 체계를 갖추고 원격강의를 실시하는 것으로 알려져 있다.

한편 평양 컴퓨터기술대학과 함흥 컴퓨터기술대학을 설립하고, 일부 전문학교를 단과대학으로 승격시켰으며, 각 대학에도 컴퓨터 관련 학부나 학과를 신설하였다. 2002년에는 정보산업발전에 이바지할 수 있는 인재양성을 위해 23개 전문학교에 6개의 정보공학과를 신설하고, 생명과학·나노과학기술에 대한 교육을 강화하기위해 김일성종합대학에 생명과학부를, 이과대학 생물학부에 생명과학과 관련된 3개 학과를 신설하였다. 특히 대학 내 수재양성을 위한 수재반이 설치되었으며 이로 이루어지도록 하기 위하여 김일성 종합대학과 김책 공업종합대학, 이과대학, 평양 건설 건재대학에서 시범적으로 대학과정과 박사원(대학원) 과정 교육이 이어지도록 하였다.

북한의 대학진학은 보통교육과는 다른 과정과 절차를 거쳐 이루어진다. 북한에서 보통교육과정은 의무교육이므로 별도의 입학시험 없이 중학교 과정까지 마칠 수 있으나, 대학진학은 대학추천을 위한 예비시험과 도별 각 대학의 본시험 등 일정한 절차를 거쳐 이루어진다. 예비시험을 통해 대학추천을 받은 학생은 전체 중학교 졸업생의 약 20% 정도이며, 이 중 시험에 합격해 바로 대학에 진학하는 학생은 평균 12.5% 수준이다.

이들은 성적이 우수해야 할 뿐만 아니라 성분이 확실하고 가정환경이 우수한 학생들로서 이른바 '직통생'으로 불린다. 시험에 떨어지면 남학생은 군대에 가고 여학생은 직장에 배치된다. 재수생은 없지만 군대나 직장에 배치되었다가 사회인으로 추천을 받아 다시 대학시험에 응시할 수 있다.

북한의 대학입학 시험은 대학추천을 위한 예비시험을 거친다. 내각 교육성이 도별로 각 대학 등에 본시험을 위한 수험생 수를 정해주고, 시·인민위원회의 대학모집과는 도에서 할당한 인원수를 바탕으로 예비시험에 합격한 학생에게 수험통지서를 발급해 준다. 보통시험성적 순에 따라 시험 볼 대학이 결정되나, 성품이나 소질도 중시돼 일종의 특례입학이 가능하다. 또한 학교별 성적 차를 인정하는 이른바 '고교등급제'가 실시되어 지역별 학력 차를 감안, 합격기준이 다르게 적용되기도 한다.

4. 특 수 교 육

북한에서는 특수한 신분과 자질을 가진 학생을 대상으로 특수교육을 실시하고 있다. 특수교육기관으로는 수재 양성을 위한 제1중학교, 평양 외국어학원, 만경 대 혁명학원을 대표적으로 들 수 있다. 이 외에도 금성학원, 평양 음악학원, 남포 중앙 체육학원, 김정일예술학원 등 예 · 체능계학교가 있으며, 무용 · 음악 · 조형예술 · 교예 등에 소질을 가진 특기자를 가르친다.

북한은 경제성장이 지체되는 문제를 해결하기 위해 과학영재 육성의 필요성을 인식하면서 제 1중학교를 설립하였다. 제1중학교는 "뛰어난 소질과 재능을 가진 학생들을 옳게 선발, 체계적인 교육을 시키라"는 김정일의 지시에 따라 1984년 평양에 처음 설립된 후, 이듬해 남포 · 개성 · 청진 · 혜산 등 각 도 소재지와 직할시로 확대되었으며, 1999년에는 시(구역) · 군까지 학대되어 현재는 200여 개에 달한다. 주로 과학·수학·물리 등 이과계통의 과학자 양성을 위한 교육을 위주로 하고 있어, 제1중학교에 입학하려면 출신 성분만이 아닌 과학 및 수학 성적이 우수해야 한다. 제1중학교에서는 일반중학교와 다른 특수교재(전문대 수준)를 사용하여 자연과학, 컴퓨터 및 영어 등을 배우고, 졸업 후 김일성 종합대학과 김책 공업종합대학에서 1대1 교육을 받으며, 농촌 지원활동, 군 입대 등이 면제되는 혜택을 받고 과학기술분야의 중요사업에 종사하게 된다. 수재 교육기관의 설립을 통한 인재의 양성은 1980년대부터 시도되었으나, 1990년대 후반 이래 강성대국 건설의 구호 아래 과학기술의 발전을 강조하면서 강화되었다. 북한당국의 수재교육 강화는 "정보산업시대 과학기술은 나라와 민족의 흥망 성쇠를 좌우하는 강력한 요인이 되고 있다"며 첨단 과학기술 전문 인력 양성을 통해 경제건설과 국가발전을 기하고자 한데 따른 것이다.

한편 경제난 이후 북한사회 전역의 학교운영에 파행이 지속되는 가운데 과학기술 · 정보 분야의 인재양성을 위한 교육기관을 설립하고 이를 강조하는 것은 과학기술 발전을 통한 경제 활로 모색만이 아닌 부족한 교육예산을 선택적으로 투자함으로써 교육의 효율성을 도모하려는 노력의 일환이라고도 할 수 있다. 외국어를 전문으로 하는 특수교육기관으로 평양외국어학원과 각 시·도에 설치·운영되고 있는 외국어학원이 있다.

평양 외국어학원은 6년제 중학교 과정으로 영어, 중국어, 일어, 러시아어 등 8개

외국어를 중점적으로 교육시키고 있다.

이 학원의 입학자격은 소학교 졸업자로 혁명 유자녀, 영웅칭호 수여자 및 영예군인 자녀들 가운데 외국어에 소질이 있는 학생들이다. 혁명학원은 국가에 공이 있는 사람들의 자녀를 대를 이어 국가에 충성하는 인물로 양성하기 위해 세워진 특수교육기관이다. 만경대 혁명학원, 강반석 유자녀대학, 남포 혁명학원, 새날 혁명학원, 해주 유자녀 혁명학원, 등이 있다. 만경대혁명학원은 1947년 10월 인민무력부 산하 교육기관으로 설립되었고, 소학교 졸업 후 입학 할 수 있다. 만경대 혁명학원 8년제로 운영되는 특수학교로 입학자격은 혁명 유가족 및 당·정 고위간부 자녀이다. 이들은 입학과 동시에 의무적으로 모두 기숙사 생활과 엄격한 군사조직 아래 교육을 받고, 최고의 환경 속에 최고대우를 받으며 졸업 후 군 또는 특수요직에 진출한다.

제3절 교육과정 및 방법

1. 교육과정

'사회주의 교육에 관한 테제'에 의하면, 학교교육에서 중요하게 다루어지는 내용은 정치사상교육, 과학기술교육, 체육교육으로 구분된다. 정치사상교육은 김일성·김정일의 혁명역사와 혁명 활동을 가르치고, 과학기술교육은 일반과학과 전문기술을 가르치며, 체육교육은 노동과 국방에 필요한 체력향상을 목적으로 한다. 초등교육의 경우 소학교 재학 5년 동안 국어 등 총 13개 과목을 교육하도록 편성되어 있다. 초등교육 과정에서의 교육내용은 크게 정치사상교육·과학기술교육·체육교육·예능교육·국방교육의 다섯 가지로 나누어 볼 수 있다.

주당 수업시간을 보면 국어·수학·자연·체육·음악·도화공작의 순이고, 이어 〈김일성 대원수님 어린 시절〉 등 김일성·김정일·김정숙을 우상화하는 과목이 배정되어 있다. 국어가 전체 수업시간의 1/3을, 수확이 1/4정도의 비중을 차지하여 두 과목의 시간배당이 전체의 57%나 되고, 자연 과목은 상대적으로 비중이 낮다.

〈소학교(초등교육) 교육과정〉

교 과 명	학년별 주당 수업시간 수				
	1학년	2학년	3학년	4학년	5학년
위대한 수령 김일성 대원수님 어린시절	1	1	1	2	미공개
위대한 영도자 김정일 원수님 어린시절	1	1	1	2	
항일의 여성영웅 김정숙 어머님 어린시절				1	
사회주의 도덕	2	2	1	1	
수학	6	6	6	6	
국어	6	6	7	8	
자연	2	2	2	2	
위생				1	
음악	2	2	2	2	
체육	2	2	2	2	
도화(그림) · 공작(물건만드는일)	2	2	1	1	
영어			1	1	
컴퓨터			1	1	

* 임순희, 「북한 청소년의 교육권 실태」 통일연구원 2005, 19쪽

중등교육의 경우, 중학교 재학 6년 동안 모두 23개 과목을 교육하도록 되어 있다. 중학교의 교과목 역시 과목들이 보다 세분화되어 있다는 점을 제외하고는 소학교 과목과 대체로 유사한 내용을 가르친다. 최근 북한에서는 사상교육을 강화함과 동시에 실리적인 교육을 강조하면서 세계화와 정보화의 진전에 따른 외국어 교육과 첨단과학 기술교육 등 실용적인 차원의 교육도 강화하고 있다.

2000년에 들어서 영어와 중국어가 그동안 제1외국어였던 러시아어를 누르고 가장 인기 있는 외국어로 자리 잡았다. 특히 영어의 비중이 높아, 대부분 중학교에서 영어를 외국어 과목으로 지정하도록 하는 한편, 평양 외국어대학 영어과 정원을 대폭 늘리고 다른 어학 전공자들도 영어를 필수적으로 수강하도록 하고 있다. 영어교육의 강화에 이어 최근 외국어 교육을 문법에서 회화 위주로 전환시켜 외국어 실기 능력과 일상적인 외국어회화 수준을 높이려고 노력하고 있다. 또한 일부 대학에서는 외국어의 자질을 높이기 위한 방안으로 전공과목의 교재를 원서로 채택하는 한편, 강의도 외국어로 진행하도록 자연과학 부문의 교원들을 대상으로 '전공과목 외국어교수경연 을 개최하기도 하였다. 이 같은 일련의 시도들은 북한이 외교관 및

무역일꾼 등을 키워 경제발전을 도모하기 위한 것이다. 컴퓨터교육은 1990년대 말부터 강화하기 시작하였다. 2001년에는 만경대 학생 소년궁전과 평양 학생 소년궁전, 그리고 금성 제1중학교와 제2중학교에 컴퓨터반 을 개설하여, 전국의 소학교 졸업자 중에서 선발된 소수의 영재들이 컴퓨터기술을 배우게 되었다. 특히 2001년 금성 제1중학교를 컴퓨터 수재양성학교로 지정, 2003년 소학교 4년, 중학교 6년, 전문부 4년 과정을 종합한 금성학원으로 개편하고 첨단과학기술 전문인력 양성에 주력하고 있다. 또한 소학교와 중학교의 컴퓨터 및 과학 · 기술교육을 확대하기 위해 도별로 2~3개의 시범학교를 설정, '본보기 단위' 로 조성하였다. 국가와 당이 교육의 전반을 관리·통제하는 북한교육에서 개별학교 및 학생에게는 교육의 내용은 물론이고 교과목의 선택권이 없었으나, 2001년 4월 1일 새 학년도가 시작되면서 처음으로 지역별 · 지대별 특성에 맞는 선택과목제가 중등교육에 도입되었다. 예컨대, 농촌지역에서는 농업관련 과목, 어촌지역에서는 어업관련 교육을, 산간지역에서는 임입관련 교육을, 그리고 경공업 공장지역에서는 경공업관련 교육을 집중시키는 방식이다. 선택과목제가 도입되면서, 광업 · 기계 · 임업 · 식료 · 피복 · 약전(弱電: 통신공학) 등 6종의 교과서를 펴내기도 하였다.

또한 김일성 종합대학에 법률대학을 설치하는 등 법에 대한 연구 및 교육을 강화하고 있다. 이 법률대학에는 법·국제법 그리고 정치학과 등 3개의 학과가 있다. 북한의 법학은 1970년대까지만 해도 역사학부나 철학부에 흡수되어 있었다.

이는 김일성과 김정일의 교시가 법에 우선하는 현실에서 법학이 중시되지 않았음을 반영한다. 그러나 최근 법률대학의 신설 등 법학교육의 강조와 국제법 전문가의 양성은 외국자본 유치 등 개방에 대비한 측면이 강하며, 각종 법제의 정비 · 제정 · 법률분쟁에 대처하기 위한 조치라고 할 수 있다. 한편 북한은 경제난으로 인한 사회 전 분야에 걸친 사상적 이완을 정치사상 교육의 강화를 통해 방지하고자 하였다. 정치사상 교육의 목표는 김일성과 김정일에 대한 충실성 교양이다.

이에 따라 소학교와 중학교에서는 김일성 가계의 우상화, 즉 '백두산 3대장군(김일성, 김정일, 김정숙)의 위대성 교양을 기본으로 한 〈어린시절〉이나 〈혁명활동〉 등의 교과목을 배우며, 대학의 경우도 전공과 관계없이 〈주체철학〉, 〈혁명역사〉 그리고 〈주체정치경제학〉 등을 이수해야 한다. 이와 같이 북한의 정치사상교육은 지도자에 대한 충성심 고양이 핵심내용이나, 개혁 · 개방에 따른 자본주의 요소 유입에 대한 경계와 핵 미사일 등의 문제를 둘러싼 북 · 미 갈등이 고조되면서 반미대결 의식의 고취 등도 주요 내용을 이루고 있다.

북한의 대미 적대의식은 북·미관계 악화에 따라 강화되어 청소년에 대한 반미교육도 강화하고 있으며, 제국주의 사상과 문화 침투를 배격하는 한편 주체사상 교육을 강화하였다. 이와 함께 청소년·학생의 군 입대 장려교육에도 중점을 두고 있다. 이상 북한의 교육과정의 구성 및 내용을 볼 때 북한의 교육과정은 다음 몇 가지 특징으로 요약될 수 있다. 우선 북한의 사상교육 강화는 교육을 사상혁명의 핵심적인 수단으로 간주하는 것으로 교육과 정치가 결합되어 있다는 점이다.

또한 교육과정에 기초기술교육과 실습 또는 생산노동 등이 포함되어 있는 등 북한의 교육은 생산 활동과 직접 결합되어 있다. 또 다른 특징은 교육의 내용과 방법이 국가에 의해 규격화되어 하달되고 있어 학습자가 선택할 수 있는 권리는 존재하지 않는다는 점이다.

2. 교육방법

북한의 교육방법은 '사회주의 교육에 관한 테제'에서 규정된 다섯 가지의 사회주의 교육방법에 기초하고 있다. 첫 번째 교육방법은 '깨우쳐 주는 교수교양'으로, 학생들 자신의 능동적인 사고활동을 통해 교수내용을 깨닫게 함으로써 그들의 창발성을 발전시키는 교육방법이 강조되고 있다. 이 교육방법에는 설명을 통한 교육, 토론과 논쟁을 통한 교육, 문답식 학습을 통한 교육, 직관을 통한 교육, 실물을 통한 교육, 긍정감화교육 등이 있다.

설명을 통한 교육은 담화 형식으로 진행되는 교육을 의미하고, 토론과 논쟁을 통한 교육은 다른 학생들과의 의견 교환을 통해 폭넓은 견해를 가지도록 하는 방법이다. 문답식 학습방법은 같은 책상에 앉은 학생끼리 서로 묻고 대답하는 형식으로 진행된다.

특히 각종 시험에 대비한 문제집을 교사가 미리 작성하여 학생들에게 나눠주면 답안집 을 만들어 서로 도와 가며 공부하는 데 활용된다. 직관교육, 실물교육은 교수내용을 직관적으로 이해하도록 실물적인 학습수단을 많이 활용하며 이론교육과 실기교육의 조화를 강조하는 것이다.

예컨대 공장견학과 지원을 조직하여 학생들이 교과에서 배운 내용을 직접 체험

하도록 교육하는 것을 말한다. 긍정감화교육은 사상학습과 그것을 실천하는 과정에서 모범적인 사례들을 대중앞에 발표하고, 그것을 통해 학생들이 자신을 총화하고 분발하도록 이끄는 사상교육방법이다. 북한에서 대중들을 동원하는 전형적인 방식 가운데 하나인 '…따라 배우기' 운동이 이 교육방식의 예이다.

두 번째 교육방법은 이론교육과 실천교육, 교육과 생산노동의 결합이다. 이는 학생들을 쓸모 있는 산 지식을 지닌 공산주의적 혁명인재로 키우는 데 필요한 방식이다. 학생들이 현실 속에서 폭넓은 지식을 배울 수 있도록 혁명 전적지 및 혁명 사적지의 답사와 생산노동에 참여하도록 독려하고 있다. 세 번째 교육방법은 조직생활과 사회정치활동의 강화이다. 조직생활과 사회정치활동은 학생들을 정치사상적으로 단련하고 혁명적으로 교양하는 데 목적이 있다. 이에 따라 북한학생들은 학생소년단, 청년동맹조직에 가입하여 녹화 근위대 활동, 사회주의 건설지원 운동에 참여하여야 한다. 네 번째 교육방법은 학교교육과 사회교육의 결합이다. 교육은 학교만이 아닌 사회관계 속에서 이루어지므로, 후대 교육을 전 사회적인 사업으로 진행해야 한다는 것이다. 이에 따라 북한의 교육은 학교 이외에 학생 소년궁전, 학생 소년회관, 소년단 야영소, 도서관 등 사회교양 시설들을 거점으로 한 정치사상 강연, 과학토론회발표모임 등 다양한 소조활동을 통해서도 이루어진다. 다섯 번째 교육방법은 학교전 교육, 학교 교육, 성인 교육의 병진이다. 이 방법은 사람들의 사상과 품격이 어릴 때 형성되어 일생 동안 공고히 발전된다는 전제 아래, 사회의 모든 성원들에게 일생동안 전면적이고 지속적인 교육이 실시되어야 한다는 주장에서 나온 것이다.

이에 따라 북한은 학교전 교육에서부터 성인 교육에 이르기까지 구성원 각각의 수준에 맞게 평생교육을 받을 수 있는 교육체계를 확립 · 운영하고 있다고 주장한다. 이상과 같은 북한의 교육방법은 북한체제가 필요로 하는 인간을 보다 효율적으로 육성하기 위한 방식으로 정보화, 세계화 등 급변하고 있는 국내외 상황에 능동적으로 대처할 수 있는 인재 양성과는 거리가 있다. 북한은 이런 한계를 극복하고 정보산업시대에 필요한 인재 양성을 위해 새로운 교육방법의 연구·개발을 독려하고 있다. 최근 북한은 단순한 지식습득만이 아닌 지적능력과 지식탐구 방법의 향상을 위해 IT 교육의 일환으로 지능교육을 강조하고 있다. 이를 위해 암기능력 중심의 교육에서 창의적 사고력을 강화시키는 교육으로 전환하여 시험을 암기테스트

방식에서 탈피하여 실기 위주로 실시하고 컴퓨터 등을 이용한 현장실습교육을 강화하고 있다. 소위 '사고능력을 배양하는 교육'인 지능교육을 위해 학교마다 과목별 지능문제 만들기, 소논문 집필, 지능문제 풀이 경연, 멀티미디어 자료개발 등을 실시하고, 교수방법 강습, 과목별 교수 교양경험 발표회, 교수방법 토론회 등을 조직·운영하고 있다.

또한 교원들의 교육방법에 대한 연구와 교재개발을 독려하기 위해 새로운 교수방법을 개발한 교사에게 '새 교수방법 등록증'을 수여하고 우수교원에게 '10월 8일 모범교수자' 칭호를 수여하고 있다. '10월 8일 모범교수자' 칭호는 김정일이 2003년 무봉중학교 현지지도를 실시한 것을 기념하여 우수교원에게 칭호를 수여한 제도이다.

그러나 이런 다양한 교육방법의 개발을 통해 교육의 질을 향상시키기 위한 일련의 노력도 북한교육이 기본적으로 북한체제가 원하는 구성원, 즉 체제 순응적인 인간을 육성한다는 데 목적을 두고 있는 한, 앞선 교육방법과 큰 차이를 낳지 못할 것이다.

제4절 학교생활

1. 수업과 과외활동

북한의 교육시간은 학교별로 다르다. 소학교의 수업시간은 하루 평균 5시간으로, 과목당 45분 수업에 10분 휴식을 원칙으로 한다. 중학교의 수업시간은 1~3학년이 6시간, 4~6학년이 7시간이다. 대학은 하루 4강좌를 기준으로 하며, 강좌당 90분간 수업을 진행한다.

수업은 보통 8시에 시작한다. 소학교의 경우, 8시에 1교시를 시작하여 12시 35분까지 5교시를 마친다. 3교시와 4교시 사이에는 15분간의 '업간체조' 시간이 설정되어 있으며, 5교시를 마치고 1시간 45분간(12:35~2:20) 점심시간을 갖는다. 점심시간에는 오침시간이 포함되어 있다. 점심시간이 끝나면 6교시가 시작되어 3시 15분에 끝난다. 대학생의 경우 등교 후 30분간 독보와 상학 전 검열이 실시되며, 8시 반부터 오전 강의가 시작된다. 오전에 3강좌를 마치고, 1시 반부터는 점심 및 오침시간이며, 오후 강의는 4시에 시작하여 1강좌를 하고 5시 반에는 정규강의가 종료된다. 그러나 농촌지원이나 노력지원 등으로 수업에 결손이 있는 경우는 1강좌를 더하여 7시까지 강의를 하기로 한다.

북한에서는 원칙적으로 남한과 같은 과외는 실시되지 않는다. 고급 관리의 경우, 대학생이나 학교 교원을 초대해 부정기적으로 자녀의 지도를 부탁하기는 하나 보편적인 현상이 아니다. 우리의 과외에 가장 근접한 활동이 소조활동이다. 소조 활동이란 특정 과목을 중심으로 방과 후에 교원의 지도를 받는, 이른바 보충수업이다. 소조의 종류로는 수학소조·외국어소조 · 예체능소조 등이 있으며, 매일 방과 후 2~3시간 정도 실시된다.

북한학생에게 특징적인 과외 활동은 노력동원과 조직생활이다. 앞서 언급된 바와 같이 북한의 교육은 생산 활동과 결합되어 있어 모든 학생은 생산 활동에 참여해야 한다. 학생의 사회의무 노동은 1959년부터 정규교육의 일환으로 실시되어 왔으며, 소학생은 연간 2~4주, 중학생은 연간 4~8주, 고등전문학생은 연긴10주, 그리고 대학생은 연간 12~14주로서, 상급학교로 올라갈수록 동원기간이 길어진다. 북한의 주민은 모두 조직생활을 해야 하므로 소학교 2학년이 되면 누구나 소년단에 가입하게 된다.

중학교 4학년이 되면, 소년단 생활을 끝내고 김일성 사회주의청년동맹에 가입, 소년단 일원의 상징 이였던 붉은 머플러 대신 왼쪽 가슴에 청년 동맹 휘장을 달게 된다. 또한 청년 동맹 가입 후 바로 교내 군사조직인 붉은청년근위대에 들어가게 된다.

군사교육훈련은 남녀학생 모두에 해당된다. 대학생이 되면 준군사조직인 대학교 교도대에서 6개월간 군사훈련을 받게 되며, 교도대 복무졸업증이 없으면 대학을 졸업하지 못한다. 북한의 학교는 그 자체가 군대식 대열로 편성되어 있다. 예를 들면, 규모에 따라 차이가 있기는 하지만 학교는 연대로, 학부는 대대로, 학과는 중대로, 그리고 학급은 소대로 편성된다.

2. 학생의 일탈과 처벌

북한학생들은 학교 규칙과 조직생활(소년단, 청년동맹 등)에 의해 규율통제를 받지만 다양한 형태의 저항과 일탈행위를 하기도 한다.

북한학생의 일탈행위는 주로 결석을 비롯한 각종 학교 규율 위반과 복장 불량, 흡연과 음주, 이성교제 등 의 생활규율 위반이다.

경제난 이후 특징적인 규율위반 행위는 절도와 엉덩이춤, 장발, 쫑대바지(쫄바지), 외국어가 쓰인 옷 등 '자유주의', '황색바람' 등으로 불리는 자본주의 문화유입에 따른 모방행위 등이다. 이 같은 학교규율 위반 현상은 특히 1990년대 경제위기 이후 심각해지고 있는데 이는 경제난 이후 가족해체와 북한사회의 전반적인 통제 이완에 따른 것이라 할 수 있다. 학교규율 위반학생에 대한 처벌 권한은 청년동맹에 있다. 물론 교원들도 수업 중에 떠드는 학생이나 숙제를 하지 않은 학생 등에 대하여 처벌을 하지만, 교실 밖에서는 소년단이나 청년동맹에서 벌을 준다. 퇴학제도는 없고 학교에서 개인별로 교양을 한다. 수업을 받으면서 방과 후 교양을 한다. 수업을 받으면서 방과 후 교양을 받기도 하며, 수업에 참여하지 못하고 교양만을 받는 경우도 있다. 심한 경우는 시·군·구역별로 문제학생을 모아놓고 집단적으로 교양을 하기도 한다.

3. 북한의 교원

북한에서는 교사 · 교수를 통칭하여 교원이라고 부른다. 물론 선생님이라는 말도 사용하며, 대학교원의 경우 교수라고도 하는 점은 우리와 같다. 일반 교원의 경우 임금은 노동자의 상급 수준을 받고, 대학교원인 경우는 거의 장성급에 해당하는 월급을 받으며, 학부모들과 학생들로부터 존경과 우대를 받는 등 북한에서 교원에 대한 사회적 지위는 높은 편이었다. 그러나 경제위기 이후 자력갱생으로 학교를 운영해 나가면서 교원에 대한 처우와 인식은 나빠졌다. 한편 교원들도 끊임없는 업무와 배급중단에 따른 생활고로 교직을 선호하지 않는 다고 한다.

교원들은 직업적인 혁명가라고 하여 마음대로 조직생활에 빠질 수 없고 장사에 나서거나 퇴직할 수도 없는 사회적 책임과 도덕성이 요구되는 신분이다.

따라서 생계비에 턱없이 부족한 월급만으로 생활을 유지하기 힘들어 경제난 이후 교원은 인기 없는 직업으로 전락하였다. 도시지역의 남성교원들은 대부분 아내들이 장사를 해서 생계를 유지하고, 농촌에서는 뙈기밭 농사로 연명한다고 한다. 미혼여성들은 병, 결혼 등 을 빙자하여 휴직한 후 장사에 나서고 기혼여성들도 직접 장사에 나서기 위해 결근하기도 하여 수업이 파행적으로 운영된다고 한다. 또한 교원들은 몇 조로 나뉘어 시당 교육부 모르게 7~10일씩 교대로 식량을 구하기 위해 장사에 나서고, 학교에 남은 교원들이 몇 개의 학급을 맡아 수업을 진행하기도 한다.

이런 사정으로 인해 사범대 출신 중 성분이 좋은 집 자녀들은 학교 졸업 후 보위부나 안전부, 군당지도원으로 빠져나가고 주로 성분 나쁜 학생들이 교원 직을 수행한다고 한다. 교원이 되기 위해서는 일반적으로 교원 양성대학을 나와야 한다. 교원 양성대학은 사범대학과 교원대학으로 구분되는데, 각 도(직할시)마다 1~2개씩 설치되어 있다. 사범대학에서는 중학교 교원을, 교원대학에서는 소학교 교원과 유치원 교양원을 양성하고 있다. 이들 대학에서는 교원 충당을 위해서 주간의 정규교육 이외에 통신·야간교육을 실시하고 있으며, 또한 교원의 재교육도 실시한다. 북한의 주요 교원 양성기관으로는 김형직 사범대학, 김정숙 사범대학 등이 있다.

교사의 주 업무는 물론 교육이지만, 방과 후 학습부진 학생 혹은 우수 학생의 학습지도 외에 월요일에는 학습과 총화시간을 가지며, 화요일과 목요일에는 분과모임을 갖는다. 나머지는 교재연구를 위한 시간이다. 중힉교 교원의 분과모임은 수업내용을 준비하고 토론하는 시간으로서, 혁명 역사분과, 역사 지리분과 등 9개 분과로 구성된다. 또한 교원들은 여러 종류의 노동현장에 동원되기도 한다. 철도공사지원, 주변농장 지원, 식수, 국토정리 등 각 시기마다 제기되는 노력동원과 봄과 가을에 학교에서 실시하는 동원 등 여러 가지가 있다.

제5절 주요 명문대학 및 학위제도

1. 평양시내 주요 명문대학

평양시에는 어떤 도시보다도 중앙급 대학들이 집결되어 있다. 평양시에는 김일성 종합대학, 인민경제대학, 국제관계대학, 평양 외국어대학, 김책 공업대학, 김형직 사범대학, 평양 의학대학, 평양 경공업대학, 연극영화대학, 음악무용대학, 미술대학, 평양 사범대학, 평양 교원대학, 인쇄공업 단과대학, 경공업 단과대학, 평양건설 단과대학, 의료기계 단과대학, 평양 전자계산기 대학, 평양철도 단과대학, 평양 양정 전문학교 등이 있다.

가. 김일성 종합대학

주　소 : 평양시 대성구역 용남산동

학생 수 : 17,000명, 교수 1,200여명, 직원 2,500명
학년제 : 4~6년
졸업 후 배치지 : 북한의 주요 정치, 경제 간부로 배치, 교원배치
비　고 : 중앙대학, 1946년 10월1일 창립, 당시 북한 최대의 유일한 종합 대학. 대학 안에 컴퓨터 대학과 자동화 대학이 있다. 사회 및 자연과학 등 종합적인 민족 간부 양성기지 박사원 및 연구센터가 있다.

정치 대학으로는 김일성 고급당학교, 금성 정치대학, 강반석 정치대학 이 있고, 군사대학으로는 서포 정치대학, 김일성 군사종합대학, 강건 군관학교, 미림 육군대학, 마랑 경비대 군관학교, 안전부대학 등이 있다.

총대지면적 1백 56만여m^2의 본청사와 건평 4만 6천m^2의 제1호교사, 건평 5만 2천m^2의 제2호교사를 비롯한 여러 교사들이 있으며, 2백30만권의 장서와 1천2백여석의 알람실과 연구실을 가진 과학도서관, 자연박물관, 출판사와 인쇄공장, 광학실험 기구공장 등의 부대시설 그리고 1만여명을 수용하는 기숙사와 식당 · 병원 · 종합편의시설 등을 갖추고 있다. 상징건물은 22층. 이 대학은 내각의 교육위원회에 직속되어 있어 교육내용의 경우 고등교육성의 지시를 받고 있다. 또한 이 대학은 총장 아래 당조직과 학생단체를 관장하며 노동당 대학당위원회 책임비서를 겸하고 있는 제1부총장과 교무행정 일체를 관장하는 교무부총장, 연구활동에 관한 일체 업무를 관장하는 과학부총장, 물질적인 교육조건을 보장하는 업무를 관장하는 경리부총장 등 4명의 부총장이 있다. 아울러 총장의 고문기관으로서「대학평의회」가 있는데 학부장들과 행정부서책임자, 당 및 사회단체 책임자들로 구성되며 대학의 최고 협의기관이다.

북한에서는 “김일성대학을 나와야 출세한다”는 말이 있다. 실제 현재 북한의 당·정 차관급 이상 고위간부의 70%이상이 이대학 출신이기도 한다. 재학생들의 가장 중요한 선발기준은 출신성분이다. 재학생 1만 7천여명 가운데 중앙과 지방 당·정·군 중견간부 이상 특권층자제가 50%이상을 차지하고 있기 때문이다. 1946년 개교한 이 대학은 현재 역사, 법률, 경제, 조선어문학, 철학, 외국어문학, 수학, 역학, 물리, 화학, 생물학, 지리, 지질, 자동화원자력 등 14개 학부로 구성되어 있다. 대부분의 대학들이 야간 및 통신교육 과정을 설치하고 있듯이 이 학교에도 있다. 매년 9월 신학기가

시작되며 교육기관은 예비과정을 포함, 인민과학부 4년, 사회과학부문이 5년제, 자연과학 부문이 6년제다. 대학 내에 50개 학과와 14개 학부의 통신학부가 있다. 역사학부 내에 최근 김일성 학과와 김정일 학과가 신설되었다. 대학 산하에 10여개의 연구소와 50여개의 연구실이 있다. 현재의 부지는 지주였던 김제원의 제공과 농민들의 헌납에 의하여 학교가 지어졌다고 한다. 캠퍼스의 중앙에는 김일성 동상과 〈김일성동지 혁명사적관〉, 〈김일성동지 혁명사상연구실〉, 〈경애하는 수령 김일성 동지의 선물 진열관〉, 〈친애하는 지도자 김정일 동지의 기념관〉의 건축물이 있다.

북한에서 김일성 종합대학의 독주시대가 끝나고 전문 분야로 특성화한 대한 출신의 활약이 두드러지는 새로운 경향이 최근 나타나고 있다. 물론 노동의 핵심 부서인 조직지도부·선전선동부는 김일성대학 출신이 주류를 이루고 있다. 그러나 당 경제부서나 내각에는 김책공업대학, 정준택 원산 경제대학, 국제관계대학 졸업생들이 두각을 나타내고 있으며, 대학입학경쟁은 보통 대학 입학정원의 5배정도로, 김일싱 종합대학의 경우 30:1의 경쟁률을 보일 때도 있었다고 한다. 대학 본고사를 치를 때 북녘의 엄마들도 교문에 엿을 붙이고, 교문 밖에서 기다린다는 장면을 목격할 수 있다. 남이나 북이나 명문대학 입학은 역시 어려운 관문인 것 같다.

나. 김책 공업종합대학

주　　소 : 평양시 중구역 연전동(영광거리)
설　　립 : 1948년 9월1일, 김일성대학에서 분리되어 평양공업대학으로 되었다가 개명
학 생 수 : 1100명, 교수 200여명
학 년 제 : 6년
중요학과(학부) : 지질학, 금속학부, 전자공학부, 원자로공학, 지구물리탐사학, 금속재료학, 핵전자공학, 전자계산학부, 경영학부, 기계학부, 수문지질학, 내연기관,재료역학, 철도건설, 전기공학, 무선전신 외 26개학과, 공업대학 중 제일 실력있는 대학
졸업 후 배치 : 각 기업소, 공장, 연구소 배치
기　　타 : 중앙대학, 졸업생은 기사 자격증 수령
학　　기 : 9월~8월(1학기 : 9월~2월, 2학기 : 2월~8월)
입학자격 : 고등학교 졸업수준

북한에서 가장 권위있는 공업대학으로, 중공업을 비롯한 인민경제 여러부문의 기술인재를 키워내는 공업기술 종합대학이다. 김책 공업대학을 비롯하여 북한의 공업대학은 학술적이라기보다는 실제적이고 실용적인 기술교육에 중점을 두고 현

장기술자 양성에 치중하고 있다. 대학에는 현대적 설비를 갖춘 여러 채의 교사, 도서관(50만 장서), 54개 실험실, 각종 실습공장 등의 교육시설이 완비되어 있으며, 과학 부문별 연구소와 연구원, 박사원이 있다. 이외에도 일하면서 배우는 교육체계로 야간학부가 있으며 여러 가지 재교육반이 있다. 총 대지면적 20만m² , 외국의 유학생도 받아 교육시키고 있다.

김책공업대학 졸업생은 전국의 공장 · 기업소를 훌륭히 관리운영하며 북한 공업부문에서 핵심적 역할을 수행해 왔다. 한국전쟁 중인 1951년 김책공업종합대학으로 개칭되었다. 학과는 13개 학부 80여개 강좌가 개설돼 있고, 연구원 · 박사원 · 연구소 등이 설립돼 있다. 연구원은 1956년 창설 되었다. 김책은 항일무장투쟁 시절부터 김일성의 혁명동지로 한국전쟁 초 인민군 전선 총사령관으로 있다가 1951년 1월 전사했다. 김일성이 사망할 때 까지 가장 아낀 사진은 김책과 찍은 한 장의 사진이었다고 한다. 북한에서 정보화, 과학화가 강조되면서 특히 주목받는 대학이며, 이 대학은 설립된 이후 금속 · 기계 · 체신 · 선박 · 전자 · 자동화 · 전기 등 공학 기술인력 을 육성해온 명문 공업대학이다. 북한 언론들은 최근 각 경제분야의 기술개발과 설비 현대화에서 김책공대 졸업생들이 핵심역할을 수행하고 있다고 보고하고 있다. 내각 금속기계공업성의 경우 김용남, 한광복 부상(차관)등이 김책공대 출신들이다.

다. 평양의과대학

주　　소 : 평양시 중구역 창광거리
학 생 수 : 5000
학 년 제 : 6년 석사, 박사과정 있다
중요학과(학부) : 임상의학부, 약화부, 특수학부, 동의학부, 의료기계학부, 법의학, 유기화학, 기초의학, 위생학, 구강학과, 의학부, 동양학부, 진찰생리, 미생물학
졸업 후 배치 : 각 종합 병원 의사, 의학연구사, 박사원 신설(1962.3.2)
도　　서 : 26만권
기　　타 : 중앙대학, 기초의학, 임상의학, 위생 약화 구강학부 등 종합적인 의사양성이 기본이다. 부속병원, 연구소, 실험실 등 종합적인 보건 일꾼양성, 분야별 연구소, 박사원 등이 있다.
학　　기 : 9월~8월(1학기 : 9월~2월, 2학기 : 2월~8월)
입학자격 : 고등학교 졸업수준
1948년 9월 1일 설립, 김일성 대학 의학부가 분리독립

2. 인민 대학습당

평양의 한복판 중구역 남산재에 건설되어 1982년 4월 1일에 개관되었다. 이는 일종의 중앙도서관 내지 종합 사회교육 시설이다. 대동강을 사이에 두고 새로 세운 주체사상탑과 대칭을 이루며 김일성 광장과도 조화를 이루고 있다.

주변의 만수대 예술극장, 평양 학생소 년궁전, 평양 제 1백화점과도 어울리게 건설되었다. 인민대학습당은 천연의 흰 화강석들을 다듬어 아름드리 기둥들을 세우고 그 위에 억센 나래를 펼치듯 푸른 기와를 입힌 합각지붕들을 첩첩히 올려 앉혔으며 은근하면서도 연한색으로 단청서리를 함으로써 웅장하면서도 밝고 시원한 감을 느끼게 한다. 학습당의 정면 중앙 홀에는 붉은 노을이 활짝 비낀 백두산을 배경으로 김일성주석의 석상이 있다.

온 사회의 인테리화의 중요한 기지이며 전민학습의 전당인 인민대학습당은 10만 m^2의 연건평과 3,000만권의 장서능력을 가지고 있다. 좌석 수가 5,000여석이다. 매일 평균 1만 2,000여명을 수용할 수 있다. 건물 높이는 63.5m, 너비는 150.8m, 길이는 190.4,m로 10층 건물이다. 여기에는 학습조건과 환경이 이상적으로 마련되어 있는 열람실들과 최신 설비들로 꾸려진 강의실과 녹음실, 홍보실, 문답실들을 비롯하여 600여개의 방이 있다. 인민 대학습당의 내부공간에서 중심적 위치를 차지하는 종합목록실은 직경이 6m이상 되는 원형 구슬무늬등과 300여개의 별등, 보석꽃 무늬로 장식되어 화려할 뿐만 아니라 운동장처럼 넓어 한꺼번에 수백명의 독자들을 받아들일 수 있다. 책을 읽다가 모르면 물어볼 수 있는 상주 교수가 있다.

독자들이 책을 보다가도 필요한 녹음을 듣고 싶으면 녹음을 듣고, 영화화면이나 텔레비전화면을 보고 싶으면 그것을 보면서 학습을 심화할 수 있게 되어 있다.

전망대 안쪽에 있는 기념품점에 들어서니 여성판매원이 물건 하나라도 더 팔기 위해 애쓴다. 북에는 도 · 시 · 군 및 대학과 공장 · 기업소 등에 1만 5000여개의 도서관이 있다. 도서관의 규모는 평양 인민대학습당과 같은 초대형 도서관도 있으나 장서 1~2만여 권에 25~50여 명 정도를 수용하는 작은 규모의 도서관이 대부분이다. 인민대학습당은 시·군 도서관, 공장·협동단체 도서관 등의 '성인도서관', 소학교·중학교·학생소년궁전 도서관 등 '학생도서관'을 망라한 '군중도서관'과 각 도 도서관 · 과학도서관 등 '종합적 과학도서관' ,대학 · 전문학교 도서관, 연구소 도서관 등 '전문과학도서관'을 망라한 '과학도서관'의 행정적, 학술적 지도를 맡아한다.

3. 학위제도

북한에서는 대학 졸업생들에게는 한국과는 달리 학위를 수여하지 않고 전문가(인문계통)나 기사(이공계통)자격증을 수여하고 있다. 북한에서 학사는 사실상 일본, 미국 또는 한국에서 부여하는 학위와는 달리 러시아의 연구기관이나 고등교육기관에서 주는 후보학위와도 유사하다.

사실상 북한에 있어서의 학사학위를 받기위해 필요한 연구나 교과과정은 소련의 것들과 퍽 흡사하며, 이는 연구원에서 연구한 사람에게 준다. 남한의 석사와 비슷하다. 학사학위 지망자는 40세 미만으로 경쟁에 의하여 선발된다. 지망자는 외국 또는 국내에서 3년 이상 대학교육을 정규 인가된 학교에서 받았어야 한다. 학사학위 지망자는 입학시험을 보아야 하는 것에 반하여 박사 학위 지망자는 입학시험을 보지 않아도 된다. 시험이 필요하다고 인정될 때에는 지망자들은 과학이론에 대한 그들의 준비가 얼마나 되었는가를 시험받게 된다. 그러나 박사학위 지망자들은 학사학위 보유자, 또는 교수의 적을 가진 사람이어야 입학이 된다. 그리고 박사 지망자들이 후보자가 되면 1년이나 2년 내에 논문을 쓰게끔 권장한다.

박사학위는 박사원이라는 곳에서 공부를 하고 학위논문이 통과되어야한다. 일반적으로 박사학위를 받은 사람은 학위와 동시에 고등교육기관이나 연구기관에 학술 또는 연구직을 받게 된다. 그런데 지금은 학위의 명칭에 있어서도 한국과 같은 학사나 석사의 이름은 없고 다만 박사와 준박사라는 것만이 있다. 이외에 원사라는 학위가 있는데 이는 일종의 명예 박사와 비슷하다. 박사보다 훨씬 큰 대우를 받는다고 한다.

「원사」는 박사학위 소지자로서 해당분야에서 특출한 연구성과 고양 및 후진양성 등 업적을 쌓은 학자에게 수여하는 명예칭호이다. 북한에서는 학위, 학직 수여위원회가 존재하여서 위원회가 학위와 학적에 대한 모든 결정을 하고 있다. 정부가 수여하는 학위는 두 개의 독특한 특징이 있다. 첫째, 연구원이나 박사원에서 정규과정을 밟고 학사나 박사를 받거나 또는 정부가 과학, 문학, 예술 또는 다른 창조적인 분야에서 상당한 공헌을 한 사람에게 부여하는 것이다. 둘째, 학위는 연구원이나 박사원을 설치하여 놓은 고등교육기관뿐만 아니라 다른 연구기관에서도 수여할 수 있다.

단 김일성 종합대학은 대학내 학위위원회 결정으로 수여한다. 학위는 년 5~6회 수여하고 있는데, 김정일 생일(2.16), 김일성 생일(4.15), 정권 창건일(9.9), 당 창건일(10.10), 김정숙 생일(12.24)등 주요 기념일에 즈음하여 학위수여식을 개최하고 있다. 학위제도를 보면 자본주의 국가들과는 달리 북한이나 중국과 같은 사회주의 국가들에서는 고급 연구인력의 양성이 2원화 되어 있다.

즉, 정규대학의 대학원에만 석사(북한의 준박사)나 박사를 교육하는 것 이 아니고 연구소에서도 똑같은 교육과 연구활동을 지도할 수 있다. 또한 학위를 수여하고 있다.

제6절 문예정책

1. 문예정책 목표

북한은 목적주의 문예관에 기초하여 문학예술을 "근로대중을 정치사상적으로 교화하는 수단" 이며, "온 사회를 혁명화, 노동 계급화 하는데 복무하는 수단" 으로 규정하고 있다. 이에 따라 북한의 문예정책은 예술성보다는 당국이 지향하는 이념을 전달하는 수단으로서의 역할이 강조된다. 북한 당국이 문학예술을 통해 달성하고자 하는 목표는 사회주의 혁명과 건설의 참여 동기 부여, 지도자(수령)에 대한 정당성과 충성심 확보, 그리고 북한에 의한 통일의 정당성 확보로 구분지어 볼 수 있다.

첫째, 북한의 문학예술은 해방 후 사회주의 체제 수립의 정당성을 확보하는 한편 이에 대한 적극적인 참여를 독려하는 수단으로 이용되었다. 북한의 문인과 예술인들은 시기별 당의 노선에 따라 초기에는 토지개혁 등을 찬미하고, 1950년대 후반에는 '천리마운동 영웅'을 집중적으로 부각시키는 등 사회주의 건설을 반영하는 작품들을 창작 · 보급하였다. 1980년대에는 경제적인 어려움 속에서도 당과 지도자를 위해 충성과 헌신을 다하는 '숨은 영웅'을 발굴하여 선전하는 '숨은 영웅 형상문학'이 집중적으로 창작 되었다. 구소련의 붕괴, 동구권의 체제전환 등 사회주의권이 급변하는 1990년대에는 〈사회주의 지키세〉, 〈어머님은 붉은 기와 함께 계시네〉,

〈고난의 행군 정신으로〉 등과 같이 북한주민들을 사상적으로 결속시키고 사회주의 정당성을 확보하기 위한 작품을 많이 창작하였다.

둘째, 북한의 문예정책은 지도자(수령)에 대한 정당성과 충성심을 확보하려는 목표를 가지고 있다. 1960년대 말에 이르러 김일성의 유일지배체제가 확고해지면서, 나름대로 미적 측면을 추구하고 있었던 문인이 대거 숙청되고, 김일성의 반제항일투쟁을 주제로 하는 '학일혁명투쟁 작품만이 정통성을 부여받게 된다. 이에 따라 만들어진 작품이 이른바 5대 혁명가극(〈피바다〉, 〈당의 참된 딸〉, 〈꽃파는 처녀〉, 〈밀림아 이야기하라〉, 〈금강산의 노래〉), 5대 혁명연극(성황당, 혈분 만국회, 딸에게서 온 편지, 3인 1당, 경축대회), 그리고 〈불멸의 역사〉 시리즈이다. 김정일의 권력승계가 공식화되는 1980년대에 이르면 김정일의 우상화 작업이 본격적으로 추진되면서 총서인 〈불멸의 향도〉 등 이른바 '지도자 형상화' 작품이 나타나게 된다. 통치자에 대한 정당성 고양에 역점을 두는 작품은 경제난 등 총체적인 체제위기에 처하게 되는 1990년대에 들어서면서 증가되어 〈나는 첫 세대다〉, 〈받으시라 인민의 환호성을〉, 〈이 날을 기다렸습니다〉 등 김정일의 권력승계를 찬양하는 작품들이 만들어진다. 2000년대에는 "문학예술작품은 마땅히 시대정신에 맞아야 하며 시대의 숨결을 담아야한다"는 김정일의 지시에 따라 김정일 집권 이후 주창되고 있는 선군정치와 이를 정당화하는 선군영도업적을 작품에 반영하는 '선군혁명 문학예술'의 창작이 독려되고 있다. 한편 1980년대 후반부터 문학예술 소재에 다양성을 보이면서 시문학의 서정화 경향이 나타났고 도시와 농촌의 갈등, 세대간의 문제, 여성문제, 애정문제 등 다양한 현실문제들이 소재로 다루어지기 시작하였다. 마지막으로 문학예술을 통해 달성하고자 하는 또 하나의 목표는 '남조선혁명 의 정당성을 확보하는 것이다. 북한의 문학예술이 남한의 현실을 비판하고 반자본주의적 이념을 본격적으로 강조하기 시작한 것은 1960년대부터라고 할 수 있다. 구체적으로 김일성이 "문예작품에서 남반부 인민들의 생활과 투쟁을 적게 취급하고 있다"고 비판하면서, "우리의 문학예술은... 남조선 혁명과 조국통일을 위한 전체 조선인민의 투쟁에 복무해야 한다" 라고 주장하면서 부터이다. 이후 북한에서는 문학예술 작품에 남한사회의 부패상, 미국과 일본의 제국주의적 행태, 특히 주한미군의 병폐를 집중 부각시켜 왔다. 이와 같이 북한의 문예정책은 선전선동에 일차적 목적을 두고 '인민적이고 혁명적인 사회주의 민족문화의 건설'을 목표로, 지도자를 중심으로 한 사회주의 혁명과 건설과업에 기여하는 혁명적 문학예술의 발전을 도모하고 있다.

2. 문예 이론

북한에서는 초기 미적추구 계열의 문학을 계승하면서 사회주의적 사실주의 창작방법을 중요시하였다. “사회주의적 예술은 현실을 반영하고 대중이 이해할 수 있으며 사회적 영향을 고려, 스스로 사회적 목표를 세우는 예술이다”로 정의되는 사회주의적 사실주의는 예술에 무게를 두기보다 현실과의 밀접한 관련을 통해 사회상을 반영하는 것을 목적으로 한다.

즉 창작의 형식면에서 사실주의를 기반으로 하고, 내용 면에서 사회주의적 경향성, 즉 당성·계급성·인민성을 중시해야 한다는 것이다. 북한의 문예정책과 직접 관련이 있는 주요 이론으로는 주체 문예이론, 종자론, 군중 예술론 등 크게 세 가지를 들 수 있으며, 이외에도 속도전 이론, 전형화 이론, 영생주의론, 통속화 이론 등이 있다. ‘주체문예이론’은 김일성의 주체사상에 바탕을 둔 문예이론으로 사회주의적 사실주의 문예관, 기본 이념, 창작방법 등 모든 문학예술의 기본 원리를 김일성 유일사상에서 찾는 이론이다.

유일사상의 핵심은 김일성-김정일의 유일지배체제를 정당화시키는 데 있으므로, 이에 입각한 문학예술의 기본원리와 창작방법은 지도자에 대한 충실성을 바탕으로 한 전형을 창조하는 것이다.

또한 주체사상에 바탕을 둔 주체 문예이론은 민족성의 계승, 즉 항일 혁명 문예의 전통과 민족의 문화유산을 중시하고 있다. 이에 따라 모든 문학예술은 민족적 형식에 사회주의적 내용을 담아야 한다. 여기서 말하는 민족적 형식은 김일성이 항일 유격대 시절에 창작했거나 지도했던 형식을 의미하고, 사회주의적 내용은 낡은 것(봉건 잔재)을 없애고 새 것을 창조하는 투쟁, 착취 계급과 자본주의의 모순 폭로 그리고 사회주의의 옹호를 의미한다. 이런 맥락에서 북한의 모든 작품은 당성·계급성·인민성이라는 세 가지 요건이 충족되어야 한다.

이는 김일성의 혁명사상을 토대로 주체사상의 관철을 위해 투쟁하고, 혁명투쟁의 관점에서 노동계급의 이해관계를 반영하며, 인민대중의 감성에 맞게 혁명사상으로 무장해야 함을 의미한다. 그러나 최근에는 주민의 호응도와 인기를 고려하여 대중성도 가미되고 있다.

북한 문예정책의 또 다른 핵심인 ‘종자론은 주체 문예이론에 기초하여 예술창작에 임하도록 요구하는 일종의 실천 강령이다. 북한의 '문학예술사전'에 의하면, 종자론은 "김일성의 주체적 문예사상을 창작, 실천하는 과정에서 당에 의하여 독창적으로 밝혀진 문예이론의 새로운 개념"이며, "작품의 핵을 이루는 종자는 그 작품의 가치를 규정하는 근본문제로 되며 창작가는 종자를 똑바로 잡아야 자기의 사상, 미학적 의도를 정확히 전달할 수 있고 작품의 철학성을 보장할 수 있다"고 규정하고 있다. 여기서 종자란 소재와 주제, 사상을 유기적인 연관 속에서 하나로 통일시키는 작품의 기초이며 핵이고, 종자의 선택에 있어 가장 중요한 것은 '수령님의 교시와 그 구현인 당 정책의 요구라고 규정하고 있다.

따라서 "종자의 핵심은 사상성 즉 수령의 교시와 당 정책의 요구에 맞는 것"으로서, 이에 의거한 북한의 문예작품은 지도자의 교시와 당의 정책을 구현하는 수단으로 의미를 지니게 된다. '군중예술론'은 창작의 주체가 군중이나 집단임을 강조하여 대중의 참여를 고무하는 이론이다. 김일성은 "공산주의적 문학예술을 건설하는 과정은 문학예술 건설에서 근로자들의 수준을 전문 작가예술인들의 수준에 끌어올리며 군중문학예술을 전문예술의 수준에 끌어올리는 과정"이라고 하면서, "문예활동에서 전문 일꾼 본위로 나가려는 경향을 철저히 경계하여야 하며 창작 사업에는 신비주의를 버리고 문학예술을 군중적으로 널리 발전시켜야 한다" 고 주장한 바 있다. 특히 "글 쓰는 것을 신비화하는 것은 옳지 않다. 중학교만 나오면 누구나 다 자기가 느끼고 생각하는 것을 쓸 수 있다"라는 김일성의 지적에 따라 북한의 문학예술은 인민들이 쉽게 이해할 수 있고 그들은 감성에 맞는 작품을 창작함으로써 인민대중의 참여를 강조하고 있다.

3. 창작 제도

북한은 집단주의 사회에 걸맞게 문학예술 작품의 창작 또한 집단적으로 이루어진다. 이런 집단적 창작은 김일성이 제안하고 김정일이 주도했다는 이른바 '3위1체제'에 입각하여 이루어진다. 당은 작품의 내용이나 작가의 활동을 감독하며, 문화성과 같은 행정조직은 창작여건을 조성하는 역할을 수행하고, 창작가들은 조선 문학예술 총동맹(문예총)에 소속되어 작품을 창작한다. 즉 문학 · 예술가들은 자발적으로 작품을 창작하기보다는 정권기관에 종속되어 있으며, 예술작품 구상단계에서부터 소재의 선정, 작업기간이나 분량 및 작품평가에 이르기까지 문화성과 문예총

산하 해당 동맹을 통해 하달되는 당의 지시에 따라야 한다.

창작의 집단화를 대표하는 조직으로는 조선 문화예 술총동맹이 있으며, 북한의 모든 작가·예술인들은 이 단체에 소속되어야 작가·예술가로서의 대우를 받을 수 있다. 문예총은 작가동맹·미술가동맹·음악가동맹 등 분야별 문학·예술인 단체를 산하에 두고 있다.

공장·기업소·협동단체 등에는 예술소조가 조직되어 있어 근로인민대중의 예술활동은 소조를 통해 이루어진다. 예술소조는 문예총과 별개의 군중단체로 활동하지만, 소조원들의 창작품이 각 동맹의 기관지에 발표되기도 한다. 이들 중 일부는 각 동맹의 후보맹원으로 발탁되어 수습기간을 거쳐 정맹원이 됨으로써 직업적 작가나 예술가의 길로 들어서기도 한다. 그 외에 작품의 현상모집에 참여하여 발굴되는 경우도 있다. 북한 전업 작가의 약 40%가 문학통신원 출신인데, 이는 직장인으로 현상모집에 응모하여 작가의 길에 들어선 경우이다.

〈조선 문학예술 총동맹 조직〉

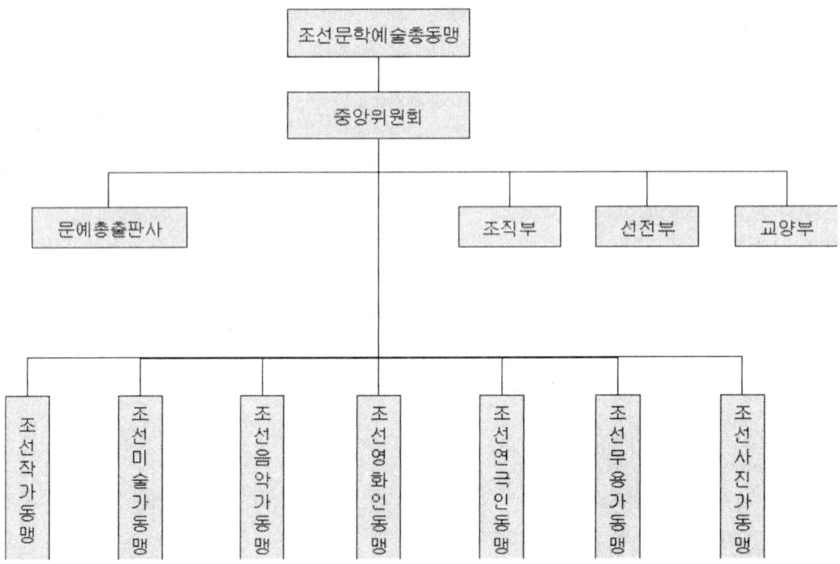

주 : 각 동맹 중앙위원회 산하에 분과위원회가 있으며, 각 도에는 총동맹 지부와 부문별 동맹 지부가 있음

제7절 분야별 문학 · 예술 실태

1. 문 학

북한에서 문학은 모든 예술의 기본으로 인식된다. 이는 문학이 모든 장르의 기본이 되는 이야기를 창조해내기 때문이다. 북한은 문학을 "주민들에게 혁명적 낙관주의와 집단주의적 영웅주의를 심어주고 혁명발전의 단계에 맞게 당원들과 근로자들을 유일사상으로 무장시키며 온 사회의 혁명화, 로동계급화에 이바지하는 것"이라고 밝히고 있다.

이와 함께 "당의 유일사상 체계를 더욱 철저히 세우고 온 사회를 주체사상화하기 위한 투쟁이 심화되고 있는 현실적 요구를 반영"하여 수령의 초인적인 모습을 그려내도록 '수령형상 창조 문제에 비중을 두고 있다. 주체문예이론이 대두된 1970년대 초반부터는 〈피바다〉, 〈꽃파는 처녀〉, 〈한 자위단원의 운명〉등 항일 혁명 투쟁시기에 연극으로 공연했다는 작품들을 장편소설로 개작하였다. 1970년대 후반에는 3대혁명 기수들과 3대혁명 소조원, 숨은 영웅들을 비롯한 각 분야의 새로운 인간상을 그려내고자 하였다. 이는 생산성 향상 문제가 대두됨에 따라 과거 지주와 자본가 등 선악으로만 구분되던 인물 평가가 모범적·긍정적인 인물로서의 노력영웅을 이상화하는 구도로 변화되었음을 의미한다. 1980년대부터는 북한문학의 소재에 변화가 나타났다. 중앙의 지시로 김일성 가계를 소재로 하여 일방적 충성만 촉구하던 문학이 생활 속의 소재를 사용하는 방향으로 다소 변화하기 시작하였다.1980년대 후반에 들어서는 이러한 변화상이 반영되어 사상과 주제는 김일성 부자와 당에 대한 충성이지만 줄거리는 남녀의 애정을 배경으로 하는 〈청춘송가〉(1987년 남대현 작)등이 대표작으로 인기를 끌었다. 1990년대 이후에는 추모문학, 단군문학, 태양민족문학, 선군혁명문학 등 4개의 새로운 문학개념이 나타났다. 추모문학은 김일성의 사망을 추모하는 문학으로서, 김만영의 서사시〈위대한 수령님은 언제나 우리와 함께 계시네〉가 여기에 속한다.

단군문학은 1990년대 '조선민족 의 우수성과 민족정통성을 강화하는 차원에서 단군릉을 발굴 · 복원하는 가운데 나온 것이다. 태양민족문학은 1995년 김정일을 '주체의 태양'으로 묘사하면서 나타난 문학개념으로, "백두산 3대장군(김일성, 김정숙, 김정일)의 위인상을 사상 예술적 경지에서 형상화"하는 문학이다. 2000년에 등장한 선군혁명문학은 수령 상문학을 잇는 개념으로서, 김정일의 선군혁명 업적을 문학작품에 반영하려는 것이다. 이에 따라 선군정치를 미화시키기 위해 전우애를 강조하거나 강성대국 건설을 군이 선도해야 한다는 내용을 표출하는 작품이 눈에 띄고 있다.

총서〈불명의 향도〉중 장편소설인 〈라남의 열풍〉, 〈조국찬가〉를 비롯하여 서사시 〈백년이 가도 천년이 가도〉, 서정시〈나는 주체사상탑과 이야기한다〉등의 작품들이 대표적이다. 최근에는 개인의 일상성을 주제로 다루는 작품과 유머 등 간단한 읽을거리는 물론 성애를 소재로 하는 작품도 등장하고 있다. 예컨대 북한 주민의 일상적인 삶을 다룬 작품인 김성욱의 〈나의 멋〉과 〈유치원 마당가에서〉등이 있고, 〈조선예술〉을 비롯한 정기간 행물 등의 유머란에 다양한 유머를 제재하고 있다. 그리고 홍석중의 〈황진이〉는 성애를 노골적으로 묘사하고 있어, 북한의 전통적 문예관에 비추어 볼 때 파격적 성격을 띠고 있다.

또한 2003~2004년 김정일이 비전향장기수들을 모델로 작품을 쓰도록 지시함에 따라 비전향장기수를 소재로 한 소설과 시 등의 작품들이 수십 편 창작되었다. 장편소설〈새벽하늘〉, 시 〈축하합니다〉, 〈나의 어머니시여〉, 〈당기를 띄운다〉 등의 작품이 이에 해당된다. 〈돌아오다〉, 〈축복〉, 〈아, 조국!〉등 비전향장기수들을 원형으로 하는 장편소설들과 선군현실을 반영한 단편소설들은 2005~2006년에도 지속적으로 창작되었다.

2. 음 악

북한이 주장하는 주체음악은 "인민대중의 자주성을 위한 투쟁을 담고 있어야 하고 사람들을 혁명적인 사상으로 교양하는데 이바지하는 것이어야 하며, 형식에 있어서는 인민대중의 사상과 감정에 맞는 인민성을 기본으로 해야 한다는 것"이다.

이에 따라 북한의 음악은 인민의 계급의식과 공산혁명의식을 교양시키고 교양 및 선전선동의 수단으로 사용되는 등 기능적인 측면이 강하다. 따라서 북한의 음악은 서사적인 음악과 성악음악, 사실적인 음악과 민속음악, 단순한 화성적 음악 등이 대부분이다. 북한은 "음악의 창작과 표현은 민족음악을 위주로 함과 동시에 서양음악을 발전시켜, 민족적 선율을 바탕으로 현대적 미감에 맞는 선율을 창조하는

데 중점을 두고 있다"고 주장한다.

북한은 우리와 달리 음악을 대중음악과 순수음악으로 구분하지 않고 있으며, 발간한 노래집의 절반 정도는 소련민요와 중국풍의 국민가요식의 민요조 선율을 띠고 있고 화음과 리듬보다는 가사와 멜로디에 치중하고 있다. 화성은 단조로워 일반 주미들이 쉽게 따라 배울 수 있으나 변화가 없으며, 창법에 서는 비성(鼻聲)을 많이 사용하는 것이 특징이다. 가요는 당 정책선전 가요·서정가요·혁명가요·조선가요 등이 있으며, 김일성 부자 찬양을 위한 송가(頌歌)가 큰 비중을 차지한다. '조선문학예술년감'(1998)에 실려 있는 보천보 전자악단·왕재산 경음악단·조선인민군 협주단·만수대 예술단 등 4개 단체가 발표한 76곡의 악보를 보면 김일성 부자를 찬양하는 음악이 52곡으로 68%를 차지하고 있다. 또한 우리 고유의 전통악기를 개조하여 서구의 현대악기와 합주하도록 하는 등 전통음악의 양악화 경향도 뚜렷이 나타나고 있다. 최근 북한의 음악은 비정치적인 작품이 증가하고 있는 반면, 선군정치에 부응하는 노래들도 많이 창작되고 있다. 특히 '민족' 개념을 강조하면서 전통민요의 발굴에 역점을 둔 작품들이 창작되었다. 2003년에 나온 〈황태산 타령〉, 〈새타령〉, 〈느리개타령〉 등이 이에 해당된다. 또한 '민족수난의 노래 혹은 '계몽기 가요 라는 명칭으로 〈낙화유수〉, 〈타향살이〉, 〈홍도야 울지마라〉와 같은 유행가 등 해방이전 의 흘러간 옛 노래 등을 모은 노래모음집을 발간하기도 하였다. 선군정치와 강성대국 건설이 강조되면서 이와 관련된 음악이 창작되어, 김일성의 사망 이후부터 고난의 행군을 거쳐 선군정치가 완성단계에 이르는 과정을 그린〈선군장정의 길〉과 민요풍의 대중가요〈강성부흥아리랑〉 등이 발표되었다.

또한 북핵문제 등으로 미국과 긴장상태가 지속되면서 '조국애 를 주제로 한 노래들이 널리 불리고 있는데 대표곡으로〈내 나라의 푸른 하늘〉, 〈결전의 길〉등과 같은 전시가요가 있다. 한편 김정일 정권의 등장 이후 북한음악은 그동안 금기시되어 왔던 인민의 생활 감정이나 연애감정을 표현한 노래, 즉 대중가요풍의 생활가요 등이 등장하여 유행하는 등의 변화를 보이고 있다.

김정은 시대에는 모란봉 악단니 2014년 9월 만수대 예술극장에서 신작 음악회를 진행했다. 노래에는 "그날의 15분" "내 심장의 목소리" "고백" 등과, 민요를 여성과 방창으로 부른 "바다만풍가" "철령아래 사과바다" "세월이야 가보라지" 등이 있다. 이와같이 북한에서의 음악은 "정치에 복무해야하며

3. 무 용

북한의 무용은 가극의 한 부문으로 간주되어 왔다. 따라서 여타 예술분야에 비해 독자적 정체성이 미약하고 음악 · 재담(코메디)과 곁들여 소부문으로 삽입되는 정도이며, 아동무용이 주류를 형성하고 있다. 무용의 동작은 우리의 고전무용의 춤사위가 기본을 이루나 무용형식에서는 신체미·율동미·시적인 메시지보다는 힘·규모·조직을 과시하는 것이 특징이며, 무용수의 보조기구도 군인들의 총기류, 노동자의 생산도구 등이 주로 활용되고 있다. 그 결과 북한의 무용은 전투적이고 선동적인 동작이 중시되는 경향이 있다. 1970년대 말부터 〈쟁강춤〉, 〈칼춤〉 등 민속무용의 창작과 발굴에 주력하면서 춤동작 · 가락 · 보법〈步法〉 등을 강조하고 있으나, 북한이 자랑하는 4대 무용명작 〈눈이 내린다〉, 〈조국의 진달래〉, 〈키춤〉, 〈사과풍년〉은 모두 혁명무용으로 불리는 현대무용이다. 북한에서 15년 만에 완성되었다는 '자모식 무용표기법'(1987년)은 사람의 몸동작을 4가지 형태와 11가지의 동작으로 구분하여 이를 모음적 기능으로 설정하고 12개의 자리부호, 7개의 방향부호를 자음적 기능으로 한 후 이들 기본부호를 임의의 형태로 결합시켜 무용동작을 표기한 것이다.

이 밖에도 북한은 집단체조(매스게임)를 공연예술의 형식으로 만들어 국가기념일이나 국빈 환영식에 수만 명을 동원하여 화려한 집체예술로 연출하고 있다. 대표적으로 2002년부터 2007년에 걸쳐 3차례 공연된 '아리랑'을 들 수 있다. '아리랑'은 2002년 김일성 생일 90돌을 맞아 체제결속을 위해 기획되어 4월 14일부터 8월 15일까지 5.1 경기장에서 대규모로 진행되었다. 10만여 명이 출연하는 '대집단체조와 예술 공연 아리랑'은 서장과 4개의 장, 10경, 종장으로 구성되어 있으며 2002년 1차 공연에 이어 2005년 두 번째 공연, 2007년의 세 번째 공연은 북한전역의 주민뿐만 아니라 외국인의 관람을 유도하였다. 북한 주민들에게 국가에 대한 자긍심과 김일성 · 김정일 우상화를 고양하기 위한 동원사업의 일환으로 추진되고 있는 아리랑은 최대 규모의 체조공연으로서 기네스북에 등재되었다고 선전하고 있으나, 학생들의 고된 장기간 훈련과 동원에 따른 인권유린 비난이 제기 되고 있다.

4. 미 술

북한에서는 전통미술을 배척하고 김일성이 주도했다는 항일혁명미술을 참된 미술로 평가한다. 전통미술은 착취계급의 사상과 취미를 반영했을 뿐 계급투쟁의 문제를 예술적으로 해결하지 못한 반면, 항일혁명미술은 당성·계급성·인민성의 원칙을 구현함으로써 참다운 인민적 미술이 되었다는 것이다.

이에 따라 북한에서는 다른 문학·예술작품과 마찬가지로 "민족적 형식에 사회주의적 내용을 담은 주체적이며 혁명적인 미술"인 주체 사실주의 미술을 장려하여 왔다. 김일성 자신도 "미술은 인민의 생활감정과 정서에 맞는 참다운 인민적인 미술로 돼야 하며 당과 혁명의 이익을 위해 복무하는 혁명적 미술로 돼야 한다"고 주장한 바 있다. 이런 연유로 북한 미술에는 '기념비 미술'이라는 명칭의 목적적 작품이 많으며, 노동자들이 망치 들고 노동하는 장면, 농민들이 벼이삭을 들고 만면에 미소를 짓는 장면들을 보여주는 작품을 많이 볼 수 있다. 북한의 미술에서는 '추상은 죽음'이라고 보기 때문에 추상화나 추상조각 등은 찾아보기 힘들다. 또한 북한에서는 미술을 재료와 기법에 따라 회화 · 조각 · 공예 등으로 나눈다. 북한의 회화는 조선화 · 유화 · 벽화 · 출판화 등을 포함하며 이 중 조선화는 동양화의 맥을 이으면서도 채색과 서양화적 기법을 혼합한 독특한 것으로, 민족미술의 특질을 가장 잘 보여주는 것으로 간주되고 있다.

조각에는 환각 · 부각 · 투각 등이 포함되는데, 애국열사릉 · 혁명열사릉에 조각된 군상은 사실주의적이면서 분노와 비탄, 투쟁의식이 선명히 드러난 작품이라고 선전한다. 공예에는 금속 · 자개 · 나무 등을 이용한 다양한 유형이 있으며, '만년화'라는 독특한 공예도 있다. 만년화는 조개껍질을 이용하여 모자이크화처럼 그려 일상용품을 장식하는 일종의 자개공예이다. 〈만경대 고향집〉이라는 장식화가 대표적 작품이고, 기타 김일성 · 김정일 부자 관련 조형물을 만드는 데 주로 활용된다. 2004년도에 만수대 창작사가 제작한 대형 병풍 형식의 작품 〈백두산 천지의 216 봉우리〉는 이른바 김정일의 위대성을 기리기 위한 것이다.

5. 영화 및 연극

북한에서 영화는 다른 어느 예술장르보다 중요하게 취급하고 있으며 '조선중앙년감'에서 '영화년감'을 별도로 출간할 정도로 비중을 높이고 있다. 그 이유는 영화가 음악, 미술, 연극 등의 예술적 모든 요소가 결합된 종합예술 장르로서 대중을 상대로 한 호소력과 전파력이 강하기 때문이라는 것이다. 뿐만 아니라 김정일의 영화에 대한 개인적 취향도 크게 작용하였다. 김정일은 "영화는 정치사상 교양의 힘있는 수단이며 문화정서 교양의 강력한 무기입니다. 우리는 영화를 통하여 근로자들에 대한 사상교양도 하고 정서교양도 하여야 합니다"라고 주장한 바 있다.

북한에서 영화를 제작하는 과정에 지침으로 삼는 '영화예술론'(1973)에 의하면, "영화는 주체사상에 기초하여 인민대중의 전형적인 생활상을 깊이 있게 그릴 것을 강조하고 연출가는 사건의 논리적 연결보다 감정 자극에 역점을 두어야 하며 여러 인민의 단결과 협조에 바탕을 둔 집체적 창작을 중시해야 한다"고 주장한다.

이에 따라 배우는 단순히 연기자가 아닌 구체적인 공산주의 사상 감정 · 생활체험 등을 미적 · 창조적 능력으로 화면에 재현하는 노동계급적 예술가로서 연기하도록 요구된다. 대부분의 북한영화는 긍정전형(肯定典刑)과 부정전형(否定典刑)의 대립에서 긍정전형이 승리하는 구도로, 악역은 미군·일제·반당분자·지주·자본가 등으로 설정된다. 그러나 김정일의 지시로 '긍정전형을 통한 감화'를 추구하는 내용이 강화되어, 오류를 범한 사람이 긍정적 주인공의 감화로 오류를 시정하는 스토리도 주요 테마가 되었다.

영화는 1960년대 천리마운동 이후 대형화되어, 20편까지 이어지는 시리즈물이 제작되는 등 방대한 작품 제작에 치우쳤다. 그러나 시리즈물이 해외 영화제에서 관심을 끌지 못하자 1984년 이후 스케일은 줄이고 서정성 · 사실성을 강화하는 방향으로 변화를 보였다. 1987년에 제작된〈보증〉도 기존 북한영화의 틀을 깨트리고 북한사회에 만연되어 있던 간부들을 부정부패 · 권위주의 · 토대와 성분에 따른 인간차별 등을 표현하였다. 신(申) 필름의 〈소금〉이 모스크바 영화제에서 수상한 것도 그러한 변화노력의 일환으로 평가된다. 1990년대에 사회주의권이 해체되면서 체제유지를 위한 자주성의 확보를 강조하고 자본주의사회의 부패상을 인식시키는 동시에 김정일의 '인덕정치', '광폭정치'를 과시하기 위해 1992년부터 다부작 예술영화인

〈민족과 운명〉을 촬영하기 시작하였다. 이 영화는 원래 10부작으로 계획됐으나, 김정일의 지시로 50부로 늘어났으며, 2002년에 다시 100부작으로 제작이 확대되어 2006년 70부작까지 제작되었고, 앞으로도 계속 이어질 것으로 보인다.

최근의 북한영화는 '선군혁명문학예술론'에 따른 김정일의 선군정치를 반영한 작품이 대부분으로, 대체로 군사 관련 영화이다. 2003년도 대표작으로는 〈이어가는 참된 삶〉이 있다. 이 영화는 미 정보수집함 푸에블로호 나포(1968년) 당시 전사한 병사의 자녀와 그 주변인물들이 사회적으로 성장해 가는 과정을 그린 영화이다.

이 외에도〈그들은 제대병사였다〉와 〈여병사의 수기〉등이 2003년에 제작된 대표적 영화이다. 2004년에 이어 2005년에도 선군정치에 부응하는 영화작품으로 〈그는 대좌였다〉와 〈젊은 여단장〉 등 이른바 혁명적인 군인정신을 실천하는 모범군인의 삶을 그린 영화와 비전향장기수 김선명의 삶을 그린 영화 〈내 삶이 닻을 내린 곳〉이 주목을 받았다. 또한 2006년에 상영된 〈한 여학생의 일기〉와 같이 경제난 이후 자본주의요소 투입에 따른 북한주민들의 사상이완 세태를 반영한 영화 등이 사상교육 강화 차원에서 제작되고 있다.

지금까지 북한에서 상영된 영화 중에서는 신상옥·최은희 씨가 북한에서 제작한 〈소금〉, 〈사랑 사랑 내사랑〉, 〈돌아오지 않는 밀사〉등 7편과 이훈구의 시나리오로 만든〈봄날의 눈석이〉, 〈생의 흔적〉, 〈자연에게 물어보라〉 등이 인기를 끌었다고 하는데, 그 이유는 이 영화들이 사실주의적인데다 비교적 정치성·사상성이 적고 자유주의적인 색채가 풍기기 때문인 것으로 보인다. 북한은 비동맹권을 중심으로 평양영화축전을 개최하여 오고 있으며, 지금까지〈도라지꽃〉, 〈민족과 운명(1,2부)〉, 〈먼 훗날의 나의 모습〉이 대상격인 '횃불 금상'을 수상한 바 있다. 2000년에 개최된 제7차 축전에는 처음으로 일본영화가 상영되었다. 2002년에는 제 8차 축전이 개최되었는데, 우키시마마루호 침몰 사건을 다룬 〈살아있는 령혼들〉이 횃불 은상을 수상하였다. 8차 축전에는 처음으로 미국의 팝 가수 마돈나가 주인공으로 출연한 영화 〈에비타〉가 출품되었다. 북한에서 연극은 가극에 비중을 두고 있어 큰 빛을 보지 못하고 있다. 무용과 노래 등을 곁들인 일종의 오페라 성향을 띠고 있는 북한연극은 1980년대에 들어 대작 위주로 창작되고 있는데 〈성황당〉, 〈혈분만국회〉, 〈딸에게서 온 편지〉, 〈3인1당〉 등이 대표작이다. 이들 연극들은 모두 김일성의 항일빨치산 시기를 배경으로 한 이른바 '혁명연극'으로 김정일의 지도에 따라 새롭게 각색된 것이다. 1978년 6월 김정일이 연극〈성황당〉에 음악·무용 등을 가미하여 대규모 무대에서 새롭게 창작하도록 지시한 이후 '성황당식' 혁명연극이 발전하게 되었다. 이에 따라 이후 공연된 〈초식〉, 〈어머니와 아들〉등의 연극들은 웅장하고 화려한 무대와 음악 · 무용을 가미함과 동시에 주체사상의 근본원리에 기초하여 주제와 사상을 심화시킨 것이다. 그러나 최근 북한주민들 사이에서 인기 있는 연극은 단막극, 경희극 등과 같은 코메디인 희극공연이다.

희극은 침체된 사회분위기를 반전하고 웃음을 주기 위한 것으로 북한에서 활발히 공연되고 있다. 집단주의 정신을 고취하는 코메디극인 〈우리〉(2005년, 인민군 4 · 25예술영화촬영소 제작〉가 대표적인 예이다.

제6장 북한의 외교정책과 대남전략

제1절 북한의 대외정책

제2절 북한의 외교실태

제3절 북한의 대남전략

제 6 장 북한의 외교정책과 대남전략

제1절 북한의 대외 정책

1. 대외정책 방향

북한은 구소련과 동구 사회주의 체제가 해체되고 세계 여러 나라들이 교류와 협력을 통해 새로운 화해와 협력의 시대를 열어 가고 있는 1990년대에 들어와 변화된 국제정세에 적응하고 생존을 위한 외교에 역량을 집중하고 있다.

북한은 '자주·평화·친선'을 기본이념이자 대외활동의 기본원칙으로 표방하고 있다. 또한 평등과 자주성, 상호존중과 내정불간섭, 호혜의 원칙을 대외정책의 기본이념이자 대외활동의 원칙으로 제시하고 있다.

북한은 "마르크스-레닌주의와 프롤레타리아 국제주의 원칙에서 사회주의 나라들과 단결하고 제국주의를 반대하는 인민들과의 단결"이라는 기본원칙을 "자주성을 옹호하는 세계 인민들과의 단결"로 수정하여 변화된 국제정세를 반영하였다.

과거 북한의 외교활동은 사회주의권 및 비동맹국가들에 집중되어 있었다. 미·소 양국을 중심으로 한 냉전체제라는 구조와 사회주의 국제주의라는 이념적 요인 때문에 사회주의 국가들과의 외교를 중시하게 되었던 것이다. 비동맹국가들과의 외교관계가 활발했던 이유는 북한이 반제국주의 이념을 내세우면서 비동맹국가들을 대상으로 남한과 수교경쟁을 벌였기 때문이었다.

그러나 1990년대 들어 냉전의 종식에 따른 구소련 해체와 동구권 몰락이라는 국제정세 변화에 따라 종래 사회주의권 내 국가들을 대상으로 한 진영외교 및 비동맹에 주력하던 외교활동은 변화를 맞고 있다.

경직된 통치이데올로기와 계획경제의 한계 및 내부자원 고갈에 의해 어려움을 겪던 북한은 사회주의권의 붕괴로 사회주의 국제 시장이 사라진 현실에 직면하여, 생존을 위해 서방국가들과의 관계 확대를 시도하여 왔다.

북한은 전통적 우방국인 중국과의 외교관계 강화를 통해 국제사회의 비난과 미국의 압박 정책을 견제하려는 전략을 추진하고 있다. 특히 천안함 폭침 사건 이후인 2010년 5월과 8월 그리고 2011년 5월과 8월 등 네차례에 걸친 김정일의 중국 방문과 세차례의 정상회담(2010.5, 2010.8, 2011.5)은 이를 상징적으로 말해주고 있다. 또한 2011년 11월 북한 외무성 대표단과 고위급 인사의 중국 방문을 통해 경제적 원조를 비롯한 다방면에 걸친 지원을 확보하기 위해 노력하고 있다.

김정일 사후(2011.12.17) 북한은 중국과의 협력을 더욱 강화하고 있다. 2012년 7월 30일 중국 공산당 대외연락부 대표단의 북한 방문시 김정은이 왕자루이 단장을 접견한 것과 2012년 8월 중순 장성택 노동당 부장을 중심으로 한 북·중공동지도위원회 대표단의 중국 방문이 이를 잘 보여주고 있다.

그러나 냉전시대와 달리 오늘날 미국은 중국과 러시아와 갈등보다는 상호이익을 도모하는 협력적 관계로 발전하고 있다. 더욱이 유엔 안보리 상임이사국인 중국과 러시아는 북한의 2016년 5차 핵실험과 장거리 미사일 발사에 대한 유엔 안보리의 대북제재 결의안에 찬성하였다. 이러한 상황에서 향후 북한 대외정책은 더욱 어려운 국면을 맞이하게 될 것으로 보인다.

2. 대외정책 결정 및 집행

북한에서 대외정책은 헌법상으로는 최고인민회의에서 수립하도록 되어 있다. 그러나 당 우위 체제 특성상 실제로 외교정책은 노동당의 지도에 따른다.

노동당에서는 중앙위원회 정치국이 이를 심의·결정하며 그 중심 역할은 대외 문제를 관장하는 비서국의 국제부가 담당하고, 여기서 결정된 문제가 최고인민회의 상임 위원회로 대폭 이관되었는데, 최고인민회의 상임위원장은 국가를 대표하며 다른 나라 외교사절의 신임장과 소환장을 접수한다. 최고인민회의 상임위원회는 다른 나라와 맺은 조약을 비준 또는 폐기하며, 다른 나라에 주재하는 외교 대표의 임명 또는 소환을 결정·발표한다.

정부 간 외교는 내각의 외무성이 주로 관장하고 있으며, 정당외교는 당 국제부가, 의회외교는 최고인민회의가, 민간외교는 노동당 외곽단체인 조선아시아태평양평화위원회 등이 맡고 있다. 내각의 외무성은 과거 정무원 외교부에 비해 독자적인 외교정책을 수립·집행할 수 있는 등 권한이 강화되었다.

외무성은 외국과의 국교 수립, 협정 체결, 재외공관 운영 등의 업무를 담당하는 외무상과 다수의 부상들이 30여 개에 이르는 지역국과 기능국을 분담해 업무를 관장하며 산하에 '군 및 평화연구소' 를 두고 있다.

이와 같이 북한의 대외업무는 당과 내각, 최고인민회의 상임위원회 만 아니라 여러 조직에 의해 다양하게 분담되어 있는 특징을 가지고 있다.

민간외교는 주로 당 외곽단체인 조선아시아태평양평화위원회와 대외문화연락위원회 등이 담당하고, 직업총동맹 등 기타 근로단체들도 관련 분야에 대한 대외 활동 업무에 참여하고 있다.

〈북한의 대외정책 결정 및 집행과정〉

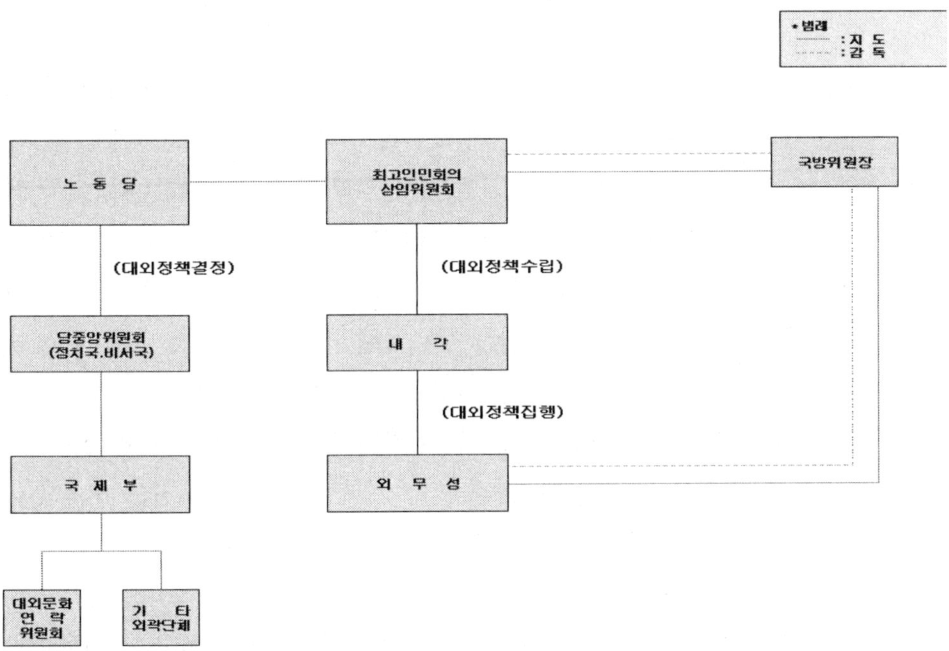

자료: 통일부,「2011 북한개요」, p.139

제2절 북한의 외교실태

1. 북한과 미국 관계

북한은 1990년대 들어 구소련 및 동구권 붕괴로 외교기반이 위축되고, 체제 보호막 역할을 해 온 구소련과 중국마저 한국과 수교함으로써 외교적 고립 상황에 직면하자, 체제유지를 위해 냉전 종식 이후 유일 초강대국으로 등장한 미국과의 관계개선에 주력해 왔다.

북한은 1993년 3월 핵확산금지조약(NPT) 탈퇴 선언과 국제원자력기구(IAEA)의 핵사찰 거부 등 이른바 '벼랑 끝 외교(brinksmanship policy)'를 통해 미국과의 직접 협상을 시도하여 1994년 10월 북한의 핵개발 동결과 미국의 경수로 건설제공, 양국간 관계 정상화 추진 등을 주요 내용으로 하는' 북 · 미 제네바 합의'를 이끌어 냄으로써 대미관계 개선의 발판을 마련하였다.

이후 미국의 6.25 전쟁 당시 실종 미군유해 발굴 및 송환 요구에 대해 협력하고, 1996년 4월 한반도 문제의 평화적 해결을 위해 남북한과 미국, 중국이 참석하는 4자회담 개최 제의를 수용하는 등 대미관계 개선을 위한 협상틀을 유지해 왔다. 특히 북한과 미국은 1998년 8월부터 제기되기 시작한 평북 대관군 금창리의 지하 핵 의혹시설에 관한 협상을 4차례 개최, 1999년 3월 북한이 미국 측의 복수 현장방문을 허용하는 대신 60만 톤의 식량을 제공받았고, 1999년 5월과 2000년 5월 미국의 현장방문단 금창리 터널을 2차례 조사함으로써 지하 핵 의혹시설 용도를 둘러싼 논란은 일단락되었다.

미사일 문제와 관련해서는 1999년 9월 '북 · 미 베를린합의'가 이루어지자 이에 대한 후속조치로서 미국은 북한에 대한 경제제재를 일부 해제하는 조치를 발표했고, 북한 역시 미사일 재발사 유보를 밝힘으로써 북 · 미 관계 정상화에 대해 본격 협상을 할 수 있게 되었다.

이러한 과정에서 미국의 클린턴 행정부는 1998년 11월 윌리엄 페리 전 국방장관을 대북정책 조정관으로 임명하여 한국 · 일본과의 공조 하에 향후 북한이 핵과 미사일 등 대량살상무기(WMD)를 포기할 경우, 북한에 외교적 · 경제적 이익을 제공할 수 있는 틀을 마련함으로써 협상에 가속도를 붙였다. 2000년 10월 조명록의 미국방문과 매들린 올브라이트 미국 국무장관의 북한방문으로 외교대표부 설치, 실종 미군 신원확인, 한반도 긴장완화를 위한 구체적인 조치 등 북·미 간의 현안들이 심도 있게 논의되었으나, 부시 행정부의 등장 이후 실천을 보지 못했다.

2001년 2월 출범한 부시 행정부는 대북정책을 재검토하여 북한의 핵과 미사일 개발에 대한 검증, 재래식 무기 감축 문제를 강조하는 등 강경한 입장을 견지하였다. 이에 대해 북한은 2001년 2월 말 외무성 담화를 통해 북 · 미 관계 개선을 골자로 한 양국 간 합의사항 준수를 미국에 촉구하는 한편, 경제사절단을 미국에 파견하는 등 미국의 대북 강경 움직임을 사전에 차단하려는 노력을 경주하였다.

이러한 상황에서 부시 대통령이 같은 해 6월 6일 미국 행정부의 대북정책 검토가 완료되었음을 공식 선언하면서 북한과의 대화재개 결정을 발표했다. 이어서 같은 달 13일 이형철 유엔주재 북한대표부 대표와 잭 프리처드 미국 한반도 평화회담 담당 특사 간의 뉴욕 접촉에서 미국이 북한에 대화재개 제의를 함에 따라 양국관계는 새로운 국면으로 접어드는 듯 하였다.

미국은 2001년 9월 11일 테러와 10월 7일 아프가니스탄 사태를 계기로 대외정책의 기조를 반테러 협력에 둘 것을 강조하며 국제사회의 지지 및 지원 확보에 치중하였다. 9.11 테러 이후 북한은 테러와 이에 대한 지원을 반대한다는 기본입장을 천명하였으나, 아프카니스탄 침공을 부당한 무력행사로 비판함으로써 북 · 미 관계는 여전히 정체국면을 벗어나지 못하였다.

특히, 부시 대통령이 2002년 연두교서에서 북한을 이라크, 이란과 함께 미국과 세계평화를 위협하는 '악의 축' 을 이루는 국가로 규정하자, 북한은 이에 대해 '선전포고' 라고 비난하는 등 크게 반발하였다. 더욱이 2002년 10월 제임스 켈리 미국특사의 방북 시 북한의 농축 우라늄 핵개발 문제가 제기되었으며, 미국은 북한이 새로운 핵개발 계획을 먼저 포기한 후에야 북 · 미대화가 재개될 수 있다는 입장을 표명하였다.

북한은 제네바 합의 이후 IAEA의 감시 하에 있던 핵 관련 시설의 동결을 해제(2002. 12)하고, 사찰관을 추방하는 강경조치를 취하였으며, 2003년 1월 10일에는 NPT 탈퇴를 선언하는 등 미국에 대해 강경하게 나왔다.

미국은 북한의 핵개발 프로그램 보유 시인이 '북 · 미 제네바 합의', '한반도 비핵화 공동선언' 등 쌍무적 약속뿐 아니라 NPT, IAEA 핵안전협정 등 국제사회와의 합의 위반 행위이고, 북한의 핵 포기는 당연하고 기본적인 의무이기 때문에 별도의 보상이 필요 없다는 입장을 취하였다.

또한 미국은 북핵문제가 WMD를 생산·확산시키려는 '불량국가'의 국제규범에 대한 도전이기 때문에 평화를 수호하려는 국가들의 단합된 대응이 필요하며, 다자간에 해결해야 될 문제라며 다자회담을 통한 문제 해결을 제안하였다.

반면 북한은 핵문제는 미국의 대북 적대시정책과 정권교체 음모에서 비롯된 것으로, 북한의 자주권과 생존권을 위협하는 장본인은 미국이기 때문에 오직 미국만이 이 문제를 해결할 책임과 능력을 소유하고 있다고 주장하며 북·미 간 직접협상 입장을 견지하였다.

북·미 간 긴장이 고조되면서 한국, 중국 등 주국의 중재노력 또한 강화되었다. 그 결과 북한과 미국, 그리고 중국이 참여한 3자회담이 2003년 4월 23~25일 중국 베이징에서 개최되었다. 이 회담에서 북한은 '새롭고 대범한 해결방도'를 제안하였으며, 미국은 북한의 '선(先) 핵포기'를 강조하였다. 북한은 같은 해 5월 24일 외무성 대변인 담화를 통해 미국에 '선(先) 북·미 회담, 후(後) 다자회담'의 입장을 표명하였다.

미국은 한국, 일본, 중국, 러시아 등 주요국가와의 정상회담과 G-8 정상회담 등을 통해 북한이 "완전하고, 검증가능하며, 돌이킬 수 없는 방식(CVID)으로 핵을 포기"하도록 외교 활동을 적극 전개하였다. 또한 대량살상무기의 확산을 막기 위한 '비확산안보구상'(PSI : Proliferation Security Initiative)을 통해 대북 압박의 강도를 높여 갔다.

이에 대해 북한은 6월 18일 외무성 대변인 성명 등을 통해 미국이 북·미 간 회담을 반대하면서 다자회담만을 고집하는 것은 문제해결의 의지가 없는 것이라며 "핵억제력을 강화해 나가겠다"고 강력히 반발하였다.

이러한 가운데 중국 등 관련 국가의 외교적 노력에 힘입어 2003년 8월 27일부터 29일까지 베이징에서 남북한과 미·일·중·러가 참가한 제1차 6자회담이 개최되었다. 북한은 회담 개최 이전부터 여러 차례 자신들의 입장을 공개적으로 밝히는 등 미국을 압박하였다.

북한은 제1차 6자회담 종료일인 8월 29일 조선중앙통신을 통해 제1차 6자회담 참여국의 기조 발언문 요지를 공개하였다. 이에 따르면 제1차 6자회담에서 북한은 한반도 비핵화가 자신들의 '총적 목표'이며, 미국이 대북 적대시 책을 포기하고 위협하지 않는다면 북한도 핵계획을 포기할 수 있다고 주장하였다. 이와 함께 북한은 핵문제 해결을 위해서는 북·미 간 필요한 조치들을 동시 동 원칙에 의거하여 이행해야 한다는 점을 강조하면서, 베이징 3자 담에서 제시하였던 단계별 해결방식을 재차 제시하였다.

미국은 북한이 핵을 포기할 경우 안전담보 및 정치·경제적 혜택문제에 대해 논의할 수 있다는 의사를 표명하였다. 또한 미국은 북·미관계 정상화를 위해서는 미사일, 재래식 무기, 위조화폐, 마약, 테러, 인권, 납치 등 문제의 논의가 필요하다는 입장도 밝혔다.

한편, 중국은 한반도 비핵화와 북한이 제기한 안보 우려가 동시에 해결되어야 하며, 핵문제의 평화적 해결을 계기로 한반도에 평화체제를 수립함으로써 공고한 평화를 실현해야 한다고 주장하였다.

러시아는 한반도 긴장을 해소하기 위한 긴급대책과 상호 조치를 일괄적으로 작성하여 핵문제 해결을 위한 로드맵을 마련하는 것이 필요하다는 논지를 전개하였다.

한국은 핵문제의 해결과 관련하여, 첫째 북한의 핵개발과 관련된 어떠한 시도도 용납하지 않으며, 둘째 북한 핵문제를 대화를 통해 평화적으로 해결하고, 셋째 한국이 적극적 역할을 수행한다는 3대 원칙을 제시하였다.

일본은 핵문제와 함께 미사일, 납치문제가 포괄적으로 해결되어야 한다는 입장을 취하였다.

제1차 6자회담 결과에 대해서는 중국대표단 단장인 왕이 외교부 부부장이 의장요약문 형식으로 회담 참여국들이 대화지속을 통한 이견조율, 가능한 빠른 시일 내 차기 회담 재개, 추가적인 상황악화 조치금지, 북핵문제의 대화를 통한 평화적 해결과 한반도 비핵화, 북한 안보우려 해소, 동시병행을 통한 해결 등 6개 항에 의견을 같이했다고 설명하였다

2004년 2월 25일~28일 제2차 6자회담에서 미국은 북한이 파키스탄의 지원을 받아 추진하고 있는 고농축 우라늄 프로그램을 폐기하고, '완전하고, 검증가능하며, 돌이킬 수 없는' (CVID) 핵폐기를 실시할 것 을 강조하였다. 그리고 완전한 핵폐기의 첫 단계 조치로서 한국 · 중국 · 러시아의 대북 에너지 지원에 반대하지 않는다는 입장을 표명하였다. 아울러 핵 동결에 따른 경제적 보상을 요구하였다.

한편, 한국은 제2차 회담에서 북 · 미 간 입장 차이를 좁히기 위해 북한의 핵폐기를 전제로 한 핵 동결에 상응해 에너지 지원을 할 수 있다는 보다 신축적인 방안을 제시하였다.

2004년 6월 23~26일 개최된 제3차 6자회담에서 미국은 보다 융통성 있는 2단계 해법을 제시하였다. 먼저 초기 준비단계 3개월 동안 북한이 고농축 우라늄 핵개발 프로그램을 포함한 완전한 핵 폐기 원칙에 합의한 뒤 이를 전제로 핵개발을 동결하면, 한국 · 중국 · 일본 · 러시아가 매달 수만 톤의 중유를 공급하고, 미국은 북한을 침공하거

나 김정일 정권을 전복시키지 않겠다는 임시 안전 보장을 제공한다는 것이다.

그 후 2단계에서 북한이 모든 핵 프로그램을 완전히 폐기하면 미국은 북한체제의 항구적인 안전보장을 제공하고, 북·미 국교정상화를 추진하여 경제지원을 확대한다는 것이다. 그러나 북한은 고농축 우라늄 핵개발 프로그램에 대해서는 여전히 부인하며, '핵동결 대 보상 방안'을 강조하였다.

즉, 미국이 200만 KW 상당의 에너지 지원에 참여하고, 북한을 테러지원국 명단에서 삭제하며, 경제제재를 해제하는 등의 보상방안을 수용하면 핵무기 관련 모든 시설물과 재처리 결과물을 포함한 핵동결에 들어갈 것이며, 여건이 되면 폐기할 수도 있다는 것이다. 아울러 사찰방식은 6자회담 참가국의 합의에 의해 실시할 것을 주장하였다.

제4차 6자회담에서는 연이어 개최된 1단계 회의(2005. 7. 26~8. 7)와 2단계 회의(2005. 9. 13~16)를 통해 북핵문제 해결의 원칙과 목표를 담은 공동성명 발표에 성공함으로써 북핵문제 해결의 단초를 마련하게 되었다.

제4차 6자회담의 공동성명(9.19 공동성명)의 요지는 다음과 같다.

1조 : 북핵 폐기 및 북한의 안보 우려 해소
- 북한은 모든 핵무기와 현존 핵 프로그램 포기
- 미국은 북한을 핵무기 혹은 재래무기로 공격 · 침공 의사 불보유
- 남한 내 핵무기 부재 확인
- 북한은 평화적 핵 이용 권리 보유, 여타국은 이를 존중하고 적절한 시기에 경수로 제공 문제 논의에 동의

2조 : 관계정상화
- 미 · 북은 상호 주권존중, 평화공존, 관계정상화 조치
- 북 · 일 관계정상화 조치

3조 : 대북 국제적 지원
- 에너지, 교역 및 투자 분야 경제협력 증진
- 대북한 에너지 지원 제공 용의 표명
- 한국은 200만 KW 전력공급 제안 재확인

4조 : 한반도 및 동북아 안정과 평화 비전 제시
- 직접 당사국들 간 별도 포럼에서 한반도 평화체제 협상 개최
- 동북아 안보협력 증진 방안 모색

5조 : 이행원칙
- '공약 대 공약', '행동 대 행동' 원칙에 입각, 단계적으로 상호 조율된 조치

'9.19 공동성명' 으로 북핵문제 해결의 가능성은 열었지만 북·미 간의 불신이 상존하고 있는 상황에서 공동성명 채택 2개월 뒤 열린 제5차 6자회담 1단계 회의(2005. 11. 9~11)는 미국의 대북 금융제재를 둘러싼 신경전으로 일관하다가 결렬되었다. 이후 6자회담이 교착상태를 겪던 중 북한은 2006년 7월 5일 대포동 2호 미사일 발사로 위기를 고조시킨 데 이어, 2006년 10월 9일 핵실험을 실시하였다. 같은 해 10월 31일 북한의 6자회담 복귀 선언으로 12월 18일부터 22일까지 제 5차 6자회담 2단계회의가 개최되었다. 그러나 13개월만에 재개된 이 회담에서는 마카오 방코델타아시아은행(BDA)에 대한 금융 제재 해제문제로 별다른 진전을 보지 못했다.

이러한 상황에서 북한과 미국이 2007년 1월 16일부터 18일까지 베를린에서 6자회담 수석대표 양자협의를 개최하여 6자회담 재개방안 및 '9.19 공동성명' 이행방안에 대해 의견을 교환하면서 문제 해결의 실마리가 풀리게 되었다.

2007년 2월 8일부터 13일까지 베이징에서 제5차 6자회담 3단계 회의를 통해 '9.19 공동성명 이행을 위한 초기조치' (2.13 합의)에 합의함으로써 한반도 비핵하와 평화체제 구축, 동북아 평화구조 정착을 지향하는 '9.19 공동성명'의 전면적 이행을 위한 제도적 틀이 마련되었다. '2.13 합의'의 주요 내용은 다음과 같다.

- 초기단계 이행계획 : 60일 이내
  - 재처리 시설을 포함한 현존 북한 핵시설 폐쇄 및 봉인, IAEA 사찰관 복귀
  - 모든 핵프로그램의 신고 목록 논의
  - 북 · 미 관계정상화 양자대화 개시, 테러지원국 및 적성국 교역법 대상 제외 진전
  - 북 · 일 관계정상화 대화 개시
  - 중유 5만 톤 상당 에너지 지원

- 5개 실무그룹 구성 : 30일 이내 첫 번째 회의 개최
  - 비핵화, 북 · 미 관계 정상화, 북 · 일 관계 정상화, 경제 · 에너지 협력, 동북아 평화 안보체제

- 다음단계 이행계획 : 초기단계 완료 이후
  - 핵프로그램의 완전한 신고 및 핵시설 불능화
  - 중유 95만 톤 상당의 경제 · 에너지 · 인도적 지원 제공

- 6자 장관급회담 개최 : 초기단계 완료 이후

- 한반도 평화체제 : 직접 관련 당사국 간 별도 포럼에서 협상

- 차기회담 개최 : 2007. 3. 19.

'2.13 합의'에 따라 2007년 3월 19일부터 22일까지 제6차 6자회담 1단계 회의가 북경에서 개최되어 북·미 관계정상화, 북·일 관계 정상화, 경제·에너지협력, 동북아 평화안보체제, 한반도 비핵화 등 5개 실무그룹 보고를 청취하고 초기조치 이행 및 다음 단계 행동계획에 대한 토의를 진행하였다. 또한, 2007년 6월 그동안 6자회담 합의사항 이행의 최대 걸림돌이었던 BDA문제가 해결국면에 접어들자, 북한은 '2.13 합의'에 따라 IAEA 관계자들을 초청하였고, 영변 5MW 원자로를 비롯한 핵시설 동결을 시작하였다.

이어 제6차 6자회담 2단계회의가 2007년 9월 27일부터 30일까지 개최되어 10월 3일 합의문이 공식 채택되었다. 6자회담 의장국인 중국의 우다웨이 중국 외교부 부부장은 '9.19 공동성명과 2.13 합의에 따른 비핵화 제2단계 행동을 위한 공동성명' 이란 제목의 합의문이 공식 채택되었다. 6자회담 의장국인 중국의 우다웨이 중국 외교부 부부장은 '9.19 공동성명과 2.13 합의에 따른 비핵화 제2단계 행동을 위한 공동성명' 이란 제목의 합의문을 발표했다. 이에 따르면 북한은 영변의 5MW 원자로와 핵 재처리시설, 핵 연료봉 제조공장 등 3개 핵시설을 12월 31일 이전에 불능화해야 하며 핵 물질이나 핵 기술, 핵 지식을 이전하지 않겠다고 약속했다.

북한은 2012년 4월 13일 장거리 미사일을 발사하였고, 유엔 안보리는 이례적으로 신속하게 4월 16일 북한의 미사일 발사를 강력 규탄하는 의장성명을 채택하였다. 성명은 대북제재 단체 및 품목을 추가 지정하고, 북한이 추가 미사일 발사나 핵실험시 상응하는 조치를 결의하는 내용을 포함한 총 9개항으로 이루어졌다. 이에 따라 유엔 안보리는 북한 3개 기업에 대한 추가제재를 결정하였다. 북한 외무성에서는 안보리 의장 성명을 전면 배격하고 2·29 미·북 합의에 더 이상 구속되지 않을 것이라는 성명을 발표하였다. 한편 미국은 북한의 미사일 발사를 국제의무를 위반하고 유엔 안보리 결의를 무시한 도발로 보고, 대북 영양지원을 중단하였다.

또한 북한은 2012년 12월 12일 장거리 미사일을 기습적으로 발사하였다. 장거리 미사일 발사 성공을 자축하며 핵보유국 지위 요구와 평화협정 공세를 위한 강력한 협상카드를 확보하려는 북한에 대해 유엔 안보리는 대북제재 결의 제2087호를 채택하면서 북한의 추가 미사일 발사 및 핵실험 시 '중대한 조치'를 취하겠다고 경고하였다. 2016년 5차 핵실험을 하면서 유엔안보리는 대북제재 결의 제 2021호를 채택하여 더욱 북한을 제제하기에 이르렀다.

2. 북한과 일본관계

일본은 1950년대 중반부터 북한과 간접교역 형식의 경제교류를 시작하였다. 이 당시부터 쌍방 간에 국교정상화 문제가 거론되기 시작하였으나 1970년대 초까지 실질적인 논의가 이루어지지는 못하였다.

1970년대에 들어와 동서 간의 데탕트와 특히 미국과 중국의 우호 · 협력관계의 발전, 남북대화의 추진 등을 배경으로 북한과 일본 간의 관계개선도 비교적 활발히 추진되었으나, 수교문제는 1980년대까지 잠재화되어 있었다.

1991년 11월에 평양에서 북 · 일 간 수교 교섭 제1차 회담을 시작으로 제8차 회담까지 개최되었다. 수교회담에서 양측은 한 · 일 합방조약의 효력과 한 · 일 기본조약의 적법성 문제, 일본의 식민지 지배에 대한 보상 문제, 북한의 핵사찰 문제, 재일 한인의 법적 지위 문제와 북송 일본인 처의 본국 왕래 문제, 그리고 일본인 납치자 문제 등에서 현저한 입장 차이를 드러냈다. 1992년 6월에 일본이 북한 핵문제의 해결 없이는 수교교섭의 진전이 불가능하다는 입장을 보였고, 1993년 11월에 북한이 공식적으로 교섭을 중단시켰다.

1994년 10월에 북 · 미 제네바 합의가 채택된 이후 1995년 3월 30일 북한과 일본은 수교교섭 재개에 합의하였으나, 일본이 적극적인 태도를 보인 반면 북한이 오히려 소극적인 태도를 보임으로써 수교교섭이 재개되지 못하다가 1997년 8월에 베이징에서 교섭이 재개되었다.

1998년 8월 북한이 일본 영공을 통과하는 대포동 1호 미사일을 발사함으로써 북·일 관계는 한때 급격히 경색되었으나 1999년 들어 경색국면이 다소 완화되었다. 일본은 북한이 대량살상무기 개발을 중단할 경우 적극적인 경제원조와 외교관계 개선을 약속한 페리의 정책권고안에 따라 미국이 대북제재 완화를 발표하고 북한 역시 미사일발사 유예를 선언한 데 편승해, 북한의 미사일 발사에 대응해 취했던 대북제재를 해제하고 식량지원을 재개하였다. 이에 대해 북한도 1999년 8월 정부성명을 통해 일본과의 관계개선 의지를 적극 표명하였다.

이러한 상황변화는 1992년 이후 중단됐던 국교정상화를 위한 회담의 재개로 이어졌다. 무라야마 도이치(村山富市) 전 총리를 단장으로 한 일본 초당파 의원대표단이 1999년 12월 북한을 방문해 노동당 대표단과 회담을 갖고 국교정상화를 위한 북 · 일 회담 재개를 촉구했다.

이에 따라 양국은 2000년 4월, 7년 반 만에 외교관계 수립을 위한 제9차 본회담을 평양에서 개최했으며 제10차 본회담은 같은 해 8월 일본에서 개최되었다. 제11차 본회담도 2000년 11월 베이징에서 개최되었지만 일본인 납치문제, 북한의 과거청산 요구 등으로 소기의 성과를 거두지 못하였다.

제11차 북 · 일 수교회담 이후 일본경찰의 조총련계 은행 수색, 괴선박 사건 등으로 북 · 일 관계가 경색되면서 차기회담 개최가 지연되다가 아세안지역 안보포럼(2002. 7. 31~8. 1)을 계기로 북 · 일 외무장관 회담이 개최되었다. 이 회담에서 북한과 일본은 양국 관계 정상화 조기 실현에 원칙적으로 합의하였고, 이후 북 · 일 국장급회담(2002. 8. 25~26, 평양)에서 미해결 현안 협의 등을 통해 정상회담의 기틀을 마련하였다. 이어 고이즈미 전 일본 총리가 2002년 9월 17일 북한을 방문하여 김정일과의 정상회담을 통해 주요현안들을 포괄적으로 해결하기로 하고, 4개항의 '평양선언'을 발표하였다.

이후 북 · 일 양국은 '평양선언'에서 합의한 대로 2년 만에 수교회담을 개최(2002. 10. 29~30, 쿠알라룸푸르)하였으나, 일본의 핵개발 포기요구 및 납치문제에 대한 입장차이 등으로 차기회담 일정도 합의 하지 못한 채 성과 없이 종료하였다.

한편 북한이 같은 해 10월 15일 납치 생존자 5명에 대해 일시 고향방문을 허용하여 이들의 일본방문이 실현되었다. 이에 대해 일본 정부는 10월 24일 일본인 납치피해자들을 북한에 귀환시키지 않고 일본에 영주 귀국시키겠다고 발표하고, 북한에 남아 있는 가족들에 대해서도 일본으로 귀국시킬 것을 요구하였다.

2003년 4월 베이징 3자회담에서도 핵문제 해결의 진전이 없고 일본의 대북여론 악화 등으로 대북제재 필요성이 제기되고 있는 가운데 6월에는 만경봉-92호 등 일본에 출입하는 북한 선박에 대한 일본 정부의 검사활동이 강화됨에 따라 만경봉-92호의 운항 일정이 조정되기도 하였다.

북한은 일본 당국의 선박 검사활동 강화와 2003년 6월 일본 국회에서 통과된 유사시법제 등을 '대북제재', '조선에 대한 재침야욕'이라며 일본을 강력히 비난함으로써 북 · 일 관계는 2003년에는 진전을 볼 수 없었다.

2004년 5월 22일 김정일과 고이즈미 전 총리는 1년 8개월 만에 개최된 제2차 정상회담을 통해 2002년 10월 이후 중단된 국교정상화 교섭을 재개하기로 합의했다.

제2차 북·일정상회담에서 양측은 납치생존자 8명중 5명은 고이즈미 총리와 함께 일본으로 귀국하고 미군 탈영병 가족인 젠킨스씨 가족은 나중에 제3국에서 만나도록 한다고 합의했다. 또한 일본이 납득할 수 없는 행방불명자들에 대해 백지상태에서 재조사를 한다는 점도 확인하였다. 그 대신 일본은 북한에 대한 인도적 지원을 실시하여, 북한이 '평양선언'을 준수하는 한 제재법안을 발동하지 않는다고 약속하였다.

제2차 북·일정상회담을 통해 고이즈미 전 총리도 점차 국내 정치적 부담이 되어가고 있던 납치문제는 생존자를 귀향시킴으로써 일단락 짓고, 보다 근원적인 해결은 수교협상 과정에서 논한다는 자세로 전환하였다. 김정일도 생존자를 귀환시킴으로써 국제적 이미지의 악화를 막아보려 하는 한편, 핵문제 중심의 협상전략을 복원하고, 일본 내부의 북한에 대한 강경 분위기에 제동을 걸어 보고자 하였다. 즉, 북한과 일본 모두 수교에 걸림돌이 되는 최대의 이슈에 대한 부담을 일단 완화시키고 향후의 정세변화에 대비하자는 뜻이 담겨 있었다고 볼 수 있다.

이와 같은 양측의 노력에도 불구하고 교착 상태에 빠져있던 북 · 일 관계는 2005년 9월 제4차 6자회담의 타결을 계기로 새로운 기회를 맞이하게 되었다. 제4차 6자회담에서 북한이 핵을 포기하는 대신 북·미, 북·일 국교 정상화를 추진하기로 합의했기 때문이다. 이에 따라 2005년 11월 3~4일 베이징에서 북 · 일 국교 정상화 회담이 1년 만에 재개되었고, 일본인 납치 생존자의 귀국문제와 가짜 유골 의혹 문제를 둘러싼 북 · 일 간 협상이 이루어졌다.

그러나 북·일 정부는 상호 입장의 차이만을 드러내었다. 일본 측이 가짜 유골의혹과 일본인 납치 생존자의 귀국문제가 해결되지 않으면 국교 정상화가 불가능 하다는 입장인 데 비하여, 북한 측은 "납치문제는 모두 해결되었다"는 태도를 고수하였다. 아울러, 북한 측은 과거사 청산 등도 요구하였다. 즉, 북 · 일 양측은 협의는 지속한다는 입장을 취하면서도 팽팽한 입장의 대립을 나타냈다. 북 · 일 양측은 대화와 협상의 틀을 유지하기로 합의하였으나, 실질적으로는 전혀 국교정상화를 향한 진전을 보지 못한 것이다.

2005년 11월 베이징회담에서 일본 측이 ① 납치문제 ② 과거사 청산문제 ③ 핵 · 미사일 문제 등 현안별로 3개의 분과위원회를 설치하여 논의할 것을 북한 측에 제안한 것은 대화와 협상의 채널을 유지하려는 노력의 일환으로 주목되는 부분이며,

북 · 일 양국은 12월 24~25일까지 실무회담을 통해 3개 분과위원회 설치 등 원칙적 합의를 보았다. 2006년에 들어 2월 중국 베이징에서 국교정상화를 위한 회담(2006. 3. 4~8)이 다시 열렸으나 서로의 입장만을 확인하는 선에서 종료되었으며, 회담 결렬 이후 북·일 간에는 대화채널이 단절되고 상호 비난을 강화하는 등 대립국면이 지속되었다.

2006년 7월 5일 북한의 미사일 시험발사와 10월 9일 핵실험을 계기로 일본은 국제사회의 대북제재를 주도적으로 이끌어가는 한편 독자적인 대북제재 조치를 잇따라 취하였다. 미사일 발사와 핵실험 이후 일본의 대북제재 상황을 정리하면 다음과 같다.

- 7월 북한 미사일 발사 실험에 따른 조치
  - 6개월간 만경봉-92호 입항금지, 북 · 일 간 전세기 일본 착륙금지
  - 북한 당국 직원 및 승무원 입국금지
  - 핵무기 확산을 저지하기 위한 수출 엄격관리 등 9개 항목
- 9월 유엔 안보리 성명에 따른 조치
  - 대량살상무기 관련 의혹이 강한 15개 단체 및 개인 자금거래 차단
  - 금융기관 거래의 본인확인 철저 요청
  - 해외송금을 주 업무로 하는 금융기관의 시설 특별조사
- 10월 11일 추가 제재조치
  - 북한의 모든 선박 입항금지
  - 농수산물 포함 모든 북한상품 수입금지
  - 북한 국적자 원칙적 입국금지

2007년 2월 13일 베이징에서 제5차 6자회담 3단계 회의를 통해 '9.19 공동성명 이행을 위한 초기조치' (2.13 합의)에 합의함으로써 북 · 일 관계도 새로운 돌파구를 마련하게 되었다. 합의서 제2조 4항은 북 · 일 양자회담 개시를 규정하고 있는바, 그 구체적 내용은 북한과 일본은 불행한 과거와 해결되지 않는 관심사안의 해결을 기반으로 '평양선언'에 따라 양국관계 정상화를 취해 나갈 것을 목표로 양자 대화를 개시한다고 규정하고 있다.

'2.13 합의'에 따라 북한과 일본은 북·일 관계정상화를 위한 제1차 실무그룹 회의를 베트남 하노이에서 2007년 3월 7일부터 8일까지, 제2차 회의를 몽골 울란바토르에서 같은해 5월 6일부터 9일까지 개최하였다. 두 차례 회의에서 양측은 '평양선언'

에 기초하여 국교정상화를 실현한다는 원칙에는 합의하였으나, 납치문제, 과거사 문제 등 주요 쟁점 관련 상호 입장 차이만을 확인하였으며, 이후 북·일 관계는 정체 상태가 지속되고 있다.

현재 일본 국내의 북한에 대한 여론이 악화된 상황이고 그에 따른 정치권과 언론의 대북한 강경태도 등을 고려해 볼 때, 국교 정상화를 지향한 북·일 관계가 순탄하게만 진전될 것이라고는 예상되지 않는다.

3. 북한과 중국 관계

북한정권 수립 이후 반세기 동안 중국과 북한 간의 관계는 때로는 소원해지고 불편해지기도 하였으나, 정치 · 경제 · 군사적으로 순치(脣齒), 혈맹으로 표현될 만큼 긴밀한 관계를 유지해 왔다. 사회주의권이 붕괴된 이후 중국은 이념적 토대 위에서 북한을 후원하는 유일한 나라이다. 지구상에 남아 있는 몇 안 되는 사회주의 국가 중 북한이 의지할 나라는 중국밖에 없기 때문이다.

그럼에도 불구하고 북 · 중 관계는 세계사적인 탈냉전의 상황에서 이념보다는 경제적 실리를 중시하는 중국의 정책에 따라 1990년대 들어 커다란 곡절을 겪게 된다. 중국이 1991년부터 북한과의 교역 시 사회주의 블록경제의 틀 속에서 유지해 온 구상무역을 포기하고 대신 경화결제를 요구하고 나선 데 이어 1992년 8월 남한과 외교 관계를 수립한 것이 북·중 관계를 악화시키는 기폭제가 되었다.

따라서 북 · 중 관계는 그동안 표면상 동맹관계를 유지하면서도 내면적으로는 적잖이 불편한 관계를 유지해 왔다. 1991년 10월 김일성이 중국을 방문하고 1992년 양상쿤((楊尙昆)) 중국 국가주석이 북한을 방문한 이후, 2000년 5월 김정일의 비공식 중국방문이 있기까지 8년여 동안 전통적으로 이루어져 온 양국 정상 간의 교환방문이 이루어지지 않았던 사례로 이 기간 북 · 중 관계의 실상을 가늠해 볼 수 있다.

그러나 북한은 1998년 9월 김정일 체제가 공식 출범하면서 중국과의 관계를 정상화하는 데 정책의 우선순위를 두게 된다. 2000년 5월 29일부터 31일까지 김정일이 장쩌민 주석의 초청 형식으로 중국을 비공식 방문하여 양국 간의 관계와 개혁 · 개방 문제, 남북정상회담 등을 논의하였으며, 여기에서 양국 지도자들은 전통적인 양국 간 친선을 더욱 공고히 발전시키기로 합의한 것으로 알려졌다. 장쩌민 주석은 "중국은 시종일관 한반도 평화·안정과 남북관계 개선을 지지했다"면서 북한에 식량과 원유, 석탄 등 물자를 추가로 무상지원하기로 하였다.

2001년 1월 15일부터 20일까지 김정일이 관계를 보다 높은 수준으로 진전시킬 것에 합의한 것으로 알려졌다. 특히 김정일은 상하이 푸동 지구의첨단 산업기지, 금융 및 상업시설 등을 시찰한 다음 중국의 개혁·개방 성과를 높이 평가하였다. '천지개벽', '상상을 초월하는 변모' 등 극찬을 아끼지 않는 것은 북한이 2001년 1월 4일 노동신문 정론에서 주장한 '신사고' 와도 어느 정도 일맥상통한다고 볼 수 있다.

김정일의 두 차례 방중에 대한 답방 형식으로 행해진 장쩌민 중국 국가주석의 북한 공식 친선방문(2001. 9. 3~5)은 한 · 중 수교 이후 다소 소원했던 관계를 해소하는 계기가 되었다. 장쩌민 국가 주석과 김정일은 정상회담에서 북 · 중 우호관계 강화에 합의하였다. 중국은 북한에 대한 쌀·석유·비료 등 지원과 대북협력을 약속하고, 북한에게 남북한 대화와 남·북, 북·미, 북·유럽 관계 개선에 나설 것을 권유하였으며, 양국은 당적 유대 강화를 통해 정치적 관계 발전을 모색하였다.

2003년에 등장한 후진타오 정부는 북한과 전략적 협력관계를 모색하기로 합의하였음을 강조하면서, '전통계승', '미래지향', '선린우호', '협력강화'라는 대북 16자 방침을 천명하였다. 2004년 4월 19일부터 21일까지 김정일은 중국의 후진타오 주석의 초청으로 중국을 방문하였다. 김정일은 중국 혁명 4세대인 현 지도부와 유대관계를 구축하는 등 양국관계 개선에 상당한 성과를 올렸다. 중국 권력서열 10위권에 드는 인물들이 모두 김정일을 면담하는 등 중국 측은 김정일을 이례적으로 환대하였다.

2005년 10월 25일부터 30일까지 후진타오 중국 국가주석의 방북을 계기로 북 · 중 관계는 소원해진 양국 관계의 외형적 복원에서 실질을 도모하는 차원으로 전환되었다고 볼 수 있다. 후진타오 주석은 10월 28일 김정일과의 정상회담에서 향후 북 · 중 관계 발전의 4원칙을 천명하였다. 4원칙은 고위층 상호방문 전통 지속, 협력적 내용이 담긴 교류영역 확대, 경제무역 협력을 통한 공동발전 모색, 적극적인 협력을 통한 공동이익 추구 등 이다.

이 가운데 '협력적 내용이 담긴 교류 영역 확대'와 '경제무역 협력을 통한 공동발전' 은 경제적 측면에 치중한 제안이라고 베이징 전문가들은 분석하고 있다. 일부 전문가들은 중국이 이러한 원칙을 바탕으로 대북 투자 활성화, 북한 광물자원 개발 참여 등을 추진할 것으로 보인다고 전망하였다. 후진타오 주석이 10월 28일

만찬사의 상당 부분을 중국 경제의 발전상에 할애하고, 북한과의 경제협력 필요성을 강조한 것은 이를 뒷받침하는 것으로 볼 수 있다.

이러한 점에서 앞으로의 북·중 관계는 여러 가지 점에서 과거와는 다른 형태로 발전할 가능성이 크다. 즉 북한과 중국은 과거와 같은 맹목적인 동맹관계를 유지하는 대신 각자의 국가이익에 맞춰 관계를 재설정해 나갈 것으로 보인다. 북한은 당면한 경제난을 해소하고 나아가 국제사회의 지지를 이끌어내는 데 중국의 지원이 필요한 상태이며, 중국 역시 동북아시아에서의 발언권을 강화하고 아울러 한반도에 대한 영향력을 확대하기 위해 북한과의 연대가 필요하기 때문이다.

남북관계 개선에 대해 주변 4국 중 중국이 가장 적극적인 지지를 보이고 있는 것도 한반도에서 자신들의 영향력을 확대하는 동시에 주변 정세의 안정을 통해 경제건설을 촉진시키려는 계산이 깔려 있다는 분석이 설득력을 얻고 있다.

북한이 중국과의 전략적 동반자 관계를 유지하려는 배경과 이유는 대략 다음과 같다.

첫째, 중국이 개혁·개방 정책을 적극적으로 추진하고 있지만 아직까지 공산당 1당체제를 유지하고 사회주의 국가임을 표방하고 있기 때문이다. 따라서 중국과 북한 간에는 제한된 의미에서나마 이데올로기적 동질성과 유대가 지속되고 있고, 구소련이 붕괴된 이후 중국은 북한의 유일한 동맹국이다.

둘째, 북한은 현재 식량, 원유 등 전략물자의 공급을 중국에 크게 의존하고 있다.

셋째, 중국은 북한이 유엔 등 국제무대에서 효과적인 외교적 지지·지원을 기대할 수 있는 거의 유일한 국가이다.

넷째, 미 · 일에 대한 중국과 북한의 불신과 공동 안보의식이 지속 되고 있다.

중국의 입장에서도 북한과의 관계 유지가 안보문제를 비롯한 중국의 현실적 국가이익의 관점에서 긴요한 것으로 판단하고 있기 때문에, 중국은 단기적으로 한반도의 안정과 평화유지라는 기조 하에 북한에 대해 변방외교 차원에서 정치·군사적 지원정책을 계속할 것으로 보인다. 또한, 중국은 이를 통해 한반도에 대한 영향력 유지를 추구하는 한편, 실리외교 차원에서 남한과의 경제적 교류와 협력을 강화함으로써 경제발전을 도모하는 것으로 판단된다.

이러한 중국의 실리외교는 북핵문제 해결과정에서 중국이 보여준 태도와도 연관이 많다. 즉, 1차 북핵 위기 때 중국은 국제사회와 협력하여 북한의 핵문제 해결의

지를 유도해 내기보다는, 북한 편향적인 원칙적 입장을 표명하며 자신의 역할이 제한적임을 주장함으로써 가시적인 역할을 하지 않았다.

2차 북핵 위기에 대하여 중국은 북핵문제의 해결을 위한 실제적인 조치들을 취했고, 북핵문제 해결을 위한 긍정적 역할을 하고자 하는 의지를 강하게 표출하였다. 즉 중국은 NPT 규범의 보편성을 주장하며, 규범 준수를 통한 국제 질서의 안정적 유지를 강조함으로써 '책임감 있는 대국'의 면모를 구현해 내고 있다. 이는 북·중 관계의 변화된 모습을 볼 수 있는 대목이다. 왜냐하면 북한은 국제적 고립과 경제난을 타개하기 위해 유일한 동맹국인 중국의 협조를 필요로 하고, 중국 또한 한반도의 비핵화를 통한 동북아의 평화와 안정의 유지는 물론, 미국의 견제에 대한 대응 및 국제사회에서의 영향력 확대를 위해 북한과의 관계를 강화하는 것이 유리하기 때문이다. 이렇듯 강화된 북·중 관계의 모습은 2005년 10월 후진타오의 방북과 2006년 1월 김정일의 중국 비공식 방문을 통해 잘 나타나고 있다.

2006년 10월 북한 핵실험을 계기로 정치·경제적으로 친밀해진 북·중 관계가 다른 차원을 보이는 듯했다. 중국은 어느 때보다도 북한을 강하게 비난하고 유엔 안보리의 대북 제재안에 반대하지 않았다. 그러나 이러한 가운데서도 중국은 대화와 협상을 통한 북핵문제 해결 원칙을 유지하고, 북한을 궁지에 몰고 갈 수 있는 전면적인 대북 경제 제재에는 반대한다는 입장을 천명하였다. 탕자쉬엔 대북 특사를 미 · 러 및 북한에 파견하는 등 중국의 북핵문제에 대한 활발한 중재노력은 북한이 6자회담에 복귀하는 데 결정적인 역할을 하였다.

향후 중국은 북한의 핵실험으로 야기된 한반도 불안상황을 타개하기 위해 북한은 물론 6자회담 관련국들에게 건설적인 중재노력을 계속할 것으로 보인다. 이는 중국이 자국의 정치적 안정과 경제성장에 필요한 동북아에서의 평화로운 환경을 조성하는 한편 한반도에서 영향력을 유지하는 데에도 도움이 될 수 있기 때문이다.

6자회담 참가국은 중국의 적극적인 중재노력으로 2007년 2월 13일 '9.19 공동성명 이행을 위한 초기조치' (2.13 합의)에 합의하였다. 이는 북·미 양자 틀을 통한 제네바 합의와 달리 6개국이 합의이행을 담보함으로써 한반도 평화정착 및 동북아 안보구조 변화의 토대를 확보하는 계기가 되었다.

나아가 제6차 6자회담 2단계 회의(2007. 9. 27~9. 30)에서 합의한 '9.19 공동성명 이행을 위한 2단계 조치' (10.3 합의)에서 북한은 핵 불능화와 신고를 완료하며, 북한에 중유 45만 톤을 제공하고, 50만 톤 상당의 발전설비 자재를 지원하기로 하였는데 여기에서도 중국은 한국과 더불어 중요한 역할을 하였다.

2012년 11월 등장한 시진핑 지도부도 대북정책에서 기존의 후진타오 정부와 동일한 입장을 고수하고 있다. 2012년 12월 북한의 장거리 미사일 발사에 대한 유엔 안보리의 대북제재 결의 제 2087호 채택에 찬성하면서, 북한의 핵실험 위협에 대해 모든 당사국에게 역내 긴장을 강화시킬 수 있는 행동을 자제할 것을 촉구하였다.

중국은 남북 간에 먼저 문제를 푸는 것이 한반도 상황개선의 첫 걸음이라는 데 대해서는 공감대를 형성하고 있는 것으로 판단된다. 북 · 중 관계의 특수성과 중국의 자국안보 우선시 인식을 고려할 때, 북·중 우호협력 관계는 지속될 것으로 예상된다.

4. 북한과 러시아 관계

북한은 1991년 12월 구소련이 해체되고 11개 공화국으로 이뤄진 독립국가연합(CIS)이 출범하자 곧바로 모든 공화국과 수교함으로써 구 소련권과의 관계 재정립에 주력했다.

1995년 9월 7일 러시아가 "러·북 우호협조 및 호상원조 조약을 더 이상 연장하지 않는다" 고 공식 발표함으로써 러시아와 북한은 군사동맹관계에서 일반적인 국가관계로의 새로운 관계설정이 불가피하게 되었다. 이에 따라 양국관계는 이념에 기초한 정치 · 군사적 동맹관계에서 벗어나 경제협력의 파트너로서 새로운 관계를 맺게 됐다.

1996년 4월 평양에서 제1차 '북 · 러 무역경제 및 과학기술 협조위원회' 회의가 열린 것은 그 서막이라 할 수 있다. 당시 양국은 부총리 급을 수석대표로 외무 · 대외경제·농업·철도·경공업·임업 등 경제 각 분야에서의 협력방법을 모색했는데, 그 결과 이 회의를 연례화하기로 하였다. 양국은 또 이 회의의 후속조치 성격으로 1996년 11월 러시아의 나진 · 선봉지대 투자확대와 대북 원유제공, 금속공업 제품교환 등을 통한 양국 간 무역확대를 목표로 투자보장 협정을 체결했다.

경제협력 관계가 본격화되면서 북 · 러 간의 정치적 관계도 차츰 회복되어 갔다. 1997년 1월 21일부터 이인규 북한 외교부 부부장과 그레고리 카라신 러시아 외무차관을 각각 수석대표로 한 북 · 러 신조약 1차 회담이 시작돼 1998년 12월까지 평양과 모스크바를 오가며 4차례의 실무회담이 진행됐다. 양국은 이를 통해 핵심 쟁점이었던 자동 군사개입 조항을 폐지하고 고려연방제 지지조항을 삽입하지 않는다는 원칙에 합의, 1999년 3월 17일 평양에서 '북·러 우호 선린협조 조약' 에 가서명하고 2000년 2월 9일 정식 서명했다.

새 조약 체결을 통해 1990년 9월 한·소 수교 이후 소원해진 북한과 러시아의 관계는 정상적인 국가관계로 재정립되었다. 이러한 북한의 대러시아 관계 재조정은 1996년 11월 '투자 장려 및 호상보호협정' 체결, 1997년 4월 '과학기술협력 의정서' 및 11월 '이중과세 방지협정' 체결 등과 함께 농업 · 어업 · 과학기술 협조에서 나타나듯이 경제협력 강화추세로 이어지게 되었다.

'북 · 러 우호선린협조 조약' (2000. 2. 9)체결에 이어 구소련과 러시아를 통틀어 러시아 최고지도자로서는 사상 처음으로 2000년 7월 북한을 방문한 블라디미르 푸틴 대통령은 2000년 7월 19일 평양에서 단독 및 확대 정상회담을 갖고 양국간 협조와 상호 협력, 북한 비사일 문제 등을 내용으로 하는 11개 조항의 '공동선언'을 채택했다

공동선언은 우선 2000년 2월 9일 체결된 '북 · 러 우호 선린협조 조약' 이 양국 간의 전통적인 친선관계와 선린, 상호 신뢰, 다방면적인 협조를 강화하며 동북아시아와 국제무대에서 평등하고 호혜적인 협조를 발전시키려는 서로의 염원을 표시했다고 강조했다. 공동선언은 이어 양국이 모든 침략과 전쟁정책을 반대하고 군축과 세계안정을 위해 적극 노력할 의향을 표명했으며, 특히 "각자 양국에 침략 위험이 조성되거나 평화와 안전에 위협을 주는 정황이 조성돼 협의와 상호 협력을 필요로 할 때 지체 없이 서로 접촉할 용의를 표시했다"고 밝혔다.

김정일은 2000년 7월 푸틴 대통령의 방북에 대한 답방 형식으로 2001년 7월 26일부터 8월 18일까지 러시아를 공식 방문하였다. 이는 한·소 수교 이후 소원했던 양국관계를 정상화하고 러시아와 외교·경제 등 전방위 협력체제를 구축했다는 데 큰 의의가 있다. 특히 양국 정상이 발표한 '북 · 러 모스크바 선언' (2001. 8. 4)에는 양국간의 협력관계 복원, 한반도 종단철도(TKR)과 시베리아 횡단철도(TSR)의 연결사업, 미국에 대한 공동보조, 한반도 정세등에 대한 합의가 담겨 있다.

김정일은 2002년 8월 20일부터 24일까지 러시아를 방문, 블라디보스토크에서 푸틴 러시아 대통령과 2000년 이후 세 번째 정상회담을 갖고 한반도의 평화와 안정은

물론 한반도 종단철도(TKR)와 시베리아 횡단철도(TSR) 연결 프로그램을 비롯한 북·러 간 경제협력 확대를 위해 노력할 것을 합의했다.

2004년에 가장 주목받는 북·러 관계는 7월의 라브로프 외무장관의 방북이었다. 라브로프 외무장관은 서울 방문 후, 평양을 방문하여 남북한과 동시 외교를 전개하였다. 2002년에도 이바노프 전 외무장관은 남북을 연속해서 방문한 바 있다. 쌍방은 2000년에 체결된 우호협력조약에 따른 관계발전에 합의하였으며, 김정일은 용천철도 사고 시 러시아 측이 3만 5천 톤의 식량 등을 지원해 준 데 대해 감사의 인사를 전하였다고 한다.

북·러 양국은 2005년에도 정상 간 친서전달이나 특사 파견, 고위인사교류 등을 통해 기존의 선린우호 관계를 유지하였다. 러시아는 북핵 문제와 관련하여 북한과 정기적으로 협의하였고 북한에 대한 에너지 제공이나 개발에 큰 관심을 보였다. 양국 간 경협의 장애요인이었던 북한의 대러 부채문제 해결방안도 마련된 것으로 알려졌다.

8.15 광복 60주년을 기념해 박의춘 주러 북한대사는 김정일의 친서를 푸틴 대통령에게, 푸틴 대통령은 축하 메시지를 김정일에게 각각 전달하였다. 콘스탄틴 풀리코프스키 러시아 극동연방지구 대통령 전권대표는 푸틴 대통령 특사자격으로 광복 60주년 기념행사와 노동당 창건 60주년 기념행사에 맞춰 평양을 각각 방문하여 김정일 등과 만나 북한과 러시아 극동 간의 무역 및 경협 확대, 6자회담, 한반도 상황 등을 논의하였다. 안보·군사 면에서, 러시아 정부는 북한 외무성의 핵보유 선언에 대해 유감을 표시하면서도 북한의 안보 우려를 이해하는 한편, 6자회담을 북핵문제 해결의 최선방안으로 간주하고 있다. 이고르 로가체프 주중 러시아 대사는 러시아가 북핵문제와 관련하여 중국 및 북한과 정기적으로 협의하고 있다고 밝혔다. '9.19 공동생명' 채택과 관련하여 러시아 외무부는 "한반도 비핵화를 최종 목표로 한 6자회담의 향후 성공 가능성에 대해 기대할 수 있도록 만들었다"는 공식성명을 발표하였다. 북한이 러시아와의 기존 관계 회복에 관심과 노력을 경주하고 있는 이유는 무기체계·자원·기술 등 여러 면에서 러시아에 대한 북한의 의존도가 여전히 높고, 적극화되고 있는 러시아의 대 한반도 정책을 이용할 필요가 있기 때문이다.

한편, 러시아가 북한과의 관계 회복을 추구하는 배경과 목표는 다음과 같다.

첫째, 지리적으로 인접되어 있는 북한이 러시아의 안보문제와 긴밀히 연계되어 있고, 무기 수출을 비롯한 상품시장으로서 북한의 가치를 인정하기 때문이다.

둘째, 북한과의 관계 악화에 따른 한반도에서의 러시아의 영향력 약화를 우려하기 때문이다.

셋째, 한국과의 경제·기술협력의 부진에 대한 러시아의 불만이다.

북한과 러시아가 기존 관계의 회복을 추구하고 있다 하더라도 양국 간 관계가 군사동맹관계로 되돌아갈 수 없음은 물론, 이전과 같은 긴밀한 우호·협력관계의 회복에는 한계가 있을 것이다. 왜냐하면, 북한이 사회주의 체제를 고수하는 한, 러시아와 북한은 이데올로기 및 대내외정책 기조에서 근본적으로 이질적이기 때문이다.

또한 경제이익을 비롯한 국가이익의 관점에서 러시아는 북한보다 한국과의 우호·협력관계의 발전에 우선적인 관심을 가질 수밖에 없다. 북·러 관계의 발전에는 한국을 포함한 3국간의 협력이 주목된다. 특히 시베리아 횡단철도와 남북 종단철도의 연결, 극동·시베리아에서 북한을 경유하여 한국에 도달하는 가스파이프라인의 건설계획 등이 3국 간 협력이 필요한 대표적 사례이다.

2006년에도 북 · 러 양국은 고위인사 교류 등을 통해 기존의 선린우호 관계를 지속하였다. 러시아는 북한의 경제회복이 동북아 및 시베리아와 러시아 극동지역의 경제발전에 도움이 될 것으로 생각하고 있기 때문에 북한 핵문제의 조속한 해결을 바라고 있다. 2007년 3월에는 제4차 북 · 러 경제공동위원회가 6년 만에 재개되고 북 · 러 차관급 협의회도 10월에 4년 만에 개최되는 등 실질적인 경제협력방안들이 모색되었다. 2007년 2월 13일 북한 핵문제 해결을 위한 '9.19 공동성명 이행을 위한 초기조치' 합의와 2007년 10월 3일 '9.19 공동성명을 위한 2단계 조치' 합의 과정에서 북 · 러 간의 전통적 선린관계 유지를 위해 러시아는 북한의 입장을 어느 정도 수용하는 입장을 보였다.

김정일 사후 김정은 체제의 북 · 러 관계는 친선을 강조하며 협력을 지속하고 있으며, 2012년 9월 북한은 러시아 정부가 구소련 시기에 제공한 차관과 관련된 채무에 대하여 재조정 협정을 통하여 전체 채무(110억 달러)의 90% 정도를 탕감 받았다.

러시아는 남·북·러 가스관 연결사업과 같은 3자 협력 프로젝트를 통해 러시아의 극동지역 개발을 도모하는 실리를 취하는 한편, 남북한의 중재자 역할을 취하는 정책을 펴고 있다.

북핵문제와 관련하여 러시아는 6자회담의 틀 내에서 미국과 중국을 중재하고 견제하는 역할을 맡음으로써 강대국의 위상을 확립하고, 북한에 영향력을 행사하며, 동북아에서 자국의 이해에 부합하는 정치적·경제적 질서를 만들려는 입장을 가지고 있다.

5. 북한과 EU관계

북한은 유럽 국가들과의 교류 확대 차원에서 1999년 9월 제54차 유엔총회를 앞두고 영국 등 대부분의 EU 회원국들에 사상 처음으로 외무장관 회담을 제의하는 등 유럽과의 관계개선 속도를 높였다. 이어 북한은 2000년 1월 4일 EU 회원국이자 서방 선진 7개국(G-7)인 이탈리아와 대사급 외교관계를 수립해 서방접근의 발판을 마련하고, 같은 해 9월 EU 15개국 회원국 중 외교관계가 없는 7개국을 대상으로 수교를 제의했다.

EU도 한반도 내 영향력 증대를 위해 북한을 포용하기 시작하였다. 2000년 10월 서울에서 열린 제3차 아시아·유럽정상회의(ASEM)를 계기로 영국·독일·스페인 등이 대북 수교방침을 천명하면서 양자관계는 급물살을 탔다. 제3차 ASEM회의 시 여러 EU 국가가 대북 수교방침을 표명한 데 이어, 2001년 5월 2일 당시 EU 의장이었던 스웨덴의 페르손 총리를 단장으로 하는 EU 대표단이 방북, 서방의 국가원수로서는 처음으로 김정일과 회담을 가졌다. 회담에서는 2003년까지 북한의 미사일 발사시험 유예를 확인받고, 북한 인권문제를 논의하는 한편 북한 측 경제조사단의 유럽 파견 등에 합의하였다. 그리고 그 직후인 5월 14일 EU 집행위원회는 북한과의 수교를 결정했다는 성명을 발표하기에 이르렀다.

북한 EU 개별국가와의 관계 개선에도 힘써 이탈리아(2000. 1. 4), 영국(2000. 12. 12), 독일(2000. 3. 1) 등 2007년 말까지 프랑스, 에스토니아를 제외한 EU 25개 회원국과 외교관계를 수립하였다.

그러나 북한 핵문제는 북한 · EU 관계에 있어서도 부정적 영향을 미치고 있다. 2002년 11월 당시 EU 의장국이었던 덴마크의 묄러 외무장관은 "북한이 즉각 핵무기 개발프로그램을 중단하지 않으면 북한과의 관계를 재고하지 않을 수 없다"고 경고했다. 2003년 6월 EU 정상 회의에서 EU 회원국 정상들은 대량살상무기의 확산방지를 위해 노력 할 것을 촉구하는 성명을 발표하였다.

그럼에도 불구하고 북한은 경제면에서 EU 국가와의 관계 증진을 추구하고 있다.

2002년 3월에 유럽순방에 나선 이광근 무역상을 포함한 경제대표단이 벨기에·이탈리아·스웨덴·영국 등 4개국을 방문, 자본주의 경제체제 시찰 및 운영 방안을 연구하였다. 또한 북한은 수시로 단기 연수생들을 EU 국가에 파견함으로써 교류협력의 토대를 닦기 위해 애쓰고 있으며, 2002년 12월에는 대외 결제수단으로 미국달러화 대신 EU의 유로화를 사용하기로 결정하였다.

EU의 대북 경제관계에서 주목을 끄는 점은 EU가 2004년부터 북한의 경제개혁에 관한 워크숍을 북한과 공동 개최하고 있는 것이다. 이 워크숍은 주한 EU 대표부와 독일 프리드리히 나우만 재단(Friedrich Naumann Foundation) 및 북한 외무성이 공동 주최하고 북한에서 EU를 대표하는 주북한 영국대사관이 지원하며 EU 회원국들이 경제 전문가와 외교관들을 참여시켜 이루어졌다. 제1차 워크숍은 2004년 8월에 개최되어 북한의 경제변천 과정을 개관하고 2002년 이후 변화를 논의 하였다. 제2차 워크숍은 2005년 10월 11일부터 14일까지 평양에서 개최되어 경제운영에서 국가의 역할, 외국투자 유치전략, 국영기업과 농업의 구조조정 문제들을 다루었다. 북한 측에서는 경제 관련 부처와 기관들에서 약 100여 명, EU 측에서는 8개 회원국의 경제 신문가, EU 외교관과 평양 주재 외국기업 대표들이 참석하였다.

EU는 북한과 정치대화를 지속하고 인권문제도 주요 의제로 다루었으나 북한의 개선조치가 없자, 스위스 제네바 소재 유엔 인권위원회에 2003년부터 3년 연속 '북한 인권상황에 대한 결의안' 을 제출하였다. 유엔 인권위원회는 북한의 인권침해 상황을 규탄하고 인권개선 노력을 촉구하는 내용의 대북 인권결의안을 채택하였다. 또한 EU는 북한 인권문제에 심각한 우려를 표시하는 한편 북한 주민의 인권과 기본적인 자유보장을 촉구하는 '북한 인권상황에 대한 결의안' 을 2005년 제60차 유엔총회에 제출하였다. 이 결의안은 11월 17일 찬성 84표, 반대 22표, 기권 62표로 최초로 유엔총회가 북한 인권에 대해 지속적인 조치를 취할 수 있는 근거가 된다는 점에서 북한에 적지 않은 부담으로 작용하고 있다.

그럼에도 불구하고 북한이 EU와의 관계개선을 시도하는 이유는 대략 다음과 같다.

첫째, 경제적 측면의 동기가 두드러진다. 먼저 EU는 1995년부터 2006년까지 북한에 약 3억 5천 4백만 유로에 달하는 인도적 지원을 제공하였으며, 이는 국제사회에서 EU가 대북지원에 '큰 손 역할'을 하고 있다는 것을 보여준다.

둘째, 정치적 측면에서는 미국에 대한 견제 의도가 북한의 대 EU관계개선의 주요한 요인으로 작용한 것으로 보인다. 실제로 김정일은 부시 행정부가 새로 등장하여 장기간 대북 정책 검토를 하고 있는 동안 페르손 스웨덴 총리를 만나 2003년까지 미사일 유예 약속을 재확인하는 등 다분히 미국을 겨냥한 속내를 드러내 보인 바 있다.

한편 EU의 대북접근 요인은 다음과 같다.

첫째, 북한의 인도주의적 지원 확보 필요성이다. 북한은 1995년 '큰물 피해대책위원회' 명의로 EU를 비롯, 세계 여러 나라에 간곡히 식량 지원을 요청한 바 있다. 이는 그간 자력갱생을 표어로 살아온 북한의 입장에서 보면 상당히 자존심이 상하는 일이었지만, EU측으로서는 그간 잊혀져 온 북한에 대해 새롭게 관심을 갖는 계기가 되었다.

둘째, 남북관계의 진전이 EU로 하여금 북한과의 수교에 적극적으로 나서게 한 요인이 되었다. 즉 당초 EU는 대북관계 개선의 전제로 인권개선, 남북대화 진전 및 핵·미사일 등 대량살상무기 비확산을 엄격히 요구하고 있었으나, 2000년 6월 남북정상회담이 성사되는 등 남북관계가 진전되는 분위기 속에서 한국정부의 설득으로 EU가 먼저 수교를 한 후 기타 현안을 처리하려는 입장으로 선회하였기 때문이다.

2005년 11월 EU의 'UN 북한 인권 결의안' 이 채택된 이후 약 15개월 간 북한과 EU 간의 정치대화가 단절되었으나, 2007년 3월 EU의 트로이카 대표단(EU집행위원회, EU이사회 사무국, 독일)의 방북과 같은 해 10월 제3차 북 · EU 경제워크숍 평양 개최 등 관계개선의 계기가 마련되었다.

그러나 2009년 4월 북한의 장거리 미사일 발사와 5월의 제2차 핵실험은 양자 관계를 냉각시키는 결정적 계기가 되었으며, 2010년 3월 천안함 폭침 사건과 관련 유럽의회는 6월 17일 '한반도 상황에 관한 결의안'을 채택하였다.

북한은 EU와의 관계 증진으로 경제지원을 획득할 수 있다고 판단하고 있으나, 핵과 미사일 및 인권문제 등으로 소기의 성과를 거두지 못하고 있다.

제3절 북한의 대남 전략

1. 대남 혁명 전략 및 전술

가. 혁명관 : 남조선 혁명론

북한이 일관되게 견지하고 있는 한국에 대한 인식은 '선 남조선혁명 후 조국통일'이라는 관점이다. 전국적으로 혁명과업을 완수해야 한다는 인식은 한국이 아직 혁명 이전의 단계에 놓여 있다는 상황판단에서 비롯된다.

북한이 견지하는 혁명전략은 '인민 민주주의 혁명전략'과 '사회주의 혁명전략'에 입각하여 '민족해방 인민 민주주의혁명' 노선으로 구체화된다. 인민민주주의 혁명전략은 후진국에서의 전단계 혁명전략에 해당하는데 그 전략적 당면목표는 먼저 외세를 축출하고 국내의 봉건제도를 타파하는 데 있으며, 그 같은 목표 수행을 위해서는 기본적으로 노동자 계급 영도하의 노·농 동맹군을 주력군으로 삼고 타도대상을 제외한 거의 대부분의 각계각층을 동맹세력으로 포섭하게 되는 것이다. 이 혁명전략 단계에서는 그때그때의 구체적 상황을 고려하여 외세와 국내 반공세력의 타도에 우선 순위를 정하고 또한 양자를 격리·고립시켜 차례로 각개 격파하는 방식도 적용하게 되는데 이것이 바로 '전략적 지도'에 속한다.

사회주의 혁명전략은 선진국, 중진국, 후진국에서의 후단계 혁명 전략이며 목표는 부르주아지를 타도하고 사유제를 청산하는 데 있으며, 이 과정에서의 주력군은 프롤레타리아트이고 보조군은 소작인 등 극빈농층이다. 따라서 소시민계층은 부르주아지와 협력하지 못하도록 격리하고 중립화시켜 노동자로 개조하는 것이 전략적 목표이다.

이렇게 볼 때 북한의 당면목표는 주한미군의 철수에 역점을 두면서 한국사회 내부에서는 노동자, 농민층 중심의 반체제세력을 강화시켜 체제 붕괴를 꾀하는 것이다. 한국사회에서는 민주화추진 과정에서 급진적 사회변혁을 주장하는 단체와 정치세력을 후원하거나 이들과 연대하는 정책이 강조되어 왔다.

나. 대남전략 기조 : 3대혁명역량 강화

북한은 1964년부터 「3대 혁명역량 강화」를 제시, 이를 대남전략의 기조로 삼아 왔다. 북한 사회주의 혁명역량 강화, 남한 사회주의 혁명역량 강화, 국제 사회주의 혁명역량 강화 등 3가지의 목표달성을 통해 한반도를 통일한다는 것이다.

먼저 북한 사회주의 혁명역량은 정치적 역량, 경제적 역량, 군사적 역량으로 구성된다. 정치적 역량 강화를 위해서는 북한 인민들을 철저히 주체사상으로 무장시켜 혁명화, 노동계급화하며, 혁명의 참모부인 조선노동당과 혁명 건설의 무기인 프롤레타리아 독재를 강화해야 된다는 것이다. 경제적 역량을 강화하기 위해서는 자급자족주의체제를 강화하고, 3대 기술혁명을 철저히 수행하여 목표를 달성한다는 것이다. 3대 기술혁명이란 사상, 기술, 문화의 3분야에서 기술혁명운동을 광범위하게 추진하는 것을 말한다. 그리고 군사적 역량 강화를 위해서는 자력국방의 원칙에 따라 4대 군사노선이 실천목표로 제시되어 추진되어 왔다.

두 번째의 남한 사회주의 혁명역량 강화란 남한에서의 민주세력 지원, 남한 인민의 사상적 각성, 통일전선 형성, 국군의 와해, 반혁명역량 약화 등이 실천과제로 집약된다. 여기서 남한의 민주화세력이란 남한 내의 용공세력과 반정부세력 등 소위 재야운동권의 투쟁을 고무·선동하고 지원하는 것을 의미한다. 이를 위해 그 동안 북한은 간첩 등을 통해 국내 재야권과 연계를 가지고 투쟁자금 지원 등 각종 공작을 전개해 왔다.

통일전선 형성을 위해서는 남한 내의 혁명의 주력군으로 보이는 노동자, 농민, 청년학생, 진보적 엘리트를 포섭하여 반파쇼 민주연합전선, 반미 구국통일전선 등을 형성하는 것에 역점을 두어 왔다. 북한의 이 같은 공작 노력은 한국사회가 정치적으로 민주화로 이행됨에 따라 그 성공 여부가 더 불투명해졌다. 과거 한국이 권위주의적 정치체제로 유지되던 기간에는 한국의 민주화세력과 연대전선을 형성하는 것이 가능하였지만 크게 보아 제 6 공화국부터 정치적 민주화가 점진적으로 이행됨에 따라 북한의 포섭대상층이 얇아질 수밖에 없게 된 것이다.

세 번째의 국제 혁명역량 강화란 사회주의 국가 및 제 3세계 국가의 인민들과 유대 강화, 자본주의 국가 내의 노동운동세력과 단결, 전세계 반제 평화애호 세력 지원 등을 의미한다. 그러나 1990년대 들어서 공산권 국가들이 몰락함으로써 현실적으로 북한은 국제혁명역량 강화를 거의 기대할 수 없게 되었다고 판단된다.

더구나 북한 내의 사회주의 혁명역량 강화에서도 이제는 취약점을 드러내기 시작하여 김정일 체제하에서는 3대 혁명역량 강화의 기조가 전환되어야 하는 당위적 요청에 직면하고 있다. 북한체제가 어떤 내용으로 현재의 위기를 타파해 나갈지는 두고 보아야 하지만 김정일 체제로 지속되는 한은 구조적인 변혁을 기대하기는 어렵고 다만 전술적인 변화로 위기타개에 주력할 것으로 보인다.

다. 대남 혁명전술

북한의 대남 혁명전술은 남한 내에서 전개되는 상황에 따라 비교적 단기간에 혁명의 주력군인 노동자, 농민, 청년학생, 진보적 엘리트의 행동노선을 결정하는 성격을 지니며, 크게 조직형태, 투쟁형태, 선동 슬로건으로 그 내용을 구분해 볼 수 있다. 좀더 풀어서 이해하면 혁명전술이란 혁명전략의 목표를 달성하기 위한 구체적인 행동계획이다. 대표적인 혁명전술을 추출하여 이의 내용을 살펴보면 다음과 같다

1) 지하당 구축전술

이는 남한 내에 조선노동당의 전위대 역할을 수행하는 조직을 건설한다는 내용이다. 실제로 북한은 1960년대에 통일혁명당, 인민혁명당, 1970년대에 남민전(남조선민족해방전선), 1980년대에 한국 민족민주전선, 1990년대에는 조선노동당 중부지역당 등을 남한에 구축하려고 시도하였다. 이처럼 북한이 지하당 구축에 집요한 노력을 전개하는 이유는 혁명주력군의 거점으로 삼을 수 있을 뿐 아니라 혁명이 일어나는 경우 이를 남한 자체의 혁명으로 위장할 수 있기 때문이다.

2) 통일전선전술

이 전술은 공산주의자들의 전통적이며 전형적인 조직전술의 하나이다. 원래의 뜻은 정면 공격이 가능하지 않을 경우 상대편 내부의 갈등과 대립을 이용하고 동맹 가능한 부동층과도 타협하거나 협조하는 것을 의미한다. 실제에서는 공산당이 일정한 혁명단계에서 주적을 타도하는 데 공산당 세력만으로는 불가능할 때 필요한 동조세력을 획득하고 그들과 잠정적인 동맹체를 형성하여 투쟁하는 기법으로 나타난다.

북한이 이 전술을 적용함에 있어서 강조하는 원칙으로는 하층 통일전선을 기본

으로 삼아 상층 통일전선을 유기적으로 결합할 것, 낮은 형태의 공동투쟁을 점차 높은 형태의 공동투쟁으로 발전시킬 것, 부분적인 연합에서 전면적인 연합으로 발전시킬 것, 통일전선체 내에서 중간층, 민족자본가들과 단결하는 가운데 투쟁할 것 등이다.

1990년대에 들어 북한은 전민족 통일전선 형성을 위해 남북한과 해외동포를 연합한 범민족 대회의 개최에 주력하여 왔다. 북한이 이처럼 민족대단결 주장을 강조한 것은 동유렵 국가들의 붕괴로 인해 국제정세가 불리하게 전개됨에 따라 대남전략 구사에 일대 수정이 불가피한 국면이 조성되었기 때문이다. 이 같은 북한의 민족대단결 주장은 '민족' 이라는 혈연적 동질성을 내새워 남한내에 광범위한 통일전선조직을 구축하면서 반미자주화 투쟁을 선동하여 한·미간 안보협력체제를 약화시키려는 것으로 대내외 정세변화에 따른 전술적 변경이라고 할 수 있다.

3) 민족공조론

북한이 '민족공조'를 주장하게 된 계기는 남북정상회담에서 채택된 '6· 15 남북공동선언'이다. 동 선언 1항에서는 "나라의 통일문제를 그 주인인 우리 민족끼리 서로 힘을 합쳐 자주적으로 해결해 나갈 것"을 명시하였다. 북한은 '우리 민족끼리' 라는 표현을 '민족공조'로 개념화하였다. 북한이 '민족공조'란 용어를 처음 사용하기 시작한 것은 2001년 1월 10일 개최한 '우리 민족끼리 통일의 문을 여는 2001년 대회'에서 였다. 이 대회에서 북한은 "외세와의 공조를 배격하고 민족공조로 통일문제를 우리 민족 자체의 힘에 의하여 해결해 나가자"고 제의 하였던 것이다.

북한이 민족공조를 본격적으로 제기한 것은 2002년 10월 북핵문제가 다시 대두되면서 부터라고 볼 수 있다. 북한은 핵문제 해결의 유일한 방법은 북·미 불가침조약 체결이라고 주장 하면서 "민족공조로 조·미 불가침조약 체결을 위한 운동과 투쟁을 벌이는 것은 핵전쟁 위험을 막고 민족 자주통일을 가져올 수 있다"고 주장하였다. 2003년 신년 공동사설에서 북한은 한반도 정세를 '조선민족 대 미국간의 대결' 이라고 규정하면서 "민족공조를 통해 미국의 대북 압살책동을 분쇄해 나갈 것"을 주장하였다. 이처럼 정치-군사적 쟁점에 대해서는 민족공조를 내세우면서 경제적 실리를 위해서는 남북한 교류협력에 의존하는 전술을 구사하고 있는 것이다.

2. 대남사업기구

북한의 대남사업체계를 보면 노동당 비서국에 대남사업을 총괄하는 대남사업담당 비서를 두고 그 밑에 통일전선부, 대외연락부(구 사회문화부), 35호실(구 대외정보조사부), 작전부 등 을 두고 있다. 아울러 노동당 통일전선부 산하 외곽단체로 조국 평화통일위원회(조평통), 조국 통일민주주의전선(조군전선), 한국 민족 민주전선(한민전), 조선 아시아 태평양 평화위원회(아·태평화위)등을 두고 있다. 또한 민간부문에 대한 대남사업을 추진하기 위해 민족 화해협의회(민화협)라는 단체를 섭립하고 여기에 정계, 사회문화계, 종교계 등 각 단체인사들을 포함시켜 활동을 장려하고 있다.

〈대남사업 담당부서〉

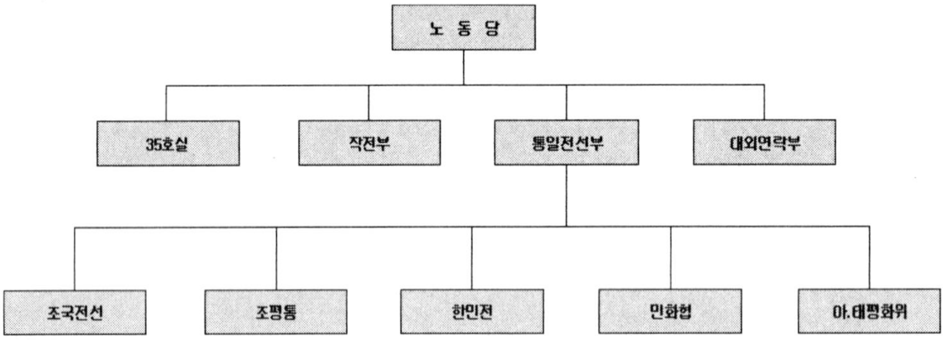

출처: 통일부 홈페이지(2011.7)의 「북한개요」

가. 35호실

그동안 '대외조사부', '대외정보조사부' 등으로 호칭되다가 최근에 '35' 호실로 정식 명칭이 부여되었다. 공작원을 한국에 침투시키거나 해외에 파견하여 대남정보를 수집하거나 해외 공작을 수행하고 있다. 산하에 '스웰상사'라는 무역회사를 운영하고 있다.

나. 작전부

작전부는 공작원들에 대한 기본 교육훈련, 침투공작원 호송, 안내, 복귀, 대남 테러공작 및 대남침투 루트 개척 등을 주임무로 하고 있는 공작부서이다. 이 부서에는 남파 공작원과 전투원들에 대한 정규 기본 교육훈련을 전담하고 있는 김일성 정치군사 종합대학, 남파공작원 파견 기지인 2개의 육상연락소 및 4개의 해상연락소를 보유하고 있다.

다. 대외연락부(노동당 222국)

대외연락부는 대남공작원의 선발과 밀봉교육을 시켜 한국지역에 파견하여 지하당을 구축하는 것이 주임무이다. 추가로 한국의 현지인 및 해외동포의 포섭과 혁명 분위기를 조성하기도 한다.

라. 통일전선부

통일전선부는 통일전선 공작과 남북대화 업무를 실질적으로 주관하는 대남사업의 핵심부서로서 1978년 설치되었으며, 남북회담, 해외교포 공작사업, 대남 심리전 및 통일 전선 공작사업, 국내 좌익운동권 지도 등의 임무를 수행한다. 예하에는 국내 반정부 통일전선 형성 임무를 위해 침투활동을 주도하는 직접침투과, 남북회담과, 해외담당과를 두고 있으며, 무역회사도 운영하고 있다.

1) 조국전선(조국통일 민주주의 전선)

'조국전선'은 노동당의 통일노선과 정책을 옹호·관철하는 당의 전위기구로서 1949년 6월 25일 남북정당 사회단체 연석회의에서 72개 정당·사회단체를 망라해 결성되었다. 북한은 이 기구의 성격을 노농동맹에 기초하여 통일을 지향하는 모든 애국적 민주주의 역량을 결집한 정치조직체로 규정하고 있으며, 현재 북한의 24개 정당 및 사회단체로 구성되어 있다. 이 조직은 한국에서 주요 사건이 발생할 때마다 성명·담화·기자회견 형식 등으로 대남선전과 위장평화 세를 전개하는 한편, 남한 각계 각층과의 통일전선을 형성하는 기능을 수행하고 있다.

2) 조평통(조국 평화 통일 위원회)

'조평통'은 1961년 5월 13일 결성된 노동당의 외곽단체로 당의 통일 및 대화에 관련된 정책 수행 임무와 통일전선 형성 임무를 수행하고 있다. 이 기구는 4 ·19혁명 직후 우리 사회내에 통일논의가 분출되자 이를 대남혁명전략에 활용하기 위한 목적으로 북한의 정당·사회단체와 각계 인사들을 망라하여 설립되었다. '조평통'은 국내인사 및 해외동포를 대상으로 한 통일전선 형성, 남한내 친북 통일여론 조성을 위한 선전공세 등을 주요 임무로 하고 있으며, 남한의 정세변화와 사건 또는 한국정부의 대북정책에 대해 북한의 입장을 대변하는 역할 수행해왔다.

3) 민화협(민족 화해 협의회)

'민화협'은 1998년 6월 8일 북한이 8·15 대축전 제의에 앞서 북한의 정계, 사회·문화계·종교계 등 각계 단체들과 인사들로 구성한 대남 단체의 하나이다. 이 기구는 북한이 '민족화해'를 내세워 결성한 최초의 협의체로서, 김정일의 '민족대단결 5대방침'(1998. 4)에서 언급된 '온 민족의 접촉 · 대화와 련대 · 련합' 을 실현하기 위한 실무기구로서의 역할을 수행하고 있다.

4) 아 · 태 평화위(조선 아시아 · 태평양 평화위원회)

'아 · 태평화위' 는 아·태 지역 미수교 국가들과 정치·경제·문화교류를 확대·강화하기 위해 1994년 5월 통일전선부 산하에 설립된 노동당의 외곽단체이다. 조직체계는 위원장예하에 부위원장과 서기장을 두고 있으며 기능적으로는 정치, 경제, 문화, 관광, 종교 등의 분야에 부문별로 부서와 연구소를 편성하고 있다. 이 기구는 미국·일본 등과의 관계개선을 위한 창구역할과 함께, 유력 외국인사에 대한 방북 초청 및 해외 학술회의 참가 등을 통해 북한의 폐쇄적이고 호전적 이미지를 해소시키는 활동을 전개하고 있다. 특히 퇴근에 와서는 남북간의 각종 민간교류와 경제협력 업무의 집행기관으로서의 역할을 수행하고 있다.

마. 정찰국

정찰국은 인민무력부 총참모부 소속으로 무장공비 양성, 남파, 요인암살, 파괴, 납치 등 게릴라 활동, 대남 군사정보수집 등을 주임무로 하는 공작부서이다. 정찰국에는 907 군부대, 448군부대, 남포해상특수부대, 경보교도지도국, 정찰국 직속 저격여단 및 정찰 대대, 군단 및 사단 경보병부대 등이 있다. 실제 1983년 미얀마 아웅산 암살폭파사건을 자행한 무장공작원이 바로 정찰국 소속 특수 공작원임이 밝혀진 바 있다.

3. 대남 도발 사례 분석

가. 대남 도발 행태 개관

북한은 한국전쟁을 승리로 매듭지음으로써 무력적화통일을 달성하려 하였으나 실패하게 되자 형식적으로 한반도의 정전체제를 구축하는 데 참여하였으며, 실제적으로는 한반도에서 군사적 대결과 긴장을 계속 고조시켜 왔다.

북한은 전쟁 이후에도 계속하여 한국과의 군사적 긴장관계를 주도적으로 유발시킴으로써 대내적으로는 김일성 독재체제의 정당성을 확보하려고 하였으며, 다른 한편으로는 한국을 정치·사회적으로 불안하게 하여 정부의 정통성을 약화시키고자 하였다. 남북한 간의 긴장이 주한미군의 존재로 야기되고 있다는 사실을 한국 국민들에게 인식시킴으로써 주한미군에 대한 거부감을 확산시키고 주한미군을 조기에 철수하도록 하여 한반도의 공산화를 시도할 수 있는 기회, 즉 그들이 주장하는 '결정적 시기'를 조성하려고 하였던 것이다.

한국 내의 여건을 혁명에 유리하도록 조성하기 위해 대남공작을 실시하여 왔으며, 이런 대남공작은 무장간첩을 남파하여 한국사회를 혼란에 빠트리거나 한국 내에 '혁명기지'를 구축하려고 노력해 왔다. 무장간첩의 남파는 지속적으로 추진되어 왔고 이를 통해 한반도의 긴장을 조성하려고 하였다. 이런 북한의 도발행태는 결국 남북한 간의 불신, 오해, 상호 불인정, 위협인식, 긴장과 대립 등을 배태하는 주원인이 되어 왔다.

이처럼 한반도의 군사적 긴장은 북한의 한국에 대한 군사적 도발의 행태와 정도에 의하여 결정되었으며, 북한의 대남 군사도발은 한반도의 주변 정세와 남북한의 대내외적 환경의 변화에 부응하여 그 형태와 내용을 달리하여 왔다. 그러므로 남북한의 군사적 갈등구조는 북한의 군사적 도발형태와 이에 대한 한국의 대응조치의 상호작용의 결과로 나타나게 되었던 것이다.

이러한 북한의 군사적 도발의 내용과 특성을 파악하고 그들이 시대적으로 어떤 형태로 변화하여 왔는가를 추적하기 위해 지난 50여 년 동안에 발생한 주요 대남도발사례들을 추출하여 분석해 보기로 할 것이다. 여기서도 집중적인 분석의 대상이 되는 것은 한반도가 군사적위기로 치달았던 주요 사례들이다. 이 사례들은 일반적인 개념의 국제위기에 부응하는 것으로서, 충분조건으로는 위협의 심각성, 돌발적인 발생, 대응시간의 부족 등이 지목된다.

나. 시기별 도발행태

1) 1950년대

휴전 이후 1960년까지 북한은 한국전쟁으로 인한 국내적 후유증으로 수습하는 기간으로 사용하였다. 따라서 대남전략의 주축을 주로 평화공세에 의한 선전전에 두고 각종 협상을 제안하였다. 또한, 1950년대의 북한측이 제안한 평화협상에는 외국군 철수 요구, 회의 소집 요구, 평화통일에 관한 선언, 군축 제의, 4개항 통일방안 제의 등이 있다.

우선 북한에서는 한국전쟁에서의 물질적· 정신적 회복을 위한 기간이 필요하였기 때문에 대남관계는 한동안 소강상태를 유지하였다. 전쟁 이전까지만 하더라도 북한은 남한지역에 남로당을 기지로 구축, 각종 무장폭동이나 게릴라 활동을 통하여 남한을 공산화하려 하였다. 한국전쟁이 실패로 돌아가자 북한은 남로당계를 숙청함과 동시에 대남공작기구와 게릴라 부대를 해체하는 변혁을 단행하였다.

남한지역에 그들의 발판이 없어진 가운데 북한은 새로운 대남공작의 기초를 마련해야 하였다. 이 시기에 북한의 대남공작은 주로 북로계 간첩요원을 남파하는 것에 그쳤다. 이 때는 한국전쟁 이전과 전쟁중의 대량 남파형식과는 달리 소수를 남파시켰고, 그 교육방법도 집단훈련이 아니라 개별적인 밀봉교육의 형식에 따랐다.

1950년대 후반에 접어들어 북한의 경제건설이 어느 정도 진척된 반면 남한의 정치정세는 혼미를 거듭하자 북한의 대남공작은 소규모 간첩단을 중심으로 서서히 진행되기 시작하였다. 간첩단은 학원, 군대, 정부기관 등에 은밀히 침투하여 대남공작의 근거지를 확보하려 하였다. 따라서 한국의 입장에서는 소규모의 간첩단사건 외에는 위기로 처리할 만한 사건이 비교적 없었다.

그러나 1958년에 일어난 민간항공기 납치사건은 위기로 인지될 만한 사건이었다. 부산을 출발, 서울로 향하던 대한항공 소속의 KNA 1대가 탑승한 6명의 무장괴한에 의해 납치되어 평양에 강제 착륙하였다. 이 비행기에는 28명의 승객, 1명의 미군장교, 그리고 나머지 3명의 승무원이 탑승하고 있었다. 북한은 국제여론에 굴복하여 나중에 승무원과 탑승객 22명을 귀환시켰으나 비행기는 억류되고 말았다.

이 사건은 위기 측면에서 두 가지의 특성을 드러낸다. 하나는 위기사건 자체가 당시까지의 북한의 상습적인 도발형태와는 달랐고, 다른 하나는 사건발생 자체가 북한간첩 1명의 조종 하에 한국인 5명이 포섭되어 저질러졌다는 것이다. 이는 당시 한국 국민의 안보일체감을 간접적으로 시사해 준다. 한국전쟁을 계기로 한국국민의 안보의식은 전쟁 이전보다 공고해졌지만 아직도 일부 국민이 이데올로기적으로 무장되어 있지 못하여 북한의 간첩활동에 유인될 수 있다는 잠재성을 말해 주고 있다. 결국 1950년대의 전반적인 평화공세에도 불구하고 항공기 납치와 같은 도발적 사례가 발생함으로써 북한의 대남정책이 기본적으로 화전양면성을 지니고 있음을 암시해 주고 있다.

2) 1960년대

1960년대에 접어들면서 한국 내의 정치상황은 4·19혁명을 전후하여 극도의 혼란 상태에 빠졌다. 특히 감상적 통일논의가 만연하고 이에 편승하여 혁신계 정치인들의 목소리가 높아지면서 국민의 안보일체감은 거의 와해되는 상태에 이르렀다. 이 정세를 이용, 북한은 전면전을 제외한 모든 수단을 동원하여 대남 적화공세를 감행하였다.

5·16 군사정변은 북한으로 하여금 대남전략의 기본 방향을 대폭 수정하게 만들었다. 민주당 정부하에서의 정치사회적 혼란이 사라지고 경제발전과 베트남참전으로 국력신장의 여건이 마련되고 반공태세와 사상무장이 강화되었다. 이에 자극된 북한은 4대 군사노선을 서둘러 추구하고 보다 강경한 대남공작을 전개할 준비태세를 갖추기 시작하였다. 1961년 조선노동당 제 4 차대회는 강경노선의 통일전략을 채택하고 대남공작기구를 통합·승격하는 조치를 감행하였다.

북한의 이러한 강경노선을 기반으로 한 호전적 행위는 1960년대 중반부터 나타나기 시작하였다. 종전의 소극적 대남전략은 적극적 방향으로 선회, 남한에서의 혁명기지 구축이라는 장기적 목표에서 게릴라를 직접 침투시켜 요인 및 양민학살을 기도하거나 정면적 군사도발을 자행하였다. 이 중에서도 위기에 가까운 사례는 5건으로서, 유형별로는 정면 군사도발이 2건, 게릴라 침투가 2건, 나머지 1건은 여객기 납치였다. 정면군사도발은 남한의 해군함정 PCE-56함을 두 척의 북한 쾌속정이 피격하여 40명의 탑승원이 사망하고 30여 명은 실종된 사건과 미국의 전자정찰함 푸에블로(Pueblo)호가 북한의 쾌속정 4척과 2대의 미그기에 의해 납치된 사건이었다.

이 두 사건은 북한의 군사도발 대상이 한국과 미국 두 나라에 공통적으로 적용된다는 점에서는 유사하나 위협의 성격이 다르다는 점이 나타난다. 미국을 상대로 한 경우는 간접적인 형태를 띠었다는 점이다. 이는 북한이 미국을 대상으로 대량학살을 수반하는 위기사건을 만들어 낼 자신감이 아직 없었다는 점을 시사한다.

게릴라의 직접침투에 의한 두 가지 위기사건 중 하나는 한국의 최고 통치자를 대상으로, 다른 하나는 양민학살을 목적으로 하고 있었다. 1968년 1월 20일 북한의 124 군부대 소속 무장 공비 31명은 청와대를 기습 폭파할 목적으로 서울에 잠입하였다. 이들은 서울 시내 청운동과 홍제동 지역에서 민간인을 사살하는 등 소란을 피우다 군경 합동수색대에 의해 1명만 생포되고 나머지는 모두 섬멸되었다. 이들을 모두 섬멸하기까지 도합 10여 일이 소요되었으며, 한국 측은 6명의 민간인과 작전 중 최규식 종로서장이 사망하였다. 생포된 김신조의 증언에 의하면 북한의 124 군부대는 황해도 연산에 기지를 두고 1개 기지에 300명씩 총 8 개 기지로 제주도를 제외한 남한의 각도를 각 기지가 담당하는 형식으로 훈련을 받고 있다고 증언하였다. 한국의 입장에서 이러한 북한의 태도는 안보적으로 중대한 위협이 아닐 수 없었다. 한국 정부가 얼마나 심각한 위협을 느끼고 있었는가는 이 사건 후 조직한 향토예비군의 창설에서 잘 나타난다.

다른 한편에서는 이 사건으로 한국의 안보태세가 얼마나 취약한 가가 드러나게 되었다. 31명의 게릴라들이 사건발생 3일 전 개성을 출발하여 도보로 서울의 중심까지 이르는 동안 3열종대로 유유히 침투할 수 있었던 것이다. 5·16 이후 안보를 국가의 제 1 목표로 강조하던 제 3 공화국에서도 이러한 침투가 가능하였는데, 만일 북한의 이런 침투가 국내의 안보의식이 상대적으로 해이하던 시기에 일어났더라면 국가존립의 결정적인 위기가 되었을 것이다.

보다 큰 규모의 게릴라들이 직접 침투한 사건은 동년 11월 13일에 발생하였다. 124군부대 소속의 120명에 달하는 게릴라들이 동해안 지역의 울진, 삼척 부근에 출현하여 한국의 대간첩작전 부대와 교전을 벌여 59명이 사살되고 2명은 생포되었다. 한국은 2명의 군인과 6명의 예비군, 그리고 16명의 민간인이 희생되었다. 북한은 이 지역에 게릴라 근거지를 확보하려고 했던 것으로 알려졌다. 이 사건은 1·21 위기와 형태는 같으나 목적은 요인암살이 아닌 대민관계를 기반으로 게릴라 기지 구축의 가능성을 시험해 보는 데 그 목적이 있었던 것으로 보인다.

1960년대 마지막 위기사건은 1958년에 발생한 것과 같이 대한항공기를 납치함으로써 야기되었다. 1969년 12월 11일 강릉에서 출발하여 서울로 향하던 대한항공기 소속 YS-11기가 북한간첩에 의하여 납치, 원산에 강제 착륙당하였다. 이 비행기는 총 51명의 한국인이 탑승했는데, 후에 북한은 39명만을 판문점을 통해 귀환시키고 승무원 3명과 8명의 승객은 강제로 억류하였다. 첫 번째의 납치사건과 비교할 때 이 사건은 북한이 승무원과 일반 승객을 강제로 억류했다는 점이 다르다.

이상 1960년대에 발생한 5가지 위기사건의 특징을 요약하면, 우선 위기의 유형에서 1950년대와는 달리 무장간첩 또는 게릴라의 직접침투 양상과 정면 군사도발이 주종을 이루었다는 점을 지적할 수 있다. 또한, 위협의 정도가 6 · 25와 같은 전면전과는 비교되지 않지만 평시 상황에서는 가장 심각한 형태로 나타났다는 점이 지적된다. 위기사건의 빈도에서는 1950년대 보다는 증가하였고, 주로 1960년대 후반기에 집중적으로 발생하였다는 점이 특징이다.

3) 1970년대

1970년대에 들어서 한국은 1960년대부터 지속되어 온 경제성장과 정치체제의 안정으로 국력이 크게 강화되어 남북한간의 국력의 격차는 점차 좁혀지게 되었다. 따라서 정치사회적 지도층을 적대적으로 제외시키고 하부로부터의 통일전선을 형성하여 남한을 적화시키려는 전략은 한계가 있음이 드러나게 되었다. 더군다나 1960년대의 직접적인 게릴라 침투전술도 결과적으로 한국민의 안보의식을 굳건히 다져주는 계기만 제공하였다. 이런 상황은 북한으로 하여금 한국이 제의한 남북대화에 응하도록 하였으며, 7·4 공동성명과 일련의 남북회담이 성공리에 개최되었다.

그러나 이 같은 대화를 통해서는 당초에 목적한 혁명역량의 신장을 기대할 수 없다는 것이 명백해지자 1973년 8월 북한의 조절위원장인 김영주가 대화 단절성명을 발표하였다. 그 후 북한은 대화의 중단 책임이 한국측에 있는 것처럼 국제여론을 오도하는 한편, 대민족회의와 같은 비현실적인 정치협상을 제안하다가 1979년 10 · 26 사태가 발생하자 총리회담이라는 당국 자간 회담을 제의하기도 하였다. 남북대화가 공식 단절된 이후 북한은 다시 비합법적인 대남공작을 강화하는 방향으로 선회하였다. 특히, 김일성의 후계자로 김정일이 등장하면서 대남공작은 한층 강화되어 공작부서의 기구를 강화하고 침투행위에 있어서 대내외공작역량을 총동원하였다.

북한은 1968년 124 군부대의 무장도발이 실패로 돌아가자, 대남사업총국을 해체하고 당중앙위원회 비서국이 대남공작을 장악하였다. 1970년대에 와서 북한은 1977년 노동연락부 내에 대성총국을 신설하여 대남공작을 관장하도록 하였고, 일본을 간첩침투의 기지로 구축하기위해 대남대책부를 설치하는 한편, 조총련 중앙조직과 지방조직단체에 대남정치선전공작부를 설치하였다. 또한, 해외에서의 우회침투공작을 강화하기 위해 1970년 통일혁명당을 창설하였다.

1970년대 북한에 의한 도발로 인해 발생한 주요 위기사건은 4건이었으며, 유형별로는 요인 암살기도가 2건, 땅굴 굴착 1건, 그리고 나머지 1건은 판문점에서의 도끼만행사건이었다. 첫 번째 요인암살 기도는 1970년 6월 22일, 북한에서 남파된 무장공비 3명이 국립묘지에 시한폭탄을 장치하려 함으로써 발생하였다. 이들의 목적은 6·25 동란 20주년 기념일에 국립묘지를 참배할 대통령을 비롯한 정부요인들을 암살하는 것이었다. 폭탄설치중 실책으로 1명의 공작원이 사망하였으며, 나머지 2명은 도주중 김포에서 사살되었다. 이로써 북한은 의도한 목적을 달성하지는 못하였지만, 한국 정부는 북한으로부터의 위협에 대한 경각심을 갖게 되었다.

두 번째 요인암살 기도는 1974년 8월 15일에 발생하였다. 북한의 지령을 받고 서울에 침투한 문세광이 8·15 해방 29주년 기념식장에 잠입하여 연설중인 박대통령을 저격했으나 미수에 그치고, 이로 인해 영부인 육영수 여사가 서거한 사건이다. 범인 문세광은 조총련계 공작 지도원인 김호령의 지시를 받은 것으로 알려졌으며, 최초의 기도는 동년 3·1절 기념식장을 목표로 하였다고 한다. 이 사건은 북한이 대남공작에 있어서 직접침투보다는 해외를 경유한 간첩침투의 형식에 의존한 것이 특징이다. 이는 한국의 안보태세가 휴전선은 물론 국내적으로도 더욱 공고해지게 되자 북한이 해외침투의 근거지로써의 일본을 이용하게 되었음을 나타낸다.

한편 1974년 11월 5일 서부전선 고량포지역 비무장지대에 북한이 굴착한 땅굴이 발견되어 세계를 놀라게 하였다. 이 땅굴은 휴전선 남쪽으로 1.2 km나 통과하여 북한의 기습남침용임을 분명히 드러냈다. 넓이 90 cm, 높이 122 cm로 굴착된 이 땅굴은 유사시 한 시간에 1개 연대의 병력을 통과시킬 수 있는 것으로 알려져 한국측에 심각한 위협이 되었다. 더군다나 1975년 3월과 1978년 10월, 이보다 더욱 큰 규모의 제2 · 제 3 땅굴이 발견되어 북한의 호전성을 다시 실감하게 하였다. 이후 발견된 두 개의 땅굴은 한국측에 더 이상 위기사건으로 작용하지 않았다. 왜냐하면 제 1

땅굴이 발견되었을 때 이미 한국과 유엔은 그와 같이 땅굴이 더 있을 것으로 예측하고 있었기 때문이다. 이 땅굴의 발견으로 말미암아 북한이 한국을 상대로 또 다른 전면전을 계획하고 있음이 증명되었다.

1970년대 마지막 위기사건은 1976년 8월 18일 판문점에서 발생하였다. 유엔군측 보니파스 대위는 9명의 군인 및 5명의 노무자를 인솔, 판문점 공동경비구 내 유엔군측 제 3 초소 남방 30m 지점에서 시계정리차 미루나무 가지를 치던 중 북한 경비병 30명이 출현, 고의적으로 시비를 걸어 유엔군측 노무자의 도끼를 탈취하여 보니파스 대위와 바래트 대위를 도끼로 살해하고 유엔측 경비병 8명에게 중상을 가했다. 이 사건으로 한국측은 5명의 카투사가 중경상을 입었다.

안보 차원에서 이 사건이 가한 위협의 심각도는 그리 높지 않았으나 미국은 이 사건에 대해 민감한 반응을 보여 미국무성과 백악관이 성명을 내는 동시에 북한측에 응징의사를 표명하였다. 미국방성은 2개 전투 비행대대를 한국에 급파하고 오끼나와에 기지를 둔 F-4 전폭기 1개 대대와 미국 본토 아이다호주에 기지를 둔 가변익 F-111 전투기 1개 대대를 파견하여 예비 경계조치를 단행하였다. 또한, 8월 20일 한국의 박정희 대통령도 단호한 응징의사를 발표하자 북한 역시 전군에 전투준비태세를 명령하였다. 따라서 사건 자체는 위기로 구분되기 미약했지만 미국, 북한, 한국 등 사건에 연루된 국가들이 극단적인 위기로 인식함에 따라 전면전까지 확대될 수 있는 분위기가 조성되었다.

이 사건은 북한측 김일성의 유감 메시지가 미국측에 전달됨으로써 무난히 종결되었다. 김일성의 공개적 사과는 이례적인 것으로서 수많은 도발사례에 대해 상투적인 억지를 부려 오던 것과는 다른 반응이었다.

1970년대 위기사건은 대체로 전반 및 중반기에 집중된 특징을 지니고 있다. 1970년 국립묘지에 시한폭탄을 장치함으로써 발생한 위기는 1960년대 후반기의 극단적인 대남도발의 연장선상에서 일어난 사건이었으며, 나머지 위기들은 주로 남북대화가 중단된 1970년대 중반에 발생하였다. 특히 땅굴 발견으로 말미암아 북한의 평화적 제스처는 단지 위장에 불과하다는 사실이 입증되었다. 비록 제 1 땅굴이 1974년에 발견되었지만, 사실상 북한은 한국과 대화를 하는 동안 땅굴을 파고 있었음이 분명해졌기 때문이다. 판문점 도끼만행사건은 북한측이 야기한 위기에 어떻게 대응해야 하는가에 대해 정책적 해답을 제공한다. 즉, 북한은 미국과 한국의 단호한

응징조치가 이루어지면 저자세를 취하지 않을 수 없을 것이라는 점이다. 실제로 북한은 1976년 이후 현재까지 미국을 상대로 심대한 도발을 하지 못하고 있다.

4) 1980년대

1980년대는 국력 차원에서 한국이 북한을 압도하는 시기이다. 군사력을 제외한 기타 국력의 요소에서는 이미 한국이 북한의 수준을 능가하기 시작하였으며, 상대적으로 북한은 권력이양 등 정치적으로 민감한 국면에 놓이게 된 시기이다.

이런 상황에서 북한은 대남전략에서 남북대화의 무드를 이용하여 고도의 화전양면전술을 구사하기 시작했다. 이 전략의 기본 저의는 한국민의 정신적 해이를 조장하는 데 목적을 두고 있다. 대남공작기구에서 북한은 그 동안 한국 내에 존재하는 것처럼 주장하면서 대남모략 비방선전에 적극 이용해 온 '통일혁명당'을 1985년 7월 중앙위원회 전원회의에서 그 명칭을 '한국 민족민주전선' 으로 개칭하였다.

1989년까지 위기로 지목될 만한 도발은 1983년 미얀마 아웅산 테러사건과 1987년 대한항공기 폭파사건을 들 수 있다. 북한은 1976년 도끼만행사건 이후 1983년까지 이렇다 할 위기도발을 자제하다가 제 5 공화국의 권력기반이 구축되자 다시 호전적인 도발을 감행하기 시작하였다.

1983년 10월 미얀마 수도 랭군의 아웅산 국립묘지에서 북한공작원이 설치한 폭발물에 의해 한국 각료 4명 및 수행원 17명과 미얀마인 4명이 사망한 국제적 테러사건이 발생하였다. 한국의 전두환 대통령은 서남아 순방 중 첫 번째 나라인 미얀마에 체재하고 있었으며, 아웅산 국립묘지를 참배할 계획이었다. 북한은 2명의 공작원으로 하여금 아웅산 묘소 천정에 강력한 폭탄 3개를 장치해 놓고 대통령을 비롯한 각료들을 위해하려고 음모하였다. 공작원은 이 날 12시 58분 전두환 대통령이 도착하기 2분 전 원격조정에 의해 폭탄을 터뜨렸고 대통령은 무사했으나 12명이 사망하는 참사를 빚었다. 이 사건은 휴전 이후 북한이 한국 대통령을 시해하기 위해 저지fms 네 번째의 기도였다. 북한이 이처럼 최고 지도자를 시해하려는 기도를 꾸준히 감행한 것은 이른바 '중심고리 타격전략' 에 따라 국가원수를 위해함으로써 한국의 국제 지위 신장에 제동을 걸고 국내 혼란을 가중시키려는 것이었다.

두 번째 위기사건은 1987년 11월 29일 대한항공 소속 여객기가 북한에서 파견된 두 명의 간첩에 의해 공중폭파됨으로써 발생하였다. 이 위기사건은 아웅산 폭파사건과 마찬가지로 발생 장소가 한반도가 아닌 미얀마 상공이었다는 점에서 국제적인 무대를 이용하고 있었으며, 랭군 폭파사건과 연관하여 볼 때 북한이 1980년대에 들어와 대남공작의 목표를 한반도 외부로까지 확장하고 있음을 보여 준다. 이는 한국이 올림픽을 계기로 국제화 시대를 열어가고 있는 시점에서 북한측이 상대적 열세를 만회하려고 한국에 국제적 테러를 시도한 것으로 해석된다.

1980년대 북한에 의해 야기된 위기사건은 종래의 패턴을 벗어나 새로운 특징을 보여 주고 있다. 이미 기술한 것처럼 위기발생의 배경이 한반도에 국한되지 않고 국제무대로 확장되고 있다는 점 외에 사건 자체가 고도의 테크닉을 요하는 국제 테러 수단에 의해 야기된다는 사실이다. 랭군 폭파와 대한항공기 폭파사건은 위협의 대상에 있어서는 다르지만 테러 수단에서는 동일한 양상을 보여 준다. 한반도 내에서의 위기와는 달리 북한은 국제적 테러 사건에서는 철저히 그 범행을 위장하려 했다는 사실에 주목할 필요가 있다. 따라서 두 국제 테러 사건에서 경험한 것처럼 북한의 소행임을 밝히는 데 상당한 시간이 경과하였다. 북한의 대남전략이 과거의 명시적이고 직접적인 형태를 벗어나 잠재적이고 간접적인 방향으로 전화하고 있다는 사실은 북한이 대남전략에 있어서 끊임없이 새로운 위협수단을 개발하는 데 열중하고 있다는 것을 말해 준다.

5) 1990년대 이후

1990년대에는 잠수함 침투와 같은 직접 도발이 다시 재현하는 모습을 보여 주고 있으며, 북한의 핵무기 개발 의혹과 관련하여 국제사회에서 이를 억제하려는 움직임이 일자 IAEA 탈퇴를 선언하면서 한반도 위기를 고조시켰다. 2회에 걸친 잠수함 침투사건은 한국사회에 큰 충격을 가하였다. 이러한 종류의 대남 침투전략이 지속되고 있을 것이라는 예상은 하고 있었으나 한국의 영토 내에 군사적인 침투행위를 시도하고 있었다는 사실이 밝혀지자 한국은 물론 국제사회가 경악을 금지 못하였다.

1994년의 핵위기는 북한의 핵무기 개발 의혹이 국제사회에 증폭되면서 이를 해결하려는 과정에서 발생하였다. 북한은 협상과정에서 NPT와 IAEA를 연달아 탈퇴하면서 국제사회와 정면 대결 자세를 취하였다. 미국은 이 사태에 대하여 유엔 안전보장이사회에 대 북한 경제제재 결의안을 상정하였으며, 북한은 이에 대해 전쟁선포로 간주하겠다는 강경자세로 저항하였다. 이로써 한반도에는 전쟁위기가 고조되는 상황에 처하였으며, 이를 타개하기 위한 방편으로 미국의 지미 카터 전 대통령이 평양을 방문함으로써 위기상황이 극복되게 되었다. 나중에 밝혀졌지만 미국은 이 당시 북한에 대한 군사적 공격을 상정하고 있었기 때문에 이 위기상황이 한반도에 전쟁을 불러 올 수 있는 중대한 사건이었다고 분석된다.

두 차례에 걸친 잠수함 침투사건은 위협의 강도는 그리 높지 않았다고 하더라도 북한이 한국을 상대로 전쟁준비를 계속하고 있다는 사실을 드러내었다는 점에서 충격적인 사건이었다.

〈북한의 주요 도발 사례〉

연 대	발생일	유 형	내 용
1950년대	1958. 2. 16	여객기 피납	· 6명의 무장괴한 32명이 탑승한 대한항공기 DC-3기 피납
1960년대	1967. 1. 19 1968. 1. 21 1968. 1. 23 1968. 11. 13 1969. 12. 11	해군함정 피격 청와대 기습 푸에블로호 납치 무장공비 침투 여객기 피납	· 한국 해군함정 북한 쾌속정에 의해 공해상에서 피격 침몰 · 31명의 북한 무장공비 청와대 기습 기도 · 미국 정찰함 북한 쾌속정에 의해 나포 · 울진, 삼척지역에 120명의 무장공비 침투 · 대한항공기 1대 북한 간첩에 의해 납치
1970년대	1970. 6. 22 1974. 8. 15 1974. 11. 15 1976. 8. 18	국립묘지 폭파기도 대통령 저격기도 여객기 피납 판문점 도끼만행	· 3명의 북한 공직원 국립묘지 폭탄장치 기도 · 북한 공직원 대통령 저격시도, 영부인 사망 · 서부전선 비무장지대 고량포 부근에서 남침용 땅굴 발견 · 비무장지대 내에서 북한측 군인이 2명의 미군장교 살해, 5명의 미군과 4명의 한국군 부상
1980년대	1983. 10. 9 1987.11. 29	랭군 국립묘지 폭파 대한 항공기 폭파	· 3명의 북한 공작원 폭탄 설치, 한국측 고위관리 17명과 4명의 미얀마인 사망 · 2명의 북한 공작원 대한항공기 공중폭파
1990년대	1994. 6. 13 1996. 9. 17 1998. 6. 22 1999. 6. 15	핵위기 잠수함침투 잠수함침투 1차연평해전	· 북한의 IAEA 탈퇴, 한반도 위기 고조 · 동해 강릉 앞바다에 잠수함 침투 표류 · 북한 잠수함 한국 어선 그물에 나포 · 북한 경비정 NLL 침투, 상호 해상교전(아군9명경상,적 다수사상)
2000년대	2001. 6. 2 2002. 6. 29 2009. 11. 10 2010. 3. 26 2010. 11. 23	북한상선 영해침범 2차연평해전 대청해전 천안함 폭침 연평도 포격	· 북한 상선 제주해협 무단 통과 · 북한 경비정 기습 사격(아군6명전사,18명부상, 적30명사상) · 북한 경비정 기습 사격으로 상호 교전(적함정 파손및퇴각) · 북한 어뢰공격으로 천안함 폭침(46명 전사) · 민가와 군사시설포격(군인2명사망, 민간인2명 사망, 18명 중경상)

1999년의 제1연평해전 은 남북한 해군이 충돌한 첫 번째의 교전이었다. 이 교전으로 북한해군은 치명적인 피해를 입게 되었고, 해군전력의 질적인 상대적 열세를 드러내 보였다. 3년이 지난 2002년 6월 이번에는 북한해군이 한국의 고속정을 선제공격하여 침몰시키는 사건이 발생하였다. 이 사건으로 남북한 관계는 급속히 냉각

되었으나 한국측의 대북한 포용정책에 대한 강력한 의지로 더 이상의 관계 악화로 연결되지는 않았다. 그렇지만 남북한 관계가 호전되어 남북교류가 활성화되는 시점에서 북한해군의 고의적인 도발은 상식적으로 납득이 되지 않는 것이었으며, 더구나 1999년 제1연평해전에서 피해를 입었던 것에 대한 보복작전이라는 의구심이 들면서 북한의 군사적 호전성을 엿보게 하는 부분이 되었다.

2001년 6월에 북한 상선에 의한 NLL 침범사건은 새로운 유형의 도발사례로 기록될 만한 것이었다. 북한 상선이 재주해협을 무단 통과한데 이어 무차별적으로 동해와 서해에서 NLL을 침범하였던 것이다. 북한측은 제주 해협이 국제해양법에 따라 무해통항권이 인정되는 항로라는 논리를 내세워 영해 통과를 감행하였다. 한국은 정전체제하에서 북한선박에 대한 무해 통항권은 인정되지 않는다고 주장하며 맞섰다. 한국측의 강경 대응 조치가 이루어지자 더 이상의 침범은 일어나지 않았으나 이 사건에서 한국이 무력대응을 주도하였더라면 남북한간 무력분쟁이 일어날 가능성이 매우 높았다.

2002년의 제2연평해전은 1999년의 제1연평해전과 매우 유사한 형태로 발생하였다. 제1연평해전에서는 한국해군이 북한을 압도하였지만 제2연평해전에서는 북한해군이 한국 함정에 대한 공격을 주도하는 형식이었다. NLL을 침범한 북한 경비정 2척 중 1척이 한국해군 고속정을 기습적으로 공격하면서 30여분간 치열한 전투상황이 벌어졌다. 북한의 기습공격에 한국군은 고속정 한 척이 침몰하고 6명이 사망, 18명이 부상했다. 북한도 경비정 한 척이 불에 타면서 퇴각하였으며 다수의 부상자를 낸 것으로 알려졌다. 이 사건 역시 남북한간 무력충돌로 연결될 위험성이 높았으나 한국측에서 강력한 무력대응을 자제하면서 극단적인 위기로 발전하지는 않았다.

2003년에 들어서면서 또 하나 특징적인 도발은 북한해군의 경비정들이 서해상의 북방한계선을 고의로 침범하는 사건이 늘고 있다는 점이다. 이는 NLL의 무실화를 기도하려는 의지가 드러나는 대목이다. 북한측의 NLL 무실화 책동은 이번 만이 아니다. 2003년에 들어 북한의 선박이 NLL을 월선한 사건이 20여차례나 발생하였다. 즉 북한해군의 경비정이 월선하는 것 이외에 어선, 목선 및 철선, 예인선 등 북한 선박들이 NLL을 월선하는 행위가 증가하고 있는 것이다. 북한 선박들이 월선하는 것은 고의적인 것이 아니라 조업 중에 욕심이 지나쳐 NLL을 넘는 경우도 있다고 보이므로 그렇게 심각하게 인식할 필요가 없을 수도 있다. 문제는 이런 행위들로 인해 북한 해군 함정이 월선하는 경우가 늘게 되고 이렇게 되면 결국 남북한 해군의 충돌로 이어질 수도 있기 때문에 위기관리 차원에서 해결되어야 할 과제가 된다. 문제는 북한측이 이러한 행위를 통해 NLL을 무실화하려는 전략적 의도를 관철하려 한다면 남북한 군사적 충돌 가능성이 더 높아진다는 것이다.

다. 대남도발의 특징

정전 이후 북한의 대남 군사적 도발은 지속되어 왔으며, 그 중에서 전쟁으로까지 확산될 가능성을 지닐 정도로 위협의 강도가 높았던 위기도발이 거의 20회 정도 발생하였다. 이러한 위기도발을 중심으로 검토한 내용을 간추리면 다음과 같다.

첫째, 북한의 대남 군사행동은 군사적 습격, 무장간첩 침투, 요인암살 저격, 잠수함 침투, 땅굴 굴착으로 대별할 수 있으며, 시대적으로는 1960년대 전반기까지는 군사분계선을 연하는 지역에서 주로 군사적 습격과 납치를 감행하였으나 1960년대 후반기에는 군사적 습격뿐만 아니라 무장간첩을 침투시켜 게릴라전을 시도하였다. 이러한 북한의 군사도발이 강화된 이유는 북한이 월남전 형태의 게릴라전을 한국 내에서 감행하여 무력에 의한 적화통일을 달성하려고 했기 때문이다.

그러나 북한은 이러한 무력적화전략이 실패하자, 1970년대에는 소규모의 무장간첩을 계속 침투시킴으로써 한국 내에서 정치사회적 불안을 조성하면서 반미감정을 고조시킬 수 있는 위기도발을 감행하여 심리적 공세를 전개하였으며, 1980년대에 들어서면서 한국의 정치경제적 발전과 국제적 위상의 격상으로 북한은 상대적 열세에 대한 불안감을 만회하고 한국의 발전에 대하여 제동을 걸기 위해 국제적 테러를 감행하기 시작하였다.

이와 같이 북한의 군사도발 형태는 습격과 같은 직접적 군사행동에서 군사적 목표를 한국의 내부로 변경하였던 무장간첩단의 침투로 전환하였으나, 그 계획마저 실패하게 되자 국제적 차원에서 한국의 주요 인사와 주민에 대한 테러를 감행함으로써 고도의 군사적 심리전을 감행하였다. 그러나 제 4 땅굴 발견(1990년)으로 인하여 북한은 집요하게 무력에 의한 적화통일을 추구하고 있음을 재확인하게 되었다.

둘째, 위기도발의 유형을 살펴보면 군사적 정면충돌, 무장 게릴라 침투, 무장간첩에 의한 습격이나 테러, 땅굴 굴착과 같은 잠재적 위협 등으로 앞에서 설명한 군사적 도발의 경우와 마찬가지로 한반도 위기의 요인은 직접적 군사적인 것 뿐만 아니라 간접적 · 심리적인 것을 포함하고 있다. 북한은 위협의 대상으로서 군사적 목표, 정치적 지도자, 일반 시민을 선택함으로써 그들의 무자비한 군사적 행동을 노출시켰다. 위협의 정도면에서 가장 심각했던 사례는 청와대 기습사건이었으나 실질적으로 한국 정부는 적절한 대응을 하지 못하였으며, 판문점 도끼만행사건은 상대적으로 위협의 정도는 낮았지만 가장 심각한 위기 상황에 이르렀다. 이는 미국의 대응이 강경했던 점에서 기인하였다. 이는 한반도의 위기구조가 남북한 관계뿐만 아니라 미국과 구소련을 중심으로 하는 국제체제와 밀접한 관계가 있음을 시사한 것이다.

시대별 도발의 특징을 살펴보면, 1950년대에는 한국전쟁 이후 여객기 피납과 같은 소규모의 테러 사건에 머물렀고, 1960년대는 무장 게릴라 침투, 군사적 정면도발, 여객기 피납 등 다양한 도발형태가 나타났으며, 1970년대는 요인암살, 군사적 정면도발에 첨가하여 땅굴을 통해 정면침투의 위기를 조성하였다. 1980년대는 주로 군사적 정면 충돌을 회피하고 국제적 무대로 옮겨 테러를 자행하고, 한반도 내에서도 고도의 심리적·군사적 수단을 사용하여 위기를 조성하였다. 1990년대 이후에는 잠수함 침투, 핵 위기, 해군교전 등과 같은 새로운 유형의 도발행위를 생성시켰다. 이러한 시대별 위기의 특징을 종합해 보면 북한은 한반도 내에서 직접적 군사위협 행사를 지양하고 익명적 테러를 한국 내에서 뿐만 아니라 국제적 수준에서 자행할 가능성이 크다 하겠다.

북한의 대남도발 의지와 강도는 김정일 체제에 들어서도 변화가 없다고 판단된다. 지금까지 한반도에서 전쟁위험을 안겨줄 만한 강도 높은 위기사건만을 중심으로 북한 군대의 의도를 파악해 본다면 그러한 사실이 더 명확해진다. 북한의 주요 위기도발 양상은 남북한 관계가 첨예한 대립을 이루거나 화해국면에 들었을 때를 가리지 않고 지속되고 있음이 드러난다. 한국전쟁 이후 한반도가 정전상태로 유지되는 동안 남북한의 제한적 군사충돌은 계속되었다. 정전체제의 위반사례만을 기준으로 삼는다면 한국도 정찰 활동이나 작전활동상 위반하지 않았다고 볼 수 없지만 북한체제에 의한 위반사례는 거의 상습화된 형태로 지속되었다. 남북한 양국은 상대국의 위반사례를 열거하면서 서로를 비난해 왔고 그 책임을 상대방에게 전가하는 행태를 보여왔다. 하지만 전쟁으로까지 확대될 위험성을 내포한 위기사건의 도발은 전적으로 북한에 의해 주도되어 왔다. 이제까지의 북한의 도발행태를 요약하면 다음과 같은 특징이 부각된다.

① 시기적으로 변모하는 도발형태 : 북한의 도발 유형은 군사적 습격, 무장간첩 침투, 요인암살, 잠수함 침투, 땅굴 굴착, 국제테러 등 다양한 형태로 분류된다. 이러한 도발형태는 1960년대의 무장 게릴라 침투, 1970년대의 소규모 무장간첩 침투, 1980년대의 국제 테러, 1960년대의 무장 게릴라 침투, 1970년대의 소규모 무장간첩 침투, 1980년대의 국제 테러, 1990년대 이후의 한반도 내부에서의 군사적 침투 및 도발 등으로 변화하는 모습을 보여주고 있다. 이는 북한의 대남전략이 불변하고 있으며, 새로운 도발형태를 지속적으로 강구해 왔다는 것을 의미한다.

② 정치 군사적 목적 : 위기사건의 목표를 분석하면 군사적 목적에 의한 도발이 가장 많다. 그러나 정치 지도자의 암살을 기도하고, 민간 항공기를 폭파하는 등 무고한 시민을 대상으로 한 테러행위까지 목표로 삼아 한국사회의 정치 사회적 혼란을 조성하려는 의도가 표출된다.

③ 화전양면전략 : 북한의 위기도발은 남북대화와는 무관하게 자행되었다. 한국의 포용정책이 시행되던 1999년에는 서해상에서 한국 영해를 침범하고 남북정상회담 이후인 2001년에도 북한 상선에 의해 영해를 침범하거나 서해교전을 야기였다. 이러한 특성은 북한의 대남정책이 이중성을 띄고 있다는 것을 의미하며, 대화는 필요에 의해서 추진되지만 도발행위는 일관적으로 시행되고 있다는 것을 증명한다.

④ 도발행위 은폐 : 한반도 위기사건이 발생하였을 때마다 북한측은 자신의 의도를 숨기고 한국에 의한 조작행위로 비난하는 행태를 보여 왔다. 심지어는 잠수함 침투와 같이 명백한 도발행위에서도 북한은 자국의 잠수함이 표류하였다고 강변하였다. 도발행위를 은폐하기 어려운 사건들에서는 오히려 그러한 위기가 한반도의 군사적 긴장구조 때문이라고 주장하고 미군 철수, 평화체제 구축 등 정치 선전의 기회로 활용하려 하였다.

제 7 장 북한의 군사

제 7 장 북한의 군사

제1절 북한의 군사정책

1. 군사정책의 개념

군사정책(Military Policy)이라는 용어는 국가 및 시대와 분석자에 따라 다양하게 정의되어 왔으나, 이를 종합해 보면, "군사정책은 본질적으로 "군사"와 관련된 정부의 제반활동에 "정책"이라는 용어를 결합시킨 것으로, 국가목표 달성을 위한 군사적 목표와 이를 달성하기 위해 군사 분야에 대한 정부의 제 활동에 대해 공식적으로 결정한 기본방침"이라고 정의할 수 있다.

그러나 북한에서는 국방정책 또는 군사정책이란 용어를 사용하지 않으며, 대신 군사교리(Military Doctrine)에 해당하는 "군사노선"이란 용어가 사용되고 있다. 이는 서방 세계의 군사정책과 군사전략의 중간단계에 해당하는 의미이다. 이러한 차이, 즉 용어 자체부터의 차이와 자료조사의 제한, 그리고 그들의 기만 등의 문제점에서 북한의 군사정책 연구에 대한 제한성과 조심스러운 접근이 요구되기도 한다.

북한 군사정책에 대해 북한측의 사고에 좀 더 접근해보기 위해 「조선말대사전」에 나와 있는 "군사"와 "정책"이라는 단어를 조합해보면, "군사"는 "군대, 국방, 전쟁 등에 관한 일"이며, "정책"은 "주로 당이나 정부가 자기의 정치적 강령을 수행하기 위하여 내세우는 노선이나 과업 및 방침과 그를 실현하기 위한 방도를 통틀어 이르는 말"로 표현하고 있다.

또한 군사정책이라는 용어 대신에 사용하는 "군사노선"이라는 용어는 다음과 같이 정의하고 있다. 군사노선이란 혁명전에 일정한 단계에 노동계급의 당이 군사적 과업을 수행하기 위하여 내놓은 기본 방향이나 방침이다.

2. 군사정책의 목표

일반적으로 군사정책 목표의 요소로는 국토의 보전, 국민의 생명과 재산의 보호, 주권의 수호 등을 들고 있으며, 이는 어떤 국가에나 적용 가능한 공통 요소이지만 그 국가의 특수성과 시대에 따라 변화한다. 따라서 북한 군사정책의 목표를 알아보기 위해서는 특수성을 형성하는 북한 군사정책의 배경에 대한 이해가 선행되어야 한다.

북한 군사정책의 배경이 되는 근원적 요소로는 김일성의 전쟁관과 북한군의 당군적 성격을 들 수 있다. 김일성의 전쟁관은 마르크스·레닌주의를 기초로 한 혁명전쟁론과 모택동의 군사사상을 받아들이고 한국전쟁의 경험과 근래의 국지전의 교훈을 바탕으로 하여 형성되었는데, 이는 계급이 없는 사회 건설을 위한 계급투쟁 전쟁관, 미 제국주의로부터 민족의 해방을 위한 민족 해방 전쟁, 인민이 중심이 되어 수행되어야 한다는 인민 민주주의 혁명전쟁 그리고 공산권의 분열조짐의 위기감에서 도래한 주체 전쟁관으로 요약될 수 있다. 또한 북한 정권이 수립되기 이전에 창군된 기형적 기원을 가진 북한군은 본질적으로 철저하게 당의 통제를 받는 당군적 성격을 가짐으로써 김일성의 유일사상과 결부되어 김일성의 군대로 되어 있는 것이다. 이러한 특수한 배경을 갖는 북한 군사정책의 목표는 북한의 노동당 규약 전문에 잘 나타나 있다. 북한은 당규약 전문에서 노동당의 최종목표는 "한반도의 전국적 범위에서 공산주의 사회를 건설하는데 있다"라고 규정하고, 또 당면목표로서 "공화국 북반부에서 사회주의의 완전한 승리를 보장하며, 전국적 범위에서 민족해방, 민주주의 혁명의 과업을 수행하는데 있다"라고 규정함으로써 전 한반도의 적화통일을 분명한 목표로 하고 있다. 이러한 정치적 목표로 인해 북한 군사정책은 그 어떤 정책보다도 상위의 위치를 점하는 특징을 가지게 한다.

3. 군사정책의 내용

북한의 통치이념인 김일성 주체사상과 한반도 적화라는 남한혁명의 기본노선인 3대 혁명론을 기조로 하는 북한 군사정책은 ① 국방자위 정책, ② 결정적 시기조성 정책, ③ 군사외교 정책으로 구분할 수 있는데, 이를 적용대상으로 본다면 대내 및 대남, 대외군사정책으로 구분할 수 있다.

가. 국방자위 정책

김일성의 자위정책의 해석에 따르면 "국방에서의 자위라는 것은 문자 그대로 자체의 힘으로 자기 나라를 보위하는 것이며 군사 분야에서 우리당의 주체사상이 구현된 것"이라고 했으나, 이는 진정한 의미에서의 국방이라기보다는 한국 내에서 결정적시기가 조성되거나 또는 주한미군의 철수 및 자동개입 가능성이 배제될 때 중·러의 지원 없이도 무력통일을 서슴지 않겠다는 전쟁준비 정책이다.

북한은 1962년 12월 10일부터 14일까지 개최된 당 중앙위원회 제 4기 5차 전원회의에서 "조성된 정세와 관련한 국방력 강화문제"를 토의하고 자위정책을 채택하여 현재까지 군사정책의 하나로 추구하고 있다. 자위정책은 구체적으로 4대 군사노선으로 표명되는바 "전 인민의 무장화", "전국토의 요새화", "전군의 간부화", "군장비의 현대화"가 그것이다. 4대 군사노설을 간단히 알아보면 다음과 같다.

〈 4대 군사노선의 기본내용 〉

구 분	내 용
전인민의 무장화	인민군대와 함께 노동자, 농민을 비롯한 전체 근로자 계급을 정치사상적, 군사 기술적으로 무장시키는 것
전국토의 요새화	방방곡곡에 광대한 방위시설을 축성하여 철벽의 군사요새로 만드는것
전군의 간부화	인민군대열을 정치사상적, 군사 기술적으로 단련하여 유사시에 모두가 한 등급 이상의 높은 직무를 수행하게 하는 것
군장비의 현대화	인민군대를 현대적 무기와 전투기술자재로 무장시키며 최신 무기를 능숙하게 다루고 현대적 군사과학과 군사기술을 수행하는 것

북한이 이와 같이 자위정책을 군사정책으로 채택하게 된 것은 중국과 구소련의 대립과정에서 조성된 두 나라의 태도변화에 기인한 것으로서, 특히 구소련의 원조 중단은 보다 직접적인 요인으로 작용하였다.

북한은 1992년 개정된 헌법에 국방자위정책의 기본내용으로 4대 군사노선을 명문화함으로써 위와 같은 4대 군사노선이 북한 노동당의 변함없는 기본노선 임을 명백히 하고 있으며, 이는 김일성 유훈통치 후 김정일 권력체계를 공고히 하기 위한 1998년의 헌법개정 이후에도 변함없음을 알 수 있다.

나. 결정적 시기조성 정책

북한은 3대 혁명론과 관련된 남조선 혁명을 전국적 범위에서의 혁명완수를 위한 지역혁명으로 간주하고 있으며, 그 성격을 "인민 민주주의 혁명"으로 규정하고 있다. 이에 대해 공세적 측면이 내재된 군사정책의 하나로 선택한 것이 소위 "결정적 시기 조성"정책이라 할 수 있다. 여기서 결정적 시기란 단순한 시간적 의미보다는 한반도 내외 제반 여건과 남북한의 능력을 감안하여, 그들의 주도하에 전 한반도의 공산화를 이룩하는데 필요한 모든 수단과 방법을 확보할 수 있는 시기를 말한다. 구체적으로 북한이 추구하는 군사정책 차원의 결정적 시기조성 정책은 평화공세의 일환으로 한국의 주민은 물론 제3국인에게 호의적인 반응을 받기에 충분한 한반도의 비핵화 지대화, 군비축소 그리고 주한미군의 철수와 같은 군사문제의 선결을 들고 나오고 있다.

원래 이 결정적 시기조성 정책은 인민민주주의 혁명노선에서 발상된 것이나 북한은 남한 내의 동조혁명 역량을 강화하기 위해서는 우선 반혁명 세력을 타도하고 이를 먼저 제거하여야 한다는 전술원칙 아래 제 1의 공격대상으로 미제를, 그다음에는 미제에 추종하는 지주와 매판 자본가 및 반동관료로 규정짓고 이들을 타도할 혁명 주력군으로서 노동자 및 농민을 근간으로 "민주학생" 및 "민주인사(진보적 인텔리층)"를 들고 있다.

다. 군사외교 정책

군사외교 정책은 1961년 4월에 체결된 중국과의 우호 및 상호방위조약과 가서명된 조·러 우호조약에 대한 수정조약에 바탕을 두고 있으며, 그 외 군사외교 정책의 일환으로 비 동맹권에 대한 폭력수출과 제한된 군사지원의 촉진, 군사 사절단의 방문 및 초청외교의 다변화 그리고 대미 평화협상을 골자로 하는 몇 가지 군사적 외교절충으로 형성되어 있으며 이 군사외교 정책의 궁극적인 목표는 결국 국제적 지원역량의 확대에 따라 한국을 국제적으로 고립시킴으로써 유사시에 우방의 지지를 차단시킨다는 외교적 포위 전략인 것이다.

4. 군사정책의 변화 과정과 영향

가. 군사정책의 결정요인

군사정책의 결정요인에 대해서는 다양한 주장이 제시되고 있지만, 이런 주장들을 종합한 의견에서 확인해보면 군사정책 결정에 영향을 미치는 요인을 대내적인 측면과 대외적인 측면으로 구분할 수 있다. 대내적인 요인으로는 정치이념·경제적 요인, 사회·문화적 요인, 개인차원의 변수(담당자의 능력과 성향), 기타요인(지리적 여건, 과학기술, 타 정책과의 관계 등)을 들 수 있으며, 대외적인 요인으로는 위협평가와 국제 안보 환경 등을 꼽을 수 있다. 이상의 대내·외적인 결정요인에 의해 북한의 군사정책은 변화되어 왔는데, 다음에는 시대별 군사정책의 변화 과정과 이러한 변화에 영향을 미친 요소에 대해 알아보고자 한다.

나. 시대별 군사정책의 변화과정과 그 영향요소

북한의 군사정책은 시대별 북한이 처한 특수한 상황에서 대내·외적인 결정요인에 의해서 결정되고 집행되어 왔다. 이러한 북한 군사정책의 변화과정에 대해 알아봄에 있어서 먼저 그 영향요소를 알아보고 이에 따른 대응의 형태로 북한의 군사정책의 변화를 확인하는 것이 분석상 용이할 것으로 생각된다.

북한의 군사정책의 변화과정은 북한측의 공식적인 연구나 발표에 의한 것이 아니므로 연구자들마다의 분석시각에 따라 다양하게 구분되어지는 것이 현실이다. 장명순은 북한 군사정책의 변화과정을 크게 3가지로 구분하여, 해방이후부터 북한의 독자적인 군사정책이 배태되기 시작한 시기까지를 중소 의존기(해방 ~ 1961), 북한의 독자적인 군사정책이 발아되는 결정적인 시기가 된 1962년부터 독자적인 군사정책을 완비하게 되는 1970년까지를 자주노선 추진기(1962 ~ 1970년), 이후부터 현재까지의 시기를 자주노선 내실기(1971 ~ 현재)로 구분하고 있다. 이와 비슷한 견해에서 박헌옥은 중소 의존시기를 군사정책 형성기(1945 ~ 1961), 이후의 시기를 자주노선 추진기(1962 ~ 1970)와 자주노선 강화기(1971 ~ 1993)로 구분하는 한편, 앞서의 자주노선 강화기를 세분하여 김일성 사후에서 현재까지의 시기를 군사강국 건설기 (1994 ~ 2002), 핵무장 추구기(2003 ~ 현재)로 구분하여 5개시기로 분석하고 있다.

한편, 서원식은 군사력 건설과 군구조의 변화를 기준으로 한국 전쟁의 준비 및 전후 재건의 시기인 남침준비 및 전후 재건기(해방 ~ 1961), 독자적인 군사정책을 수립 추진하는 시기인 독자전쟁 준비기(1962 ~ 1970), 장차전의 양상에 대비하는 시기인 전격전력(電激戰力) 강화기(1971 ~ 현재) 등의 3단계로 구분하고 있다. 또 다른 시각으로 북한의 경제와 군사력 건설의 분석시각을 가지고 군사정책의 변화과정을 5단계로 구분하였는데, 1950년대를 선 건설・후 통일의 시기, 1960년대를 경제건설과 국방건설 병진시기, 1970년대를 경제건설과 군비경쟁의 시기, 1980년대를 전쟁준비·군비축소의 모색시기, 1990년대를 전쟁준비와 군사력 건설시기로 구분하기도 하였다.

이상의 연구들에서 찾을 수 있는 공통분모는 북한 군사정책의 기조인 주체사상과 3대 혁명론을 바탕으로 군사정책의 변화과정에서 핵심적인 변화의 시점들이 있었다는 점이다. 즉, "국방에서의 자위" 원칙의 발표로 독자적인 군사정책의 발아의 시기로 판단할 수 있는 1962년과, 붉은 청년근위대의 창설로 동원태세를 완비하게 된 1972년, 그리고 공산주의의 붕괴에 이은 김일성의 사망으로 김정일 체제가 시작되는 1994년 이후 김일성의 유훈통치가 종료되고 헌법개정을 통해 김정일 통치체계의 공고화로 접어드는 1998년, 그리고 총체적 난국에 처한 김정일이 또 다시 핵무장 카드를 꺼내들게 된 2003년 등이 그것이다. 따라서 본고에서는 이러한 군사정책의 핵심적 변화의 시기를 기준으로 각 시대의 군사정책의 변화과정을 알아보고자 한다.

1) 군사정책 형성기(해방 ~ 1961): 중소 의존기

한국전쟁 이전까지는 인민군의 창군을 소련이 직접 지도하였고, 또 소련의 사주로 남침을 감행하였기 때문에 북한만의 별다른 군사정책이 있을 수 없었다. 전후 들어서는 한국전쟁 중에 중공군이 참전하게 되자 종래의 소련 일변도로부터 중국의 군사정책이 서서히 가미되어, 전후 회복기에는 두 배후세력에 대한 동시 의존기라고 할 수 있다. 이후 1958년 중공군의 철수로 인해 병력과 화력의 질적, 양적 증대가 요구됨으로써 1959년에는 노농적위대를 창설하게 된다. 이 시점이 북한의 독자적인 군사정책이 배태되는 시기라고 할 수 있다. 1960년 미・일 상호 안보조약이 조인됨에 따라 기존의 한·미 상호방위조약과 함께 남방 3각 관계가 강화되는 움직임을 보이고, 한국에서 군사혁명이 일어나는 등의 정세변화가 일자, 북한은 이에 대해 서둘러 중소와 각각 군사동맹조약(1967. 7.)을 체결하게 된다. 결국 이 시기까지도 중소 위주의 군사 외교정책에 주력하던 시기라고 할 수 있다.

2) 자주노선 추진기(1962 ~ 1970)

1962년은 북한의 독자적인 군사정책이 발아되는 결정적인 시기였다. 이러한 원인은 당시의 국제정세에서 찾을 수 있는데, 1962년 10월의 쿠바사태와 당시 한없이 심화되어 가던 중·소이념 분쟁이라는 두 가지 변수가 그것이다.

당시 북한으로서는 한국을 재차 무력침공 할 때 그들의 강력한 지원세력으로서 판단하고 있던 소련이 대미견제는 물론 상호원조 조약에 명시된 바에 따라 즉각적이고 최선을 다하는 군사지원을 제공해 줄 것으로 믿었으나, 소련이 쿠바사태에서 후퇴하게 되자 북한에서는 자력갱생의 소리가 높아졌으며, 1962년 12월 노동당 제4기 5차 전원회의를 개최하여 “경제발전을 뒤로 미루더라도 소련의 지원이 전무한 상황에서도 남침전을 감행 할 수 있는 단독공격 능력을 서둘러 갖자”고 강조함으로써 ‘국방에의 자위원칙’을 결의하게 되었다.

1967년 북한은 국제 안보환경에서 부정적·긍정적인 두 가지의 변화에 직면하게 된다. 먼저 부정적인 요인은 중소 간에 무력충돌이 발생하였다는 것이고, 긍정적인 요인은 닉슨 독트린에 따라 주한미군 1개 사단이 철수하기 시작했다는 것이다. 이 같은 두 가지 변수는 북한의 독자적인 군사정책을 가속화시키고, 1970년 9월에는 붉은 청년 근위대를 창설함으로써 교도대 및 노농적위대와 더불어 700만의 예비전력을 확보하게 됨으로써 동원태세를 완비하게 되었다.

결국 자주노선 추진기는 모든 분야를 우선하는 철저한 전쟁준비 강행의 기틀을 마련한 것인데 이는 4대 군사노선을 확립(1963년 제시)했다는 점에서 알 수 있다. 전 인민적 전 국가적 방위체계를 구축한다는 4대 군사노선은 현행 헌법 제 60조에서도 그대로 맥락을 유지함으로써 국방 자위정책의 기본 노선이 되고 있다.

물론, 이러한 4대 군사노선은 국방자위정책 즉 자체의 힘으로 자기 나라를 보위하는 것을 강조하는 방어적 수단처럼 보이기는 하나, 사실은 무장력을 강화하여 남한내에서 결정적 시기가 조성되거나 주한미군의 철수 및 역할 변경 시 전쟁에 의한 통일을 시도하겠다는 공격적 성격을 띤 것이며, 이때부터 북한은 비정규전 대비전력 확충(잠수함, AN-2기 등 해상 및 공중 침투장비 확충)에 더욱 심혈을 기울였다.

3) 자주노선 강화기(1971 ~ 1991)

자주적 군사정책노선에 내실을 다지던 북한은 군사력 증강에 치중한 결과 대남 군사 우위를 달성하게 되었다. 70년대 들어서도 북한은 기존 군사정책의 방향은 그대로 유지하면서 고성능 무기체계의 도입과 노후장비의 교체 및 무기생산에 박차를 가하는 한편, 1972년 7·4 남북 공동성명이라는 해빙무드를 이용하여 이미 달성된 대남 군사우위를 그대로 유지하면서, 유리한 시기조성을 위하여 '조국통일 5대 강령'에 '군사문제의 선결'주장을 포함하는 등 군사정책에 내실을 기했다.

더욱이 월남이 패망하던 1975년 4월 김일성은 북경을 방문하여 남침전쟁 감행의 지원을 호소하면서 "한반도에서 전쟁이 일어나면 잃을 것은 군사 분계선이고 얻을 것은 통일"이며, "남조선에서 혁명적 대사변이 일어날 때 결코 수수방관하지 않을 것이고 남조선 인민을 지원하겠다"는 등 이른바 남조선 혁명역량 대두를 갈망하는 시기조성 정책을 추구했다.

1982년 기계화 군단을 창설하고, '88년에는 민방위부를 당 조직으로 신설했다' 91년에는 노동 1호 미사일(스커트-C)을 생산하기 시작했으며, 같은 해 12월에는 김정일을 인민군 최고사령관에 추대했다. 특히, 12월 31일, '한반도 비핵화 공동선언'에 합의하고 핵무기의 시험·제조·생산·접수·보유·저장·배비·사용을 금지하며, 핵에너지의 평화적 목적이용, 핵 재처리 시설 및 우라늄 농축시설 보유 금지, 비핵화 검증을 위한 동시 상호사찰, 남북 핵통제 공동위원회 구성·운영 등에 합의했으나, 비밀리에 핵 개발을 추진했음이 나중에 드러났다. 92년에는 자위적 군사노선 관철을 강조한 헌법을 단행했으며 김정일을 국방위원장에 임명했다. 93년을 '전쟁개시의 해'로 설정하고 스커드 미사일을 실전 배치하는 한편, 핵무기 개발 의혹이 일자 핵 확산금지조약(NPT) 탈퇴 및 탈퇴유보를 통해 북미 제네바 합의를 관철시켰다.

자주노선 강화기는 독자적 혁명 무장력을 구비하여 대남 우위의 군사력을 유지하는 가운데, 단기적으로는 핵무장을 위한 시간을 벌고 장기적으로는 남침 전쟁의 준비를 철저히 하여 북한이 원하는 방식대로, 즉 공산화 통일을 이룩하는데 군사정책의 초점을 맞추어 왔다고 하겠다.

4) 핵무장 추구기(1992 ~ 현재)

북한 군사정책의 변화과정을 고찰함에 있어 자주노선이 완성된 1971년부터 현재까지를 자주노선 강화기 내지는 자주노선 내실기의 지속으로 파악하는 견해가 지배적이다. 이시기에 김정일이 김일성의 군사정책 노선을 기본적으로 그대로 유지하면서 군사정책의 특이한 변화가 없었기 때문에 그런 판단이 가능할 것으로 여겨진다. 그러나 1990년대에는 북한체제의 존립에까지 영향을 미칠 커다란 변화들이 많이 발생했다. 이는 구소련의 붕괴와 김일성의 사망 그리고 남한의 햇볕정책 노력의 산물이라는 남북 정상회담, 그리고 테러와의 전쟁을 선포한 미국의 세계전략 변화 등이 그것이다. 따라서 본고에서는 이 기간을 별도의 변화과정으로 판단할 필요가 있다고 생각한다.

핵무기 추구기는 북한의 NPT 탈퇴(1993. 3. 12)로 한반도에 위기감이 고조되었던 1차 핵 위기의 시점부터 현재까지의 시기로 판단하였다. 물론 북한의 핵 개발에 대한 시도는 1950년대로 거슬러 올라가며, 핵무기의 본격적인 개발이 국방에서의 자위정책이 천명된 1962년부터였다는 점은 북한의 핵 정책의 의도를 짐작할 수 있게 한다. 그러나 북한이 핵 카드를 대외로 사용하는 시기는 냉전체제의 종식(1989. 12. 1.)과 구소련의 붕괴로 인해 체제 존속의 위협이 초래된 시점에서이다.

북한이 이후 핵 개발에 집착하게 된 이유는 ① 구소련의 붕괴와 중국의 개혁·개방정책 그리고 미국에 대한 위협인식 등의 안보환경, ② 노후화된 재래식 무기보다 핵무기 보유가 경제적이라는 군사적 판단, ③ 군사강국 건설과 선군 통치를 통한 내부통제 및 체제유지 전략, ④ 핵 위협을 통한 남남갈등 조장과 한미공조 이간 등으로 분석된다. 결국 북한은 핵 정책을 '국방 자위정책'과 '군사 외교정책'의 일환으로 사용한다고 할 수 있겠다.

지금까지 북한 군사정책의 변화과정과 영향요소를 시대별로 알아보았다. 앞서 군사정책의 결정요인이 대내적인 측면과 대외적인 측면이 있음을 알아본 바 있는데, 이러한 요소들을 도구로 북한 군사정책의 변화요인을 분석해 본다면 북한의 군사정책에 주요하게 영향을 미친 요인이 어디서부터 비롯되는지 가늠이 가능할 것이다.

북한 군사정책의 시대별 변화과정과 영향요소를 요약하면 다음과 같다.

〈 군사정책의 변화과정과 영향요소 〉

시 기	영 향 요 소	주요 군사정책
군사정책 형 성 기 (해방 ~ 61)	· 한국전쟁(50 ~ 53) · 한미 상호방위조약(54. 11) · 중공군 철수(58) · 미일 상호안보조약(60. 1) · 한국 군사혁명(61. 5)	· 인민군 창설(48. 2. 8) · 노동 적위대 창설(59. 1) · 조·소, 조·중 우호협력및 상호 방위조약(61 7) ※독자적 군사정책 배태시기
자주노선 추 진 기 (62 ~ 70)	· 쿠바 미사일 위기(62. 10) · 중소 이념분쟁 격화(64) · 흐루시쵸프 실각(64) · 한국군 파월(66) · 중소 무력충돌(67) · 닉슨 독트린에 의한 주한미군 1개 사단 철수 개시(69)	· 「국방에서의 자위원칙」(62. 12) · 4대 군사노선제시(63) · 3대 혁명론(64. 2) · 소련, 군사 및 경제원조 중단(64. 10) · 친중국노선 선포 · 자주노선 선포(66. 8) · 붉은청년 근위대 창설(70. 9) · 대남 군사우위 유지정책 달성
자주노선 강 화 기 (71 ~ 91)	· 7·4 남북 공동성명(72. 7) · 월남의 공산화(75. 4) · 냉전종식(89. 12)	· 조국통일 5대 강령(75. 6. 23): 군사문제 선결주장, 위장평화공세 · 남침전 감행 지원호소(75. 4)
핵 무 장 추 구 기 (92 ~ 현재)	· 구소련 붕괴(92. 1) · 김일성 사망(94. 7) · 이라크전쟁(2003. 3)	· 핵 정책(대량파괴무기 개발)

이 표에서 나타나는 정책변화에 영향을 미친 요인들은 대부분 북한이 처한 국제안보환경의 변화가 기인하는 것들이다. 일부 김일성의 사망이나 여기서 파악되지 않은 경제적인 영향을 굳이 든다면 이들은 대내적인 요소로 판단할 수도 있을 것이다. 그러나 북한 경제가 최대의 위기로 치달았던 90년대에도 군사력의 건설에 대한 조정이 없었던 점은 경제에 의한 요인이 군사정책의 흐름을 변화시키는 데는 제한이 된다고 여겨진다.

5. 군사정책의 변화전망

김정일의 군사관은 김일성 주체사상에 뿌리를 두고 있으며, 기본적으로 김일성의 혁명노선에 따른 군사정책을 그대로 답습하였다. 따라서 김정일의 실질적인 군사정책인 4대 군사노선은 북한의 국가이익을 달성하기 위한 군사적 차원이 지침이며, 공세적 군사정책과 군사력 건설을 위한 논리적 기반으로 삼고 있다. 따라서 북한 체제가 변화하지 않는 한 북한의 군사정책 역시 변함없이 공세성을 유지할 것이고, 한반도 적화전략을 포기하지 않는 한 현재의 군사정책이 지속될 것이다.

북한의 군사정책은 1990년대의 총체적 위기상황을 극복하기 위해 군대를 전면에 내세워 체제유지를 도모한 선군 정치의 지속여부에 따라 변화될 것이다. 북한은 선군 정치를 장기적·전략적 체제운영방식으로 생각하고 있다. 선군 정치가 '과도기' 정치방식인 것은 분명하다. 그러나 미국·일본을 비롯한 서방과의 관계 정상화, 경제난의 근본적 극복 등 선군 정치를 통해 이루려는 목표들이 단시간에 실현될 수 없기 때문에 선군정치는 체제 운용방식으로서 장기간 지속될 수밖에 없다. 북한은 선군 정치를 통해 강화된 체제를 '주체의 강성대국'으로 표현하고 있다. 선군 정치의 일차적 목표가 달성되면 체제 운영방식의 변화를 모색할 수밖에 없다. 곧 대북 경제제재 해소, 서방과의 관계정상화, 한반도 긴장완화 등 장기적 체제생존을 위한 대외적 조건이 마련되고, 경제난이 해결되어 인민들의 생활이 보장될 때 선군 정치는 변화할 것이다.

최근 북한은 정치 · 경제 · 대외적 위기를 서서히 극복하고 있다. 정치상황은 98년 9월 김정일 정권이 공식 출범하면서 안정을 회복하고 있다. 또한 경제상황은 속도는 느리지만 회복기에 접어들고 있다. 북한은 기존의 패쇄적 자력갱생에서 개방적 자력갱생으로 경제정책노선 변화를 추구하고 있으며, 1999년 이후 경제성장은 지속적인 플러스 성장으로 전환되었다. 대외적으로는 미국의 부시정부 등장이후 불량국가 (rogue state) 이미지가 더욱 굳어지고 핵 개발 의혹파문으로 인해 갈등양상을 보이고 있지만, 중·러와 외교관계 복원 및 대유럽외교 강화 등 전방위외교를 적극 추진하여 경제지원 획득 및 경협추진 활동을 강화하고 있다. 김정일 정권은 근본적인 체제변화 없이 상대적으로 안정된 체제를 유지하고 있다.

따라서 단기적으로 북한은 선군 정치를 지속함으로써 기존의 군사정책과 군사전략을 추구함으로써 군비증강을 모색할 것으로 판단된다. 북한은 재래전과 비대칭전 능력 확보를 위해 모든 역량을 투입하게 될 것이다. '군사 제일주의'는 북한 정권의 핵심으로, 군사력만이 정권을 계속 유지시켜주고, 한반도 무력통일이라는 궁극적인 목적을 달성하게 해주는 유일한 수단이기 때문에 이러한 슬로건 하에 북한은 재래식 전력뿐만 아니라 비대칭 전력(Asymmetrical Forces: 핵전력이나 생화학무기와 같은 대량살상 전력을 지칭)을 체계적으로 증강시켜오고 있는데 후자를 더 중요시하고 있다. 이런 군사력의 실체는 국제적인 협상에서 힘이 되어 줄뿐만 아니라 체제유지는 물론 전쟁억지력과 방어력, 그리고 대규모 공격력까지 제공해 준다. 이처럼 북한이 단기적으로 기존의 군사정책을 포기할 수 없는 이유는 첫째, 북한의 정치사회체제 자체가 개방에 대해 가지는 취약성을 들 수 있다. 이는 북한의 집권층이 현재의 경제난을 극복하기 위해 개혁과 개방을 함으로써 경제력, 외교력, 전략적 이익을 얻는 측면보다는 그것으로 인한 경제체제의 붕괴 가능성에 더 집착하고 있기 때문이다.

둘째, 군부가 가지는 정치적 영향력을 무시할 수 없다. 물론 소련의 붕괴과정에서 나타난 바와 같이 군부가 독자적인 정책적 입장을 주장하면서 정치의 전면에 나설 가능성은 희박하다. 그러나 군부는 현재 그리고 앞으로도 북한의 정치체제 내에서 권력의 판도를 좌우할 수 있는 유일한 실질적 세력집단으로 보아야 할 것이다. 김정일은 체제유지를 위해 군을 적극 활용하고 있으며, 이는 단기적으로 군부의 위상을 약화시키는 정책을 추진할 가능성은 희박할 것으로 판단된다. 이러한 조건은 군사력의 감축이나 군의 위상을 약화시킬 수 있는 대외적인 유화정책 추진 가능성을 원칙적으로 봉쇄하게 될 것이다.

셋째, 현재 북한의 군사적 수단이외에는 다른 유효한 정책추진 수단을 보유하고 있지 않다는 것이다. 현재 직면하고 있는 경제난은 외부의 협력을 얻어 회생하는데 장기간이 소요될 것이며, 이 과정에서 정치적 위험이 수발될 것이다. 따라서 장기간이 소요되는 여타의 정책을 선택하는 것은 희박할 것으로 판단된다.

북한은 2000년에 들어서서 외형상 군사 중시노선을 지속하고 있지만, 다른 한편으로는 부분적인 시장경제 허용, 국가소유제도 완화, 인센티브 제도개선과 대외경제협력 확대 등 실용적인 경제정책을 추진하고 있다. 그러나 무엇보다 북·미 관계 개선의 여부에 따라 북한의 군사정책은 영향을 받을 것으로 보인다. 북한은 미국과의 관계 정상화를 위해 지속적으로 노력하고 있다. 따라서 장기적으로 북한은 북·

미 관계개선을 위해서 획기적으로 군축협상에 임할 가능성이 있다. 남북한 상호체제의 생존과 유지를 위한 상호 협력적 관계를 모색하면서 이념과 체제 경쟁보다는 공동이익의 창출을 위한 노력이 강화될 것으로 전망된다.

북한에 대한 남한의 군축유도 방향은 과도한 상비전력의 감축, 기계화 부대규모 축소를 통한 기습공격 능력을 약화시키며, 장사정 포병배치 제한으로 수도권 안전보장 강화, 그리고 다량살상무기 통제체제의 완전한 구축에 그 초점이 모아질 것이다. 한편, 남한에 대한 북한의 군축유도 방향은 주한미군에 관한 문제, 상비전력의 감축, 그리고 상대적으로 우수한 각종 무기체계에 대한 통제 문제 등이 핵심 쟁점으로 등장할 것이다.

따라서 현재 북한이 당면한 총체적 위기를 타파하기 위하여 점진적인 개혁과 개방을 추구하고 한국과의 관계를 포함한 미국 및 일본 등과의 대외관계를 보다 평화지향적으로 변화시킴으로써 경제를 재건하고, 국제적 고립을 탈피하여 체제의 역량을 보존할 가능성을 상정할 때 북한의 군사정책은 장기적 측면에서는 어떤 모습으로든지 변화시켜야 할 필요성에 직면하게 될 것이다.

제2절 북한군의 성격과 기능

1. 북한군의 성격

북한의 조선 노동당규약 전문에는 "조선로동당의 당면목적은 공화국 북반부에서 사회주의 강성대국을 건설하여 전국적 범위에서 민족해방과 인민민주주의 혁명과업을 완수하는 데 있으며, 최종목적은 온 사회를 주체사상화하여 인민대중의 자주성을 완전히 실현하는데 있다"고 규정하고 있다. 아울러 북한의 군, 즉 조선인민군은 "조선로동당의 혁명적 무장력"(제46조)이며, "당과 수령, 조국과 인민을 위해 서슴없이 생명을 바칠 수 있는 진정한 혁명전사"(제48조)가 되어야 함을 밝히고 있다.

따라서 북한의 군은 대내적으로 '당의군대', '혁명의 군대', '수령의 군대'로서 통치자를 수호하는 역할과 함께, 대외적으로는 '자위', '남조선 혁명과 해방'을 통한 '전 한반도의 공산화'라고 하는 당과 수령의 정치적 목적을 실현하기 위한 무력수단으로 해석된다.

2003년 10월 26일자 노동신문은 다음과 같이 군사력 강화의 중요성을 강조하였다.

"허리띠를 졸라매지 않고서는 마련할 수 없는 게 자체의 군사력이다. 군사력 마련에 돌려지는 부담을 덜어 새 생활 창조에 돌리면 경제도 발전하고 인민들의 생활도 좋아 질 수 있다.… 그러나 혁명하는 당과 인민은 온갖 어려움을 무릅쓰고 모든 힘을 기울여 자체의 튼튼한 군사력을 마련해야 한다."

북한군은 대외적으로는 이처럼 혁명임무 완수가 목표이지만 대내적으로는 체제 유지의 근간이 되고 있다. 북한은 2007년 신년공동사설에서 "혁명의 불패성과 미래는 선군에 있고 이제 핵억제력을 가지게 되었다"고 주장하며 "인민군대는 전군을 혁명의 수뇌부를 한 목숨 바쳐 결사 옹위하는 불사신의 총폭탄 대오, 무적 필승의 강군으로 억세게 준비시켜야 한다"고 강조한 바 있다. 2008년 신년공동사설에서도 군대가 모든 면에서 사회의 본보기를 끊임없이 창조할 것을 요구하며 다음과 같이 선군정치를 강조하고 있다.

"강력한 국방력은 선군조선의 자주적 존엄의 상징이며 부강번영의 근본 담보이다. 군사중시를 강성대국 건설의 기본전략으로 내세우는 우리당의 혁명적 입장은 확고하다."

"우리 인민군대는 어제도 오늘도 내일도 백두의 혈통을 굳건히 이어가는 당의 군대, 최고사령관의 군대이다. 경애하는 최고사령관 동지의 명령 하에 하나와 같이 움직이는 혁명적 영군체계와 군풍을 철저히 세우는데 모든 군사사업을 확고히 지향시켜 나가야 한다."

이처럼 북한의 최고통치자도 북한체제와 자신의 생존을 유지시켜 갈 수 있는 유일한 그룹은 군대뿐이라고 생각하고 군에 대한 각별한 관심과 특혜로 군의 지지와 복종을 유도하고 있다.

김정일 사망 이후 2012년 신년공동사설에는 김정은을 김정일과 동일시하고, 전군의 수반, 영원한 단결의 중심, 최고 영도자로 우상화하여 김정은 중심의 유일적 영군체계 확립을 주장하였고, 2013년 김정은 신년사에서도 "군력이 국력이며 군력을 백방으로 강화"할 것을 강조하였다.

2. 북한군의 기능과 특징

북한이 오늘날까지 '하나의 조선'을 구호로 하여 인민군을 '혁명의 군대'라고 지칭하는 것은 무력에 의한 한반도 적화혁명을 아직까지 완전히 포기하지 않고 있음을 반영한다고 볼 수 있다.[25]

이러한 목표수행을 위한 북한 군사정책 기조는 4대 군사노선으로, 북한 개정헌법(1998. 9. 5)은 제60조에서 "국가는 군대와 인민을 정치사상적으로 무장시키는 기초위에서 전군간부화, 전군현대화, 전민무장화, 전국요새화를 기본으로 하는 자위적 군사노선을 관철한다"고 이를 명문화하고 있다. 이전에 비해 간부화와 현대화를 앞세운 것으로 보아 무장과 진지는 상당히 구비되었다고 추론할 수 있다.

북한의 군이 당·혁명·수령의 군대라는 성격이 있음은 앞서 지적된 바 있거니와, 이러한 '수령의 군대'로서 인민군의 성격은 군간부들의 군창건보고대회 보고나 각종 간행물 및 방송논설 등을 통해 계속 강조되고 있다.

1992년 개정헌법에서는 국방위원장이 일체의 무력을 지휘 통솔하도록 하였고, 더 나아가 1998년 개정헌법에서는 국방위원회가 전반적 국방관리기관으로서 국방부분 중앙기관의 신설·폐지 권한을 보유하고 국방사업 전반을 지도할 수 있게끔 권한을 강화시켰으며, 2003년 9월 3일 최고인민회의 제11기 1차 회의에서는 김정일을 국방위원장으로 세 번째 추대하였다.

여기에서 일체의 무력이라 함은 정규군 117만여 명은 물론 교도대 62만여 명, 노농적위대 572만여 명, 붉은청년근위대 94만여 명, 보위사령부, 인민보안성, 속도전청년돌격대 등 준군사부대 42만여 명 등을 포함한 동원 가능한 예비병력 770만여 명을 총망라한 무력이며, 전반적 국방관리란 정치·군사·경제역량의 총체를 통솔 지휘함을 의미한다.

2010년 9월 당 대표자회에서 개정한 당 규약 전문에는 선군정치를 사회주의 기본정치방식으로 확립하고 선군의 기치 밑에 혁명과 건설을 유도한다고 규정하고 있다. 이 회의에서 김정은이 당 중앙군사위원회 부위원장으로 선임됨으로써 군을 장악할 수 있는 명분과 토대가 구축되었다. 김정일 사망 직후 12월 30일 개최된 당

---

25) 「김일성 저작집 제 7권 」 p447

정치국 회의에서 김정은은 김정일 유훈(2011.10.8)에 따라 최고사령관으로, 2012년 4월 11일 제4차 당 대표자회에서 당 제1비서 및 당 중앙군사위원회 위원장, 13일 최고인민회의에서 국방위원회 제1위원장으로 추대되었다.

이상과 같이 북한의 군은 '혁명과 해방'을 위한 중요한 무력수단인 동시에 '정권과 체제유지'를 위한 핵심적 역할을 담당하고 있다. 아울러 북한의 군은 "군사력과 외교력의 관계는 현금과 수표와의 관계와 같다"는 클라우제비츠의 전략론에서 시사하는 바와 같이 군사력 확보를 담보로 한 대외관계 유지에 주력하여 왔다. 또한 군에 대한 지원을 최우선시하고 군대식의 사업작풍을 보편화시키는 선군정치(先君政治)를 표방함으로써 강군(强軍)을 통한 외교협상과 체제유지에 큰 비중을 두고 있다.

북한군의 특징을 요약하면 혁명목표를 추구하기 위한 일관된 공격형 전투서열 유지, 병력통제와 관리를 위한 끊임없는 정치사상 반복 교육, 간부들의 충성경쟁, 과도한 지하진지 건설 및 유지, 전쟁지도부의 독단적・비합리적 결정체계 등이다. 최근에는 경제건설과 치안질서 유지를 위해 상당수의 군병력을 노동력으로 활동하여 대형 건축물·문화회관·고속도로·발전소·수로공사·목장 및 양어장 등 각종 경제건설 현장과 위탁영농, 검문 등에 투입하고 잇다.

북한은 악순환되는 '경제의 군사화'(Militarization of Economy) 현상으로 국가경제의 군사경제 구조화에서 벗어나기 어려운 상황에 처해 있다. 경제의 군사화 현상은 스탈린이 자본주의 사회를 비난 공격하면서 처음 사용한 개념이나, 북한에서는 전반적인 경제개념의 하나로 설정되었다.

경제의 군사화가 국민경제에 미치는 영향은 다음과 같다. 첫째, 군사비 충당을 위해 국민의 담세율이 증대한다. 둘째, 국민경제의 군사의존도 강화로 인적・물적 자원배분의 왜곡은 물론 민수자원 공급이 위축된다. 셋째, 저지할 수 없는 경제군사화 메커니즘 속에서 완성재와 원료의 대부분을 비생산적 군비에 할당하게 된다. 넷째, 민간설비의 신설과 합리적 투자를 저해한다.

이러한 경제의 군사화 현상 탈피여부는 군을 중심으로 하는 북한체제의 향후 생존과 직결된다고 할 수 있다.

제3절 북한군의 조직과 제도

1. 조선인민군 창설

북한군의 군사정책은 그 형성 초기부터 기본적으로 제 2차 세계대전 말기의 스탈린주의의 전쟁정책에서 기원하고 있다. 즉 스탈린 주의의 정책은 동구제국이나 기타 인민주의 국가들을 소비에트화하면서 공산화를 거치는 정치적, 군사적 과정이었던바, 북한도 그 예외는 아닌 것이다. 따라서 오늘날 북한의 정치적, 군사적 체제는 소련의 진주와 점령정책으로 김일성과 노동당 정권이 북한에 형성된 결과로써 소련의 군사적인 점령이라는 지원을 통해서 형성된 것이다.

북한은 1948년 5월 1일 헌법을 공포하고, 같은 해 8월 25일 최고인민회의 대의원 선거를 거쳐 9월 9일 정권을 수립하였는데, 북한 인민군은 이미 1948년 2월 8일 정규군으로 창설되었다. 즉 북한은 정권수립 이전에 군대를 발족시켰던 것이다.

실제에 있어서 북한군대의 기원은 공식적인 창군일자보다도 훨씬 먼저 있었다. 즉 정권이 창립되기 3년 전인 1945년 10월에 대내치안을 내세워 "보안대"를 북한의 각 도에 조직하여 무장시켰으며, 1946년 6월에는 "보안훈련소"를 개천과 신의주, 정주 및 강계에 설치하고 군사요원을 훈련시켰다. 특히 1946년 8월 15에는 김일성, 최용건, 무정, 안길, 김책 등을 중심으로 "보안간부훈련대대부"를 창설하였다.

이와 같이 북한의 군대는 정권수립 이전에 무장력으로 북한 공산체제 확립의 기초로서 역할을 하였는데 "보안 간부 훈련 대대부"를 "인민집단 총사령부"로 개칭하면서 소련제 무기로 무장하기 시작하는 등 1947년부터 급속한 발전을 하였다. 이후 김일성은 1948년 인민집단군 3개사단을 주축으로 2월 8일 평양에서 대내적인 열병식을 거행하면서 인민군의 창설을 선포하였다.

인민군 초기 특징은 소련식 편제와 무기체계 등에 의존하고 군사전략도 마찬가지였다. 즉 김일성의 연설문에 "군기진작", 용감하고 영웅적인 병사의 양성, 소련의 군사과학과 소련의 귀중한 전투경험의 학습이라는 과제가 강조되어야 한다고 말하고 있는 것이 그 대표적 예이다.

또한 김일성은 "우리조국과 인민에 반대하는 목적을 가진 침략세력이 잔존하는 조건하에서 우리 국가를 건설하고 이를 견고히 하여 조선민주주의 인민공화국을 수호하기 위하여 정부와 로동당은 우리군대 인민군을 창설하는 필요성에 부닥쳤다"고 말하기도 하였다.

이와 같이 북한의 조선인민군은 이념적으로 공산군으로 말하자면 공산권의 프롤레타리아 국제주의라는 국제 공산주의와의 연대를 강조하고 공산주의의 첨병으로 자처하면서 출발했다.

2. 군 지휘체계 및 군사기구

북한의 최고 군사지도기관은 국방위원회이며, 국방위원장은 일체의 무력을 지휘·통솔하고 국방사업의 전반을 지도한다. 그리고 국방위원회 상무국의 직접적 통제를 받는 총참모부가 실제적인 북한 군사지휘체계의 주축을 이룬다.

북한의 총참모장이 지상군의 각 군단, 전차군단, 포병군단, 경보교도지도국과 해·공군 사령부를 직접 지휘 · 통제하는 통합군 지휘체계를 갖추고 있다. 현재 김정일은 인민군 최고사령관, 국방위원장으로서 무력 일체를 장악하고 군정권과 군령권을 행사하고 있다. 필요시에는 총참모부 작전국장에게 직접 작전명령을 하달하는 단독 지휘축선도 보유하고 있다.

〈북한의 군사지휘 체계〉

XXX : 군단(급)

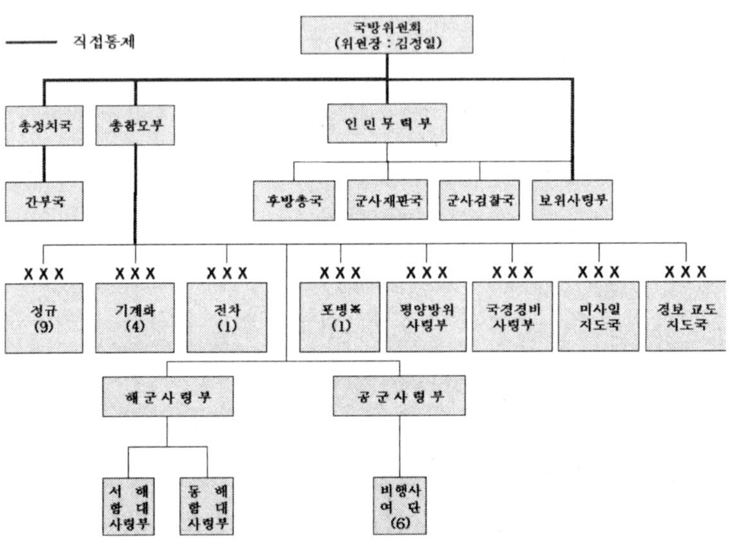

1992년 헌법에서는 중앙인민위원회에서 국방위원회를 독립·확대하고 주석 대신 국방위원장이 일체의 무력을 지휘 · 통솔하도록 규정하였다. 그리고 1998년 개정헌법에서는 국방위원장이 국방사업 전반을 지도하고 나아가 국방부문 중앙기관의 설치나 폐지를 주도할 수 있도록 권한을 강화시켰다.

당 군사위원회는 당 중앙군사위원회와 각급 지방당 위원회의 군사위원회로 조직되어 있다. 당 중앙군사위원회는 군사정책 수행방법을 토의 · 결정하고 인민군을 포함한 전 무장력의 강화와 군수산업 발전에 관한 사업을 조직 · 지도하며, 군대를 지휘한다(당규약 제27조) 이처럼 당 중앙군사위원회는 군사력의 운용에 관한 제반 정책의 최고결정기관으로 되어 있다. 지방당 위원회의 군사위원회는 당 중앙군사위원회의 지도를 받아 당의 군사정책 집행방법을 토의 · 결정하며, 전시동원 체제의 검토, 민병조직의 관리 · 운영 및 민병훈련 등의 임무를 수행한다. 인민무력부는 군정권을, 총참모부는 군령권을, 총정치국은 정치 · 사상 지도권을 가지고 국방위원회의 직접 지도와 통제를 받고 있다.

호위사령부는 김정은 일가와 노동당 고위 간부의 경호, 평양 내 핵심시설 경비 임무 등을, 보위사령부는 반체제 세력을 단속하는 군 내 비밀경찰 역할을 수행한다.

3. 병역제도 및 병영생활

북한에서는 군 입대 여부를 각 행정구역별 군사동원부가 결정한다. 북한의 모든 남자는 14세가 되면 초모대상자(招募對象者)로 등록하고, 중학교를 졸업하는 만 15세가 되면 군 입대를 위한 2차례의 신체검사를 받으며, 졸업하는 해에 사단 또는 군단에 입대하게 된다. 신검 합격기준은 신장 150cm, 체중 48kg 이상이었으나 식량난으로 청소년들의 체격이 왜소해지자 1994년 8월부터는 신장 148cm, 체중 43kg 이상으로 낮추었다. 전문대학 졸업자도 역시 졸업하는 해에 입대하고 졸업 후 공장·기업소에 취작한 자는 대개 근무한 지 3년이 되기 전에 징집된다.

그러나 신체검사 불합격자, 적대계층 자녀, 성분 불량자(반동 및 월남자 가족 중 친가 6촌 및 외가 4촌 이내, 월북자 및 정치범 가족, 형복무자 등)등은 물론 특수분야 종사자 및 정책수혜자(안전원, 과학기술·산업필수요원, 예술·교육행정요원, 군사학시험 합격 대학생, 특수·영재학교 학생, 부모가 고령인 독자 등)들은 정책적 배려를 이유로 입대에서 제외하고 있다. 특히 과학기술 전공자는 입대 후에도 전공을 활용하기 위해 조기 제대시키는 경우도 적지 않다.

북한에서는 입대가 성인 생활에서 삶의 질을 결정할 수 있어, 입시 이상의 경쟁을 치르게 된다. 특수부대, 통신 정찰 병종으로 가게 되면 입당도 용이할 뿐 아니라 대학추천도 받을 수 있고, 제대 시에도 보다 나은 직장을 가질 수 있기 때문이다. 가장 기피하는 경우는 오랜 기간의 군생활 후 광산, 농장 또는 건설현장에 가야 하는 경우이다.

근무연한은 1958년 내각결정 148호에 의거, 지상군은 3년 6개월, 해・공군은 4년으로 정하고 있으나 7~10년씩 근무하고 있으며, 1995년부터 10년 근무 연한제를 실시하고 있다. 그 중에서 특수부대(경보병부대, 저격부대 등) 병력은 13년 이상의 장기복무를 해야하며 주특기나 특별지시에 따라 사실상 무기한 근무해야 하는 경우가 적지 않다. 2003년 3월에 개최된 제 10기 6차 최고인민회의에서 '전민 군사복무제'를 법령으로 채택하여 남자는 10년, 여자는 지원시 7년으로 의무 복무기간을 단축하고 징집연령층을 17세 이상 25세 이하로 조정했으나, 과거 병역기피자나 28세 미만의 병역미필 남자는 무조건 징집하도록 하였다.

여군들도 증가하고 있는데, 이들은 대개 위생병·통신병·초병으로 근무하거나 해안포·고사총·소형 고사포대를 운용한다.

군관은 3년 이상 근무한 사병 중 성분이 양호하고 당성이 강한 자를 중・대대장의 추천으로 선발하여 최종 군단 당위원회 심사에서 확정한다. 임관 후 중위진급에는 4~6년이 걸리지만 장성은 최저복무기간 없이 최고사령관 명령으로 진급한다.

군관은 소대장 28세, 중대장 35세, 사단장 52세로 연령정년제를 두고 있다. 군지휘관은 김일성 군사 종합대학과 강건종합군관학교 등 각종 군사학교를 통하여 양성되는데 본과는 2~4년의 과정으로 되어 있다.

〈 군 간부양성 과정 〉

계 급	과 정	비 고
징집대상	군사동원부 차출 (특수부대 우선, 해·공군, 지상군 보병순)	특수부대, 특과 우선
훈련병	각부대 신병교육대(일반 3개월~특수부대 9개월)	신병교육기간은 경제난으로 다소 감축
병사	전사 → 초급병사 → 중급병사 → 상급병사	5-7년 경과
하사관	하사관학교(3개월) 하사 → 중사 → 상사 → 특무상사(사관장) ※ 경보병, 민경, 저격병들은 우수병사(3~5년 근무) 추천을 통해 5년 이내 하사 진급	대개 10년 거쳐 중사로 제대
소위	군관학교 2년(지휘자반 : 최우등 시 중위 임명) 4년(대학반 : 중위)	군관학교에서 정치·군사 교육은 5:5 정도이나 군사대학에서는 3:7 정도로 배분
중위	2-3년 경과 진급	
중대장	4-6년 경과 후 지휘관	
대대장	3-7년 경과 후 김일성군사대학(3년) 졸업	
연대장이상	김일성군사대학 전술연구반(2년) 수료	장성은 최고사령관 명령으로만 진급

자료 : 유관기관 자료 종합

군관(장교)이나 하전사를 불문하고 군기사고자는 제대 후에 직장생활에서 각종 불이익을 받는다. 병영생활 중 기본적으로 지켜야 할 복무규율로 '군무생활 10대 준수사항'이 있는데, 이는 김정일의 직접 지시와 참여로 만들어졌으며 내용의 요점은 다음과 같다.

① 군사규정의 철저한 준수
② 무기의 정통(精通)과 철저한 관리
③ 군사명령의 철저한 집행
④ 당 및 정치조직에서 준 분공(分工)의 어김없는 집행
⑤ 국가기밀·군사기밀·당조직 비밀의 엄격한 유지
⑥ 사회주의적 법과 질서의 철저한 준수
⑦ 군사정치 훈련에의 어김없는 참여
⑧ 인민에 대한 사랑 및 인민재산의 침해금지
⑨ 국가재산과 군수물자의 철저한 보호 및 절약 노력
⑩ 군대 안의 일치단결 미풍 확립

북한군 총정치국에서는 군 내 통솔과 단합을 위해 각종 경쟁적인 운동을 전개하고 있는데, 대표적으로 중대급에서는 '3대혁명 붉은기 중대 쟁취운동', 연대급으로는 항일운동시 김일성 친위부대장이었던 '오중흡 제7연대 쟁취운동', 사/여단급으로는 '금성친위부대 쟁취운동'이 있다. 판정결과가 양호하면 입당, 견학, 포상, 휴가, 자재공급이 우선적으로 이루어진다.

〈 북한군 평일 내무생활 〉

시 간	과 업 내 용	비 고
6:00 ~	기상	
7:00 ~	청소, 정돈, 조식(군복, 외모 검사)	독보회
9:00 ~ 12:00	정치상학(김부자 교시, 당노선, 사상, 보안)	
12:00 ~ 13:00	점심	
13:00 ~ 13:30	무기 소제	
14:00 ~ 18:00	군사상학(훈련 및 작업)	
19:00 ~ 20:00	저녁	
21:40 ~ 22:00	취침(인원, 무기 점검후)	계급교양
22:00 ~	필요시 해당자 체력, 전투기량 보완 연습	군중문화활동

자료 : 유관기관 자료 종합

근무 중 휴가는 규정상으로는 연 1회의 정기휴가(15일)가 허용되고, 표창수여 또는 결혼이나 부모 사망 시 10~15일 간의 특별휴가 있으나 제대로 지켜지는 경우는 많지 않다. 실제적으로 정기 휴가는 없고 부모 사망 시 또는 부대 내 물자구입 목적으로 10일 간 휴가 또는 출장이 주어질 뿐이다. 군 복무기간 중 부모가 있는 집을 다녀온 병사는 약 20% 정도로 알려지고 있다. 또한 북한군 병사들은 평균 군복무기간의 1/3 ~ 1/2 정도를 건설, 영농 등 비군사적인 활동에 종사하게 된다.

〈 북한 지상군의 정기훈련 및 활동 〉

시 기	계 급
1월 ~ 2월	야외전술 훈련 준비, 병종별 기동훈련, 공병 정찰, 부서 전개훈련
3월 ~	연대/사단급 실탄사격 종합훈련
5월 ~	병영 보수, 도로작업, 부식 밭에 묘종
6월 중순 ~	하기 훈련 시작 집체훈련 : 정치상학, 대열훈련, 체육 야외훈련 : 병과별, 반토굴형 숙소
7월 하순 ~	장마철 도하훈련, 전투수영, 행군훈련, 습격/방어 훈련, 실탄사격
10월	월동준비 : 농산물 수확, 야채저장, 화목작업, 병영 보수
11월	동기훈련 준비 : 전투기자재 점검
12월	오전 : 실내사격 훈련 등 병영위주 훈련 오후 : 무장강행군, 체육, 대열훈련, 야외 사격 훈련

자료 : 유관기관 자료 종합

한편 부대급식을 살펴보면 주식은 보급되고 있으나 부식은 구매하거나 또는 부대 자체적으로 주둔지역의 특성을 이용하여 영농, 어로, 채취 등을 통하여 해결하고 있다. 과거에는 1일 세 끼 쌀밥에 야채, 절임 등 반찬 2~3가지가 기본이었으나, 1990년대에 접어들면서 사단별로 임시보양소를 운영하였을 정도로 식량사정이 약화되었다. 그러나 외부 지원의 영향으로 2000년 이후부터는 다소 나아졌으나 아직도 영양 보충을 위해 독립소대부터 사단 본부에 이르기까지 많은 부대들이 염소와 돼지 등을 직접 기르고 있다.

부대에서 질환이 발생하였을 경우에는 7일 이내의 치료가 필요한 환자는 연대 군의소(군의관 8~10명, 여군간호병 10여명)에서, 그 이상의 기간이 소요될 시에는 사단 군의소(군의관 20~25명, 여군간호병 50여명), 15일 이상 ~ 6개월 정도의 장기치료나 수술환자는 종합병원 성격의 군단 야전병원(군의관 60 ~ 70명, 여군간호원 포함 민간인 여성 간호사 130명 정도)으로 후송되거나 잠정 제대하게 된다. 입원 환자 중에는 영양실조에 의한 환자가 절반 이상으로 알려지고 있다.

이러한 내부 상황으로 인하여 '7.1 경제관리개선조치'(2002. 7. 1) 이후 군대에서도 부대 운영을 위해서 자체 해결해야 할 사안들이 적지 않아 상당수의 부대에서 외화벌이 및 영리활동, 근로동원 등 수익사업을 위한 비군사적 업무를 묵인하고 있는 실정이다. 병사들은 경제적으로 부수입이 많은 군 보위사령부 예하 국경경비대 배치를 선호하기도 한다. 또한 생필품과 부식 보급이 열악하여 일부 군인들의 일탈 행위가 나타나고 있고 군민관계를 해치는 사례들도 발생하고 있다.

4. 계급구조 및 당조직

북한 인민군의 계급은 '군사칭호'로 불리며 군관(軍官) 15종, 하전사(下戰士) 6종으로 나뉘어져 있다.

군관의 경우는 ① 원수급에 대원수 · 원수 · 차수, ② 장성급에 대장 · 상장 · 중장 · 소장, ③ 상급군관에 대좌 · 상좌 · 중좌 · 소좌 , ④ 하급군관에 대위 · 상위 · 중위 · 소위 등으로 구분되어 있다.

하전사의 경우는 ① 우리의 부사관에 해당하는 특무상사 · 상사 · 중사 · 하사가 있고 만기 후 장기복무를 하는 초기복무하사, 중사, 상사가 있다. ② 일반병은 상등병 · 전사로 구분하되, 사기진작과 서열 중시를 위해 다시 상급병사 · 중급병사 · 초급병사 · 전사로 4등분하였다.

북한군 장성 계급서열은 원수-차수-대장-상장-중장-소장 등 6계급 구조였으나, 1992년 4월 13일 김일성 80회 생일을 이틀 앞두고 김일성을 대원수로 추대하여 7계급 구조로 되었다.

그러나 1994년 김일성 사망 이후 현재 북한에는 대원수가 없는 상태이다. 김정일은 1991년 12월 24일 당 중앙위원회 제6기 제19차 회의에서 인민군 최고사령관으로 추대된 데 이어 1992년 4월 20일 군 창건 기념 60돌에 즈음하여 '원수'로 전격 추대되었다.

김정일은 인민군 최고사령관으로 추대된 직후부터 매년 김일성 부자 생일, 당창건일 또는 휴전협정 체결일 등을 기념하여 장성을 진급시키고 있는데, 최고사령관 명령으로 2006년 4월에는 36명, 2007년 4월에는 55명을 진급시키는 등 북한 장성 1,400여 명 중 대다수(1,200여 명)을 진급시킨 것으로 알려져 있다.

한편, 인민군대 내의 모든 각급 부대에는 군사계통의 참모부, 정치계통의 정치부, 보위계통의 보위부가 존재하고 있다. 각급 단위에는 당조직이 구성되어 인민군에 대한 정치사업을 수행한다. 이는 실질적으로 당이 군에 대한 통제기능을 행사하는 것을 의미한다. 인민군대 내 중앙에는 '조선인민군 당위원회'가 있고 연대급 이상에 '당위원회', 중·소대 단위에는 '당세포' 및 '당분조(黨分朝)'가 각각 조직되어 있다. 당위원회와 별도로 군 내에 정치기관을 조직해 놓았는데, 대대급 이상 부대에는 정치부가 있다.

이와 같이 정치기관들은 각기 사단과 연대 단위에 정치위원, 대대와 중소·소대 단위에는 정치지도원을 파견하여 작전·훈련 등 모든 군사업무와 군대 내 정치사업을 조정·감독하고 있으며, 아울러 모든 명령서에 정치위원의 서명이 있어야 효력이 발생하도록 하는 부서제도(副署制度)를 실시하고 있다. 연대급 이상 부대에 있는 정치위원은 군정치조직과 별개로 당 비서국에서 직접 통제 및 관여하고 있다. 이러한 감시・견제장치 가운데 지휘관들의 업무와 생활을 평가하는 당 조직부의 권한이 가장 강하다.

인민군 일반 사병들은 약 20%가 당원이나 특수부대는 약 40%가 당원으로 추정되고 있다. 그러나 최근에는 군복무 중 입당비율이 상당히 하락한 것으로 알려지고 있다. 또한 인민군대 내에는 부대단위에 따라 '김일성 사회주의청년동맹'이 조직되어 있는데, 이는 각급 당조직과 정치기관의 지도 밑에 비당원을 조선노동당에 결속시키기 위한 조직이다. 그러나 군 내 갈등을 줄이기 위해 관병일치(官兵一致), 당사일치(黨社一致), 상하일치(上下一致)를 강조하고 있다.[26]

인민군대 내에 이와 같이 이중 삼중의 감시・통제조직을 갖추고 사상교육을 중시하는 것은 군의 성격이 전시 국가관리체제에서 영토 및 체제보전 임무를 넘어서 통치자와 당의 군대로서 혁명목표 달성과 권력자 보호임무를 동시에 수행하기 때문이다. 또한 통수권자의 입장에서도 군대를 분리 통제하는 것이 권력 유지 및 지휘통솔에 유리한 배경도 있다.

---

26) 관병일치 : 군관과 사병 화합
당사일치 : 노동당원과 비당원인 김일성사회주의 청년동맹 과의 화합을 강조하는 것을 의미

〈 북한군 원수·차수 및 장령 진급 현황 〉

일 자	계 기	장령 이상 진급 현황						
		원수	차수	대장	상장	중장	소장	계
'92.4.20	인민군 창건 60돌	2	8	16	28	96	524	674
'93.7.23	휴전 40돌	–	–	–	–	14	85	99
'95.10.8	당 창건 50돌	2	3	3	5	4	2	19
'97.2.9	김정일 생일 55돌	–	–	4	–	2	–	6
'97.4.13	김일성 생일 85돌	–	4	1	8	37	73	123
'98.4.13	김일성 생일 86돌	–	–	–	1	1	20	22
'98.9.8	정권 창건 50돌	–	2	–	–	–	–	2
'99.4.13	김일성 생일 87돌	–	–	–	1	2	76	79
'00.10.8	당 창건 55돌	–	–	2	2	6	35	44
'01.4.13	김일성 생일 89돌	–	–	–	1	3	15	19
'02.4.13	김일성 생일 90돌	–	1	3	6	5	40	55
'03.7.26	정전협정체결 50돌	–	–	–	6	10	8	24
'04.4.14	김일성 생일 92돌	–	–	–	–	8	65	73
'05.4.14	김일성 생일 93돌	–	–	–	–	3	31	34
'06.4.14	김일성 생일 94돌	–	–	–	2	4	30	36
'07.4.14	김일성 생일 95돌	–	–	–	–	10	45	55
계		4	18	28	60	205	1,049	1,364

자료 : 통일부, 「주간북한동향」 (2007. 4. 15~21)

제4절 북한의 군사전략과 군사력

1. 군사 전략

북한의 군사전략은 한반도 지형의 특성과 북한의 전쟁역량을 감안하여 선제 기습공격과 전후방 동시공격으로 초전부터 상대측에 대공황을 조성하고 전쟁의 주도권을 장악함과 동시에 전차·장갑차·자주포로 무장된 기동화부대를 고속으로 종심(縱深) 깊숙이 돌진하여 미군의 추가 증원 이전에 남한 전체를 석권한다는 단기 속전속결 전략을 기본으로 하고 있다. 북한은 1970년대 중반까지 재래식 무기와 장비를 중심으로 질보다는 양 위주의 전력 증강을 지속해 왔으며, 특히 전·후방 동시 공격 능력과 고속 종심공격 능력, 선제 기습타격 능력의 제고에 주력함으로써 1980년대 말 이미 군사력의 전진배치와 기계화군단의 편성, 대규모 특수부대의 확보와 장거리포 추가 전진배치 등 3개월 이상의 독자적인 전쟁수행 능력을 확보한 것으로 판단된다.

그 후 계속되는 경제난 가운데에서도 무기현대화에 치중하고 나아가 생화학무기, 핵·미사일 개발 등 대량살상이 가능한 전략무기 체계 구축을 추진하며 군사력에 기초한 '강성대국건설'을 내세우고 있다. 이는 한반도 통일을 위한 속전속결형 공세적 군사전략과 미국에 대응하기 위한 대량 살상무기로서의 비대칭 억지전략을 병행하려는 의도가 있는 것으로 보인다.

4대 군사노선을 토대로 하는 선제기습 전략은 정규군에 의한 대규모 선제기습 공격으로부터 비정규군인 무장특공부대의 우회기습 공격에 이르기까지 다양하게 전개되는 개념이다. 특히 군사 잠재력 면에서 열세인 북한은 이 전략을 통하여 인구수가 북한 전체 인구와 비슷하고, 경제력은 북한 GNP의 수십 배가 되는 우리의 수도권을 조기 탈취하려고 기도할 가능성이 없지 않다.

1993년부터 현재까지 수도권을 직접 위협할 수 있는 사정거리 50km 이상의 170mm 자주포와 60km 이상의 240mm 방사포 등 장사정포 1,000여 문을 전방 지역에 전진 배치·증강하고, 80여 개의 비행기지(10여개 이상 지하격납고 시설, 고속도로 활주로 사용 가능)를 북한 전역에 분산 배치하였다. 현재 북한군의 공격·기동장비의 집중 및 전진배치 동향 등을 미루어 보아 앞으로도 북한은 선제기습 전략을 여전히 기본적인 군사전략으로 유지해 나갈 것으로 보인다.

단기결전 내지 전격전 형식의 속전속결 전략은 흔히 '속도전'으로 불리기도 한다. 북한은 이를 위해 기계화·기동화·경량화된 전력을 확보하고 개량형 스커드 미사일의 양산(量産)을 비롯한 지상군 및 공군의 화력증강, 고속상륙정 및 화력지원정 증강 등 속전속결에 필요한 공격형 무기체계의 획득과 유지에 전력을 다하여 왔다.

북한이 속전속결 전략을 추구하는 것은 경제규모가 열세인 입장에서 전쟁기간을 장기간 지속할 수 없을 뿐 아니라, 우리의 평시 산업구조가 전시 산업구조로 전환되고 인적·물적자원이 본격적으로 동원되기 시작하면 엄청난 잠재역량이 군사역량으로 나타날 것을 우려하기 때문인 것으로 보인다.

배합전략이란 모택동의 유격전략과 소련의 군사전략을 결합하여 한반도 실정에 맞게 만든 이른바 '주체적 전략'인데, 대규모의 정규전과 유격전을 배합하여 '상대를 도처에서 공격하는 전후방 없는 전쟁'으로 남한 전역을 동시 전장화 한다는 것이 그 핵심내용이다.

〈 북한 특수부대의 목적 및 역할 〉

구 분	과 업 내 용
목 적	목표물 습격 파괴, 후방 교란, 테러, 통신소, 미사일기지, 비행장 등 주요 전략 전술 거점 무력화
저격여단	주 전선돌파, 82mm 박격포, 방사포 보유 전략 목표물 타격, 국군위장 침투 교란, 조직 구축
해상저격여단	함선, 레이더 기지, 보급기지 기습, 유격전, 고속보트, 공기부양정 보유
공군저격여단	공군기지 장비, 시설 타격
항공육전여단	병참 시설 파괴, 증원차단, 거점 확보
군단정찰대대	밀로개척, 납치, 정찰, 폭파
경보병여단	6개 대대 x 6개 중대(120명) 60mm 박격포, 휴대용 미사일 보유

자료 : 유관기관 자료 종합

이는 전선에 상대방 주력군을 고착시켜 두고, 후방에서는 주요 시설을 타격하고 인민항쟁을 유발시키면서 전면공세를 취한다는 것이다.

1970년 말경부터 북한에서는 갱도진지 건설지시가 하달된 데 이어 1971년 9월에는 비무장지대를 관통하는 '통일 대통로'(땅굴) 작업을 명령한 바 있다. 그 이유는 월남전 사례처럼 땅굴 침투부대와 지하당세력이 연계되도록 하여 불의의 기습으로 상대측의 응전을 어렵게 하려는 것으로 추정된다. 현재 북한에는 광산갱도와 지하대피호를 포함해 8,200여 개소의 지하시설물이 설치되어 있는 것으로 알려져 있다.

제5차 당대회(1970. 11. 2)에서 김일성은 사업총화 보고를 통해 국방력 강화문제와 관련하여 "우리나라는 산과 강, 하천이 많고 해안선이 긴 나라이다. 우리나라의 이와 같은 지형조건을 잘 이용하여 산악전과 야간전투를 잘하고 대부대 작전과 소부대 작전, 정규전과 유격전을 옳게 배합하면 비록 최신 군사기술로 발톱까지 무장한 적이라 하더라도 얼마든지 격멸할 수 있다"라고 강조한 바 있다.

이 같은 북한의 군사전략은 이론적으로는 한반도 지형에 적용될 가능성이 있지만 전쟁은 사상교육과 지형만이 고려요소에 포함되는 것이 아니라 종합적 전장환경, 병력의 교육수준, 무기의 질, 불확실성, 예측불가의 마찰, 우발사태 등 각종 변수가 작용하기 때문에 전쟁지속 역량으로 볼 때 북한의 군사력으로는 공격력에서 오판 또는 자의로 도발할 수는 있으나 생존력에서 결코 뜻대로 종결지을 수 없는 한계가 있다.

그러나 북한이 재래식 무기체계를 벗어난 핵·미사일과 생화학무기 등의 대량살상무기의 연구와 개발이 주력하고 있는 점을 고려하여, 이를 예의 주시하면서 실효적인 대응을 하는 것이 매우 필요하고 중요하다.

2. 상비전력

현재 북한의 상비전력은 육군 102만 여명, 해군 6만 여명, 공군 11만 여명으로 총 119만 여명으로 추정된다. 이는 한국의 총병력 63.3천 여명의 1.9배 규모이다.

북한의 지상군은 총 15개의 군단급 부대로 총참모부 예하에 1개 포병군단과 4개 야전군급 전방군단, 4개 기계화군단, 1개 전차군단, 미사일지도국, 국경경비사령부, 특수부대를 관장하는 경보교도지도국등으로 편성된다. 주요 전투부대는 교도사단 포함 보병 88개 사단, 10여 개의 전차여단, 30여 개의 포병여단, 25개의 특수전여단 등 총 170여 개의 사단 및 여단이 있다.

특히, 전지역에 4개 군단, 1개의 전차군단, 2개의 기계화군단, 1개의 포병군단 등 지상군 전력의 약 70%가 평양~원산선 이남의 전방지역에 전진 배치되어 있는데, 이는 강습돌파(强襲突破) 위주의 전격전 개념을 염두에 둔 것으로 수도 서울이 근접거리에 있는 점을 고려하면 한반도 긴장을 고조시키는 주요 원인이 되고 있다.

북한 지상군부대의 특징은 기계화, 전차 및 특수부대에 중점을 두고 편성되었다는 점이다. 북한은 최근 수년간 기계화 및 전차사단을 한반도 지형에 운용하기가 적합하다 판단한 여단급 부대로 개편하고 전차, 기계화, 자주포 포병군단 등을 창설하여 현대전 수행을 위한 전력구조로 개편해 놓았다.

또한 세계 최대 규모인 20만 여명의 비정규전 능력을 가진 특수부대가 있는데 해상 및 공중으로 동시다발적으로 침투할 수 있는 인원만도 2만여 명에 달하는 것으로 추정된다.

공격 시 증원될 군단 및 인민무력부 예하 예비부대를 대부분 기동화·차량화·기계화하였을 뿐 아니라, 광범위한 지역에 기존 진지의 몇 배 규모의 위(僞)진지와 모의장비를 설치하고 공격 시 이용할 갱도 진지를 전방 전개지역에 대량 구축함으로써 추가적인 준비나 부대의 재배치를 하지 않아도 기습공격이 가능한 것으로 평가된다.

〈남북한 군사력 비교〉

(2014년 1월 기준)

구 분				한 국	북 한
병 력 (평시)	계			63만 여명	120만 여 명
	육 군			49만 5천 여명	102만 여 명
	해 군			7만 여명	6만 여 명
	공 군			6만 5천 여명	12만 여 명
주요전력	육군	부대	군단(급)	12(특전사 포함)	15
			사 단	44	81
			기동여단	14	74(교도 10 여개 미포함)
		장비	전 차	2,400 여 대	4,300 여 대
			장갑차	2,700 여 대	2,500 여 대
			야 포	5,600 여 문	8,600 여 문
			다련장/방사포	200 여 문	5,500 여 문
			지대지유도무기	60 여 기(발사대)	100여 기(발사대)
	해군	수상함정	전투함정	110 여 척	430 여 척
			상륙함정	10 여 척	260 여 척
			기뢰전함정	10 여 척	20 여 척
			지원함정	20 여 척	40 여 척
		잠수함정		10 여 척	70 여 척
	공군	전투임무기		400 여 대	820 여 대
		감시통제기		60 여 대(해군 항공기 포함)	30 여 대
		공중기동기		50 여 대	330여 대(AN-2 포함)
		훈련기		160 여 대	170 여 대
		헬 기		690 여 대(육·해·공군 통합)	300 여 대
예비병력				310만 여 명	770만 여 명 (교도대, 노농적위대, 붉은청년근위대 포함)

북한의 지상군은 신·구형 무기를 혼합한 전투장비를 대량 보유하고 있는 것이 특징이다. 북한의 지상군 주요장비 중 전차는 주력전차인 T계열 전차 (T-54/55/59 등) 2,800여 대가 주종을 이루며, 신형 T-62 및 경전차 760여 대, 일부 구형인 T-34 전차를 포함하여 총 4,300여 대의 전차를 보유하고 있다.

북한의 전차 보유대수는 한국의 전차 보유대수 2,400여 대의 약 1.8배 수준이다. 남한이 우수한 대전차무기를 갖고 있기 때문에 북한전차의 효율성에 다소 의문의 여지가 있기는 하나, 전장종심(戰場綜深)이 짧은 한국의 수도권 지형을 고려할 때, 일단 신·구형 전차를 대량 보유하고 있다는 사실은 큰 위협요인이 될 수 있다.

북한은 10,000여 문(구경 76.2/100/122/132/170mm 등)의 곡사 및 평사포와 4,800여 문(구경 107/122/132/240mm)의 방사포 등을 가지고 있으며 고사포 등11,000여 문에 달하는 방공무기를 보유하고 있다.

북한 지상군이 보유한 T-62 전차, M-1973 전투형 장갑차, 각종 자주포, 방사포, AT-3/4대전차 미사일, 개량형 SCUD미사일 등은 성능면에서 현대화된 무기들이다. 북한은 현재 구소련 T-72형 전차를 모방하여 수심 5.5m까지 도하 가능한 천마호 전차(가/나/다급)를 생산하고 23mm 자주 대공포를 도입·생산·배치하는 등 장비 현대화에 주력하고 있다.

한편 북한 해군은 2개의 저격여단을 갖고 있고 공기부양정(고속 상륙정, 시속 50 노트 이상) 130여 척을 자체 건조하여 작전 배치하였는데, 이 장비는 40~52 노트 이상의 고속기동능력이 있어 상륙용으로 운용될 수 있다..

북한 공군은 MIG-23/29 등 50여 대, 주력기종인 MIG-17/19/21, IL-28, SU-7/25 등 820여 대를 보유하고 있으며 북한은 전투기의약 40%를 전방지역에 전진배치하여 MIG-21/23/29 및 SU-7/25기는 중부 및 남부지역까지, MIG-15/17/19기는 수도권까지 공격이 가능하다.

이 중 1950년대에 생산된 MIG-15/17기는 훈련기로 사용하고 있으나 부품을 북한이 직접 생산하고 정비가 용이하여 가동률이 높은 바, 전장종심이 짧은 한반도에서 제한된 공중요격 및 대지공격 등에 운용될 수 있다. 이외 20여개의 작전기지, 예비기지를 운용하고 있고, 대부분의 작전기지는 엄폐된 지하격납고를 갖고 있으며 일부는 지하 활주로도 보유하고 있다.

3. 예비전력

북한은 4대 군사노선의 하나인 전민 무장화에 따라 14세부터 60세까지 인구의 약 30%를 동원대상으로 하여 현재 770만여 명에 달하는 예비전력을 확보하고 있다. 이들은 개인화기로부터 공용화기까지 각종 전투 장비를 지급받은 상태에서 비상소집 및 병영훈련 등으로 연간 15일 내지 30일간의 훈련을 받고 있다. 북한은 1958년 중국군의 철수를 계기로 1959년 1월 예비군과 향토예비군 성격을 지닌 노농적위대를 조직하였고, 1970년 9월에는 중학교 (상급반) 군사조직인 붉은청년 근위대를 발족시켰다.

〈 북한의 예비병력 현황 〉

구 분	교도대 (동원사단)	노농적위대 (향토예비군/민방위)	붉은청년근위대	기타 준군사부대 (건설, 군수)
지휘체계	국방위원회/ 인민무력부	당비서국/ 민방위부	당비서국/ 군사부	인민보안부 군수동원총국 등 준군사부대
병 력 수	60만명	570만명	100만명	40만명
연 령	17~45세 여: 17~30세	46~60세 남자 위주	14~16세 고등중학 4~6학년	
소 화 기	100%	100%	100%	100%
공용화기	70~80%	일부	일부	
훈련시간	연 320시간	연 240시간	연 160시간	

출처 : 국방부, 「2014 국방백서」 p 28

가. 교도대(전투 동원 대상)

교도대는 북한의 예비전력 중 가장 핵심체로서 1963년 노농적위대 병력 중 제대군인을 주축으로 조직되었으며 만 17세 이상 45세까지의 남자와 미혼 여성 지원자(17~30세)를 대상으로 구성하여 행정단위와 직장규모에 따라 사단과 여단으로 편성되어 인민무력성 예하 후방군단의 관할 하에 120여 개의 교도사단과 80여 개의 대학생 교도여단으로 구성되어 있다. 만약 교도대에 입대한 대학생이 훈련과정을 이수하지 못하면 졸업을 하지 못하게 되어 있다. 2~3학년의 방학기간 6개월을 정규군과 동등하게 이수하면 소위 계급이 부여된다. 교도대는 개인화기 100%, 공용화기 70~80%가 지급되고 지휘관과 공용화기 사수들은 현역군인으로 편성되어 있다. 훈련시간도 연간 320시간에 달하는 등 현역에 준하는 훈련 및 부대편성, 장비를 보유하고 있다. 이들은 전쟁발발 시 즉각 동원되어 후방방위 및 예비대로 투입된다. 현재 교도대의 총병력은 약 60만여 명이다.

나. 노농적위대(향토예비군 성격)

노농적위대는 46세 이상 60세까지의 동원 가능한 남자(여자 17~30세의 교도대 미편성자)로 부대 편성은 각급 직장 및 행정단위별 제대로 편성되어 리-동 단위에 중대 및 소대, 시-군-구역단위에 연대 및 여단, 도-직할시 단위에는 사단급으로 편성되며 제대별 지휘관은 당해 직장 또는 지역의 노동당 책임비서로 되어 있다. 민방위와 함께 직장 및 주요 시설의 경계, 지역방어 및 대공방어를 기본으로 한다. 개인화기는 100%, 공용화기는 일부 지급되어 있고 훈련시간은 연간 240시간이며 총 대원은 약 570만여 명이다.

다. 붉은청년근위대(중학교 군사조직)

붉은청년근위대는 중학교 4~6학년 남녀학생(14~16세)으로 조직되며 학교 단위별로 중대 또는 대대급으로 편성되어 있다. 이들은 매주 토요일 총 160시간의 교내 훈련과 방학을 이용하여 7일간 붉은청년근위대 야영훈련소에 입영하여 실탄사격까지 훈련을 받는다. 주요 임무는 '반혁명적 요소'를 제거하여 북한체제를 사수하는 친위대로서 전투력 향상의 선도적 역할을 하며, 유사시에는 군 하급간부 보완을 위한 후비대, 결사대로서 임무를 수행한다. 개인화기는 100%, 공용화기는 일부 지급되어 있으며, 현재 약 100만여 명으로 인원과 훈련시간이 대폭 증가하였다.

라. 기타 준군사부대

기타 준 군사부대로는 주요 보안시설 건설을 담당하며 유사시 정규군에 편입시켜 공병대로 활용할 수 있는 사회 안전성 공병부대로 호위사령부, 인민보안성 및 경비대, 군수물자를 지원·관리하는 군수동원총국, 경제건설현장에 투입되는 속도전 청년돌격대 등 약 40만 명에 이르는 예비 병력으로서 이들은 상시적으로 즉각 동원이 가능하다.[27]

---

27) 국방부, 「2006 국방백서」, 2007, P 23

4. 전략무기

북한은 1960년대부터 소련 최대의 핵연구소인 '듀브나 핵연구소'에 핵물리학자를 파견해 연구하게 하는 한편 평성 리과대학에 핵물리학과를 설치하여 졸업생을 핵 연구단지에 집중 배치해 왔다.

현재 북한에는 구소련과 중국 등에서 교육을 받고 돌아와 핵개발업무에 종사하는 전문 연구인력이 약 3,000명, 그중 고급인력은 약 200여 명 정도에 이르고 매장된 우라늄의 가채량은 약 400만 톤에 달하는 것으로 추정된다.[28)]

북한은 1960년대 중반 구소련에서 연구용 원자로를 도입한 이래 원자로 설계기술 개발에 힘써 1970년대에는 연구용 원자로의 출력확장기술을 자체 개발하였으며, 1990년대에 들어서는 핵연료 확보에서 재처리에 이르는 일련의 핵연료 주기 완성에 주력하였다.

북한의 핵개발을 저지하기 위해 북한과 미국은 「제네바 기본합의」(1994. 10. 21.)를 통하여 대북경수로 제공 및 북・미 연락사무소 설치, 경수로(1기)완성 시까지 매년 50만 톤의 중유를 제공키로 하고 그에 상응하여 흑연감속로 원자로 건설 중단, IAEA 사찰 수락 등에 합의하였으며, 그 후 KEDO와의 협상을 통하여 경수로 공급협정에 합의하였다(1995. 12. 15.)

그러나 북한은 1996년 1월 IAEA의 임시 및 일반 사찰 수용을 발표하고도 계속 미신고시설에 대한 사찰과 시료채취 등을 받아들이지 않았을 뿐만 아니라 전면핵실험금지조약(CTBT)가입도 거부(1997. 2. 11.)하고 유엔 연례 핵군축회의(1997. 2. 25.)에도 불참하였다.

이어 2000년 4월 5MW원자로의 폐연료 봉인작업을 완료했으나, 2002년 10월 제임스 켈리 미국 특사의 방북 이후 북한은 농축 우라늄 핵개발 의혹이 제기되었다. 그 후 북한은 2002년 12월 12일 핵동결 해제 및 핵시설 가동을 선언하고 2003년 1월 10일에는 핵확산 금지조약(NPT)에서의 탈퇴를 강행하였다.

이에 대해 미국 측에서 북핵문제를 UN 안보리에 상정하는 논의를 하자 북한은 2003년 7월 7일 노동신문 논평을 통해 반대입장을 거듭 표명하였고, 7월 14일 중국

---

28) 국방부, 「화・생・방・미사일 얼마나 알고 계십니까?」, 2001, p 95

후진타오 총서거의 친서를 받으며 중국 특사와 북한 핵문제를 깊이 논의하였다. 10월 2일에는 외무성 대변인 담화로서 재처리 완료되어 추출된 플루토늄을 '핵 억제력 강화'의 용도로 전환할 것임을 선언하였다. 이어 2004년 1월 12일에는 외무성 대변인의 기자회견을 통해 핵동결과 보상의 동시 추진 제안을 수용할 것을 촉구하였다.

지난 제3차 6자회담(2004. 6. 23.~26.)에서 미국과 북한은 한국이 제시하는 절충안에 접근하여 미국도 단계별로 보상하고, 북한도 매년 200KW 전력지원, 경제제재 해제, 테러지원국 명단 해제 등이 보장된다면 재처리를 포함하는 핵시설 동결을 시사하였다. 그러나 2005년 2월 10일 북한이 핵무기 보유를 주장함으로써 핵문제는 국제사회의 문제로 다시 등장하였다.

2005년에는 한국의 200만kW 대북 전력지원 제의 등으로 협상 분위기가 고조되고 2005년 9월 13일부터 19일까지 베이징에서 개최된 제4차 6자회담 2단계회의에서 북핵 폐기 및 이행원칙을 담은 6개항의 「공동성명」(9·19공동성명)이 채택되어 북핵 문제해결의 가능성을 보여주기도 하였다. 그러나 위폐 문제가 대두됨에 따라 6자회담과 북·미 관계에서 갈등이 계속되다 2006년 10월 9일 핵실험으로 북핵문제는 우리사회의 안보현안과 국제사회의 뜨거운 이슈로 등장하였다.

이런 북핵문제 해결을 위해 2006년 12월 18일부터 22일까지 제5차 6자회담 2단계회의가, 그 후 2007년 2월 8일부터 13일까지 베이징에서 제5차 6자회담 3단계가 열렸으며 이 회의에서 '9·19공동성명 이행을 위한 초기조치'가 합의되었다. 이 합의는 북·미 사이 이루어진 지난 제네바 합의와는 달리 6자회담 당사국이 모두 참여하였고 5개국 간 균등 부담 원칙을 명확히 하였다. 또한 북한이 비핵화조치로 모든 핵프로그램 신고와 핵시설 불능 시에는 중유 100만 톤 상당을 지원키로 하였고 북·미 대화에서 북한에 대한 테러지원국 해제 및 대적성국 교역법 적용 종료 과정을 진전시키기로 하였다.

이에 따라 2007년 10월 3일 제6차 6자회담에서 북한은 2007년 말까지 모든 핵프로그램 신고를 완료하기로 합의하고 핵기술 이전 금지를 약속하였다. 그 결과 주요시설 세 곳(영변 5MWe 원자로, 방사화학실험실, 핵연료봉 제조공장)을 폐쇄하는 등 진전을 보였으나 목표 시한인 2007년 연말을 넘겨 2008년 6월 26일에야 핵 신고서를 제출하였다.

한편 2008년 12월에는 6자회담 수석대표회의를 개최하여 신고서 검증을 위한 시료채취 등 검증 절차 문제를 협의하였으나, 북한이 시료채취를 거부함으로써 합의에 이르지 못하였다. 또한 북한은 추가 핵실험을 금지한 유엔 안보리 결의 제1718호(2006.10.14)를 무시하고 2009년 5월 25일 2차 핵실험을 실시하였다. 이에 대해 2009년 6월 12일 유엔 안보리는 34개 조항으로 이루어진 유엔 결의안 제 1874호를 채택하고, 엄격한 무기금수와 금융제재, 화물 검색 등을 실시하고 있다.

북한은 현재 고농축 우라늄 프로그램을 추진 중에 있는 것으로 추정된다. 2009년 9월 우라늄 농축 실험에 성공하였다고 발표하였으며, 2010년 11월 북한을 방문한 미국의 핵 전문가에게 우라늄 농축 시설을 공개하였다. 북한은 대내결속 및 김정은 정권의 정당성 강화를 위해 2012년 4월 13일 헌법을 개정하면서 서문에 핵보유국임을 명시하였다. 그러나 우리 정부와 미국은 북한의 핵보유국 지위를 인정할 수 없으며, 북한은 국제사회와의 약속대로 모든 핵무기와 핵 프로그램을 폐기해야 한다는 입장이다.

한편, 군사우선정책으로 일관해 온 북한은 1960년대 초부터 화생무기의 연구시설 및 생산기구를 설치하여 이의 개발 및 생산에도 주력해 왔다.

지금까지 북한의 핵문제에 가려져 화생무기가 군사쟁점으로 크게 부각되지 않고 있으나, 실제로는 생화학무기도 핵문제만큼 '명백'하고도 ''현존'하는 군사적 위협 요인으로 평가되어야 할 것이다.

북한은 현재 강계·용성 등에 화학무기 개발을 위한 연구소를 설치 · 운영하고 있으며, 흥남 · 만포 · 아오지 · 청진 등에 생산시설을 가동 중인 것으로 알려지고 있다. 화학무기의 종류로는 수포성 · 신경성 · 질식성 · 혈액성 · 최루성 등 유독가스 17종 2,500~5,000여 톤을 보유하고 있고 생물무기의 종류로는 세균무기인 콜레라·페스트·탄저균·유행성출혈열 등 전염병 작용제가 있으며 정주 · 문천 등 3개소에 생물무기 생산시설을 운영하고 있는 것으로 추정된다.

또한 북한은 1970년대 중반부터 미사일 개발의도를 갖고 미사일 기술 입수에도 주력한바, 1986년에는 거의 100% 독자적인 생산단계로 발전하였는데, 현재 연간 약 100여 기의 스커드 B/C를 생산할 수 있는 능력을 보유한 것으로 평가된다.

북한은 자체 개발한 미사일을 이란 · 리비아 등 중동지역에 수출하여 왔으며, 1993년에는 사정거리 1,300km인 지대지미사일 노동1호 시험발사에 성공했다.

2007년에는 사거리 3,000km 이상의 중거리 탄도미사일인 무수단을 작전배치함으로써 한반도를 넘어 일본과 괌 등도 사정범위에 포함시켰다. 2006년 7월 5일에는 대포동 2호와 스커드/노동미사일 등 다수를 시험발사하였고, 한국형 이지스함 진수식 당일인 2007년 5월 25일에는 5분 만에 발사 가능한 이동식 신형 단거리 지대지 유도탄 (KN-02)을 시험발사하였다. 또한 북한은 2009년 4월 5일 장거리 로켓을 발사하였으며, 같은 해 5월 25일부터 6월 1일까지 동해안에서 단거리 미사일 6발을 발사하였다. 미국 국가정보국은 의회에 제출(2008.8.3)한 보고서에서 북한이 이란 등에 미사일 기술의 수출을 우려하는 가운데 북한이 탄도미사일 개발과 생산에 있어 필요한 부품은 거의 자급자족하는 수준으로 보고 있다.

구분	SCUD-B	SCUD-C	노동	중거리미사일	대포동1호	대포동2호
사거리(km)	300	500	1,300	3,000이상	2,500	6,700이상
탄두중량(kg)	1,000	770	700	650	500	650~1,000(추정)
비고	작전배치	작전배치	작전배치	작전배치	시험발사	개발 중

출처 : 국방부, 『2016 국방백서』, 2016, p.282

제 8 장 부 록

1. 북한의 조선로동당 규약
2. 조선 민주주의 인민공화국 사회주의 헌법

제 8 장 부 록

<부록 1> 북한의 조선로동당 규약

2010년 9월 28일 개정

조선노동당은 위대한 수령 김일성 동지의 당이다. 위대한 김일성 동지는 조선노동당의 창건자이시고 당과 혁명을 백승의 한길로 이끌어 오신 탁월한 영도자이시며 조선노동당과 조선 인민의 영원한 수령이시다.

위대한 수령 김일성 동지는 영생불멸의 주체사상을 창시하시고 항일혁명의 불길속에서 당창건의 조직 사상적 기초와 빛나는 혁명전통을 마련하시었으며 그에 토대하여 영광스러운 조선노동당을 창건하시었다.

위대한 수령 김일성 동지는 혁명적 당건설 노선과 원칙을 일관하게 견지하시어 조선노동당을 사상 의지적으로 통일 단결되고 높은 조직성과 규율성을 지닌 강철의 당으로, 인민대중의 절대적인 지지와 신뢰를 받는 불패의 당으로 강화 발전시키시었다.

위대한 영도자 김정일 동지는 위대한 수령 김일성 동지의 당건설 사상과 업적을 옹호 고수하고 빛나게 계승 발전시키시어 조선노동당을 유일사상체계와 유일적 영도체계가 확고히 선 사상적 순결체, 조직적 전일체로, 선군혁명을 승리적으로 전진시켜 나가는 노숙하고 세련된 향도적 역량으로 강화 발전시키시었다. 위대한 수령 김일성 동지와 위대한 영도자 김정일 동지의 영도밑에 조선노동당은 자주시대의 노동계급의 혁명적 당건설의 새역사를 창조하고 김일성조선의 부강발전과 인민대중의 자주위업, 사회주의위업 수행에서 불멸의 업적을 이룩하였다.

조선노동당은 위대한 수령 김일성 동지를 영원히 높이 모시고, 위대한 영도자 김정일 동지를 중심으로 하여 조직사상적으로 공고하게 결합된 노동계급과 근로 인민대중의 핵심부대, 전위부대이다.

조선노동당은 위대한 수령 김일성 동지의 혁명사상, 주체사상을 유일한 지도사상으로 하는 주체형의 혁명적 당이다.

조선노동당은 주체사상을 당 건설과 당 활동의 출발점으로, 당의 조직사상적 공고화의 기초로, 혁명과 건설을 영도하는데서 지도적 지침으로 한다.

조선노동당은 위대한 수령 김일성 동지께서 이룩하신 영광스러운 혁명전통을 고수하고, 계승발전시키며, 당 건설과 당 활동에 초석으로 삼는다.

조선노동당은 노동자, 농민, 인테리를 비롯한 근로인민 대중속에 깊이 뿌리박고 그들 가운데서 사회주의 위업의 승리를 위하며 몸바쳐 싸우는 선진투사들로 조직한 노동계급의 혁명적 당, 근로인민 대중의 대중적 당이다.

조선노동당은 조선민족과 조선인민의 이익을 대표한다.

조선노동당은 근로인민 대중의 모든 정치조직들 가운데서 가장 높은 형태의 정치조직이며, 정치, 군사, 경제, 문화를 비롯한 모든 분야를 통일적으로 이끌어 나가는 사회의 영도적 정치조직이며, 혁명의 참모부이다

조선노동당은 위대한 수령 김일성 동지께서 개척하신 주체혁명위업의 승리를 위하여 투쟁한다.

조선노동당의 당면 목적은 공화국 북반부에서 사회주의 강성대국을 건설하며, 전국적 범위에서 민족해방, 민주주의 혁명의 과업을 수행하는데 있으며, 최종 목적은 온 사회를 주체사상화하여 인민대중의 자주성을 완전히 실현하는데 있다.

조선노동당은 당 안에 사상과 영도의 유일성을 보장하고, 당이 인민대중과 혼연일체를 이루며, 당 건설에서 계승성을 보장하는 것을 당 건설의 기본원칙으로 한다.

조선노동당은 주체사상의 기치밑에 위대한 영도자 김정일 동지를 중심으로 하는 당과 군대와 인민의 일심단력을 백방으로 강화하고 그 위력을 높이 발양시켜 나간다.

조선노동당은 주체사상 교양을 강화하며, 자본주의 사상, 봉건 유교사상, 수정주의, 교조주의, 사대주의를 비롯한 온갖 반동적 기회적 사상조류들을 반대 배격하며, 맑스레닌주의의 혁명적 원칙을 견지한다.

조선노동당은 계급노선과 군중노선을 철저히 관철하여 당과 혁명의 계급진지를

굳건히 다지며 인민의 이익을 옹호하고 인민을 위하여 복무하며 인민대중의 운명을 책임진 어머니당으로서의 본분을 다해 나간다.

조선노동당은 인민생활을 끊임없이 높이는 것을 당활동의 최고 원칙으로 한다.

조선노동당은 사람과의 사업을 당사업의 기본으로 한다.

조선노동당은 사상을 기본으로 틀어쥐고 인민대중의 정신력을 발동하여 모든 문제를 풀어나간다.

조선노동당은 항일유격대식 사업방법, 주체의 사업방법을 구현한다.

조선노동당은 혁명과 건설을 영도하는 데서 노동계급적 원칙, 사회주의 원칙을 견지하며 주체성과 민족성을 수한다.

조선노동당은 선군정치를 사회주의 기본정치방식으로 확립하고 선군의 기치밑에 혁명과 건설을 영도한다.

조선노동당은 인민정권을 강화하고 사상, 기술, 문화의 3대혁명을 힘있게 다그치는 것을 사회주의 건설의 총노선으로 틀어쥐고 나간다.

조선노동당은 혁명대오를 정치사상적으로 튼튼히 꾸리 인민대중 중심의 사회주의 제도를 공고발전시키며 인민군대를 강화하고 나라의 방위력을 철벽으로 다지며 사회주의 자립적 민족경제와 사회주의 문화를 발전시켜 나간다.

조선노동당은 근로단체들의 역할을 높여 광범한 군중을 당의 두리에 묶어세우며 사회주의 강성대국 건설을 위한 투쟁에로 조직동원 한다.

조선노동당은 전조선의 애국적 민주역량과의 통일전선을 강화한다.

조선노동당은 남조선에서 미제 침략무력을 몰아내고 온갖 외세의 지배와 간섭을 끝장내며 일본 군국주의의 재침책동을 짓부시며 사회의 민주화와 생존의 권리를 위한 남조선 인민들의 투쟁을 적극 지지 성원하며 우리 민족끼리 힘을 합쳐 자주, 평화통일, 민족대단결의 원칙에서 조국을 통일하고 나라와 민족의 통일적 발전을 이룩하기 위하여 투쟁한다.

조선노동당은 자주, 평화, 친선을 대외정책의 기본 이념으로 하여 반제자주역량과의 연대성을 강화하고 다른 나라들과의 선린우호관계를 발전시키며 제국주의의 침략과 전쟁책동을 반대하고 세계의 자주화와 평화를 위하여 세계 사회주의 운동의 발전을 위하여 투쟁한다.

제1장 당　원

조선로동당 당원은 당과 수령, 조국과 인민을 위하여 사회주의와 공산주의를 위하여 헌신하는 주체형의 공산주의 혁명투사이다.

조선로동당 당원은 당의 유일사상체계로 확고히 무장된 조선 공민으로서 당의 로선과 정책을 옹호, 관찰하기 위하여 견결히 투쟁하며 당 규약을 준수하는 근로자들이 될 수 있다.

조선로동당 당원은 규정된 후보기간을 마친 후보당원 가운데서 받아들인다. 그러나 특별한 경우에는 입당청원자를 후보기간을 거치지 않고 직접 당원으로 받아들일 수 있다. 만 18세부터 입당할 수 있다. 입당절차는 다음과 같다.

후보당원으로 입당하려는 사람은 입당청원서와 당원 2명의 입당보증서를 당 세포에 제출하여야 한다. 사회주의 로동청년동맹원이 입당할 땡에 시(구역) · 군 사회주의 로동청년동맹위원회의 입당보증서는 당원 1명의 보증서를 대신할 수 있다. 후보당원이 입당할 때에는 입당청원서와 입당보증서를 당 세포에 제출하지 않아도 된다. 그러나 당 세포가 필요하다고 인정하는 경우에는 다른 입당보증서를 제출하여야한다

입당보증인은 최소한 2년 이상의 당 년한을 가져야한다. 입당보증인은 피보증인의 사회 · 정치생활을 잘 알아야한다. 입당보증인은 보증의 진실성에 대하여 당 앞에 책임을 진다.

입당문제는 개별적으로 심사하며, 당 세포총회에서 입당청원자의 참가 밑에 토의를 결정하며 그 결정은 시(구역) · 군당 위원회의 비준을 받아야한다. 입당보증인은 입당문제를 해결하는 토의에 참가하지 않아도 된다. 시(구역) · 군당 위원회는 입당문제에 대한 당 세포의 결정을 1개월 내에 심의 해결하여야 한다.

특수한 환경에서 일하는 사람의 입당문제는 당 중앙위원회에서 특별히 제정한 규정과 절차에 따라 심의한다.

타 당에서 출당한 사람이 입당하려면 최소한 3년 이상 당 년한을 가진 당원 3명의 보증이 있어야 한다. 타당에서 평당원으로 있었던 사람의 입당은 시(구역) · 군당 위원회가, 시(구역) · 군급의 위원 및 간부로 있었던 사람의 입당은 관할 도 (직할시)

당 위원회가, 도(직할시), 중앙위원회 몇 간부로 있었던 사람의 입당은 당 중앙위원회가 각각 최종적으로 비준한다.

후보당원의 후보기간은 1년으로 한다. 당 세포는 후보당원에게 당원의 자격을 갖추도록 도와주어야 한다. 당 세포는 후보당원의 후보기간이 끝남에 따라 당원심사 총회에서 그의 입당자격 여부를 심의 결정한다. 특별한 경우에는 후보당원의후보기간이 끝나지 않아도 그를 당원으로 받아들일 수 있다. 만일 후보당원의 입당 준비정도가 불충분하다고 인정되는 경우에는 후보기간을 1년을 초과하지 않은 범위에서 연기할 수 있다. 후보당원이 후보기간을 마친 후에도 자격이 없다고 인정되는 경우에는 후보명부에서 삭제된다. 후보기간을 연기하거나 후보당원을 명부에서 삭제시키는 당 세포의 결정은 시(구역) · 군당위원회의 비준을 받아야 한다.

후보당원이나 후보 기간을 거치지 않고 직접 당원이 된 자의 입당일시는 당 세포 총회에서 입당을 결정한 날로 한다.

당원의 임무는 다음과 같다.

당원은 당의 유일사상체계가 확고히 서 있어야 한다. 당원은 당과 수령에 무한히 충성하고 우리 당의 유일사상체계로 확고히 무장하며 당의 요구에 따라 생각하고 행동하며 당의 로선과 정책을 무조건 점부하고 옹호하며 이를 철저히 관철하여야 한다. 당원은 당의 혁명전통을 깊이 연구 체득하고 그것을 옹호하며 로동과 생활에 적용해 나가야 한다. 당원은 당의 유일사상에 어긋나는 자본주의 사상, 봉건적 유교사상, 수정주의, 교조주의, 사대주의, 종파주의, 지방주의 및 가족주의를 반대하여 견결히 투쟁하며 주체사상에 기초한 당의 통일과 간결을 눈동자와 같이 고수하여야 한다.

당원은 당성을 부단히 단련하기 위한 톺은 조직의식을 가지고 당 생활에 자발적으로 참가하여 자신을 혁명화 로동계급화 하여야 한다. 당원은 당 회의와 당 학습을 비록 한 당의 조직 및 사상생활에 충분히 참가하고 당조직의 결정과 자기에게 부여된 임무를 정확히 수행하며 자신의 당 생활을 정기적으로 총화하며 비판과 사상투쟁을 통하여 자기를 혁명가로 단련 시켜야 한다. 당원은 직위와 공로에 관계없이 전체당원들에게 다같이 적용되는 당규률을 자발적으로 준수하고 규률 위반에 대하여는 견결히 투쟁하여야 한다.

당원은 혁명적인 학습기풍을 확립하고 자기의 정치사상, 문화 및 시술수준을 부단히 향상시켜야 한다. 다원 주체사상, 당의 로선과 정책 및 혁명전통을 깊이 학습하며 경제 및 선진과학기술 지식을 습득하고 현실상황을 표해하며 자신의 문화수준을 향상시키기 위해 로력해야 한다.

당원은 혁명적 군중로선을 관철하며 일상적으로 대중과 함께 일하여야 한다. 당원은 대중에게 당의 로선과 정책을 일상적으로 해설하여 주며 그들을 교양 개조하여 당 주위에 굳게 결속시키고 혁명과업의 수행을 위하여 그들을 동원 하며, 대중의 의견을 정확히 접수하여 그들의 요구를 제때에 해결 하여 주어야 한다.

당원은 로동과 생활에서 대중의 규범이 되며 모든 사업에서 선봉적 역할을 하여야 한다. 당원은 집단의 혁명과 투쟁을 지도하며 자신과 가적의 혁명화에 모범을 보여야 한다. 당원은 로동을 사랑하고 로동법률을 자발적으로 지키며 어렵고 힘든 일에 앞장서며 자기가 맡은 사업에 정통하며 맡은 바 임무를 모범적으로 수행하여야 한다. 당원은 보수주의와 소극성을 반대하며 혁신운동에 적극적으로 참가하여 로동생산 능률을 부단히 제고하고 기업관리 운영에 솔선 참가하며 국가와 사회재산을 애호하여 나라의 경제를 절약해야 한다.

당원은 고상한 공산주의적 도덕성을 소유하고 조직과 집단을 사랑하며 조직과 집단의 리익을 위하여 개인의 리익을 희생할 각오가 있어야 한다. 당원은 높은 혁명적 자립정신을 발휘하고 모든 애로에 대하여 과감히 투쟁해야 한다. 당원은 항상 소박, 솔직, 겸손하여야 하며 사리와 공명을 탐내지 말고 당과 함께 솔직하며, 인간성이 풍부하고 문화적이어야 하며 국법과 사회질서 및 공중도덕 준수에 모범이 되어야 한다.

당원은 사회주의 조국을 튼튼히 보위하여야 한다. 당원은 일상적으로 긴장된 동원태세를 갖추고 군사지식을 배워 적의 침략으로부터 전취물을 튼튼히 보위하며 조국통일의 대사변에 대비할 각오가 되어 있어야 한다.

당원은 혁명규률과 질서를 준수하고 어느 때 어느 곳에서나 안일과 나태함 없이 혁명적인 경각성을 높이고, 당, 국가 및 군사비밀을 엄수하여야 한다.

당원은 사업과 생활에서 나타나는 문제에 대하여 당 조직에 보고하여야 한다. 당원은 당의 유일사상에 어긋나는 현상뿐만 아니라 사업과 생활에서 나타나는 모든 결함과 부정적인 경향을 반대하여 투쟁할 뿐만 아니라 그것에 대하여 당중앙위원회에 이르기 까지 관계 당위원회에 신속히 보고하여야 한다.

당원은 규정된 당비를 매달 납부하여야 한다.

당원의 권리는 다음과 같다.

당원은 당 회의와 당 출판물을 통하여 당의 로선과 정책수행 및 당 사업발전을 위하여 도움이 되는 의견을 발표할 수 있다.

당원은 당 회의에서 투표권과 각급 당 조직의 지도기관 선거에서 선거권과 피선거권을 가진다.

당원은 당 회의에서 정당한 리유와 근거가 있는 한 어떤 당원을 막론하고 비판할 수 있으며, 당의 유일사상에 어긋나는 한 어떠한 지시의 준수도 거절할 수 있다.

당원은 자기의 사업과 생활에 대한 문제를 토의·결정하는 당 회의가 참가할 것을 요구할 수 있다.

당원은 당 중앙위원회에 이르기까지 각급 당 위원회에서 어떤 신소나 청원을 제기하고 그에 대한 심의를 요구할 수 있다.

후보당원의 임무는 당원의 임무와 같다. 후보당원의 권리는 선거권과 피선거권 및 결의권이 없는 이외에는 당원의 권리와 같다.

당의 규율을 위반하는 당원은 당의 책벌을 받는다.

① 당의 유일사상에 어긋나는 행동을 하거나 당의 로선과 정책을 반대하여 파벌조성행위를 하거나 적과 타협하는 등 당에 엄중한 손실을 끼친 당원은 출당 시킨다.

② 당원의 칭호를 박탈하지 않을 정도의 과오를 범한 당원에 대하여는 과오의 경중에 따라 문책, 엄중경고, 또는 권리정지나 후보당원으로 강등하는 책벌을 적용한다.

③ 당 책벌의 목적은 과오를 범한 당원을 교양하는 데 있다. 당의 책벌은 과오를 범한 동기와 원인 및 그 과오의 결과를 상세히 규명한 후에 신중하게 과해야 한다.

④ 당 책벌은 본인의 참가 하에 그가 속한 당 세포 총회에서 토의 결정한다. 특별한 경우에는 본인이 참가하지 않아도 책벌을 토의 결정할 수 있다. 중

앙위원회, 도(직할시), 시(구역), 군당 위원회는 당 규률을 위반한 당원에게 직접 책벌을 내릴 수 있다. 당원에게 책벌을 적용할 데 대한 당 세포의 결정은 시(구역)·군당 위원회의 비준을 받아야하고 당원자격 박달에 대한 당 세포의 결정은 도(직할시)당 위원회의 비준을 받아야 한다. 출당에 대한 당 세포의 결정이 비준되기 전에는 특별한 경우를 제외하고는 당원의 당증을 회수하지 못하며 당 생활참가를 허용해야 한다.

⑤ 당중앙위원회 위원, 후보위원 및 준후보위원에 대한 책벌은 당중앙위원회 전원회의에서, 도(직할시)·시(구역)·군당 위원회 위원, 후보위원 및 준후보위원에 대한 책벌은 해당 당 위원회의 전원회의에서 결정한다. 당 세포는 중앙위원회, 도(직할시)·시(구역)·군당 위원회의 위원, 후보위원 및 준후보위원이 당 규률을 위반한 경우에 위반당원에 대한 책벌을 해당 당위원회에 제의할 수 있다. 그러나 당 세포는 도(직할시)·시(구역)·군당위원회의 위원, 후보위원 및 준후보위원이 범한 과오가 해당위원회 사업과 직접적인 관련이 없을 때에는 엄중 경고까지의 책벌을 결정할 수 있으며 그 결정은 해당 당 위원회의 비준을 받아야 한다.

종파 및 기타 다른 분파에 참가한 당원에 대한 당 규률 문제의 심의는 다음과 같은 규정에 의하여 진행된다. 평당원 또는 시(구역) · 군 기관의 간부로 있던 당원의 문제는 도(직할시) 당 위원회에서, 도(직할시) 또는 중앙당 기관의 간부로 있던 당원의 문제는 당 중앙위원에서 심의한다.

당 중앙위원회, 도(직할시)·시(구역)·군당 위원회는 당 규률문제와 관련된 당원의 청원을 지체없이 심의 해결하여야 한다.

당 세포는 항상 책벌을 받은 당원을 방조하여야 하며, 만일 책벌을 답은 당원이 자기의 과오를 깊이 뉘우치고 그것을 시정하기 위하여 노력하고 있으며 실제로 행동이 개선되고 있는 경우에는 그 책벌을 해제하는 데 대한 당세포의 결정은 해당 시(구역)·군당 위원회의 비준을 받아야 한다. 당중앙위원회, 도(직할시)·시(구역)·군당 위원회의 위원, 후보위원 및 준후보위원이 받은 책벌의 해제는 그 책벌의 적용을 최종적으로 결정한 해당 당 위원회에 의해서 결정된다.

정당한 리유없이 6개월 이상 당 생활에 참가하지 않는 당원에 대하여 당 세포는 총회에서 제명을 결정할 수 있으며 이에 대한 결정은 시(구역)·군당 위원 회의 비준을 받아야 한다.

당원 등록과 이동은 당 중앙위원회가 제정한 규정과 절차에 의하여 처리된다.

제2장 당의 조직원리와 조직구조

당은 민주주의 중앙집권제 원칙에 의하여 조직한다.

각급 당 조직의 지도관은 민주주의적 선거하고, 선출된 당 지도기관은 선거한 당 조직에 대해 자기의 사업에 관하여 정기적으로 총화·보고 한다.

당원은 당 조직에 복종하며 소수는 다수에 복종하며 하급 당 조직은 상급 당 조직에 복종하며 모등 당 조직은 당 중앙위원회에 절대 복종한다.

모든 당 조직은 당의 노선과 정책을 무조건 옹호 관철하며 하급 당 조직은 상급 당 조직의 결정을 의무적으로 집행하여야 한다. 상급 당 조직의 하급 당 조직의 사업을 계통적으로 지도 검열하며, 하급 당 조직은 상급 당 조직에게 자기의 사업에 대하여 정기적으로 보고한다.

각급 당 조직은 지역 또는 생산 및 로동단위에 따라 조직한다. 어느 한 지역을 담당한 당 조직은 그 지역의 일부를 담당한 모든 당 조직들에 대하여 상금 당 조직으로 되며, 어느 한 분야의 전체사업을 담당한 당 조직은 그 분야의 일부사업을 담당한 모든 당조직에 대하여 상급 당 조직으로 된다.

각급 당 위원회는 각 해당 단위의 최고 지도기관이며 정치적 총참모부이다. 집단적 지도는 모든 당 위원회의 기본 활동지침이다. 각급 당 위원회는 새로운 중요한 문제들을 집단적으로 토의 결정하여 그것을 집행하여야 하며 이에 개인적 책임성과 창발성을 엄밀히 결합시켜야 한다. 각급 당 조직은 해당지역 또는 부야에서 제기된 문제들을 자립적으로 토의 결정할 수 있다. 그러나 이 결정들은 당의 로선과 정책에 어긋나서는 안된다.

각급 당 조직의 최고지도기관은 다음과 같다.

전당의 최고지도기관은 당 대회이며 당 대회가 없을 때는 당 대회가 선출한 당 중앙위원회가 최고지도기관이 된다. 도(직할시)·시(구역)·군당의 최고지도기관은 해당 당 대표회이며, 당 대표회가 없을 때는 당 대표회가 선출한 해당 당 위원회가 최고지도기관이 된다. 초급 당 조직의 최고지도기관은 당 총회(당 대표회)이며, 당 총회(당 대표회)가 없을 때는 당 총회(당 대표회)가 선거한 해당 당 위원회가 최고 지도기관이 된다.

당 대회 또는 당대표회의 대표자는 차하급 당 조직의 당 대표회 또는 당 총회에서 선거한다. 당 대회 대표자의 선출비률은 당 중앙위원회가 결정하며, 도(직할시) · 시(구역) · 군당조직의 당대표회 대표자의 선출비률은 당 중앙위원회가 작성한 규정에 따라 해당 당 위원회가 결정한다. 당 중앙위원회 위원, 후보 위원 및 준후보 위원수와 초급 당 위원회의 위원수는 당 중앙위원회가 규정한 기준에 근거하여 해당 당 대표회 또는 총회에서 결정한다. 당 중앙위원회, 도(직할시)·시(구역)·군당 위원회의 준후보위원은 생산로동에 직접 참가하는 핵심당원 중에서 선출된다. 각급 당 조직의 지도기관 선거는 당 중앙위원회가 규정한 선거세칙에 따른다.

당 중앙위원회와 도(직할시) · 시(구역) · 군당 위원회 위원, 후보위원, 준후보위원의 제명 또는 보선은 해당 당 위원회 전원회의에서 실시된다. 당 중앙위원회와 도(직할시) · 시(구역) · 군당 위원회위원 가운데서 결원이 생겼을 경우에는 그 결원되 수만큼 당위원회 보조 위원 가운데서 보선한다. 만약 필요시는 당위원회 결원는 위원회의 후보위원이 아닌 다른 당원으로 보선될 수 있다. 초급 당 조직 집행기관 위원의 제명 및 보선은 해당 당 총회(당 대표회)에서 실행된다. 초급 당이 하급 당의 규모가 방대하거나 널리 분산되어 있고, 업무의 특수성으로 인해 당 총회(당 대표회) 소집이 불가능할 경우에는 초급 당 위원회가 결원 보충을 위한 보선을 실시할 수 있다. 상급 당위원회는 결원된 하급 당 위원회의 책임비서(비서) 또는 비서(부비서)를 임명할 수 있다. 각급 당 기관의 후보위원 및 준후보위원은 해당 당 위원회 전원회의에 참가하되 발언권만 가진다.

당 회의는 해당 당 조직에 소속된 당원(당 위원 또는 대표자) 총수의 3분의 2 이상이 참가하여야만 성립 될 수 있고 제기된 문제의 결정은 해당 당 회의 참가자의 과반수 찬성을 요한다.

각급 당 위원회 내에선 필요한 부서를 설치한다, 부서의 설치 및 폐지의 권한은 당 중앙위원회가 가진다.

도(직할시) · 시(구역) · 군당 위원회 및 그들과 동등한 기능을 수행하는 당 위원회의 조직과 해산은 당 중앙위원회의 비준을 받아야 하며, 초급 당 위원회 및 분초급 당 위원회의 조직과 해산은 도(직할시) · 시(구역) · 군당 위원회는 당 조직의 조직과 해산에 대하여 당 중앙위원회에 보고하여야 한다.

당 중앙위원회는 어떤 당 조직을 막론하고 당의 로선과 정책 및 당 규약을 엄중하고 위반하거나 실천을 태만히 한 경우에 그 당 조직을 해산하고 소속당원을 개별적으로 심의하며 그들을 재등록하여 새로운 당 조직을 조직할 수 있다.

당 중앙위원회는 정치, 경제, 군사적으로 중요한 지역과 부문 및 특수한 환경에 적합한 당 조직의 구성, 당 조직의 구성, 당 조직의 활동방법과 기타 당 건설의 제반문제에 관해 다르게 결정할 수 있다.

제3장 당의 중앙조직

당의 최고지도기관은 당 대회이다. 당대회는 5년에 1회 당 중앙위원회가 소집한다. 당 중앙위원회는 필요에 따라 당 대회를 규정된 기간보다 빨리 또는 늦게 소집할 수 있다. 당 중앙위원회는 당 대회의 소집기일과 의정을 3개월 전에 공고하여야 한다.

당 대회 기능은 다음과 같다.

당 중앙위원회 및 당 중앙검사위원회의 사업총화

당 강령과 규약의 채택 또는 수정보완

당 로선과 정책 및 전략전술에 관한 기본문제 결정

당 중앙위원회 및 당 중앙검사위원회 선거

당 중앙위원회는 당 대회 사이에 모든 당 사업을 조직 지도한다. 당 중앙위원회는 전당에 유일사상체계를 철저히 확립하며, 당의 로선과 정책을 수립하고 그 수행을 조직 지도하며 당과 혁명대렬을 공고히 하고 행정 및 경제사업을 지도 조정하며 혁명적 무력을 조직, 그들의 전투능력을 높이고 기타 정당 및 국내외 기관의 활동에서 당을 대표하며 당의 재정을 관리한다.

당 중앙위원회는 당 중앙위원회 전원회의를 6개월에 1회 이상 소집한다. 당 중앙위원회 전원회의는 해당 시기에 당이 직면한 중요문제 등을 토의 결정하며 당 중앙위원회 정치국과 정치국 상무위원회를 선거하며 당 중앙위원회 총비서와 비서를 선거하고 당 중앙위원회의 비서국과 군사위원회를 조직한다. 당 중앙위원회는 당 중앙위원회 검열위원회를 선출한다.

당 중앙위원회 정치국과 정치국 상무위원회는 전원회의와 전원회의 사이에 당 중앙위원회 명의로 당의 모든 사업을 조직 지도한다.

당중앙위원회 비서국은 필요시, 당 인사 및 당면문제 등 당내 문제를 토의, 결정하며 그 결정의 집행을 조직 지도한다.

당 중앙위원회 군사위원회는 당 군사정책 대행방법을 토의 결정하며 인민군을 포함한 전무장력 강화와 군수산업 발전에 관한 사업을 조직 지독하며 우리 나라의 군대를 지휘한다.

당 중앙위원회 검열위원회는 반당 반혁명적 종파행위 및 기타 당의 유일사상에 어긋나는 행위를 하거나 당의 로선과 정책 및 규약을 준수하지 않아 당 규률을 위반한 당원에게 책임을 추궁하며 당 규률문제와 관련된 도(직할시) 당 위원회의 제의 및 당원의 신소를 심의 해결한다.

당 중앙검사위원회는 당의 재정경리사업을 검사한다.

당 중앙위원회는 당 대회와 당 대회 사이에 당 대표자회를 소집할 수 있다. 당중앙위원의 대표자 선거절차와대표자 선출비용은 당 중앙위원회가 결정한다. 당 중앙위원회는 당의 로선과 정책 및 전략전술에 관한 긴급한 문제들을 토의 결정하며 자기의 임무를 수행하지 못한 당중앙위원회 위원, 후보 위원 또는 준후보위원을 제명하고 그 결원을 보선한다.

제4장 도(직할시)의 당 조직

도(직할시)당 조직의 최고지도기관은 도(직할시)당 대표회이다. 도(직할시)대표회는 3년에 1회 도(직할시)당 위원회가 소집한다. 도(직할시) 대표회는 필요에 따라 규정된 기간보다 빨리 또는 늦게 소집할 수 있다. 도(직할시)당 위원회는 도(직할시)당 대효회의 소집일과 일정을 2개월 전에 하급 당 조직들에 통지하여야 한다.

도(직할시)당 대표회의 기능은 다음과 같다.

도(직할시)당 위원회와 도(직할시)당 검사위원회의 사업총화

도(직할시)당 위원회와 도(직할시)당 검사위원회 선출

당 대회에 파견할 대표자 선출

도(직할시) 당 위원회 기능은 다음과 같다. 당원들과 근로대중 속에 당의 유일사

상체계를 확립하는 사업 조직 지도한다. 당원과 근로대중을 당의 유일사상으로 굳게 무장시키고 그들이 당 로선과 정책을 철저히 옹호 수행하며 당의 유일사상에 어긋나는 자본주의 사상, 봉건적 유교사상, 수정주의, 교조주의 , 맹종주의, 종파주의, 지방주의 및 가족주의에 대해 견결히 투쟁하도록 감독하고 주체사상에 기초한 당의 통일과 단결을 계속 강화해야 한다. 간부 대렬을 튼튼히 꾸리고 그들의 후비대를 육성하며 당 력량을 합리적으로 배치하고 당 생활을 조직 지도하며 하급당 조직을 강화하고 그들의 활동을 감동한다. 당원 및 근로대중에 대한주체사상, 당 정책, 혁명전통교약 및 계급 교양이 주 내용인 공산주의 교양과 사회주의적 애국 교약을 강화해야 하며 혁명화, 로동계급화를 통해 그들을 당 두리에 결속시켜야 한다. 근로대중의 조직을 강화하고 그들이 자기 기본과업을 성공적으로 완수할 수 있도록 지도, 조정하며 행정 및 경제사업을 적절히 지도하여 혁명과업수행을 보장한다. 로동적위대를 강화하고 그 전추력 향상을 조직적으로 지도하며 군사 동원사업을 보장한다. 도(직할시)당 위원회의 재정을 관리하며 소관사업에 관해 당 중앙위원회에 정기적으로 보고한다.

도(직할시)당 위원회는 도(직할시)당 전원회의를 4개월에 1회 이상 소집한다. 도(직할시)당 위원회 전원회의는 당의 로선과 정책의 대행방법을 토의 결정하며 도(직할시)당 위원회의 책임비서 및 비서를 선거하며, 비서 처를 조직하고, 도(직할시)당 위원회의 군사위원회와 검열위원회를 선거한다. 도(직할시)당 위원회 집행위원회는 전원회의와 전원회의 사이에 도(직할시)당 위원회 명의로 당내 사업을 조직 집행하며 행정 및 경제사업을 지도한다. 도(직할시)당 위원회 회의는 1개월에 2회 이상 소집한다. 도(직할시)당 위원회 비서는 인사행정 및 당내 문제에 대해 필요시마다 토의 결정하고 그 결정사항을 집행 한다. 도(직할시)당 위원회 군사위원회는 당의 군사정책 대행방법을 토의 결정하며 그 집행을 조직 지도한다.

도(직할시)당 위원회 검열위원회는 반당 또는 반혁명적 종파행위 등 당의 유일사상체계에 어긋나는 행위를 하거나, 당 로선 및 정책과 규약을 준수하지 않아 당 규률을 위반한 당원에게 책임을 추궁하며, 당 규률문제와 관련된 시(구역)·군당 위원회의 제의 및 출당에 대한 결정을 최종적으로 비준하며 당 규률 문제와 관련된 당원의 신소를 해결한다.

第5장 시(구역) · 군의 당 조직

시(구역) · 군당 조직의 최고지도기관은 시(구역)·군당 대표회의이다. 시(구역) · 군당 대표회의는 시(구역) · 군당 위원회가 3년에 1회 소집하고 필요에 따라 시(구역) · 군당 대표회는 규정된 기간보다 빨리 또는 늦게 소집할 수 있다. 시(구역) · 군당 위원회는 시(구역)·군당 대표회의 소집일자와 의정을 1개월 전에 산하 당 조직들에 통지하여야 한다.

시(구역) · 군당 대표회의 기능은 다음과 같다.

시(구역) · 군당 대표회의와 시(구역) · 군당 검사위원회의 사업총화

시(구역) · 군당 대표회의와 시(구역) · 군당 검사위원회 선거

도(직할시)당 대표회에 파견할 대표자 선거

시(구역) · 군당 위원회의 기능은 다음과 같다. 당원들과 근로대중 속에 당의 유일사상체계를 철저히 확립하는 사업을 조직 수행한다. 당원과 근로대중을 당의 유일사상으로 무장시키고 그들의 당 로선과 정책을 철저히 옹호 수행하며, 당의 유일사상체계에 어긋나는 자본주의 사상, 봉건적 유교사상, 수정주의 , 교조주의 , 맹종주의, 종파주의, 지방주의 및 가족주의를 반대하여 견결히 투쟁할 것을 보장하며 주체사상에 기초한 당의 통일로 단결을 계속 강화한다. 간부대렬을 강화하고, 그들을 교양하며, 간부후비대를 육성하고, 그들을 조직적으로 훈련한다. 당원의 당 생활을 조직 지도하며 당의 핵심을 연구 주지시키고 그 대열을 확대시키며 당원확대사업을 정기적으로 조직 수행하며 당의 력량을 적절히 배치하고 당원과 후보당원을 등록한다. 당원과 근로대중에 대해 주체사상, 당정책과 혁명전통교양 및 계급교양이 주 내용인 공산주의 교양과 사회주의적 애국교양을 강화하며 혁명화·로동계급화를 통해 그들을 당 두리에 결속시킨다. 당 기층조직을 합리적으로 조직하며 초급 당 조직의 집행기관을 강화하며 그들의 기능과 역할의 부단한 향상을 위하여 매일같이 지도 방조한다. 근로대중의 조직을 강화하고 임무를 정확히 할 수 있도록 그들에게 사업방향과 방법을 제시하며 그 리행을 감독한다. 행정 및 경제사업을 정확히 지도하여 혁명과업의 성과적 수행을 보장한다. 로농적위대를 강화하고 그들의 정치사상교양과 군사훈련을 강화하여 전투태세를 완비하여 군사동원사업을 보

장한다. 시(구역) · 군당 위원회의 재정을 관리하며 자기의 사업에 관해 상급 당 위원회에 정기적으로 보고한다.

시(구역)·군당 위원회는 전원회의를 3개월에 1회이상 소집한다. 시(구역)·군당 위원회 전원회의는 집행위원회, 책임비서 빛 비서를 선거하고 비서처를 조직하며, 시(구역)·군당 위원회의 군사위원회와 검열위원회를 선거한다. 시(구역)·군당 위원회의 집행위원회는 전원회의와 전원회의 사이에 시(구역)·군당 위원회의 명의로 당내 사업을 조직하고 행정 및 경제사업을 지도한다. 시(구역)·군당 위원회 비서처는 문제 제기시마다 인사행정 등 당내 사업에 관한 문제를 결정하며 그 결정을 집행한다. 시(구역)·군당 위원회 군사위원회는 당의 군사정책 집행방법을 토의 결정하며 그 집행을 조직 지도한다.

시(구역)·군당 위원회 검열위원회는 반당 반혁명적 종파행위 등 당의 유일사상체계에 어긋나는 행위를 하거나 당의 로선과 정책 및 규약을 준수하지 않아 당 규률을 위반한 당원에게 책임을 추궁하며, 당 규률문제와 관련된 당원의 신소를 심의처리한다.

제6장 당의 기층조직

당의 최하 기층조직은 당 세포이다. 당 세포는 당원생활의 거점이며 당 주위에 대중을 집결시키고 대중 속에서 당의 로선과 정책을 직접 수행하는 당의 전투단위이다.

당의 기층조직의 조직방법은 다음과 같다.

당 세포는 당원 5명에서 30명까지의 단위에 조직한다. 당원 5명 미만의 단위에는 당 세포를 두지 않고, 그 단위의 당원 또는 후보당원은 린접 당세포 소속시키거나 작업 성격과 린접관계를 고려하여 2개 이상 단위의 당원을 합병하여 1개의 당 세포를 조직할 수 있다. 특수한 경우에는 당원3~4명이 있는 단위 또는 30명 이상의 단위에도 당 세포를 조직할 수 있다. 당원 3명 미만의 단위에는 시(구역)·군당 위원회가 추천하는 당원을 책임자로 하는 당 소조를 조직할 수 있다.

당원 31명 이상이 있는 단위에는 초급 당 조직을 둔다.

초급 당 조직과 당 세포 사이에 당원 31명 이상이 있는 생산단위나 기타생활단위에는 부문(마을) 당 조직을 둘 수 있다.

초급 당, 부문 당 또는 당 세포의 조직형성만으로는 당 기층 조직구성이 부적당한 경우에는 초급 당 조직과 부문 당 조직 사이에 있는 생산단위나 기타 활동단위에 분초급 당 위원회를 조직할 수 있다.

이상의 모든 당 조직형태가 현실에 부합되지 않는 경우에는 당 중앙위원회의 비준을 얻어 실정에 맞는 다른 당 조직 형성을 취할 수 있다.

당 기층조직의 최고지도관은 해당 조직의 총회(대표회)이다.

당 세포총회는 1개월에 1회 이상 소집한다.

초급 당, 분초급 당, 부문(마을) 당의 총회(대표회)는 3개월에 1회 이상 소집한다. 초급 당 조직이 500명 이상의 당원 또는 후보당원으로 구성되어 있거나 그 솔하 조직들이 널리 분산되어 있을 경우에는 초급 당 조직의 총회를 1년에 1회 이상 소집할 수 있다.

당의 기층조직은 1년 임기의 해당조직 집행기관을 선거한다.

당 세포는 총회에서 비서와 부비서를 선거한다.

초급 당 위원회, 분초급 위원회, 부문(마을) 당 위원회는 각각 당총회(대표회)에서 선거하며 비서, 부비서는 각각 당 위원회 회의에서 서거한다. 초급 당 및 분초급 당위원회는 필요에 따라 각각 집행위원회를 선거할 수 있다. 초급 당 위원회는 1개월에 3회 이상, 분초급 당 위원회와 부문(마을) 당 위원회는 1개월 2회 이상 회의를 소집하며 집행위원회가 조직된 초급 당 및 분초급 당 위원회는 1개월에 1회 이상 위원회 회의를 소집하며 집행위원회 회의는 1개월에 2회이상 소집한다.

중앙기관의 당 조직은 당 지도위원회를 조직할 수 있다.

당 기층조직의 임기는 다음과 같다.

당원들과 근로대중 속에서 당의 유일사상체계를 철저히 확립하며 그들을 당의 유일사상으로 튼튼히 무장시키며 그들이 당의 로선과 정책을 무조건 접수하여 끝까지 옹호 관철하도록 하며, 당의 유일사상에 어긋나는 자본주의 사상, 봉건적 유교사상, 수정주의, 교조주의, 맹종주의, 종파주의, 지방주의 및 가족주의에 대해 견결히 투쟁하며 주체사상에 기초한 당의 통일과 단결을 끊임없이 강화한다.

하급 간부대렬을 튼튼히 꾸리고 그들을 조직적으로 훈련시키며, 당 핵심을 주지 교양하며 부단히 그 대렬을 확대 강화한다.

당원들의 당 생활을 강화하고 그들의 당성을 단련한다. 당원들 속에 당규약학습을 정기적으로 조직하며, 그들에게 항상 혁명을 위한 사고와 행동을 하도록 하고, 모든 활동에서 선봉적인 역할을 하도록 당의 임무를 부여하며, 높은 정치사상적 수준에서 당 회의와 당 생활총화를 수행하며 당원의 당 생활을 철저히 파악하고, 그들을 교양하며, 당원들을 혁명가로 개조하고 비판을 통한 사상투쟁을 강화한다. 당원이 과오를 범했을 경우에는 책임을 추궁하고 그 과오를 시정하도록 그를 방조한다.

당원 적임자를 발견 등록하며 그들을 조직적으로 교양하여 심사 후 자격자를 입당시키며 후보당원과 새로 입당한 당원을 교양 훈련시킨다.

당원들과 근로대중의 사상교양사업을 강화한다. 당원들과 근로대중에 대해 주체사상, 당 정책, 혁명전통교양 및 계급교양이 주 내용인 공산주의 교육과 사회주의적 애국교양을 강화하며 혁명화 로동계급화를 통해 그들을 당 두리에 결속시킨다.

근로대중의 요구와 의견을 겸손히 접수하고 그것을 제때에 해결하여 주며 그들의 물질문화 생활수준을 향상시키기 위하여 부단히 로력하며 모든 단위와 직장에서 계통과 질서를 확립하며 반혁명분자들에 대한 투쟁을 강화한다.

근로대중의 사회조직을 강화하고 그들에게 사업방향과 방법을 제시하며 그들이 자기의 의무를 정확히 수행하도록 감독한다.

모든 사업활동에서 항일유격대식 사업방법 및 청산리정신과 방법을 적용하고 정치사업을 선행시키며 행정 및 경제사업에 대한 효과적인 지도를 통해 혁명과업을 성과적으로 보장한다. 모든 당원들과 근로대중이 그들의 혁명과업을 충실히 수행하고 생산과 건설에서 끊임없이 혁신을 일으키며 3대혁명 붉은기쟁취운동과 사회주의 경쟁운동에 적극 참가하여 기술혁신운동을 촉진하며 로도생산능률을 제고하고 로동규율을 강화하며 법령을 준수하고 국가와 사회재산을 애호 절약하도록 그들을 조직 고무한다.

로동적위대를 강화하고 그들의 정치사상, 교양 및 군사훈련을 강화하여 당이 부를 때 항시 동원할 수 있도록 준비한다.

당원과 후보당원을 등록하며 당비를 거출하여 자기 사업에 관해 상급 당 위원회에 정기적으로 보고한다.

제7장 조선 인민군대 내 당 조직

조선인민군은 항일무장투쟁의 령광스러운 혁명전통을 계승한 조선로동당의 혁명적 무장력이다.

조선인민군대 내의 각급 단위에 당 조직을 구성하며 조선인민군의 전체 당조직을 망라하는 조선인민군 당 위원회를 조직한다. 조선인민군 당위원회는 도(직할시) 당 위원회와 같은 기능을 수행한다. 조선인민군 당 위원회는 조선로동당 중앙위원회에 직속하며 그 지도 밑에 사업하고 자기 사업에 대하여 당 중앙위원회에 정기적으로 보고한다.

조선인민군대 내 각급 당 조직의 기능은 다음과 같다. 전군을 주체사상으로 교양하기 위해 투쟁한다. 당원들과 군인들 속에서 당의 유일사상체계를 공고히 확립하며 그들이 당과 수령, 조국과 인민을 위해 서슴없이 생명을 바칠 수 있는 진정한 혁명전사가 될 수 있도록 단련한다. 간부대렬을 을 강화하며 간부후비대를 육성하고 그들의 당성을 끊임없이 단련하도록 당원의 당 생활을 조직 지도하며 당 대렬을 확대 강화한다. 당원과 군인들에 대해 주체사상, 당 정책 및 혁명전통교양과 계급교양을 주 내용으로 하는 공산주의 교양과 사회주의적 애국교양을 강화하며 혁명화 로동계급화를 통해 그들을 당 두리에 결속시킨다. 조선인민군대 내 사회주의로동청년동맹 조직을 강화하고 그들의 기능과 역할을 높이도록 지도한다. 당 군사로선과 주체적 전략전술을 수행하기 위해 군사사업에 관한 당 위원회의 집단적 지도를 강화하며 인민군을 일당 백의 혁명적인 무장력으로 강화 발전시키기 위해 3대혁명 붉은기 쟁취운동과 붉은기 중대운동을 적극 전개한다. 당원과 전사들이 언제나 지체없이 행동할 수 있도록 경계태세를 견지토록 하고 항상 완벽한 전투태세를 갖도록 고무한다. 당원과 전사들에게 높은 혁명적 동지애 및 군관과 전사, 근대와 인민간의 고귀한 전통적 단결정신을 발휘하도록 유도한다.

조선인민군대 내 각급당 조직은 조선로동당의 규약과 당 중앙위원회가 비준한 지시와 규정에 따라 조직되고 사업을 수행한다.

조선인민군대 내 각급당 조직은 지방 당조직과 긴밀한 연계를 가져야 한다. 조선인민군대의 당 위원회는 당중앙위원회 비준을 얻어 정치 및 군사간부를 주둔지역의 도(직할시)·시(구역) 군당 위원회 및 공장, 기업소의 초급 당 위원회 위원으로 추천 할 수 있다.

제8장 정치기관

당 중앙위원회는 필요에 따라 정치, 경제 및 군사분야의 중요한 부문에 정치기관들을 조직한다. 중앙기관에 조직된 정치국(정치부) 및 그들에게 소속한 정치기관들은 해당부문에서 당원들과 근로대중에게 정치사상 교양사업을 조직수행하며, 해당단위 내에 조직된 당 위원회 집행기관으로서의 기능을 수행한다. 조선인민군 총정치국과 그 소속 정치기관은 해당 당 위원회의 집행 기구로서 당 정치 사업을 조직하고 수행한다.

조선인민군 총정치국과 중앙기관 내에 조직된 정치국(정치부)은 당 중앙위원회 직속이며 그 지도하에 사업을 수행하고 담당 사업에 관해 당 중앙위원회에 정기적으로 보고한다.

중앙기관 내에 조직된 정치국(정치부)들은 하급 정치기관들을 지도함에 있어서 해당 지방 당 위원회들과 긴밀한 연계를 가져야 한다.

정치기관들은 당의 로선과 정책을 수행함에 있어서 당원들과 근로대중을 동원하기 위하여 당 열성자 회의를 소집할 수 있다.

정치기관들은 로동당의 규약과 당 중앙위원회가 비준한 지시와 규정에 따라 조직되고 사업한다.

제9장 당과 로동대중의 조직

근로대중의 조직은 광범한 근로대중의 정치조직이며 항일혁명투쟁의 령광스러운 전통을 계승하는 당의 외곽조직이다. 근로대중의 조직은 광대한 대중의 사상교양조직이며, 당과 대중을 연결하는 인전대이며 당의 충실한 보조자이다. 사회주의로청년동맹은 우리의 혁명과업을 직접 계승하는 청년들의 혁명적 조직이며 당의 전투적 후비대이다. 근로대중의 조직은 당의 지도하에 자기의 사업을 진행한다.

근로대중은 조직은 동맹원들 속에서 당의 유일사상체계를 튼튼히 꾸리며 동맹대렬을 강화하며 조직생활과 사상교양 사업을 강화하고 혁명화를 통해 동맹원들을 당 두리에 결속시키며 3대 혁명 붉은기 쟁취운동과 사회주의 경쟁운동을 전개하며 동맹원들을 혁명과 건설에 적극 동원한다.

각급 당 조직은 로동대중의 간부대렬들을 강화하고 근로대중조직의 모체를 통하여 대중과의 사업체계를 수립하며 근로대중의 특성에 맞게 사업방향과 방법을 정확히 제시하며 그들이 자발적으로 자기 임무를 수행하도록 감독하여야 한다.

제10장 당의 재정

당의 재정은 당원들의 당비, 당이 운영하는 기관들과 기업소들로부터의 수입 및 기타 수입으로 충당된다.

당원 및 후보당원의 당비는 월수입의 2%로 한다.

<부록 2> 조선민주주의인민공화국 사회주의헌법

2012년 4월 13일 개정

서 문

조선민주주의인민공화국은 위대한 수령 김일성동지와 위대한 령도자 김정일동지의 사상과 령도를 구현한 주체의 사회주의조국이다.

위대한 수령 김일성동지는 조선민주주의인민공화국의 창건자이시며 사회주의조선의 시조이시다.

김일성동지께서는 영생불멸의 주체사상을 창시하시고 그 기치밑에 항일혁명투쟁을 조직령도하시여 영광스러운 혁명전통을 마련하시고 조국광복의 력사적위업을 이룩하시였으며 정치, 경제, 문화, 군사분야에서 자주독립국가건설의 튼튼한 토대를 닦은데 기초하여 조선민주주의인민공화국을 창건하시였다.

김일성동지께서는 주체적인 혁명로선을 내놓으시고 여러 단계의 사회혁명과 건설사업을 현명하게 령도하시여 공화국을 인민대중중심의 사회주의나라로, 자주, 자립, 자위의 사회주의국가로 강화발전시키시였다.

김일성동지께서는 국가건설과 국가활동의 근본원칙을 밝히시고 가장 우월한 국가사회제도와 정치방식, 사회관리체계와 관리방법을 확립하시였으며 사회주의조국의 부강번영과 주체혁명위업의 계승완성을 위한 확고한 토대를 마련하시였다.

위대한 령도자 김정일동지는 김일성동지의 사상과 위업을 받들어 우리 공화국을 김일성동지의 국가로 강화발전시키시고 민족의 존엄과 국력을 최상의 경지에 올려세우신 절세의 애국자, 사회주의조선의 수호자이시다.

김정일동지께서는 김일성동지께서 창시하신 영생불멸의 주체사상, 선군사상을 전면적으로 심화발전시키시고 자주시대의 지도사상으로 빛내이시였으며 주체의 혁명전통을 견결히 옹호고수하시고 순결하게 계승발전시키시여 조선혁명의 명맥을 굳건히 이어놓으시였다.

김정일동지께서는 세계사회주의체계의 붕괴와 제국주의련합세력의 악랄한 반공화국압살공세속에서 선군정치로 김일성동지의 고위한 유산인 사회주의전취물을 영예롭게 수호하시고 우리 조국을 불패의 정치사상강국, 핵보유국, 무적의 군사강국으로 전변시키시였으며 강성국가건설의 휘황한 대통로를 열어놓으시였다.

김일성동지와 김정일동지께서는 《이민위천》 을 좌우명으로 삼으시여 언제나 인민들과 함께 계시고 인민을 위하여 한평생을 바치시였으며 숭고한 인덕정치로 인민들을 보살피시고 이끄시여 온 사회를 일심단결된 하나의 대가정으로 전변시키시였다.

위대한 수령 김일성동지와 위대한 령도자 김정일동지는 민족의 태양이시며 조국통일의 구성이시다. 김일성동지와 김정일동지께서는 나라의 통일을 민족지상의 과업으로 내세우시고 그 실현을 위하여 온갖 로고와 심혈을 다 바치시였다. 김일성동지와 김정일동지께서는 공화국을 조국통일의 강유력한 보루로 다지시는 한편 조국통일의 근본원칙과 방도를 제시하시고 조국통일운동을 전민족적인 운동으로 발전시키시여 온 민족의 단합된 힘으로 조국통일위업을 성취하기 위한 길을 열어놓으시였다.

위대한 수령 김일성동지와 위대한 령도자 김정일동지께서는 조선민주주의인민공화국의 대외정책의 기본리념을 밝히시고 그에 기초하여 나라의 대외관계를 확대발전시키시였으며 공화국의 국제적권위를 높이 떨치게 하시였다.

김일성동지와 김정일동지는 세계정치의 원로로서 자주의 새 시대를 개척하시고 사회주의운동과 쁠럭불가담운동의 강화발전을 위하여, 세계평화와 인민들사이의 친선을 위하여 정력적으로 활동하시였으며 인류의 자주위업에 불멸의 공헌을 하시였다.

김일성동지와 김정일동지는 사상리론과 령도예술의 천재이시고 백전백승의 강철의 령장이시였으며 위대한 혁명가, 정치가이시고 위대한 인간이시였다.

김일성동지와 김정일동지의 위대한 사상과 령도업적은 조선혁명의 만년재보이며 조선민주주의인민공화국의 륭성번영을 위한 기본담보이다.

조선민주주의인민공화국과 조선인민은 조선로동당의 령도밑에 위대한 수령 김일성동지를 공화국의 영원한 주석으로, 위대한 령도자 김정일동지를 공화국의영원한 국방위원회 위원장으로 높이 모시어 김일성동지와 김정일동지의 사상과 업적을 옹호고수하고 계승발전시켜 주체혁명위업을 끝까지 완성하여 나갈것이다.

조선민주주의인민공화국 사회주의헌법은 위대한 수령 김일성동지와 위대한 령도자 김정일동지의 주체적인 국가건설사상과 국가건설업적을 법화한 김일성-김정일헌법이다.

제1장 정치

제1조 조선민주주의인민공화국은 전체조선인민의 리익을 대표하는 자주적인 사회주의국가이다.

제2조 조선민주주의인민공화국은 제국주의침략자들을 반대하며 조국의 광복과 인민의 자유와 행복을 실현하기 위한 영광스러운 혁명투쟁에서 이룩한 빛나는 전통을 이어받은 혁명적인 국가이다.

제3조 조선민주주의인민공화국은 사람중심의 세계관이며 인민대중의 자주성을 실현하기 위한 혁명사상인 주체사상, 선군사상을 자기 활동의 지도적지침으로 삼는다.

제4조 조선민주주의인민공화국의 주권은 로동자, 농민, 군인, 근로인테리를 비롯한 근로인민에게 있다. 근로인민은 자기의 대표기관인 최고인민회의와 지방 각급 인민회의를 통하여 주권을 행사한다.

제5조 조선민주주의인민공화국에서 모든 국가기관들은 민주주의중앙집권제원칙에 의하여 조직되고 운영된다.

제6조 군인민회의로부터 최고인민회의에 이르기까지의 각급 주권기관은 일반적, 평등적, 직접적원칙에 의하여 비밀투표로 선거한다.

제7조 각급 주권기관의 대의원은 선거자들과 밀접한 련계를 가지며 자기 사업에 대하여 선거자들앞에 책임진다. 선거자들은 자기가 선거한 대의원이 신임을 잃은 경우에 언제든지 소환할수 있다.

제8조 조선민주주의인민공화국의 사회제도는 근로인민대중이 모든것의 주인으로 되고있으며 사회의 모든것이 근로인민대중을 위하여 복무하는 사람중심의 사회제도이다. 국가는 착취와 압박에서 해방되여 국가와 사회의 주인으로 된 로동자, 농민, 군인, 근로인테리를 비롯한 근로인민의 리익을 옹호하며 인권을 존중하고 보호한다.

제9조 조선민주주의인민공화국은 북반부에서 인민정권을 강화하고 사상, 기술, 문화의 3대혁명을 힘있게 벌려 사회주의의 완전한 승리를 이룩하며 자주, 평화통일, 민족대단결의 원칙에서 조국통일을 실현하기 위하여 투쟁한다.

제10조 조선민주주의인민공화국은 로동계급이 령도하는 로농동맹에 기초한 전체인민의 정치사상적통일에 의거한다. 국가는 사상혁명을 강화하여 사회의 모든 성원들을 혁명화, 로동계급화하며 온 사회를 동지적으로 결합된 하나의 집단으로 만든다.

제11조 조선민주주의인민공화국은 조선로동당의 령도밑에 모든 활동을 진행한다.

제12조 국가는 계급로선을 견지하며 인민민주주의독재를 강화하여 내외적대분자들의 파괴책동으로부터 인민주권과 사회주의제도를 굳건히 보위한다.

제13조 국가는 군중로선을 구현하며 모든 사업에서 우가 아래를 도와주고 대중속에 들어가 문제해결의 방도를 찾으며 정치사업, 사람과의 사업을 앞세워 대중의 자각적열성을 불러일으키는 청산리정신, 청산리방법을 관철한다.

제14조 국가는 3대혁명붉은기쟁취운동을 비롯한 대중운동을 힘있게 벌려 사회주의건설을 최대한으로 다그친다.

제15조 조선민주주의인민공화국은 해외에 있는 조선동포들의 민주주의적민족권리와 국제법에서 공인된 합법적권리와 리익을 옹호한다.

제16조 조선민주주의인민공화국은 자기 령역안에 있는 다른 나라 사람의 합법적권리와 리익을 보장한다.

제17조 자주, 평화, 친선은 조선민주주의인민공화국의 대외정책의 기본리념이며 대외활동원칙이다. 국가는 우리 나라를 우호적으로 대하는 모든 나라들과 완전한 평등과 자주성, 호상존중과 내정불간섭, 호혜의 원칙에서 국가적 또는 정치, 경제, 문화적관계를 맺는다. 국가는 자주성을 옹호하는 세계인민들과 단결하며 온갖 형태의 침략과 내정간섭을 반대하고 나라의 자주권과 민족적, 계급적해방을 실현하기 위한 모든 나라 인민들의 투쟁을 적극 지지성원한다.

제18조 조선민주주의인민공화국의 법은 근로인민의 의사와 리익의 반영이며 국

가관리의 기본무기이다. 법에 대한 존중과 엄격한 준수집행은 모든 기관, 기업소, 단체와 공민에게 있어서 의무적이다. 국가는 사회주의법률제도를 완비하고 사회주의 법무생활을 강화한다.

제2장 경 제

제19조 조선민주주의인민공화국은 사회주의적생산관계와 자립적민족경제의 토대에 의거한다.

제20조 조선민주주의인민공화국에서 생산수단은 국가와 사회협동단체가 소유한다.

제21조 국가소유는 전체 인민의 소유이다. 국가소유권의 대상에는 제한이 없다. 나라의 모든 자연부원, 철도, 항공운수, 체신기관과 중요공장, 기업소, 항만, 은행은 국가만이 소유한다. 국가는 나라의 경제발전에서 주도적역할을 하는 국가소유를 우선적으로 보호하며 장성시킨다.

제22조 사회협동단체소유는 해당 단체에 들어있는 근로자들의 집단적소유이다. 토지, 농기계, 배, 중소공장, 기업소 같은것은 사회협동단체가 소유할수 있다. 국가는 사회협동단체소유를 보호한다.

제23조 국가는 농민들의 사상의식과 기술문화수준을 높이고 협동적소유에 대한 전인민적소유의 지도적역할을 높이는 방향에서 두 소유를 유기적으로 결합시키며 협동경리에 대한 지도와 관리를 개선하여 사회주의적협동경리제도를 공고발전시키며 협동단체에 들어있는 전체 성원들의 자원적의사에 따라 협동단체소유를 점차 전인민적소유로 전환시킨다.

제24조 개인소유는 공민들의 개인적이며 소비적인 목적을 위한 소유이다. 개인소유는 로동에 의한 사회주의분배와 국가와 사회의 추가적혜택으로 이루어진다. 터밭경리를 비롯한 개인부업경리에서 나오는 생산물과 그밖의 합법적인 경리활동을 통하여 얻은 수입도 개인소유에 속한다. 국가는 개인소유를 보호하며 그에 대한 상속권을 법적으로 보장한다.

제25조 조선민주주의인민공화국은 인민들의 물질문화생활을 끊임없이 높이는 것을 자기 활동의 최고원칙으로 삼는다. 세금이 없어진 우리 나라에서 늘어나는 사

회의 물질적부는 전적으로 근로자들의 복리증진에 돌려진다. 국가는 모든 근로자들에게 먹고 입고 쓰고 살수 있는 온갖 조건을 마련하여준다.

제26조 조선민주주의인민공화국에 마련된 자립적민족경제는 인민의 행복한 사회주의생활과 조국의 륭성번영을 위한 튼튼한 밑천이다. 국가는 사회주의자립적민족경제건설로선을 틀어쥐고 인민경제의 주체화, 현대화, 과학화를 다그쳐 인민경제를 고도로 발전된 주체적인 경제로 만들며 완전한 사회주의사회에 맞는 물질 기술적토대를 쌓기 위하여 투쟁한다.

제27조 기술혁명은 사회주의경제를 발전시키기 위한 기본고리이다. 국가는 언제나 기술발전문제를 첫자리에 놓고 모든 경제활동을 진행하며 과학기술발전과 인민경제의 기술개조를 다그치고 대중적기술혁신운동을 힘있게 벌려 근로자들을 어렵고 힘든 로동에서 해방하며 육체로동과 정신로동의 차이를 줄여나간다.

제28조 국가는 도시와 농촌의 차이, 로동계급과 농민의 계급적차이를 없애기 위하여 농촌기술혁명을 다그쳐 농업을 공업화, 현대화하며 군의 역할을 높이고 농촌에 대한 지도와 방조를 강화한다. 국가는 협동농장의 생산시설과 농촌문화주택을 국가부담으로 건설하여준다.

제29조 사회주의는 근로대중의 창조적로동에 의하여 건설된다. 조선민주주의인민공화국에서 로동은 착취와 압박에서 해방된 근로자들의 자주적이며 창조적인 로동이다. 국가는 실업을 모르는 우리 근로자들의 로동이 보다 즐거운 것으로, 사회와 집단과 자신을 위하여 자각적열성과 창발성을 내여 일하는 보람찬 것으로 되게 한다.

제30조 근로자들의 하루 로동시간은 8시간이다. 국가는 로동의 힘든 정도와 특수한 조건에 따라 하루 로동시간을 이보다 짧게 정한다. 국가는 로동조직을 잘하고 로동규률을 강화하여 로동시간을 완전히 리용하도록 한다.

제31조 조선민주주의인민공화국에서 공민이 로동하는 나이는 16살부터이다. 국가는 로동하는 나이에 이르지 못한 소년들의 로동을 금지한다.

제32조 국가는 사회주의경제에 대한 지도와 관리에서 정치적지도와 경제기술적지도, 국가의 통일적지도와 매개 단위의 창발성, 유일적지휘와 민주주의, 정치도덕

적자극과 물질적자극을 옳게 결합시키는 원칙을 확고히 견지한다.

제33조 국가는 생산자대중의 집체적힘에 의거하여 경제를 과학적으로, 합리적으로 관리운영하는 사회주의경제관리형태인 대안의 사업체계와 농촌경리를 기업적 방법으로 지도하는 농업지도체계에 의하여 경제를 지도관리한다. 국가는 경제관리에서 대안의 사업체계의 요구에 맞게 독립채산제를 실시하며 원가, 가격, 수익성 같은 경제적공간을 옳게 리용하도록 한다.

제34조 조선민주주의인민공화국의 인민경제는 계획경제이다. 국가는 사회주의 경제발전법칙에 따라 축적과 소비의 균형을 옳게 잡으며 경제건설을 다그치고 인민생활을 끊임없이 높이며 국방력을 강화할수 있도록 인민경제발전계획을 세우고 실행한다. 국가는 계획의 일원화, 세부화를 실현하여 생산장성의 높은 속도와 인민경제의 균형적발전을 보장한다.

제35조 조선민주주의인민공화국은 인민경제발전계획에 따르는 국가예산을 편성하여 집행한다. 국가는 모든 부문에서 증산과 절약투쟁을 강화하고 재정통제를 엄격히 실시하여 국가축적을 체계적으로 늘이며 사회주의적소유를 확대발전시킨다.

제36조 조선민주주의인민공화국에서 대외무역은 국가기관, 기업소, 사회협동단체가 한다. 국가는 완전한 평등과 호혜의 원칙에서 대외무역을 발전시킨다.

제37조 국가는 우리 나라 기관, 기업소, 단체와 다른 나라 법인 또는 개인들과의 기업합영과 합작, 특수경제지대에서의 여러가지 기업창설운영을 장려한다.

제38조 국가는 자립적민족경제를 보호하기 위하여 관세정책을 실시한다.

제3장 문화

제39조 조선민주주의인민공화국에서 개화발전하고있는 사회주의적문화는 근로자들의 창조적능력을 높이며 건전한 문화정서적수요를 충족시키는데 이바지한다.

제40조 조선민주주의인민공화국은 문화혁명을 철저히 수행하여 모든 사람들을 자연과 사회에 대한 깊은 지식과 높은 문화기술수준을 가진 사회주의건설자로 만들며 온 사회를 인테리화한다.

제41조 조선민주주의인민공화국은 사회주의근로자들을 위하여 복무하는 참다운 인민적이며 혁명적인 문화를 건설한다. 국가는 사회주의적민족문화건설에서 제국주의의 문화적침투와 복고주의적경향을 반대하며 민족문화유산을 보호하고 사회주의현실에 맞게 계승발전시킨다.

제42조 국가는 모든 분야에서 낡은 사회의 생활양식을 없애고 새로운 사회주의적생활양식을 전면적으로 확립한다.

제43조 국가는 사회주의교육학의 원리를 구현하여 후대들을 사회와 인민을 위하여 투쟁하는 견결한 혁명가로, 지덕체를 갖춘 주체형의 새 인간으로 키운다.

제44조 국가는 인민교육사업과 민족간부양성사업을 다른 모든 사업에 앞세우며 일반교육과 기술교육, 교육과 생산로동을 밀접히 결합시킨다.

제45조 국가는 1년 동안의 학교전의무교육을 포함한 전반적11년제의무교육을 현대과학기술발전추세와 사회주의건설의 현실적 요구에 맞게 높은 수준에서 발전시킨다.

제46조 국가는 학업을 전문으로 하는 교육체계와 일하면서 공부하는 여러가지형태의 교육체계를 발전시키며 기술교육과 사회과학, 기초과학교육의 과학리론수준을 높여 유능한 기술자, 전문가들을 키워낸다.

제47조 국가는 모든 학생들을 무료로 공부시키며 대학과 전문학교학생들에게는 장학금을 준다.

제48조 국가는 사회교육을 강화하며 모든 근로자들이 학습할수 있는 온갖 조건을 보장한다.

제49조 국가는 학령전어린이들을 탁아소와 유치원에서 국가와 사회의 부담으로 키워준다.

제50조 국가는 과학연구사업에서 주체를 세우며 선진과학기술을 적극 받아들이고 새로운 과학기술분야를 개척하여 나라의 과학기술을 세계적수준에 올려세운다.

제51조 국가는 과학기술발전계획을 바로세우고 철저히 수행하는 규률을 세우며 과학자, 기술자들과 생산자들의 창조적협조를 강화하도록 한다.

제52조 국가는 민족적형식에 사회주의적내용을 담은 주체적이며 혁명적인 문학예술을 발전시킨다. 국가는 창작가, 예술인들이 사상예술성이 높은 작품을 많이 창작하며 광범한 대중이 문예활동에 널리 참가하도록 한다.

제53조 국가는 정신적으로, 육체적으로 끊임없이 발전하려는 사람들의 요구에 맞게 현대적인 문화시설들을 충분히 갖추어주어 모든 근로자들이 사회주의적문화정서생활을 마음껏 누리도록 한다.

제54조 국가는 우리 말을 온갖 형태의 민족어말살정책으로부터 지켜내며 그것을 현대의 요구에 맞게 발전시킨다.

제55조 국가는 체육을 대중화, 생활화하여 전체 인민을 로동과 국방에 튼튼히 준비시키며 우리나라 실정과 현대체육기술발전추세에 맞게 체육기술을 발전시킨다.

제56조 국가는 전반적무상치료제를 공고발전시키며 의사담당구역제와 예방의학제도를 강화하여 사람들의 생명을 보호하며 근로자들의 건강을 증진시킨다.

제57조 국가는 생산에 앞서 환경보호대책을 세우며 자연환경을 보존, 조성하고 환경오염을 방지하여 인민들에게 문화위생적인 생활환경과 로동조건을 마련하여 준다.

제4장 국 방

제58조 조선민주주의인민공화국은 전인민적, 전국가적방위체계에 의거한다.

제59조 조선민주주의인민공화국 무장력의 사명은 선군혁명로선을 관철하여 혁명의 수뇌부를 보위하고 근로인민의 리익을 옹호하며 외래침략으로부터 사회주의제도와 혁명의 전취물, 조국의 자유와 독립, 평화를 지키는데 있다.

제60조 국가는 군대와 인민을 정치사상적으로 무장시키는 기초우에서 전군간부화, 전군현대화, 전민무장화, 전국요새화를 기본내용으로 하는 자위적군사로선을 관철한다.

제61조 국가는 군대안에서 혁명적령군체계와 군풍을 확립하고 군사규률과 군중규률을 강화하며 관병일치, 군정배합, 군민일치의 고상한 전통적미풍을 높이 발양하도록 한다.

제5장 공민의 기본 권리와 의무

第62조 조선민주주의인민공화국 공민이 되는 조건은 국적에 관한 법으로 규정한다. 공민은 거주지에 관계없이 조선민주주의인민공화국의 보호를 받는다.

第63조 조선민주주의인민공화국에서 공민의 권리와 의무는 《하나는 전체를 위하여, 전체는 하나를 위하여》 라는 집단주의원칙에 기초한다.

第64조 국가는 모든 공민에게 참다운 민주주의적권리와 자유, 행복한 물질문화생활을 실질적으로 보장한다. 조선민주주의인민공화국에서 공민의 권리와 자유는 사회주의제도의 공고발전과 함께 더욱 확대된다.

第65조 공민은 국가사회생활의 모든 분야에서 누구나 다같은 권리를 가진다.

第66조 17살이상의 모든 공민은 성별, 민족별, 직업, 거주기간, 재산과 지식정도, 당별, 정견, 신앙에 관계없이 선거할 권리와 선거받을 권리를 가진다. 군대에 복무하는 공민도 선거할 권리와 선거받을 권리를 가진다. 재판소의 판결에 의하여 선거할 권리를 빼앗긴자, 정신병자는 선거할 권리와 선거받을 권리를 가지지 못한다.

第67조 공민은 언론, 출판, 집회, 시위와 결사의 자유를 가진다. 국가는 민주주의적정당, 사회단체의 자유로운 활동조건을 보장한다.

第68조 공민은 신앙의 자유를 가진다. 이 권리는 종교건물을 짓거나 종교의식 같은 것을 허용하는 것으로 보장된다. 종교를 외세를 끌어들이거나 국가사회질서를 해치는데 리용할 수 없다.

第69조 공민은 신소와 청원을 할수 있다. 국가는 신소와 청원을 법이 정한데 따라 공정하게 심의처리하도록 한다.

第70조 공민은 로동에 대한 권리를 가진다. 로동능력있는 모든 공민은 희망과 재능에 따라 직업을 선택하며 안정된 일자리와 로동조건을 보장받는다. 공민은 능력에 따라 일하며 로동의 량과 질에 따라 분배를 받는다.

第71조 공민은 휴식에 대한 권리를 가진다. 이 권리는 로동시간제, 공휴일제, 유급휴가제, 국가비용에 의한 정휴양제, 계속 늘어나는 여러가지 문화시설들에 의하여 보장된다.

第72조 공민은 무상으로 치료받을 권리를 가지며 나이많거나 병 또는 불구로 로동능력을 잃은 사람, 돌볼 사람이 없는 늙은이와 어린이는 물질적방조를 받을 권리를 가진다. 이 권리는 무상치료제, 계속 늘어나는 병원, 료양소를 비롯한 의료시설, 국가사회보험과 사회보장제에 의하여 보장된다.

第73조 공민은 교육을 받을 권리를 가진다. 이 권리는 선진적인 교육제도와 국가의 인민적인 교육시책에 의하여 보장된다.

第74조 공민은 과학과 문학예술활동의 자유를 가진다. 국가는 발명가와 창의고안자에게 배려를 돌린다. 저작권과 발명권, 특허권은 법적으로 보호한다.

第75조 공민은 거주, 려행의 자유를 가진다.

第76조 혁명투사, 혁명렬사가족, 애국렬사가족, 인민군후방가족, 영예군인은 국가와 사회의 특별한 보호를 받는다.

第77조 녀자는 남자와 똑같은 사회적지위와 권리를 가진다. 국가는 산전산후휴가의 보장, 여러 어린이를 가진 어머니를 위한 로동시간의 단축, 산원, 탁아소와 유치원망의 확장, 그밖의 시책을 통하여 어머니와 어린이를 특별히 보호한다. 국가는 녀성들이 사회에 진출할 온갖 조건을 지어준다.

第78조 결혼과 가정은 국가의 보호를 받는다. 국가는 사회의 기층생활단위인 가정을 공고히 하는데 깊은 관심을 돌린다.

第79조 공민은 인신과 주택의 불가침, 서신의 비밀을 보장받는다. 법에 근거하지 않고는 공민을 구속하거나 체포할수 없으며 살림집을 수색할수 없다.

第80조 조선민주주의인민공화국은 평화와 민주주의, 민족적독립과 사회주의를 위하여, 과학, 문화활동의 자유를 위하여 투쟁하다가 망명하여온 다른 나라 사람을 보호한다.

第81조 공민은 인민의 정치사상적통일과 단결을 견결히 수호하여야 한다. 공민은 조직과 집단을 귀중히 여기며 사회와 인민을 위하여 몸바쳐 일하는 기풍을 높이 발휘하여야 한다.

제82조 공민은 국가의 법과 사회주의적생활규범을 지키며 조선민주주의인민공화국의 공민된 영예와 존엄을 고수하여야 한다.

제83조 로동은 공민의 신성한 의무이며 영예이다. 공민은 로동에 자각적으로 성실히 참가하며 로동규률과 로동시간을 엄격히 지켜야 한다.

제84조 공민은 국가재산과 사회협동단체재산을 아끼고 사랑하며 온갖 탐오랑비현상을 반대하여 투쟁하며 나라살림살이를 주인답게 알뜰히 하여야 한다. 국가와 사회협동단체재산은 신성불가침이다.

제85조 공민은 언제나 혁명적경각성을 높이며 국가의 안전을 위하여 몸바쳐 투쟁하여야 한다.

제86조 조국보위는 공민의 최대의 의무이며 영예이다. 공민은 조국을 보위하여야 하며 법이 정한데 따라 군대에 복무하여야 한다.

제6장 국가기구

제1절 최고인민회의

제87조 최고인민회의는 조선민주주의인민공화국의 최고주권기관이다.

제88조 최고인민회의는 립법권을 행사한다. 최고인민회의 휴회중에는 최고인민회의 상임위원회도 립법권을 행사할수 있다.

제89조 최고인민회의는 일반적, 평등적, 직접적선거원칙에 의하여 비밀투표로 선거된 대의원들로 구성한다.

제90조 최고인민회의임기는 5년으로 한다. 최고인민회의 새 선거는 최고인민회의 임기가 끝나기 전에 최고인민회의 상임위원회의 결정에 따라 진행한다. 불가피한 사정으로 선거를 하지 못할 경우에는 선거를 할 때까지 그 임기를 연장한다.

제91조 최고인민회의는 다음과 같은 권한을 가진다.

1. 헌법을 수정, 보충한다.
2. 부문법을 제정 또는 수정, 보충한다.

3. 최고인민회의 휴회중에 최고인민회의 상임위원회가 채택한 중요부문법을 승인한다.
4. 국가의 대내외정책의 기본원칙을 세운다.
5. 조선민주주의인민공화국 국방위원회 제1위원장을 선거 또는 소환한다.
6. 최고인민회의 상임위원회 위원장을 선거 또는 소환한다.
7. 조선민주주의인민공화국 국방위원회 제1위원장의 제의에 의하여 국방위원회 부위원장, 위원들을 선거 또는 소환한다.
8. 최고인민회의 상임위원회 부위원장, 명예부위원장, 서기장, 위원들을 선거 또는 소환한다.
9. 내각총리를 선거 또는 소환한다.
10. 내각총리의 제의에 의하여 내각 부총리, 위원장, 상, 그밖의 내각성원들을 임명한다.
11. 최고검찰소 소장을 임명 또는 해임한다.
12. 최고재판소 소장을 선거 또는 소환한다.
13. 최고인민회의 부문위원회 위원장, 부위원장, 위원들을 선거 또는 소환한다.
14. 국가의 인민경제발전계획과 그 실행정형에 관한 보고를 심의하고 승인한다.
15. 국가예산과 그 집행정형에 관한 보고를 심의하고 승인한다.
16. 필요에 따라 내각과 중앙기관들의 사업정형을 보고받고 대책을 세운다.
17. 최고인민회의에 제기되는 조약의 비준, 폐기를 결정한다.

제92조 최고인민회의는 정기회의와 림시회의를 가진다. 정기회의는 1년에 1~2차 최고인민회의 상임위원회가 소집한다. 림시회의는 최고인민회의 상임위원회가 필요하다고 인정할 때 또는 대의원전원의 3분의 1이상의 요청이 있을 때에 소집한다.

제93조 최고인민회의는 대의원전원의 3분의 2이상이 참석하여야 성립된다.

제94조 최고인민회의는 의장과 부의장을 선거한다. 의장은 회의를 사회한다.

제95조 최고인민회의에서 토의할 의안은 조선민주주의인민공화국 국방위원회 제1위원장, 국방위원회, 최고인민회의 상임위원회, 내각과 최고인민회의 부문위원회가 제출한다. 대의원들도 의안을 제출할 수 있다.

제96조 최고인민회의 매기 제1차회의는 대의원자격심사위원회를 선거하고 그 위

원회가 제출한 보고에 근거하여 대의원자격을 확인하는 결정을 채택한다.

제97조 최고인민회의는 법령과 결정을 낸다. 최고인민회의가 내는 법령과 결정은 거수가결의 방법으로 그 회의에 참석한 대의원의 반수이상이 찬성하여야 채택된다. 헌법은 최고인민회의 대의원전원의 3분의 2이상이 찬성하여야 수정, 보충된다.

제98조 최고인민회의는 법제위원회, 예산위원회 같은 부문위원회를 둔다. 최고인민회의 부문위원회는 위원장, 부위원장, 위원들로 구성한다. 최고인민회의 부문위원회는 최고인민회의사업을 도와 국가의 정책안과 법안을 작성하거나 심의하며 그 집행을 위한 대책을 세운다. 최고인민회의 부문위원회는 최고인민회의사업을 도와 국가의 정책안과 법안을 작성하거나 심의하며 그 집행을 위한 대책을 세운다. 최고인민회의 부문위원회는 최고인민회의 휴회중에 최고인민회의 상임위원회의 지도밑에 사업한다.

제99조 최고인민회의 대의원은 불가침권을 보장받는다. 최고인민회의 대의원은 현행범인 경우를 제외하고는 최고인민회의, 그 휴회중에 최고인민회의 상임위원회의 승인없이 체포하거나 형사처벌을 할수 없다.

제2절 조선민주주의인민공화국 국방위원회 제1위원장

제100조 조선민주주의인민공화국 국방위원회 제1위원장은 조선민주주의인민공화국의 최고령도자이다.

제101조 조선민주주의인민공화국 국방위원회 제1위원장의 임기는 최고인민회의 임기와 같다.

제102조 조선민주주의인민공화국 국방위원회 제1위원장은 조선민주주의인민공화국 전반적무력의 최고사령관으로 되며 국가의 일체 무력을 지휘통솔한다.

제103조 조선민주주의인민공화국 국방위원회 제1위원장은 다음과 같은 임무와 권한을 가진다.

1. 국가의 전반사업을 지도한다.
2. 국방위원회사업을 직접 지도한다.
3. 국방부문의 중요간부를 임명 또는 해임한다.
4. 다른 나라와 맺은 중요조약을 비준 또는 폐기한다.

5. 특사권을 행사한다.
6. 나라의 비상사태와 전시상태, 동원령을 선포한다.

제104조 조선민주주의인민공화국 국방위원회 제1위원장은 명령을 낸다.

제105조 조선민주주의인민공화국 국방위원회 제1위원장은 자기 사업에 대하여 최고인민회의앞에 책임진다.

제3절 국방위원회

제106조 국방위원회는 국가주권의 최고국방지도기관이다.

제107조 국방위원회는 제1위원장, 부위원장, 부위원장, 위원들로 구성한다.

제108조 국방위원회임기는 최고인민회의 임기와 같다.

제109조 국방위원회는 다음과 같은 임무와 권한을 가진다.
1. 선군혁명로선을 관철하기 위한 국가의 중요정책을 세운다.
2. 국가의 전반적무력과 국방건설사업을 지도한다.
3. 조선민주주의인민공화국 국방위원회 제1위원장 명령, 국방위원회 결정, 지시 집행정형을 감독하고 대책을 세운다.
4. 조선민주주의인민공화국 국방위원회 제1위원장 명령, 국방위원회 결정, 지시에 어긋나는 국가기관의 결정, 지시를 폐지한다.
5. 국방부문의 중앙기관을 내오거나 없앤다.
6. 군사칭호를 제정하며 장령이상의 군사칭호를 수여한다.

제110조 국방위원회는 결정, 지시를 낸다.

제111조 국방위원회는 자기 사업에 대하여 최고인민회의앞에 책임진다.

제4절 최고인민회의 상임위원회

제112조 최고인민회의 상임위원회는 최고인민회의 휴회중의 최고주권기관이다.

제113조 최고인민회의 상임위원회는 위원장, 부위원장, 서기장, 위원들로 구성한다.

제114조 최고인민회의 상임위원회는 약간명의 명예부위원장을 둘 수 있다. 최고

인민회의 상임위원회 명예부위원장은 최고인민회의 대의원가운데서 오랜 기간국가건설사업에 참가하여 특출한 기여를 한 일군이 될수 있다.

제115조 최고인민회의 상임위원회임기는 최고인민회의 임기와 같다. 최고인민회의 상임위원회는 최고인민회의 임기가 끝난 후에도 새 상임위원회가 선거될 때까지 자기 임무를 계속 수행한다.

제116조 최고인민회의 상임위원회는 다음과 같은 임무와 권한을 가진다.

1. 최고인민회의를 소집한다.
2. 최고인민회의 휴회중에 제기된 새로운 부문법안과 규정안, 현행부문법과 규정의 수정, 보충안을 심의채택하며 채택실시하는 중요부문법을 다음번 최고인민회의의 승인을 받는다.
3. 불가피한 사정으로 최고인민회의 휴회기간에 제기되는 국가의 인민경제발전계획, 국가예산과 그 조절안을 심의하고 승인한다.
4. 헌법과 현행부문법, 규정을 해석한다.
5. 국가기관들의 법준수집행을 감독하고 대책을 세운다.
6. 헌법, 최고인민회의 법령, 결정, 조선민주주의인민공화국 국방위원회 제1위원장 명령, 국방위원회 결정, 지시, 최고인민회의 상임위원회 정령, 결정, 지시에 어긋나는 국가기관의 결정, 지시를 폐지하며 지방인민회의의 그릇된 결정집행을 정지시킨다.
7. 최고인민회의 대의원선거를 위한 사업을 하며 지방인민회의 대의원선거사업을 조직한다.
8. 최고인민회의 대의원들과의 사업을 한다.
9. 최고인민회의 부문위원회와의 사업을 한다.
10. 내각 위원회, 성을 내오거나 없앤다.
11. 최고인민회의 휴회중에 내각총리의 제의에 의하여 부총리, 위원장, 상, 그밖의 내각성원들을 임명 또는 해임한다.
12. 최고인민회의 상임위원회 부문위원회 성원들을 임명 또는 해임한다.
13. 최고재판소 판사, 인민참심원을 선거 또는 소환한다.
14. 다른 나라와 맺은 조약을 비준 또는 폐기한다.
15. 다른 나라에 주재하는 외교대표의 임명 또는 소환을 결정하고 발표한다.

16. 훈장과 메달, 명예칭호, 외교직급을 제정하며 훈장과 메달, 명예칭호를 수여한다.
17. 대사권을 행사한다.
18. 행정단위와 행정구역을 내오거나 고친다.
19. 다른 나라 국회, 국제의회기구들과의 사업을 비롯한 대외사업을 한다.

제117조 최고인민회의 상임위원회 위원장은 상임위원회사업을 조직지도한다. 최고인민회의 상임위원회 위원장은 국가를 대표하며 다른 나라 사신의 신임장, 소환장을 접수한다.

제118조 최고인민회의 상임위원회는 전원회의와 상무회의를 가진다. 전원회의는 위원전원으로 구성하며 상무회의는 위원장, 부위원장, 서기장들로 구성한다.

제119조 최고인민회의 상임위원회 전원회의는 상임위원회의 임무와 권한을 실현하는데서 나서는 중요한 문제들을 토의결정한다. 상무회의는 전원회의에서 위임한 문제들을 토의결정한다.

제120조 최고인민회의 상임위원회는 정령과 결정, 지시를 낸다.

제121조 최고인민회의 상임위원회는 자기 사업을 돕는 부문위원회를 둘수 있다.

제122조 최고인민회의 상임위원회는 자기 사업에 대하여 최고인민회의앞에 책임진다.

제5절 내각

제123조 내각은 최고주권의 행정적집행기관이며 전반적국가관리기관이다.

제124조 내각은 총리, 부총리, 위원장, 상과 그밖에 필요한 성원들로 구성한다. 내각의 임기는 최고인민회의 임기와 같다.

제125조 내각은 다음과 같은 임무와 권한을 가진다.
1. 국가의 정책을 집행하기 위한 대책을 세운다.
2. 헌법과 부문법에 기초하여 국가관리와 관련한 규정을 제정 또는 수정, 보충한다.
3. 내각의 위원회, 성, 내각직속기관, 지방인민위원회의 사업을 지도한다.
4. 내각직속기관, 중요행정경제기관, 기업소를 내오거나 없애며 국가관리기구를

개선하기 위한 대책을 세운다.

5. 국가의 인민경제발전계획을 작성하며 그 실행대책을 세운다.
6. 국가예산을 편성하며 그 집행대책을 세운다.
7. 공업, 농업, 건설, 운수, 체신, 상업, 무역, 국토관리, 도시경영, 교육, 과학, 문화, 보건, 체육, 로동행정, 환경보호, 관광, 그밖의 여러 부문의 사업을 조직집행한다.
8. 화폐와 은행제도를 공고히 하기 위한 대책을 세운다.
9. 국가관리질서를 세우기 위한 검열, 통제사업을 한다.
10. 사회질서유지, 국가 및 사회협동단체의 소유와 리익의 보호, 공민의 권리보장을 위한 대책을 세운다.
11. 다른 나라와 조약을 맺으며 대외사업을 한다.
12. 내각 결정, 지시에 어긋나는 행정경제기관의 결정, 지시를 폐지한다.

제126조 내각총리는 내각사업을 조직지도한다. 내각총리는 조선민주주의인민공화국 정부를 대표한다.

제127조 내각은 전원회의와 상무회의를 가진다. 내각전원회의는 내각성원전원으로 구성하며 상무회의는 총리, 부총리와 그밖에 총리가 임명하는 내각성원들로 구성한다.

제128조 내각전원회의는 행정경제사업에서 나서는 새롭고 중요한 문제들을 토의결정한다. 상무회의는 내각전원회의에서 위임한 문제들을 토의결정한다.

제129조 내각은 결정과 지시를 낸다.

제130조 내각은 자기 사업을 돕는 비상설부문위원회를 둘수 있다.

제131조 내각은 자기 사업에 대하여 최고인민회의와 그 휴회중에 최고인민회의 상임위원회앞에 책임진다.

제132조 새로 선거된 내각총리는 내각성원들을 대표하여 최고인민회의에서 선서를 한다.

제133조 내각 위원회, 성은 내각의 부문별집행기관이며 중앙의 부문별관리기관이다.

第134조 내각 위원회, 성은 내각의 지도밑에 해당 부문의 사업을 통일적으로 장악하고 지도관리한다.

第135조 내각 위원회, 성은 위원회회의와 간부회의를 운영한다. 위원회, 성 위원회회의와 간부회의에서는 내각 결정, 지시집행대책과 그밖의 중요한 문제들을 토의결정한다.

第136조 내각 위원회, 성은 지시를 낸다.

제6절 지방인민회의

第137조 도(직할시), 시(구역), 군인민회의는 지방주권기관이다.

第138조 지방인민회의는 일반적, 평등적, 직접적선거원칙에 의하여 비밀투표로 선거된 대의원들로 구성한다.

第139조 도(직할시), 시(구역), 군인민회의임기는 4년으로 한다. 지방인민회의 새 선거는 지방인민회의임기가 끝나기 전에 해당 지방인민위원회의 결정에 따라 진행한다. 불가피한 사정으로 선거를 하지 못할 경우에는 선거를 할 때까지 그 임기를 연장한다.

第140조 지방인민회의는 다음과 같은 임무와 권한을 가진다.

1. 지방의 인민경제발전계획과 그 실행정형에 대한 보고를 심의하고 승인한다.
2. 지방예산과 그 집행에 대한 보고를 심의하고 승인한다.
3. 해당 지역에서 국가의 법을 집행하기 위한 대책을 세운다.
4. 해당 인민위원회 위원장, 부위원장, 사무장, 위원들을 선거 또는 소환한다.
5. 해당 재판소의 판사, 인민참심원을 선거 또는 소환한다.
6. 해당 인민위원회와 하급인민회의, 인민위원회의 그릇된 결정, 지시를 폐지한다.

第141조 지방인민회의는 정기회의와 림시회의를 가진다. 정기회의는 1년에 1~2차 해당 인민위원회가 소집한다. 림시회의는 해당 인민위원회가 필요하다고 인정할 때 또는 대의원전원의 3분의 1이상의 요청이 있을 때 소집한다.

第142조 지방인민회의는 대의원전원의 3분의 2이상이 참석하여야 성립된다.

第143조 지방인민회의는 의장을 선거한다. 의장은 회의를 사회한다.

第144조 지방인민회의는 결정을 낸다.

제7절 지방인민위원회

제145조 도(직할시), 시(구역), 군인민위원회는 해당 인민회의 휴회중의 지방주권기관이며 해당 지방주권의 행정적집행기관이다.

제146조 지방인민위원회는 위원장, 부위원장, 사무장, 위원들로 구성한다. 지방인민위원회임기는 해당 인민회의 임기와 같다.

제147조 지방인민위원회는 다음과 같은 임무와 권한을 가진다.

1. 인민회의를 소집한다.
2. 인민회의 대의원선거를 위한 사업을 한다.
3. 인민회의 대의원들과의 사업을 한다.
4. 해당 지방인민회의, 상급인민위원회 결정, 지시와 최고인민회의 법령, 결정, 조선민주주의인민공화국 국방위원회 제1위원장 명령, 국방위원회 결정, 지시, 최고인민회의 상임위원회 정령, 결정, 지시, 내각과 내각 위원회, 성의 결정, 지시를 집행한다.
5. 해당 지방의 모든 행정사업을 조직집행한다.
6. 지방의 인민경제발전계획을 작성하며 그 실행대책을 세운다.
7. 지방예산을 편성하며 그 집행대책을 세운다.
8. 해당 지방의 사회질서유지, 국가 및 사회협동단체의 소유와 리익의 보호, 공민의 권리보장을 위한 대책을 세운다.
9. 해당 지방에서 국가관리질서를 세우기 위한 검열, 통제사업을 한다.
10. 하급인민위원회사업을 지도한다.
11. 하급인민위원회의 그릇된 결정, 지시를 폐지하며 하급인민회의의 그릇된 결정의 집행을 정지시킨다.

제148조 지방인민위원회는 전원회의와 상무회의를 가진다. 지방인민위원회 전원회의는 위원전원으로 구성하며 상무회의는 위원장, 부위원장, 사무장들로 구성한다.

제149조 지방인민위원회 전원회의는 자기의 임무와 권한을 실현하는데서 나서는 중요한 문제들을 토의결정한다. 상무회의는 전원회의가 위임한 문제들을 토의결정한다.

제150조 지방인민위원회는 결정과 지시를 낸다.

제151조 지방인민위원회는 자기 사업을 돕는 비상설부문위원회를 둘수 있다.

제152조 지방인민위원회는 자기 사업에 대하여 해당 인민회의앞에 책임진다. 지방인민위원회는 상급인민위원회와 내각, 최고인민회의 상임위원회에 복종한다.

제8절 검찰소와 재판소

제153조 검찰사업은 최고검찰소, 도(직할시), 시(구역), 군검찰소와 특별검찰소가 한다.

제154조 최고검찰소 소장의 임기는 최고인민회의 임기와 같다.

제155조 검사는 최고검찰소가 임명 또는 해임한다.

제156조 검찰소는 다음과 같은 임무를 수행한다.

1. 기관, 기업소, 단체와 공민들이 국가의 법을 정확히 지키는가를 감시한다.
2. 국가기관의 결정, 지시가 헌법, 최고인민회의 법령, 결정, 조선민주주의인민공화국 국방위원회 제1위원장 명령, 국방위원회 결정, 지시, 최고인민회의상임위원회 정령, 결정, 지시, 내각 결정, 지시에 어긋나지 않는가를 감시한다.
3. 범죄자를 비롯한 법위반자를 적발하고 법적책임을 추궁하는것을 통하여 조선민주주의인민공화국의 주권과 사회주의제도, 국가와 사회협동단체재산, 인민의 헌법적권리와 생명재산을 보호한다.

제157조 검찰사업은 최고검찰소가 통일적으로 지도하며 모든 검찰소는 상급검찰소와 최고검찰소에 복종한다.

제158조 최고검찰소는 자기 사업에 대하여 최고인민회의와 그 휴회중에 최고인민회의 상임위원회앞에 책임진다.

제159조 재판은 최고재판소, 도(직할시)재판소, 시(구역), 군인민재판소와 특별재판소가 한다. 판결은 조선민주주의인민공화국의 이름으로 선고한다.

제160조 최고재판소 소장의 임기는 최고인민회의 임기와 같다. 최고재판소, 도(직할시)재판소, 시(구역), 군인민재판소의 판사, 인민참심원의 임기는 해당 인민회의임기와 같다.

제161조 특별재판소의 소장과 판사는 최고재판소가 임명 또는 해임한다. 특별재판소의 인민참심원은 해당 군무자회의 또는 종업원회의에서 선거한다.

제162조 재판소는 다음과 같은 임무를 수행한다.

1. 재판활동을 통하여 조선민주주의인민공화국의 주권과 사회주의제도, 국가와 사회협동단체재산, 인민의 헌법적권리와 생명재산을 보호한다.
2. 모든 기관, 기업소, 단체와 공민들이 국가의 법을 정확히 지키고 계급적원쑤들과 온갖 법위반자들을 반대하여 적극 투쟁하도록 한다.
3. 재산에 대한 판결, 판정을 집행하며 공증사업을 한다.

제163조 재판은 판사 1명과 인민참심원 2명으로 구성된 재판소가 한다. 특별한경우에는 판사 3명으로 구성하여 할수 있다.

제164조 재판은 공개하며 피소자의 변호권을 보장한다. 법이 정한데 따라 재판을 공개하지 않을 수 있다.

제165조 재판은 조선말로 한다. 다른 나라 사람들은 재판에서 자기 나라 말을할 수 있다.

제166조 재판소는 재판에서 독자적이며 재판활동을 법에 의거하여 수행한다.

제167조 최고재판소는 조선민주주의인민공화국의 최고재판기관이다. 최고재판소는 모든 재판소의 재판사업을 감독한다.

제168조 최고재판소는 자기 사업에 대하여 최고인민회의와 그 휴회중에 최고인민회의 상임위원회앞에 책임진다.

제7장 국장, 국기, 국가, 수도

제169조 조선민주주의인민공화국의 국장은 《조선민주주의인민공화국》이라고 쓴 붉은 띠로 땋아올려 감은 벼이삭의 타원형테두리안에 웅장한 수력발전소가 있고 그우에 혁명의 성산 백두산과 찬연히 빛나는 붉은 오각별이 있다.

제170조 조선민주주의인민공화국의 국기는 기발의 가운데에 넓은 붉은 폭이 있고 그 아래우에 가는 흰폭이 있으며 그 다음에 푸른 폭이 있고 붉은 폭의 기대 달린

쪽 흰 동그라미안에 붉은 오각별이 있다. 기발의 세로와 가로의 비는 1 : 2이다.

제171조 조선민주주의인민공화국의 국가는《애국가》이다.

제172조 조선민주주의인민공화국의 수도는 평양이다.

저자 남 기 봉

■ 학 력

- 육군사관학교 통계학과 졸업
- 경남대학원 북한학 석사

■ 경 력

- 육군 보병대령 예편
- 합참 합동작전과 작전담당 장교, 합참 상황실 행정실장
- 군단 작전과장, 사단 작전참모, 대대장등 역임
- 안양과학대학 군사학과 초빙교수
- 안양과학대학 군사학과 겸임교수
- 현) 연성대학교 군사학과 전임교수

■ 주요저서 및 논문, 활동

- 국가안보학, 북한학, 군사영어, 무기체계, 인명구조학, 꼭알아야할 교수법, 부사관 임관준비 등
- 리더십 함양위한 교수학습방법 등 논문다수
- 학군제휴협약대학교 협의회 간사, 명예회장
- 한국군사학회 이사
- 대한군사학회 임원